DICIONÁRIO DE FILOSOFIA

Coleção Big Bang
Dirigida por Gita K. Guinsburg

Equipe de realização – Revisão: Marilena Vizentin; Projeto gráfico: Ricardo Assis; Capa: Sergio Kon; Produção: Ricardo W. Neves e Sergio Kon.

DICIONÁRIO DE FILOSOFIA

Mario Bunge

TRADUÇÃO
GITA K. GUINSBURG

Título do original inglês
Dictionary of Philosofy

Copyright © 1999 by Mario Bunge

Todos os direitos reservados. Nenhuma parte da edição poderá ser reproduzida, armazenada em um sistema de recuperação, ou transmitida em qualquer forma ou por quaisquer meios, eletrônicos, mecânicos, fotocópia, de registro, ou outros, sem a permissão anterior por escrito do editor, exceto em caso de breves textos que façam parte de artigos críticos e resenhas. Perguntas devem ser enviadas para Prometheus Books, New York.

Dados Internacionais de Catalogação na Publicação (CIP)
(Câmara Brasileira do Livro, SP, Brasil)

Bunge, Mario
    Dicionário de filosofia / Mario Bunge; tradução Gita K. Guinsburg. – São Paulo : Perspectiva, 2012. — (Coleção Big Bang)

    Título original: Dictionary of Philosophy
    1ª reimpr. da 1. ed. de 2002
    ISBN 978-85-273-0317-0

    1. Filosofia – Dicionários, enciclopédias I. Título.
II. Série.

02-6389   CDD-103

Índices para catálogo sistemático:
1. Filosofia : Dicionários 103

1ª edição – 2ª reimpressão

Direitos reservados em língua portuguesa à
EDITORA PERSPECTIVA LTDA.
Av. Brigadeiro Luís Antônio, 3025
01401-000 – São Paulo – SP – Brasil
Telefax: (0--11) 3885-8388
www.editoraperspectiva.com.br
2019

SOBRE ESTE DICIONÁRIO

A palavra *dicionário* induz quase imediatamente a uma ideia de um rol completo de conceitos e informações em alguma ou muitas das áreas do saber humano que a linguagem pode cobrir. Entretanto, por mais geral e abrangente que seja, o seu conteúdo será, como ninguém ignora, sempre limitado pelas particularidades que autoria pessoal e/ou coletiva, época, ideologia (filosófica, religiosa, política e científica) e avanço do conhecimento humano representam, tendo-se como parâmetro, é claro, a fé num progresso ilimitado e positivo de nossa captação do universo das realidades, inclusive oníricas...

Tal consideração adquire maior realce quando se trata de um repertório cujo compilador não procura acobertar-se com pretensa neutralidade ou imparcialidade generalizantes e assume declaradamente uma determinada posição, uma visão específica em face de seus objetos de análise e discussão, como é o caso do autor deste *Dicionário de Filosofia,* que ora apresento em tradução para o leitor brasileiro.

Físico teórico, filósofo da ciência e atualmente professor de Lógica e Metafísica na McGill University de Montreal, Canadá, Mario Bunge reúne neste livro um conjunto de verbetes que de forma alguma esgota o universo das preocupações dos filósofos, porém registra uma escolha pessoal, idiossincrática e às vezes inusitada, numa tentativa de "reconstrução da filosofia", ao dizer do próprio dicionarista, que tem como bandeira o melhor e o mais avançado conhecimento fatual (o fornecido pela história, ciência e tecnologia) – a substância – e como armas as ferramentas forjadas pela lógica e pelas matemáticas – a forma.

Neste apelo naturalista à substância e à forma, as entradas do filósofo e físico examinam com pertinência exemplar, entre outros tópicos, problemas ontológicos acerca da natureza do espaço e do tempo enquanto aspectos reais do mundo, questões da lógica e da gnoseologia da física moderna; as do epistemólogo, por sua vez, com base nas descobertas da neurociência, da neurologia e da neurolinguística, recusam polemicamente a título de idealista, mágico, religioso, pseudocientífico, todo e qualquer "saber", pensamento e ideário que não considere os processos mentais como produtos de uma materialidade cerebral e a linguagem como subproduto ou, no máximo, como parceira da cognição, na medida em que esta se desenvolve em um cérebro engastado no social.

Este materialista convicto, que pretende reconstruir a ontologia numa base científica, não descura dos registros relacionados às questões éticas e sociais, embora não constituam aqui o seu foco maior. De todo modo, ele não separa os homens de suas ideias, nem suas práxis das expressões do movimento filosófico. Poder-se-ia dizer que os ideais do humanismo racionalista do século XVIII continuam sendo os paradigmas através dos quais ele julga os homens e suas elaborações. Assim, não encontram lugar em seu dicionário os itens temáticos de Schopenhauer, Nietzsche, Freud, Heidegger, bem como de alguns dos intérpretes contemporâneos da epistemologia científica.

Poder-se-ia apontar muitos outros aspectos digno de nota neste léxico nada convencional da conceituação em pauta nos debates da filosofia e das ciências atuais. De leitura agradável e instigante, por vezes espirituosa e irônica, seu rigor científico, clareza de exposição e engajamento dialético ao mesmo tempo que traduzem um rico e vasto espectro de conhecimentos, procuram fazê-lo rompendo com os excessos do engessamento acadêmico, razão pela qual optei por incluí-lo na coleção *Big-Bang*.

Como tradutora do texto, quero acrescentar uma última observação: Mario Bunge criou alguns verbetes intraduzíveis não só para o português. A fim de superar a dificuldade, sempre que possível recriei os termos em versões vernáculas, mantendo a exatidão conceitual e, em outros casos, usei a tradução literal em nossa língua, transcrevendo também a forma original em inglês para evitar ambiguidades.

GITA K. GUINSBURG

PREFÁCIO

Este é um dicionário de conceitos, problemas, princípios e teorias filosóficas modernas. Limita-se à filosofia moderna ocidental. Longe de ser neutro, adota um ponto de vista naturalista e cientificista. Mas por isso mesmo o desafio também se apresenta marcado por uma tendência em suas escolhas de termos, autores e análises – apenas, de forma encoberta na maioria dos casos.

Três advertências estão aqui em pauta. Primeira, as entradas são desiguais em comprimento: embora a maior parte seja curta, umas poucas são miniartigos. Estes abordam tópicos que, na minha opinião, são importantes, mas que não foram tratados corretamente na literatura. Segunda, algumas entradas contêm material técnico que, os não especialistas podem pular ou deixar para depois. Terceira advertência, evitei o tom solene. O lugar do empolamento é na filosofia mumificada e não na filosofia viva; e é melhor deixar o ar soturno para os traficantes do inferno. A filosofia genuína deve aliviar e não pesar; iluminar e não obscurecer; e ajudar a levar uma vida prazerosa e não preparar para uma aposentadoria ociosa e muito menos para a morte.

A escolha dos termos filosóficos foi ditada pelo costume, utilidade e valor duradouro mais do que pelo modismo em voga. As modas são, por definição, locais e de curta duração. Daí por que termos tradicionais como "coisa", "mudança", "teste", "verdade" e "bem" aparecem aqui, ao passo que "abdução", "monismo anômalo", "atomismo lógico", "preensão", "designador rígido", "implicação estrita", e outros arcaísmos e curiosidades de curta vida não aparecem. O leitor interessado em outras ideias ou abordagens diferentes deverá consultar meu *Tratado de Filosofia Básica* (*Treatise on Basic Philosophy*, Dordrecht/Boston, Reidel/Kluwer, 1974-1989) ou dicionários mais amplos.

Sou muito grato a Martin Mahner por suas numerosas críticas construtivas, bem como a Mary A. Read por sua inteligente preparação do texto.

Dedico este livro a Marta, minha querida esposa, companheira de quarenta anos.

MARIO BUNGE
Departamento de Filosofia
McGill University, Montreal

CONVENÇÕES*

↑x = Veja verbete **x**
Ant. = Antônimo
Sin. = Sinônimo
LE = lado esquerdo
LD = lado direito
$=_{df}$ = Idêntico por definição
¬p = não-p
p ∨ q = p ou q
p & q = p e q
p ⇒ q = se p, então q
p ⇔ q = p se e somente se q
p, q |— r = p e q implicam juntamente r. Sin. ∴
{x ∈ A | Px} indica o conjunto dos objetos no conjunto A que possuem a propriedade P
a ∈ S indica que o particular a pertence ao conjunto S
∅ indica o conjunto vazio
ℕ indica o conjunto dos números naturais: 0, 1, 2,...
ℝ indica o conjunto dos números reais, tais como 1, √2, π, e *e*
f: A → B indica que a função f mapeia o conjunto A no conjunto B

---

* O autor utiliza aspas simples e duplas com sentidos específicos. Consulte o verbete ASPAS para uma interpretação adequada das definições. (N. da T.)

ABORDAGEM – Maneira de encarar as coisas ou lidar com elas. Modo pelo qual se enfrenta um problema (cognitivo, prático ou moral). Exemplos: problemas do senso comum ou científico, setorial ou sistêmico, consultivo ou moral, médico ou legal. Em geral, uma abordagem 𝒜 pode ser construída como um corpo B de conhecimento básico juntamente com um conjunto P de problemas (problemáticas), um conjunto A de objetivos, e um conjunto M de métodos (metódica): 𝒜 = < B, P, A, M >. Ao contrário de um ↑**paradigma**, uma abordagem não está comprometida com nenhuma hipótese particular exceto as de B.

ABORDAGEM DO TIPO DE ESPAÇO DE ESTADO – A abordagem que consiste em focalizar as ↑**funções de estado** e seus intervalos de variação. Empregada por toda a ciência e tecnologia, e utilizada ocasionalmente na filosofia. Nesta última, não é necessário definir funções de estado particular: apenas a sua existência deve ser pressuposta. Isto basta para definir um evento como um par de estados, um processo como uma sequência de estados, e uma mudança qualitativa como um salto do extremo da função de estado para um espaço de uma dimensionalidade diferente.

ABORDAGEM SETORIAL – A típica abordagem adotada pelo especialista que desconsidera a natureza sistêmica do mundo e do nosso conhecimento a seu respeito. Adequado apenas para enfrentar problemas que parecem ser estritos. **Ant.** ↑**abordagem sistêmica**.

ABORDAGEM SISTÊMICA – a. Conceito – A ↑**abordagem** baseada no princípio de que tudo é ou um ↑**sistema** ou um componente do sistema, razão pela qual deve ser estudado ou manipulado adequadamente. Ela se opõe às abordagens ↑**atomística**, ↑**setorial** e ↑**holística** (não analítica). **b. Contraste com rivais** – Cada uma das abordagens rivais deixa escapar no mínimo uma das quatro feições distintivas de ↑**sistemas**: composição, estrutura, ambiente ou mecanismo. Assim, o ↑**holismo** lida com cada sistema como um todo e recusa-se a analisá-lo na sua composição, ambiente e estrutura; consequentemente, despreza também seu(s) mecanismo(s). O ↑**individualismo** recusa-se a admitir qualquer existência de sistemas sobre e acima de seus componentes, omitindo, por conseguinte, estrutura, contexto e mecanismo. O ↑**estruturalismo** ignora a composição, o mecanismo e o ambiente, além de envolver a falácia lógica de postular relações sem *relata*, acima deles ou anteriores a eles. Finalmente, o ↑**externalismo** também negligencia a estrutura interna e os mecanismos de sistemas e, portanto, leva a passar por cima das fontes internas de mudança. **c. Vantagens** – A adoção de uma abordagem sistêmica é teoricamente vantajosa porque cada coisa, exceto para o universo como um todo, está conectada a algumas outras coisas. Pela mesma razão, é igualmente vantajosa do ponto de vista prático. De fato, poupa-nos dos erros custosos em que incorre o especialista – cientista ou tecnólogo, criador de programas de ação ou administrador – o qual despreza a maior parte das características do sistema real que estuda, projeta ou conduz. Por exemplo, os planos de recuperação econômica concebidos pelo Fundo Monetário Internacional falham mais amiúde do que dão certo porque são setoriais e não sistêmicos: eles ignoram os custos dos reajustamentos biológicos, culturais e políticos que recomendam por não levarem em conta o tipo e o grau de desenvolvimento da sociedade.

ABSOLUTO/RELATIVO – Um fato que acontece em relação a todos os sistemas de referência, ou um enunciado que vale independentemente do contexto, é dito ser absoluto. **Ant.** ↑**relativo**. Por exemplo, um feixe de luz que incide sobre uma retina é um fato absoluto. Por contraste, o valor do comprimento de onda é relativo a um sistema de referência; e a sensação de cor que provoca é relativa ao (depende do) estado do sujeito e à sua vizinhança. Verdades matemáticas são relativas, na medida em que existem e valem apenas dentro de contextos definidos, mais do que de contextos ao acaso. (Por exemplo, a igualdade "12 + 1 = 1" vale na aritmética do relógio, não na teoria dos números.) Por contraste, muitas proposições fatuais são absolutamente verdadeiras porque representam de modo adequado fatos absolutos. Exemplos: "Isto é um livro", "A água é composta de oxigênio e hidrogênio". Propriedades objetivas que são invariantes com respeito a mudanças no sistema de referência podem ser chamadas de absolutas. Exemplos: carga elétrica, número de componentes, composição química e estrutura social. Do mesmo modo, padrões objetivos (↑leis$_1$) que são os mesmos em todos os sistemas de referência podem ser chamados de absolutos. 'Absoluto' é um adjetivo, assim como 'relativo', pois cada um deles representa uma propriedade. Quando ↑reificado, torna-se 'o absoluto', um favorito dos metafísicos e teólogos tradicionais. Ninguém sabe com certeza o que esta palavra significa.

ABSOLUTISMO – O modo de ver segundo o qual a existência, o conhecimento ou as morais são independentes do ator-conhecedor, bem como das circunstâncias. Ant. ↑relativismo.

ABSTRAÇÃO – A operação que torna algo ↑abstrato. O dual da ↑interpretação. Exemplo: uma das possíveis interpretações da fórmula algébrica abstrata "a ° b", onde a e b designam particulares não descritos e ° representa uma operação associativa não especificada, é a fórmula aritmética "a + b", em que a e b designam números e o sinal + representa a adição comum. A abstração é o acesso à generalização.

ABSTRATO – a. Semântica – Um construto ou símbolo é *semanticamente abstrato* se não se referir a nada definido. Todos os construtos da lógica e da álgebra abstrata são semanticamente abstratos. Os construtos mais abstratos são os mais gerais. Portanto, são os mais transportáveis de uma disciplina a outra. Empiristas e materialistas vulgares (e. g., nominalistas) recusam-se a admiti-los, assim como os idealistas subjetivos desconfiam, desprezam ou mesmo rejeitam tudo o que é ↑**concreto**. b. **Epistemologia** – Um construto ou símbolo é *epistemologicamente abstrato* se não evoca quaisquer percepções. Exemplos: os conceitos matemáticos e da ciência teórica de mais alto nível, tais como os de função, infinito, energia, gene, evolução, nicho ecológico e risco.

ABSURDO – Contrassenso ou falso. De acordo com Schopenhauer, Kierkegaard, Sartre e outros autores, o mundo é absurdo, ou ao menos o viver humano, não podendo por isso ser explicado em termos racionais. Portanto, estes autores não podem nos ajudar a entender a realidade e muito menos a enfrentá-la de maneira efetiva. Além disso, suas teses são em si absurdas, porque só se pode predicar a absurdidade de símbolos ou ideias, e nunca de itens concretos, tais como o mundo.

ACADÊMICO – Um produto intelectual de interesse muito limitado, e que tem maior probabilidade de promover seu autor na carreira do que o conhecimento humano. Quando um número significativo de *scholars* (professores e/ou pesquisadores universitários) se engaja num trabalho deste tipo, tem-se uma ↑**indústria acadêmica**.

AÇÃO – a. **Conceito (ontológico) geral** – O que uma coisa faz para outra. Possível formalização: A ação que uma coisa x exerce sobre uma coisa y é igual a uma diferença teórica de conjuntos entre a história de y na presença de x, e a história de y na ausência de x. b. **Ação humana** – é qualquer coisa que os seres humanos fazem. **Sin.** ↑**práxis**. A fonte suprema da vida social. Algumas ações humanas são deliberadas: elas são precedidas pelo projeto de um ↑**plano**. Teoria da ação = ↑**praxiologia**.

ACASO – Há essencialmente dois conceitos de acaso: o tradicional ou epistemológico e o ontológico ou moderno. a. **Epistemológico** – Acaso = imprevisível, não antecipado ou incerto. Exemplos: a colisão acidental de dois carros, e o tropeço acidental em um fato de uma espécie previamente desconhecida. Um ser onisciente, é de se presumir, não necessitaria deste conceito. Tampouco o mecanismo lhe seria útil. Cabe lembrar a tese de Laplace: Se conhecêssemos todas as causas e todas as condições antecedentes, seríamos capazes de predizer o futuro inteiro. Portanto, o conceito epistemológico de acaso é apenas um nome para a ignorância. **b. Ontológico** – Evento casual = evento pertencente a uma sequência randômica (aleatória), isto é, aquela em que cada membro tem uma probabilidade definida. Exemplos: decaimento radioativo, embaralhamento aleatório de um maço de cartas, escolha aleatória de um número, acasalamento aleatório de insetos. O acaso ontológico é objetivo: eventos aleatórios possuem ↑**propensões** definidas, independentes do sujeito cognoscente. Estas propensões objetivas nada têm a ver com a incerteza, que é um estado mental. Podemos nos sentir incertos sobre um valor objetivo de probabilidade, mas esta é uma propriedade de estados efetivos ou variações de estados (eventos). Além do mais, trata-se de propriedades objetivas de particulares e não de coletivos. Por exemplo, um átomo num estado excitado tem uma probabilidade definida de emitir um fóton no segundo seguinte. Consequentemente, diferentes átomos do mesmo tipo, todos no mesmo estado excitado, decairão em tempos diferentes. Devido à lei das probabilidades, estes tempos não estarão espalhados de maneira desordenada, mas hão de ajustar-se a um padrão. Assim, o acaso ontológico, longe de ser o mesmo que algo dotado da qualidade do indeterminado, é um tipo de legalidade ou determinação. Em outras palavras, há leis do acaso. Um conceito diferente, porém relacionado a ele, é o de: ↑**acidente**.

ACERCA DE – X é acerca (trata) de Y – X se refere a Y = X concerne a Y = X lida com Y. Um conceito semântico chave. Exemplos: a lógica é acerca da forma dos argumentos; a história refere-se ao passado. ↑**Referência**. Não confundi-lo com a ↑**intencionalidade**, que é um conceito psicológico.

ACIDENTAL – **a. Evento** – Um ↑**acidente**. **b. Propriedade** – Uma propriedade não importante: aquela cuja ausência não alterará essencialmente a coisa a que se refere. Exemplo: a cor da pele de alguém ou ter uma barba. **Ant.** ↑**essência**.

ACIDENTE – Cruzamento imprevisto de linhas inicialmente independentes, como num encontro não premeditado com um velho amigo que perdemos de vista há muito. Acidentes singulares não apresentam padrões e são, portanto, imprevisíveis. Por contraste, amplas coleções de acidentes da mesma espécie, tais como choques de automóveis e incêndios não intencionais, apresentam padrões estatísticos definidos, assim o que é acidental em um certo ↑**nível** poderá tornar-se sujeito a uma lei no próximo. Daí por que as companhias de seguros ganham dinheiro fazendo seguros contra acidentes. Justamente por isso elas se recusam a compensar os acidentes chamados atos de Deus. ↑**Acaso**.

AD HOC, HIPÓTESE – ↑**Hipótese** *ad-hoc*.

ADIÇÃO – **a. Lógica** – O princípio da adição estabelece que qualquer proposição p implica logicamente uma proposição p ∨ q, onde q não tem nenhuma relação com p. Este princípio é tanto generoso quanto traiçoeiro. É generoso porque permite a dedução, a partir de uma dada proposição, de uma infinidade de proposições. Isso assegura que até a mais humilde das assunções implica logicamente uma infinidade de possíveis consequências. Mas o princípio é traiçoeiro porque permite a intrusão de coisas totalmente estranhas em qualquer argumento formalmente válido. Por exemplo, seja p um teorema em alguma teoria matemática, e q = "Deus é vingativo". Uma vez que p implica logicamente p ou q, será correto concluir que, se Deus não é vingativo, então p. (Isso em virtude das verdades lógicas: p ∨ q = p ∨ ¬ ¬ q = ¬ ¬ q ∨ p = ¬ q ⇒ p.) Assim, cria-se a aparência de que a teologia tem consequências matemáticas. O argumento anterior deve, pois, ser encarado como logicamente válido, mas semanticamente falacioso, por misturar ↑**universos do discurso** disjuntos. A única maneira de evitar esta falácia é impor a condição de que duas proposições partilhem no mínimo um predicado. Isso assegura que ambas sejam ↑**correferenciais**. A ↑**lógica relevante** foi introduzida para evitar a intrusão de irrelevâncias em um discurso. Mas ela falha nesta tarefa porque conserva o princípio da adição. Por contraste, a

↑**axiomatização** bloqueia os transgressores. **b. Matemática** – A adição, soma lógica ou união de dois conjuntos é o conjunto que contém todos os elementos de ambos os conjuntos. Símbolo: U. A "adição" assume diferentes significados para outros objetos matemáticos, tais como números, funções e operadores. **c. Ciência e Ontologia** – Coisas concretas podem ser adicionadas de, no mínimo, dois modos diferentes: justaposição e combinação. A justaposição, agregação ou adição física de duas ou mais coisas da mesma espécie resulta em outra coisa da mesma espécie. A combinação de duas ou mais coisas de quaisquer espécies resulta numa terceira coisa com algumas propriedades (↑**emergentes**), isto é, propriedades não possuídas por seus componentes ou precursores.

AGATONISMO – A filosofia moral segundo a qual devemos buscar o bem para nós mesmos e para os outros. Postulado máximo: "Desfrute a vida e ajude a viver uma vida desfrutável". Este princípio combina egoísmo e altruísmo. O agatonismo coloca ainda que direitos e meios vêm aos pares; que as ações devem ser moralmente justificadas; e que princípios morais deveriam ser avaliados por suas consequências.

AGENTE/PACIENTE – Os *relata* (os primeiros termos) da relação ↑*ação*. Se x age sobre y, então x é denominado o *agente* e y o *paciente*. Entretanto, o paciente pode retroagir sobre o agente que iniciou o processo. Neste caso, ambas as entidades ↑**interagem**, e a distinção agente/paciente evapora-se, salvo para fins práticos.

AGNOSIA – Ignorância. O estado inicial de exploração e pesquisa. Do ponto de vista do ↑**ceticismo** radical, a ignorância é também a fase final da indagação.

AGNOSTICISMO – **a. Epistemologia** – Negação da possibilidade de conhecer fatos tais como eles realmente são, ou mesmo se existem fatos fora do conhecedor. Uma versão do ↑**ceticismo**. Sexto Empírico, Francisco Sanchez, Hume, Kant, Mill e Spencer eram epistemólogos agnósticos. **b. Filosofia da religião** – Suspensão de toda crença religiosa. Um agnóstico é provavelmente um ateu envergonhado com medo de estar enganado, de ser acusado de dogmatismo, ou discriminado. O agnosticismo é parte do ↑**ceticismo** radical (ou sistemático). É, em geral, defendido com base em um ou em todos os pontos de vista seguintes: (1) qualquer coisa é possível; (2) a hipótese da existência do sobrenatural não pode ser provada nem refutada por meios empíricos, precisamente porque o sobrenatural é inacessível aos sentidos; (3) bons cientistas jamais devem fazer afirmações categóricas: o máximo que podem afirmar de modo responsável é que a hipótese em questão é, ou extremamente plausível, ou não plausível; (4) o agnosticismo não faz diferença para a pesquisa científica, ao passo que o ateísmo estreita seu alcance. Examinemos estes pontos de vista. O primeiro é errado, pois as possibilidades são restringidas pelas ↑**leis**. O segundo vale apenas sob a assunção empirista de que a experiência é a única fonte do conhecimento. Mas o ↑**empirismo** é uma moldura filosófica demasiado estreita para uma ciência capaz de estudar ondas de rádio, genes, hominídeos, nações, anomia, insatisfação política, inflação e outros inobserváveis. A ciência também prevê a impossibilidade de certas coisas e processos, tais como a imortalidade e a reencarnação humanas (uma vez que a morte cerebral é acompanhada pela interrupção dos processos mentais). Quanto à proibição de asserções categóricas, ela é, na realidade, violada na ciência. Por exemplo, os biólogos rejeitam a possibilidade de reversão de qualquer linha evolucionária, devido (a) à aleatoriedade das mutações genéticas; e (b) à segunda lei da termodinâmica, que exclui a recorrência de condições ambientais exatamente iguais às prevalentes no passado. Uma precaução extrema é indicada somente em questões de pormenor, tais como o *n*-ésimo algarismo decimal do valor de um parâmetro. A quarta alegação a favor do agnosticismo, embora a mais sutil de todas elas, tampouco é convincente. De fato, considere os seguintes casos-teste: cosmologia, evolução e alma. O agnóstico deve admitir a possibilidade de que o universo foi criado e pode ser destruído pelo divino *fiat*. Mas esta admissão sujeita a ciência à teologia. Com respeito à evolução, o agnóstico deve estar preparado a admitir que qualquer lacuna no registro paleontológico pode ser uma brincadeira do Criador. Em consequência, sentir-se-á tentado a abandonar buscas ulteriores de fósseis do mesmo estádio, ou então procurará explicar seu desaparecimento. Por fim, um agnóstico não considerará a pesquisa sobre o fantasmagórico uma perda de tempo, como ela seria se a neuropsicologia fosse levada a sério. O ↑**ateísmo** não apresenta nenhum desses defeitos.

AGONISMO – A cosmovisão de que o conflito é que mantém o mundo andando. **Sin.** ↑**dialética**.

ALEATORIEDADE – O tipo particular de desarranjo caracterizado por irregularidade local (e.g., jogo individual de cara ou coroa) combinada com uma regularidade global (e.g., igualdade de chances de caras e coroas a longo prazo). A aleatoriedade é medida pela ↑**probabilidade**. **Sin.** ↑**acaso,** chance.

ALÉTICO – O que tem a ver com a verdade. A ↑**lógica** no sentido estrito, ao contrário da ↑**teoria do modelo**, é aleticamente neutra, porque a validade lógica é relativa à forma, não ao conteúdo e nem, *a fortiori*, à verdade. É tanto assim que nenhum dos axiomas em qualquer teoria lógica contém qualquer conceito de verdade. Verdade e falsidade ocorrem apenas na heurística da lógica, como é o caso da exigência de correção, segundo a qual premissas verdadeiras não devem implicar logicamente falsas conclusões. Tais conceitos também aparecem na didática da lógica, em particular no uso da tabela de verdade como um procedimento de decisão.

ÁLGEBRA – É o estudo de sistemas algébricos, tais como matrizes, grupos e espaços vetoriais. Por seu turno, um sistema algébrico pode ser definido como um conjunto acompanhado de uma ou mais operações entre os membros do conjunto, e algumas leis que regem tais operações. A álgebra tem aplicações na lógica, na matemática, na ciência e na ↑**filosofia exata**.

ÁLGEBRA DE BOOLE – Um sistema matemático ↑**abstrato** descrito pela correspondente teoria matemática abstrata. O sistema $\mathcal{B}$ = < **S**, ∪, ∩, 0, ', 1 > é uma álgebra de Boole se e somente se **S** for um conjunto, ∪ (união) e ∩ (intersecção) forem operações binárias em **S**, ' for uma operação unitária em **S**, e 0 e 1 forem membros distintos de **S**, de tal modo que cada operação é associativa e comutativa, e distributiva sobre a outra, e para todo a em **S**, a ∪ 0 = a, a ∩ 1 = a, a ∪ a' = 1, a ∩ a' = 0. As álgebras booleanas são do interesse da filosofia por várias considerações: (a) elas são abstratas, logo, podem ser interpretadas em um número ilimitado de modos: isto é, possuem qualquer número de ↑**modelos**; (b) o cálculo proposicional é um modelo (exemplo) de uma álgebra de Boole; e (c) se t for um teorema na teoria das álgebras de Boole, então seu dual também será um teorema, onde o dual de t é obtido trocando-se ∩ por ∪, e 1 por 0 – o que constitui um metateorema.

ALGORITMO – Procedimento computacional a toda prova ("mecânico"), como é o caso de uma longa divisão e do método de extração de raízes quadradas. Os algoritmos são regras precisas e efetivas para operar símbolos a fim de resolver problemas bem formulados de um tipo restrito. O conceito é central na matemática, na ciência da computação, na engenharia do conhecimento (em particular na inteligência artificial), na psicologia cognitiva, e na filosofia da mente. Ele também ocorre em duas ideias esquisitas. Uma delas é a tese bastante popular de que todos os processos mentais são algorítmicos, donde os computadores podem pensar qualquer coisa que os seres humanos podem pensar. Este modo de ver é falso porque os processos mentais, em sua maioria, não são cálculos: pensar, e.g., acerca da percepção, identificação, comparação, detecção de problema, da suposição, convenção, avaliação e invenção. ↑**Computacionalismo**. A outra ideia refere-se ao emprego errôneo do conceito que aparece quando se pretende que a evolução biológica é algorítmica. Esta ideia é triplamente errônea: (a) ela passa por cima dos papéis fundamentais da oportunidade, do acidente e da criatividade; (b) ela ignora a emergência da novidade qualitativa; e (c) ela confunde ↑**lei** com ↑**regra**. Somente alguns poucos itens artificiais podem ficar submetidos a algoritmos: natureza e sociedade não são algoritmizáveis. Não pode haver algoritmos para a produção de itens radicalmente novos (ideias, organismos, artefatos, organizações etc.), pois um algoritmo especifica exatamente e de antemão qualquer estádio do processo e, em particular, o tipo de resultado que se pretende obter. Em resumo: a ↑**criação** original não é algoritmizável, apenas as rotinas o são. Em especial, o modelo de um algoritmo é não algoritmizável.

ALGUM – Quantificador situado entre "nada" e "tudo". Formalizado pelo quantificador "existencial" $\exists$, como em "$\exists x(x^2 = -1)$" e "$\exists x(x$ é um anjo & x me protege)". Observe que seria errado tomar $\exists$, em cada uma das fórmulas, como um real existente. ↑**Predicado de existência**.

ALMA – O ancestral teológico de ↑**'mente'**. Uma suposta entidade imortal e imaterial, e, além de tudo, inacessível à ciência. Parapsicólogos, psicanalistas e numerosos psicólogos filosóficos acreditam em almas imateriais, embora não em sua imortalidade. A psicologia contemporânea não conhece a alma. A história das humanidades é, em larga extensão, a história da alma.

ALQUIMIA EPISTÊMICA – É a tentativa de transmutar ignorância em conhecimento com a ajuda de símbolos. Por causa destes, são criadas ilusões de conhecimento e, talvez, até de exatidão. Umas poucas indústrias acadêmicas e muitas reputações eruditas foram construídas desta maneira. Exemplo 1: Atribuir ↑**probabilidades** (subjetivas) a possibilidades de resultados desconhecidos ou a palpites não testados, e pôr em movimento o mecanismo do cálculo de probabilidades. Filosofia (em particular, ontologia) ↑**probabilística**, ↑**teorias da escolha-racional**, ↑**bayesianismo**. Exemplo 2: Atribuir ↑**utilidades** (subjetivas) aos resultados de qualquer ação. Exemplo 3: Equacionar qualquer coisa de seu agrado com ↑**informação**, e colocar em uso a teoria estatística da informação. Todos os três são exemplos de pseudoexatidão.

ALTRUÍSMO – Desprendimento de si, generosidade. **Ant.** egoísmo, egocentrismo. Os utilitaristas sustentam que o altruísmo não é outra coisa senão um egocentrismo inteligente – o que é sem dúvida um sofisma.

AMBIENTALISMO – ↑**Externalismo**.

AMBIGUIDADE LÉXICA – Um ↑**signo** é dito ambíguo se designa ou denota mais de um objeto. Exemplo: 'anel' (anel de noivado, anel algébrico, anel de colisão etc.). Nas linguagens comuns, as ambiguidades são toleráveis, e até inevitáveis, mas são indesculpáveis nos textos científicos. E, no entanto, elas aparecem amiúde nestes últimos. Exemplos: os termos 'informação', 'espécie', 'genoma', 'genótipo' e 'fenótipo' da biologia contemporânea.

AMORAL – Independente da moralidade. Não deve ser confundido com "imoral", ou contrário à moralidade aceita. Exemplos: a matemática e a ciência básica são amorais. Por contraste, a tecnologia e a ética estão moralmente comprometidas por causa de seu poder de afetar a vida. Um problema clássico é saber se os estudos sociais estão moralmente comprometidos. Este problema se dissipa quando se distingue a ↑ciência social básica, tal como a economia, da ↑tecnologia social, tal como a macroeconomia normativa. Sem dúvida, apenas esta última pretende alterar a sociedade e está, portanto, de acordo com algumas normas morais ou almeja transgredi-las.

AMORALISMO – A coleção de doutrinas que nega a legitimidade das normas morais e, em geral, dos juízos de valor. Exemplos: ↑emotivismo ético e ↑niilismo.

ANÁLISE – Quebra de um todo em seus componentes e suas mútuas relações. **Ant.** ↑síntese. A análise pode ser conceitual, empírica, ou ambas. A análise conceitual distingue sem desmantelar, ao passo que a análise empírica consiste em separar os componentes de um todo concreto. Um prisma analisa a luz branca em ondas de diferentes frequências; a análise de Fourier faz o mesmo em termos conceituais. O pensamento crítico começa por analisar ideias e procedimentos, e culmina em sínteses como classificações, teorias, projetos experimentais e planos. A análise pode ter cada um dos seguintes resultados: dissolução de problemas mal concebidos; reformulação clara de problemas mal colocados; desvelamento de pressuposições; elucidação; definição; dedução; prova de consistência ou inconsistência; prova de compatibilidade com algum corpo de conhecimento ou de incompatibilidade com ele; redução; construção de pontes – e mais coisas. A análise é a marca da ↑racionalidade conceitual. Em consequência, a família das filosofias pode ser dividida em analítica ou racionalista, e antianalítica ou irracionalista. Não é de surpreender que haja pouca variedade no campo antianalítico, enquanto o campo analítico é caracterizado pela diversidade. As várias escolas analíticas podem ser ordenadas entre si de várias maneiras, conforme a profundidade. A mais superficial de todas elas é a da ↑**filosofia da linguagem comum**, que emprega apenas o bom senso e evita todas as problemáticas tradicionais da filosofia. A seguir vem a da ↑**filosofia exata**, que pode ou não atacar problemas importantes, mas, no mínimo, se utiliza de ferramentas da lógica e da matemática ao lidar com eles. As filosofias mais profundas combinam poderosas ferramentas analíticas com conhecimentos tecnológicos e científicos para enfrentar problemas filosóficos interessantes e amiúde difíceis. Entretanto, não há análise profunda à margem de alguma teoria.

ANALÍTICA, FILOSOFIA – ↑**Filosofia analítica**.

ANALITICIDADE – Esta palavra designa vários conceitos, entre os quais a vaga noção de Kant e o de uma tautologia. **a. Noção de Kant** – Segundo Kant, uma proposição é analítica se e somente se o seu predicado estiver incluído no seu sujeito. (Pressuposição: todos os predicados são unários, como em "é jovem".) Tomada literalmente, esta definição é absurda. Considere a proposição "Deus é onipotente", que pode ser simbolizada por "Do". Não há meio pelo qual o sujeito D possa ser incluído no predicado o. O melhor que se pode fazer é reanalisar a dada proposição como "Se D é divino, então D é onipotente". A hipótese de que a onipotência é um dos atributos da divindade importa na asserção de que o predicado "onipotente" é um membro da ↑**intensão** do predicado "é divino", junto com "ubíquo", "onisciente", "todo-misericordioso", e similares. Isto é o que mais se aproxima da noção de analiticidade de Kant. Ela envolve a noção de ser membro do conjunto, não a de inclusão, e usa uma ferramenta semântica, ou seja, a teoria da intensão do autor deste livro. Portanto, não está relacionada à noção lógica de uma proposição analítica. Isto não passa de uma curiosidade histórica. Daí por que é um cardápio padrão na história dos cursos de filosofia. **b. Lógica** – Uma *proposição analítica* é o mesmo que uma ↑**tautologia**: uma fórmula composta é verdadeira independentemente dos significados e dos valores verdadeiros de seus constituintes (atômicos). Exemplo: "p ou não-p" da lógica clássica. As proposições analíticas estão incluídas na classe das ↑**verdades** formais ou *a priori*, isto é, proposições que são verdadeiras não porque batem com os fatos, mas pela virtude de sua ↑**coerência** com outras proposições no mesmo corpo de conhecimento. No caso das tautologias, esta coerência é assegurada pela mútua equivalência de todas as tautologias. Advertência 1: Teorias lógicas diferentes podem ter conjuntos de tautologias diferentes, porém, parcialmente sobrepostas. Advertência 2: As tautologias não são isentas de significado: simplesmente não possuem qualquer significado específico: elas não "dizem" nada de especial sobre coisa nenhuma em particular.

ANALÍTICA/SINTÉTICA, DIVISÃO – ↑Divisão analítica/sintética.

ANALOGIA – Similaridade em certo sentido. A analogia pode ser substancial, formal ou ambas as coisas. Dois objetos são *substancialmente* análogos um para com o outro se e somente se forem compostos da mesma "matéria". Exemplo: todos os sistemas sociais são substancialmente análogos por serem compostos de gente. Dois objetos são formalmente análogos se e somente se houver uma correspondência entre suas partes ou suas propriedades. Exemplos: os conjuntos dos inteiros e dos inteiros pares; a migração humana e a do íon. Dois casos particularmente importantes ocorrem quando os objetos referidos são ou conjuntos ou sistemas. A analogia entre conjuntos aparece com diferentes forças. Obtém-se a mais fraca quando houver uma correspondência *injetora* (biunívoca) de um conjunto no outro, isto é, quando cada elemento de um conjunto tem um parceiro no outro. A mais forte é o *isomorfismo*, que se obtém quando cada elemento e cada operação em um dos conjuntos são espelhados no outro. Sendo o mais forte, o isomorfismo é o menos comum. (Diga-se de passagem que a pretensão popular de que o verdadeiro conhecimento é isomórfico ao mundo real está errada, porque o mundo real não é um conjunto.) Dois ↑**sistemas** concretos podem ser análogos em um dos seguintes cinco modos: com respeito à composição, ao ambiente, à estrutura, à função ou à história. Assim, todos os sistemas sociais são análogos ao modo de composição por serem compostos de gente; todas as comunidades rurais são análogas quanto ao ambiente por estarem engastadas em assentamentos agrícolas; todas as escolas são estruturalmente análogas por serem mantidas juntas pelo laço do ensino; todos os Estados são funcionalmente análogos por manterem a segurança; todos os bancos são historicamente análogos por terem sido gerados pelo comércio. O conceito de analogia funcional não é importante na biologia. Por exemplo, não se pode extrair muita coisa do fato de as asas do morcego serem funcionalmente análogas às dos pássaros. Por contraste, o conceito de analogia histórica é particularmente relevante na biologia, onde é denominado *homologia*. Exemplo: os membros dianteiros dos animais terrestres são historicamente análogos às nadadeiras dos animais aquáticos por terem tido ancestrais comuns. As analogias podem ser superficiais ou profundas. No primeiro caso, não levam a lugar algum. Se profundas, sugerem um padrão (lei).

ANARQUISMO – Em epistemologia, a visão cética radical segundo a qual todas as hipóteses, teorias e disciplinas são equivalentes no sentido de que nenhuma delas tem pretensões mais legítimas à verdade do que suas rivais. Assim, o criacionismo seria tão legítimo quanto a biologia evolucionista, e a cura pela fé tanto quanto a medicina. A doutrina simula tolerância mas efetivamente denigre a ciência e tolera a preguiça intelectual e a impostura

ANIMISMO – A doutrina em que todas as coisas, ou todas as coisas de uma mesma espécie, são animadas, isto é, habitadas por ↑**espíritos** imateriais que os governam. Exemplo: a concepção de que a alma governa o corpo. **Sin.** ↑**panpsiquismo**.

ANIQUILAÇÃO – A conversão de algo em nada. Um evento impossível segundo as leis de conservação da energia, do momento etc. O que ocorre amiúde é uma transformação qualitativa pela qual algumas propriedades desaparecem. Exemplo: a assim chamada aniquilação de um par de elétrons consiste na conversão deles em um fóton; nesse processo, a massa e a carga desaparecem mas a energia total, a carga total (zero) e o *spin* total são conservados.

ANOMALIA – Um fato ou uma ideia que é fora do comum, que contradiz uma generalização aceita, ou que não obedece a nenhuma lei. Exemplo: a psicologia não biológica é anômala no sistema das ciências por postular a existência de uma entidade imaterial, isto é, a alma ou a mente.

ANTECEDENTE/CONSEQUENTE – Em uma proposição condicional "Se p então q" ou "p $\Rightarrow$ q", para simplificar), p é denominado o antecedente e q, o consequente. Advertência: O consequente q não é a consequência de p, a menos que p seja afirmado de maneira independente. Em outras palavras, $\Rightarrow \neq$ ⊢. ↑***Modus ponens***.

ANTIFILOSOFIA – A coleção de modos de ver que, como o irracionalismo e o ceticismo radical, nega a possibilidade ou desejabilidade da discussão ou do conhecimento racionais, ou do olhar filosofante como perda de tempo ou como angústia resultante dos erros de linguagem e, portanto, como curável com uma dose de análise linguística.

ANTINOMIA – Um par de hipóteses mutuamente contraditórias, cada uma delas confirmada por um diferente corpo de conhecimento. Exemplos: "O espaço é infinitamente divisível" e "O Espaço não é infinitamente divisível". Kant considerava esta antinomia particular como insolúvel. Mas a hipótese da quantização do espaço (e do tempo) é inconsistente com todas as teorias da física contemporânea. Sem dúvida, em todas elas as coordenadas espaciais são contínuas. O ↑**cientismo** nega a existência de antinomias insolúveis.

ANTINOMIANISMO – **a. Teologia e ética** – Crença na existência de povo escolhido acima de liames morais. Praticado por todos os tiranos e alguns intelectuais. **b. Filosofia da biologia** – Descrença na existência das leis da biologia. É desmentida pela existência das leis genéticas, embriológicas, fisiológias e outras. **c. Filosofia da ciência social** – Descrença na existência de leis históricas. É desmentida pela existência de leis como: "Todos os sistemas sociais deterioram-se a menos que sejam revistos de tempo em tempo", "Nenhuma instituição cumpre exatamente as tarefas para as quais foi originalmente estabelecida", e "A curva de difusão de qualquer novidade é aproximadamente sigmoide".

ANTÍTESE – A negação de uma tese como em "O irracionalismo é uma antítese do racionalismo". Se duas proposições são mutuamente antitéticas, e uma delas é verdadeira, então sua antítese é falsa. Mas se uma delas é apenas uma meia verdade, então sua antítese é também uma meia verdade. Palavra-chave na ↑**dialética** hegeliana e marxista, onde teses e antíteses são ↑**reificadas** e se interpenetram e combinam, como é dito, em sínteses – um exemplo excelente de pensamento turvo.

ANTRÓPICA, HIPÓTESE – ↑**Hipótese antrópica**.

ANTROPOCÊNTRICO – Ponto de vista que considera os seres humanos quer como os criadores, quer como os centros ou como os beneficiários do mundo. Exemplos: Judaísmo, Cristianismo, Islamismo, ↑**idealismo** subjetivo, ↑**construtivismo** ontológico, ↑**fenomenalismo**, a ↑**hipótese antrópica**.

ANTROPOLOGIA – **a. Científica** – A mais básica e abrangente de todas as ciências do homem. Ela estuda os sistemas de todas as espécies e tamanhos, em todos os tempos e todos os aspectos: ambiental, biológico, econômico, político e cultural. É uma das ciências biossociais (ou socionaturais). **b. Filosófica** – O ramo da ontologia que trata dos seres humanos em geral mais do que de qualquer grupo humano particular. Devido ao seu apriorismo, ela tem estado em declínio desde o surgimento da antropologia científica no fim do século XIX.

ANTROPOMÓRFICO – Metáfora que atribui feições humanas a objetos não humanos. Exemplos: identificar computadores com cérebros, atribuir metas a firmas comerciais.

APARÊNCIA – O fato como percebido ou imaginado por algum animal. Sin. ↑**fenômeno**. Em outras palavras: x é uma aparência para y $=_{def}$ y percebe ou imagina x. Exemplos: as constelações estelares parecem ser sistemas mas não o são; hipócritas parecem ser aquilo que não são. As aparências, diferentemente dos fatos objetivos, são dependentes do contexto. Logo "parece" é uma relação quaternária: na circunstância w, o fato x parece para o animal y como se fosse z. Na tradição filosófica, o parecer é o oposto da realidade. Isto está errado, porque uma aparência é um processo que ocorre no sistema nervoso de algum animal, portanto, é tão especificamente um fato quanto um evento externo o é. As aparências constituem apenas fatos de um tipo especial: elas ocorrem, por assim dizer, na interface sujeito/objeto (ou conhecedor-coisa externa). A verdade é que, à diferença dos fatos externos, as aparências não ocorrem por si próprias, independentemente dos sujeitos cognitivos O ↑**fenomenalismo** é a escola filosófica que sustenta que só as aparências existem ou podem ser conhecidas. ↑**Coisa em si** ou *ding an sich*.

APODÍCTICO – Indubitável.

APOSTA DE PASCAL – Blaise Pascal argumentou que, embora não saibamos seguramente se Deus existe, é racional apostar na existência Dele. Isto porque, mesmo que a probabilidade da existência de Deus seja quase zero, tal pequenez seria compensada pelo ganho enorme, ou seja, pela eterna ventura. (Em outras palavras, a esperada utilidade da crença é grande, mesmo que a probabilidade em apreço seja excessivamente pequena.) Este raciocínio contém uma assunção que é, ao mesmo tempo, cientificamente falsa, filosoficamente confusa, moralmente dúbia e teologicamente blasfematória: isto é, dizer que a existência de Deus é uma questão de chance. De fato, para começar, nenhuma ciência pode computar ou medir a probabilidade da existência de Deus. Em segundo lugar, o argumento envolve a confusão entre a ↑**plausibilidade** de uma proposição e a ↑**probabilidade** de um fato. Além disso, crentes honestos na sua fé refugam a sugestão de que alguém poderia acreditar porque isto lhe seria conveniente. E, por certo, teólogos sustentam que, longe de ser uma criatura do provável, Deus é um ser necessário.

A PRIORI/A POSTERIORI – *A priori* = anterior à experiência ou independente dela. *A posteriori* = posterior à experiência ou dependente dela. As proposições matemáticas e teológicas são *a priori*. O conhecimento comum, a ciência e a tecnologia misturam ideias (hipóteses) *a priori* com outras (dados) *a posteriori*. **Ant.** uma ideia *a posteriori*. As ideias *a priori* são de duas espécies: formais (ou proposições da razão) e fatuais (suposições comuns ou hipóteses científicas).

APRIORISMO – A visão de que o mundo pode ser conhecido quer pela intuição quer pela razão pura, sem apoio na observação e na experiência. O ↑**intuicionismo** radical e o ↑**racionalismo** radical são aprioristicos. Esta é a razão por que nenhum deles inspirou quaisquer descobertas científicas ou projetos tecnológicos.

APROXIMAÇÃO – Uma proposição aproximadamente verdadeira é aquela que está mais próxima da ↑**verdade** do que da falsidade. Por exemplo, a declaração de que a Terra é esférica é aproximadamente verdadeira, e aquela que afirma que ela é elipsoidal é até uma aproximação melhor da verdade. Outro exemplo: 3 é uma primeira aproximação do valor de π, 3,1 é uma aproximação de segunda ordem, 3,14 é uma de terceira ordem, e assim por diante. A teoria da aproximação é um ramo da matemática que estuda métodos de aproximações sucessivas para resolver problemas que, como a maioria das equações diferenciais não lineares, carecem de soluções de forma fechada (exatas). Em particular, os métodos de interpolação, as expansões em séries, e o cálculo de perturbações permitem aproximações sucessivas. Do mesmo modo, até as técnicas experimentais mais refinadas produzem crescentemente valores verdadeiros das ↑**magnitudes** ou grandezas. A difusão das técnicas de aproximação na matemática aplicada, na ciência e na tecnologia, salienta a importância do conceito do grau de ↑**verdade** – um conceito descuidado por boa parte dos filósofos.

ARBITRÁRIO – **a. Lógica e matemática** – Diz-se arbitrário um membro de um conjunto que é inespecífico ou um argumento de uma função. Exemplo: a variável individual x em "x é jovem", e o predicado variável F em "A América é F". **b. Praxiologia e politicologia** – Uma ação ou decisão caprichosa: uma decisão ou ação que não é sustentada por qualquer regra reconhecida em geral.

ARGUMENTO – **a. Linguagem comum** – Disputa. **b. Lógica** – Raciocinar (de maneira válida ou inválida) a partir das premissas até a conclusão. Os únicos argumentos válidos são dedutíveis. A validade depende exclusivamente da forma. Assim, "Todos os melões são virtuosos; isto é um melão; logo, este melão é virtuoso" é formalmente válido. Independentemente de sua validade, os argumentos podem ser frutíferos ou estéreis. Se inválidos porém frutíferos, podem ser chamados de *sedutores*. Exemplo: uma inferência estatística de uma amostra aleatória da população. Os argumentos não dedutivos dependem de seu conteúdo. Portanto, o projeto de construir lógicas indutivas ou analógicas é desatinado. O estudo de argumentos não dedutivos compete à psicologia cognitiva e à epistemologia, não à lógica. Os argumentos analógicos e indutivos, por mais sugestivos que sejam, logicamente são inválidos.

ARTE – **a. Estética** – Qualquer atividade humana que tenha em vista a obtenção de prazer, para si próprio ou para outros, um prazer diferente dos assim chamados prazeres da carne. A arte pode ser visual, auditiva, semiótica, ou uma combinação delas. O objeto da ↑estética.
b. Epistemologia – Alguns produtos da pesquisa científica e tecnológica são mais do que válidos, verdadeiros, ou eficientes: são também vistos como belos (ou feios), e elegantes (ou desgraciosos). Além disso, é de consenso geral que a pesquisa científica é mais uma arte do que uma ciência. Entretanto, não há consenso quanto ao significado destes termos. Logo, todos os argumentos relativo às qualidades estéticas são inconcludentes. ↑**Estética**.

ARTEFATO – Objeto feito pelo homem. Exemplos: Símbolos, máquinas, processos industriais, organizações sociais, movimentos sociais.

ARTIFICIAL/NATURAL – Artificial = feito pelo homem, natural = nãoartificial. Exemplos óbvios: computadores e estrelas, respectivamente. Os subjetivistas, em particular os construtivistas, rejeitam tacitamente esta dicotomia: eles negam a existência de uma natureza autônoma. Mas não tentam sequer explicar por que, se isto é assim, as ciências naturais não contêm quaisquer das noções típicas da ciência social ou da tecnologia, como as da política e da automação. A verdade é que todos os traços e atividades tipicamente humanos são, no mínimo, parcialmente artificiais, uma vez que foram inventados ou aprendidos. Exemplos: ideação, fala, instrumento de desenho, computação, amor romântico, normas morais, convenções sociais. Assim, a natureza humana é amplamente artificial. Portanto, com referência aos seres humanos, os conceitos de estado de natureza (anterior à sociedade) e lei natural são apenas fantasias filosóficas. E a "dedução natural" é uma designação incorreta, porque a lógica é de tal modo não natural que não existia há vinte cinco séculos atrás.

ASPAS – Uma só aspa, como em '*amor*' *é uma palavra de quatro letras*, sinaliza expressões linguísticas, chutando-as para a metalinguagem. Aspas duplas, como em "*poder*" *é uma relação* que serve para distinguir construtos ou de palavras, ou de coisas.

ASSOCIATIVIDADE – Propriedade da combinação de símbolos e construtos de alguns tipos. Exemplos: concatenação de palavras, adição de números, justaposição física. Um conjunto S acompanhado de uma operação binária associativa ○ é chamado um semigrupo. Ele é definido pela lei associativa: Para todo x, y e z em S, x ○ (y ○ z) = (x ○ y)○ z. Os semigrupos são úteis na ↑**filosofia exata** porque são qualitativos e ocorrem em quase todos os domínios. Exemplos: as definições de ↑**linguagem** e da relaçao ↑**parte/todo**.

ASSUNÇÃO – ↑**Premissa**, ↑**hipótese**. As assunções não precisam ser conhecidas como sendo verdadeiras: elas podem ser colocadas a bem do argumento, isto é, para que se possa descobrir suas consequências lógicas e assim avaliá-las.

ASSUNÇÃO SEMÂNTICA – Especificação de sentido, em particular de referência. Exemplo: Na fórmula "pV = const.", p e V representam, respectivamente, a pressão interna e o volume de um gás. A descrição completa de uma ↑**teoria** científica matematizada inclui um conjunto de assunções semânticas ao lado de um formalismo matemático. Essa é a razão pela qual um e o mesmo construto matemático, como a função linear, é transportável de um campo para outro: pois, sendo neutro, é possível atribuir-lhe diferentes significados em diferentes contextos.

ATEÍSMO – Descrença em divindades. Não deve ser confundido com o ↑**agnosticismo**, que é uma simples suspensão de crença. O ateísmo não pode ser provado, salvo indiretamente. Entretanto, ele não demanda prova. Sem dúvida, o ↑**ônus da prova** da existência de qualquer X compete àqueles que pretendem que X existe. Todavia, a refutação de qualquer versão de deísmo ou teísmo constitui uma prova indireta parcial do ateísmo. Indireta porque, na lógica comum, refutar uma proposição p importa provar não-p. E a refutação é parcial porque se refere apenas a uma espécie particular de deísmo ou teísmo de cada vez. Por isso uma refutação dos princípios de uma religião cristã não refuta os do hinduísmo ou inversamente. A refutação de qualquer crença em divindades de uma certa espécie pode proceder de duas maneiras: empiricamente e racionalmente. A primeira consiste em apontar para (a) a falta de evidência positiva quanto à religião e (b) a abundância de evidência contrária às predições dos fanáticos – e. g., aquele raio atingirá o blasfemo. O método racional consiste em notar contradições entre os dogmas religiosos. Por exemplo, se Deus é ao mesmo tempo onipotente e bom, por que tolera o câncer e a guerra? Se Deus é ao mesmo tempo onipotente e misericordioso, por que criou espécies condenadas à extinção? O ateísmo é sustentado pela ciência e tecnologia modernas de vários modos. Sem dúvida, a ciência moderna e a tecnologia não envolvem entidades sobrenaturais e negam a possibilidade de milagres. Como consequência, a pesquisa científica, que é, em larga medida, a busca de padrões objetivos, é estorvada pelo deísmo e teísmo. Exemplos de pesquisa sobre problemas ativamente desencorajados pela religião organizada: origens da vida, mente e religião.

ATIVIDADE – ↑**Ação** humana. Com frequência se opõe à estrutura (social), embora na realidade esta última seja tanto o resultado de uma atividade prévia quanto de uma coerção a ela imposta. Sem dúvida todos nós nascemos dentro de uma sociedade preexistente que possui uma estrutura definida (porém mutável), e que podemos alterar em uma ou outra extensão por meio de nosso comportamento social. Por exemplo, até a mera adição ou retirada de uma única pessoa faz diferença na estrutura de uma família.

ATOMISMO – Qualquer concepção de que objetos de alguma espécie são ou indivisíveis ou agregados ou combinações de indivisíveis (indivíduos, átomos). A ontologia subjacente ao ↑**individualismo**. O atomismo na Grécia Antiga e na Índia foi talvez a primeira cosmovisão naturalista e não antropomórfica. Foi também a mais abrangente e racional, pois pretendia compreender tudo o que fosse concreto, seja físico, químico, biológico ou social, sem recorrer a nenhuma força sobrenatural e, portanto, ininteligível. É admitido que o atomismo antigo era qualitativo e totalmente especulativo. Tornou-se quantitativo e testável somente depois dos trabalhos de Dalton, Avogadro e Cannizaro na química, e de Boltzmann na física. Mas só no início do século XX é que as hipóteses atômicas puderam ser experimentalmente confirmadas e incorporadas em teorias completas. Entretanto, isso foi como uma vitória de Pirro, pois os átomos resultaram ser, no fim de contas, divisíveis. Não obstante, de acordo com a física moderna, existem coisas materiais indivisíveis como os *quarks*, os elétrons e os fótons. Mesmo assim, a visão corrente acerca dos tijolos básicos do universo é diferente da do antigo atomismo. De fato, segundo a física quântica, as "partículas" elementares não são pequenas bolas, mas antes entidades vagas. Além do mais, interagem principalmente através de campos, porque não são corpusculares. Por isso, sem os campos os átomos não existiriam nem se combinariam. Do mesmo modo, não há vácuo total: até em lugares onde não existem nem "partículas", nem campos quânticos, há um campo eletromagnético flutuante que pode atuar sobre qualquer pedaço de matéria que aí chegue. Assim, o espaço "vazio" nunca está realmente vazio e tem propriedades físicas como a polarização. O ↑**plenismo**, defendido por Aristóteles e Descartes, tem sido, portanto, reivindicado pela física moderna tanto quanto o atomismo. O atomismo transvasou para outras ciências. Por exemplo, os biólogos julgaram que a célula é o átomo ou a unidade de vida. Os psicólogos associacionistas, de Berkeley até Mill e Wundt, eram atomísticos ao colocar que todos os processos mentais são combinações de simples sensações ou ideias. Durante um certo tempo falou-se inclusive de química mental. O atomismo foi um pouco mais bem-sucedido nos estudos sociais. Adam Smith, por exemplo, modelou a economia como sendo um agregado de produtores e consumidores a atuar independentemente uns dos outros. Todas as ↑**teorias da escolha-racional,** contemporâneas, são atomísticas. Realmente, todas pretendem explicar fatos sociais às avessas, quer dizer, começando por avaliações individuais, decisões e ações tiradas de um vácuo social. Por último, o atomismo é forte na filosofia moral. Testemunham-no o kantianismo, o utilitarismo, o contracionismo e o libertarismo: todos eles partem da ficção do indivíduo totalmente livre, autônomo e isolado. Há, então, átomos físicos, biológicos e sociais, mas nenhum deles está isolado. Toda entidade singular, exceto o caso do universo como um todo, é um componente de algum ↑**sistema**. O elétron livre ou o fóton, a célula isolada e a pessoa isolada são idealizações, tipos ideais, ou ficções. Ainda assim, as conexões entre as coisas nem sempre são tão fortes como supõe o ↑**holismo**. Se fossem, o universo não poderia ser analisado e a ciência seria impossível, pois teríamos de conhecer o todo a fim de conhecer cada uma de suas partes singulares – como Pascal compreendeu. Embora muito poderoso, o atomismo é limitado. Por exemplo, nem sequer a ↑**mecânica quântica** pode dispensar macroobjetos quando descreve microobjetos. De fato, todo problema bem formulado na mecânica quântica envolve uma descrição das condições de contorno, a qual constitui uma representação idealizada do ambiente macrofísico do objeto de interesse. A importância do ambiente é, se o é, ainda mais óbvia em matérias sociais. Por exemplo, as ações de um indivíduo são ininteligíveis, exceto quando postas no ambiente físico e no sistema social de que ele é parte. O que é válido para a ciência social vale, *a fortiori*, para a filosofia moral.

Neste campo, o atomismo é radicalmente falso, pois todo problema moral surge do fato de vivermos em sociedade e estarmos aptos a nos empenhar em um comportamento ou pró-social ou antissocial. Mas, uma vez que há alguma verdade no atomismo, bem como no holismo, necessitamos de uma espécie de síntese dos dois pela qual ambos são transformados. Esta síntese é o ↑**sistemismo**.

ÁTOMO – **a. Lógica** – Fórmula atômica = fórmula que não contém funtores lógicos ("não", "ou", "e", "se ... então"). Exemplo: "0 é um número". **b. Semântica** – Unidade de significado. Exemplo: "objeto". **c. Ontologia** – Unidade de ser, ou coisa indivisível. Exemplo: elétron.

ATREVIMENTO FILOSÓFICO – Descaro, ousadia, insolência, coragem. O único produto que nunca teve falta de suprimento na comunidade filosófica. Ao que se saiba, são poucos os filósofos que se abstêm de pontificar sobre temas a cujo respeito não têm a mínima ideia. Exemplos: pronunciamentos de Kant, de Engels e de Wittgenstein sobre a matemática; os de Hegel acerca da química; os de Bergson sobre a teoria da relatividade e os de Heidegger com respeito à ontologia e à tecnologia. **Sin.** Arrogância filosófica.

ATRIBUTO – **a. Linguagem comum** – Sinônimo de propriedade. **b. Filosofia** – ↑**Predicado**, isto é, função de indivíduos particulares de alguma espécie para proposições, como em Quente: Corpos → Todas as proposições que contêm "quente". A generalização para atributos de ordem superior é imediata.

ATUAL – **a. Ontologia** – Aquilo que está em ato, real, como oposto tanto a potencial quanto a virtual. **b. Matemática** – Uma *infinidade real* (atual) é um conjunto infinito enquanto determinado por algum predicado, como o conjunto dos pontos no interior de um círculo. Dual: *infinidade potencial*, construída passo a passo segundo uma regra tal como uma definição recorrente. Exemplo: a definição axiomática de Peano do conceito de número natural.

ATUALIDADE – Realidade, ↑**existência** concreta. O dual de ↑**possibilidade**.

ATUALISMO – A visão ontológica segundo a qual toda possibilidade é não real ou subjetiva, por isso todas as disposições são imaginárias, e todas as afirmações de possibilidade são metafísicas ou arbitrárias. **Ant.** ↑**possibilismo**. O atualismo é falsificado por qualquer teoria na ciência fatual ou na tecnologia, pois qualquer teoria desse tipo se refere não apenas aos reais mas também aos possíveis – tais como antenas possíveis e os campos que elas poderiam gerar. Isto torna-se claro com a representação do ↑**espaço de estados**, onde todos os possíveis estados de coisas de uma espécie se acham representados. Isto fica ainda mais patente no caso de teorias fatuais probabilísticas, como a mecânica quântica e a genética. Em suma, todo conhecimento fatual se refere tanto a possíveis quanto a reais. Isto explica porque a ↑**lógica modal** é inútil à ciência. Precaução: 'atualismo' é também uma nomeação errônea de ativismo, a tese pragmatista de que tudo se resolve pela ação.

ATUALIZAÇÃO – Transformação da ↑**possibilidade** em ↑**atualidade**. Exemplo: a ocorrência de qualquer variação possível, como o movimento ou a reorganização de uma firma. Um conceito chave na filosofia de Aristóteles.

AUTODETERMINAÇÃO – Uma coisa ou um processo que se determina a si próprio em vez de ser determinado por alguma outra coisa. Exemplos: o movimento de corpos e luz no vácuo tão logo começam a mover-se e até encontrarem um obstáculo; sucessões de pensamento abstrato; o universo como um todo conforme qualquer ontologia naturalista. A noção de autodeterminação era inerente ao antigo atomismo, ela adquiriu cidadania científica na forma do princípio de inércia e ocorre em todas as ciências contemporâneas. Mas é alheia à maior parte das filosofias, que são ↑**externalistas** ao considerar a ↑**matéria** como passiva. ↑**Autorreunião**, ↑**auto-organização**.

AUTOEVIDENTE – Qualquer que seja a crença, nós somos incapazes ou demasiado preguiçosos para justificá-la. Um dispositivo retórico. ↑**Justificação**.

AUTONOMIA/HETERONOMIA – **a. Ontologia e ciência** – Autônomo = independente, autodeterminado, autogovernante. Heterônomo = dependente, alter-determinado, alter-governado. Um sistema é tanto mais autônomo quanto mais estável se mostrar contra distúrbios externos. Tal estabilidade ou homeostase é conseguida por meio de mecanismos de autorregulação. **b. Praxiologia e ética** – A injunção para nos comportarmos como seres autônomos é louvável, mas não plenamente viável, porque ninguém é totalmente autossuficiente e livre dos fardos sociais. Seres realmente humanos são parcialmente autônomos em alguns aspectos e parcialmente heterônomos em outros. Nem mesmo os autocratas podem fazer tudo aquilo que gostariam, e nem mesmo os escravos estão totalmente desprovidos de iniciativa.

AUTO-ORGANIZAÇÃO – ↑**Autorreunião** que resulta em um sistema composto de subsistemas que não existem antes do início do processo de autorreunião. Exemplo: morfogênese, ou a formação de um órgão de embrião.

AUTORREFERÊNCIA – **a. Semântica** – A propriedade de uma sentença de referir-se a si própria, como em 'Esta é uma sentença em língua portuguesa' e 'Esta sentença é verdadeira', onde 'esta' nomeia a própria sentença. A autorreferência deve ser manipulada com cuidado, porque pode conduzir a paradoxos, como no caso do ↑**Paradoxo do mentiroso**. **b. Estudos biológicos e sociais** – Nome errado para '*feedback*' (retroalimentação), 'autorregulação' e 'homeostase', bem como para as capacidades das pessoas de se referirem a si próprias e se julgarem à luz das opiniões de outras pessoas.

AUTORREUNIÃO – A agregação espontânea de coisas em um sistema, quer em um passo ou em um certo número de passos. Exemplos: polimerização, formação de um cristal fora de uma solução, síntese de moléculas de ADN a partir de seus precursores, formação de ↑*psicones* fora dos neurônios, surgimento de gangues em esquinas. ↑**Auto-organização**.

AUTORITARISMO – Submissão à autoridade, portanto, proscrição da crítica e do protesto em assuntos epistêmicos, morais, econômicos ou políticos. Uma componente de todas as ideologias e regimes políticos não democráticos, bem como dos métodos tradicionais de ensino.

AXIOLOGIA – ↑**Teoria do valor**.

AXIOMA – Assunção inicial e portanto não passível de prova. **Sin.** ↑**postulado**. Na filosofia antiga e na linguagem comum, a "axiomática" é equivalente a "autoevidente". O conceito contemporâneo de um axioma não envolve a ideia de que este seja uma proposição autoevidente ou intuitiva. Na verdade, os axiomas (postulados) de boa parte das teorias científicas são altamente anti-intuitivos. Sequer é requerido que eles sejam verdadeiros. Assim, os axiomas de uma teoria matemática abstrata (não interpretada) não são nem verdadeiros nem falsos, e os de uma teoria fatual podem ser parcialmente verdadeiros ou mesmo apenas plausíveis. Os axiomas não são passíveis de prova, mas são justificáveis por suas consequências. ↑**Axiomática.**

AXIOMA DA ESCOLHA – Dada uma família qualquer F de conjuntos não vazios, há uma função f que "escolhe" um representante de cada membro de F – isto é, que atribui a cada membro A de F um único elemento f(A) de A. Este axioma da teoria padrão dos conjuntos é o axioma mais calorosamente debatido da matemática contemporânea. Os matemáticos intuicionistas rejeitam-no por não ser construtivo, ou seja, por não definir a função de escolha, mas apenas estabelecer sua existência. ↑**Intuicionismo** matemático, ↑**teoria dos conjuntos.**

AXIOMÁTICA – Qualquer ↑**teoria** razoavelmente clara pode ser axiomatizada, isto é, organizada no formato axioma-definição-teorema. Como a axiomatização não se refere ao conteúdo mas à arquitetura ou à organização, ela pode ser levada a cabo em todos os campos de investigação, desde a matemática e a ciência fatual até a filosofia. Os pontos principais da axiomática são o rigor e a sistematicidade. Rigor, porque ela exige uma exposição da lógica subjacente, bem como das pressuposições, distinguindo o definido do não definível, e o deduzido do assumido. E sistematicidade (portanto, evitação da irrelevância) porque se exige de todos os predicados que sejam ↑**correferenciais**, e porque todas as sentenças guardam "coerência entre si" em virtude da relação de implicação. Contrariamente a uma opinião muito difundida, a axiomatização não traz rigidez. Ao contrário, ao apresentar as assunções de modo explícito e ordenado, a axiomática facilita a correção e o aprofundamento. Além disso, em princípio, qualquer axiomatização dada pode ser substituída por outra mais precisa ou mais profunda. Afirma-se com frequência que o ↑**teorema da incompletude de Gödel** desmontou o otimismo de Hilbert com respeito ao escopo da axiomática. Na realidade, tudo o que o teorema faz é provar que não pode existir um sistema axiomático perfeito (completo). Ele não prova que sistemas mais inclusivos sejam impossíveis. Exemplo de um sistema axiomático: a socioeconomia da corrida armamentista. Axioma 1: A soma dos investimentos civis e militares é constante. Axioma 2: A taxa de inovação tecnológica é uma função crescente do investimento em pesquisa e desenvolvimento (P&D). Axioma 3: A competitividade comercial é uma função crescente da inovação tecnológica. Axioma 4: O padrão de vida é uma função crescente do investimento civil. Seguem-se algumas consequências. Teorema 1: Quanto maiores as despesas militares, menores as civis (do Axioma 1). Teorema 2: Na medida em que os investimentos militares decrescem em relação aos civis, a taxa de inovação tecnológica declina (do Axioma 2 e do Teorema 1). Teorema 3: A competitividade comercial declina com o aumento dos gastos militares (do Axioma 3 e do Teorema 2). Teorema 4: O padrão de vida declina com o aumento dos gastos militares (dos Axiomas 1 e 4).

BARAFUNDA DE MODELOS – A confusão entre "modelo" no sentido teórico de modelo e no sentido epistemológico é a fonte de toda uma filosofia da ciência, ou seja, a concepção "estruturalista" ou "semântica" das teorias. ↑**Modelo b, c**. Outra confusão a ser evitada é o ponto de vista de que os modelos teóricos são apenas ↑**analogias** ou ↑**metáforas**. Na realidade, estas concepções desempenham, quando muito, um papel heurístico na construção de modelos teóricos, como foi o caso com a analogia parcial entre corrente elétrica e fluxo de fluidos. No pior dos casos, elas podem obstruir o trabalho teórico, como aconteceu com as analogias de partícula e onda na física quântica, nas metáforas de engenharia de comunicações na psicologia, e nas metáforas biológicas nos estudos sociais.

BARROCA, FILOSOFIA – ↑**Filosofia Barroca**.

BASE DE UM CAMPO DE PESQUISA – Corpo de conhecimento utilizado e tomado como certo até que surja uma nova informação, em uma indagação. Alguns filósofos como Bacon, Descartes e Husserl, recomendaram que nada deve ser pressuposto ao se iniciar uma investigação. Mas isto é impossível, porque cada pesquisa é deflagrada por algum problema que é descoberto na base pertinente de conhecimento. Além disso, os problemas não podem sequer ser formulados, e muito menos examinados, em um vácuo de conhecimento: não há começo absoluto na pesquisa. Uma máxima metodológica correta é não ignorar o conhecimento básico, mas reexaminar e corrigir alguns de seus componentes sempre que parecerem falhos. Outra, é manter uma ↑**mente aberta** – e nunca vazia.

BÁSICO – **a. Lógica** – *Conceito básico*: conceito indefinido (ou primitivo) em um dado contexto. *Suposição básica*: uma premissa (axioma, postulado) não provada em um dado contexto. O que é básico em um contexto pode ser derivado em outro, alternativo. **b. Epistemologia** – Dado sensorial, descrição de um item percebido, ou uma declaração protocolar. Unicamente os empiristas, em particular os positivistas lógicos, consideram tais declarações como básicas, ou constitutivas das "bases empíricas da ciência". Cientistas, nas pesquisas de laboratório, conferem dados e avaliam hipóteses gerais e profundas tanto quanto o fazem com teorias bem confirmadas, ou mesmo até mais. **c. Ontologia** – Coisa elementar (indivisível) ou constituinte de coisas. Exemplos: elétrons, *quarks* e fótons. Advertência 1: Cabe à pesquisa empírica determinar se as coisas de uma dada espécie são efetivamente básicas, ou apenas não foram até agora divididas. Advertência 2: "Básico" não é a mesma coisa do que "simples". De fato, coisas básicas, como os elétrons, possuem um comportamento sobretudo complexo, daí serem descritos por teorias extremamente complexas como a ↑**mecânica quântica** relativística.

BAYESIANISMO – Escola que sustenta a interpretação subjetiva da ↑**probabilidade** como fé ou grau de certeza. **Sin.** Personalismo. O ponto essencial do bayesianismo reside na interpretação dos argumentos que ocorrem nas funções de probabilidade como proposições e, em particular, hipóteses e dados, e das próprias probabilidades como crenças (graus de credibilidade ou de certeza). Esta interpretação não se sustenta porque (a) o formalismo matemático não contém variáveis que possam ser interpretadas como pessoas; (b) o conceito de credibilidade não é nem matemático nem metodológico, porém psicológico; e (c) nenhum rol de hipóteses compatíveis com um certo corpo de dados pode ser exaustivo e mutuamente exclusivo, de modo que a soma de todos eles seja igual a um – como exige a definição de uma função de probabilidade. ↑**Indústria acadêmica,**

↑alquimia epistêmica, ↑paradoxos da probabilidade b., ↑probabilidade subjetiva.

BEHAVIORISMO – Escola psicológica que estuda somente o comportamento aberto. **Sin.** Psicologia E-R (estímulo-resposta). Apresenta duas variedades: metodológica e ontológica. A primeira não nega a ocorrência de processos mentais mas não crê que não se possa estudá-los cientificamente. Em oposição, o behaviorismo ontológico nega a realidade do que é mental. Obviamente, a segunda implica logicamente a primeira. O que torna o behaviorismo interessante do ponto de vista filosófico é o fato de ele ser inspirado no empirismo. Este modo de abordar a psicologia, vazio de organismo e de mente está agora inteiramente morto. Seus principais legados são o rigor experimental, a terapia behaviorista e a desconfiança no falatório vazio sobre a alma. Seu sucessor contemporâneo é o ↑**funcionalismo.**

BEM – **a. Teoria do valor** – Tudo o que tem as propriedades desejáveis – e.g., que promove o bem-estar ou a harmonia social. **b. Ética** – Alguns filósofos da moral concitamnos a buscar o bem para si próprio ou para outrem. A maioria deles coloca uma única coisa como a melhor de todas ou ↑*summum bonum.* ↑**Valor,** ↑**teoria do valor.**

BEPC, ESQUEMA – ↑Esquema BEPC.

BESOURO FILOSÓFICO – Toda pessoa com faro seguro para detectar e saborear lixo pseudofilosófico.

BICONDICIONAL – Uma proposição da forma "Se p então q e inversamente". Isto é, $p \Leftrightarrow q =_{df} p \Rightarrow q \ \& \ q \Rightarrow p$. Uma proposição bicondicional é verdadeira se e somente se ambos os constituintes forem ou verdadeiros ou falsos no mesmo grau.

BIOÉTICA – O ramo da ética que investiga os problemas morais suscitados pela medicina, biotecnologia, medicina social e pela demografia normativa. Amostra de problemáticas: legitimidade moral da clonagem humana, planejamento familiar compulsório e liberdade para abortar. Alguns problemas bioéticos dizem respeito igualmente à ética ambiental, como a ↑**nomoética** ou a ↑**tecnoética.** Exemplos: o estatuto do direito à reprodução em um mundo superpovoado; o direito de soltar organismos produzidos por engenharia genética; e o dever de proteger o ambiente.

BIOLOGIA – **a. Ciência** – O estudo científico dos seres vivos, atuais e do passado. Como todas as ciências fatuais, a biologia é ao mesmo tempo teórica e empírica. Desde o início das ideias evolucionárias, a biologia tem sido uma ciência histórica juntamente com a cosmologia, a geologia e a historiografia. **b. Filosofia da** – A investigação filosófica dos problemas levantados pela pesquisa biológica, tais como os relativos às peculiaridades dos organismos, da natureza das bioespécies, do escopo da teleologia, da estrutura da teoria evolucionária e da possibilidade de reduzir a biologia à física e à química.

BIOLOGISMO – O ↑**programa** que visa a reduzir todas as ciências sociais à biologia, em particular à genética e à biologia evolutiva. É o cerne da sociobiologia humana. O programa não pode ser levado a cabo porque (a) um e o mesmo grupo de pessoas pode se organizar em diferentes sistemas sociais; e (b) as mudanças sociais não necessitam de motivações biológicas. Ainda assim, a sociobiologia possui o mérito de ter lembrado aos cientistas sociais que as pessoas não se reduzem a feixes de intenções, valores e normas: elas têm impulsos biológicos e estão sujeitas à evolução.

BOOLE, ÁLGEBRA DE – ↑**Álgebra de Boole**.

C

CADEIA (OU ESCADA) DO SER – A concepção neoplatônica que ordena todos os seres, reais ou imaginários, em uma hierarquia do mais alto ao mais baixo. Em uma versão contemporânea: a ↑**estrutura de nível** da realidade, ou ordenação dos níveis de organização. Ao contrário da cadeia do ser, cujas relações de ordem são as da proximidade com Deus e da dominação (ou da subordinação), a coleção de níveis de organização é ordenada pela relação "emerge de" ou "evolve de". Ademais, ela não inclui objetos imateriais como almas e entidades sobrenaturais.

CAIXA-PRETA – ↑**Esquema** de *input-output* (entrada-saída): ↑**modelo** ou ↑**teoria** de alguma coisa que enfoca aquilo que faz, enquanto desconsidera seus "trabalhos" ou mecanismo. **Sin.** modelo ou teoria de caráter fenomenológico ou ↑**funcional**. Exemplos: termodinâmica clássica, teoria behaviorista da aprendizagem, psicologia computacionalista e sociologia funcionalista. As caixas pretas são necessárias mas insuficientes por não fornecerem ↑**explanações** apropriadas. ↑**Mecanismo**.

CAIXISMO-PRETO – A prescrição filosófica segundo a qual as entranhas das coisas não deveriam ser expostas, e muito menos conjecturadas. **Sin.** ↑**Descritivismo**. Suporte filosófico: ↑**positivismo**.

CÁLCULO – **a.** Em lógica, é uma teoria do raciocínio dedutivo, tal como o cálculo proposicional e o de predicados. **b.** Em matemática, é uma teoria que envolve um ou mais ↑**algoritmos**, tais como o do cálculo infinitesimal (diferencial ou integral).

CÁLCULO DE PROBABILIDADE – A teoria matemática da ↑**probabilidade**. Eis os fundamentos da teoria abstrata elementar. Teorias subjacentes: Lógica comum (clássica), teoria ingênua dos conjuntos, álgebra elementar e análise. Conceito primitivo: a função de probabilidade Pr, de conjuntos em números reais no intervalo unitário, que é implicitamente definida pelos seguintes postulados. Axioma 1: Se S é um conjunto arbitrário não vazio, e F, uma família de subconjuntos de S, então todas as uniões e interseções de membros de F estão em F. Axioma 2: Pr é uma função de F no intervalo [0, 1] de números reais. Axioma 3: Para qualquer A em F, $0 \leq \Pr(A) \leq 1$. Axioma 4: Se A e B forem membros que não se interceptam de F, então $\Pr(A \cup B) = \Pr(A) + \Pr(B)$. Axioma 5: $\Pr(S) = 1$. A teoria é semiabstrata porque as variáveis independentes das funções de probabilidade são conjuntos de particulares não descritíveis. Embora tais conjuntos sejam com frequência denominados 'eventos', eles não precisam representar eventos físicos. Tampouco ocorrem nos axiomas as noções de frequência relativa ou de credibilidade. Esta neutralidade semântica possibilita a aplicação do cálculo de probabilidades a todas as ciências fatuais e tecnologias. Entretanto, todas as aplicações legítimas envolvem a noção de chance objetiva ou aleatoriedade. ↑**Filosofia probabilistca**, ↑**paradoxo da probabilidade**.

CÁLCULO SENTENCIAL – Denominação que os ↑**nominalistas** dão ao cálculo ↑**proposicional**. ↑**Sentença**.

CAOS – **a. Conceito tradicional ou não técnico** – Caótico = sem lei. Exemplo: As coisas num depósito de lixo municipal estão espalhadas caoticamente. **b. Conceito contemporâneo ou técnico** – Caótico = satisfazer um padrão representado por uma equação diferencial não linear de diferenças finitas de um certo tipo. Exemplo mais conhecido: a equação logística $x_n = kx_n(1 - x_n)$. Na medida em que o valor do parâmetro (ou "variável botão") k assume certos valores, a solução x_n muda abruptamente. Como esses processos são perfeitamente legais, o termo 'caótico' é impróprio. Uma denominação melhor seria de 'pretenso aleatório'. Entretanto, talvez seja muito tarde para renomeá-lo. Mas há precedentes. Por exemplo, a lógica simbólica e a teoria da catástrofe são atualmente chamadas de 'lógica matemática' e 'teoria da singularidade', respectivamente.

CARDINAL/ORDINAL – A cardinalidade de um conjunto = numerosidade de seus membros. Magnitude cardinal (ou "escala"): uma magnitude com valores numéricos. Exemplos: comprimento, idade, população. Magnitude ordinal: aquela cujos graus podem ser ordenados para mais ou para menos, mas à qual não se atribui valores numéricos. Exemplos: compreensão, utilidade subjetiva, plausibilidade, satisfação estética.

CARTESIANO, PRODUTO – ↑**Produto cartesiano**.

CATEGORIA – **a. Filosofia** – Um conceito extremamente amplo. Exemplos: construto, abstrato, mudança, existência, espécie, generalidade, lei, matéria, significado, mental, social, espaço, sistema, coisa, tempo. **b. Matemática** – Um construto que consiste de objetos e mapeamentos (setas) entre eles satisfazendo certos axiomas. Por exemplo, conjuntos e funções constituem uma categoria. Outros exemplos surgem em ramos específicos da matemática. A teoria da categoria proporciona um fundamento alternativo e mais satisfatório para a matemática do que o da ↑**teoria dos conjuntos**.

CAUSA/EFEITO – Os *relata* (termos) de uma relação causal. ↑**Causação**.

CAUSALISMO – A tese ontológica segundo a qual a ↑**causação** é o único modo de vir-a-ser. Ela é refutada pela radioatividade, pela descarga espontânea dos neurônios e pela ↑**autorreunião**.

CAUSAÇÃO – Diz-se que um ↑**evento** (mudança de estado) c é *a* causa de um outro evento e se e somente se c for suficiente para que e ocorra. Exemplos: o movimento de rotação da Terra em torno de seu próprio eixo é a causa da alternância dos dias e das noites. Se, por outro lado, c verificar-se sem a ocorrência de e – isto é, se c for necessário mas não suficiente para e ocorrer – então diremos que c é *uma* causa de e. Exemplo: a infecção HIV é uma causa da AIDS. Uma causa necessária mas insuficiente é denominada uma causa *contribuinte*. A maioria, se não todos os eventos, sociais, tem múltiplas causas contribuintes.

Outra distinção importante é a que existe entre relação causal linear e não linear. Uma relação causal *linear* é aquela em que o tamanho do efeito é comensurável com o da causa. Exemplo: o fluxo de água que move um alternador, o qual, por sua vez, gera eletricidade. Em uma relação causal *não linear*, o tamanho do efeito é muitas vezes maior do que a causa. Exemplo: dar uma ordem de mandar bala ou de mandar embora um empregado. A primeira é um caso de transferência de energia, a segunda é um desencadeador. A relação causal (ou nexo) vigora exclusivamente entre eventos. Portanto, afirmar que uma coisa causa outra, ou que causa um processo (como ao se dizer que o cérebro é a causa da mente), envolve um mau uso da palavra 'causa'. Os empiristas sempre desconfiam do conceito de causação porque a relação causal é imperceptível. De fato, no melhor dos casos, a causa e seus efeitos podem ser percebidos, mas sua relação deve ser presumida. Daí por que empiristas propuseram que causação fosse substituída por conjunção constante (Hume) ou por função (Mach). Porém, a conjunção constante ou a concomitância podem ocorrer sem causação. E uma relação funcional, sendo puramente matemática, não tem compromisso ontológico. Além disso, a maioria das funções pode ser invertida, o que não é o caso da maioria das relações causais; ademais, se a variável independente numa relação funcional for o tempo, sua interpretação causal está fora de questão, porquanto instantes não são eventos. Por fim, embora as relações causais sejam imperceptíveis, elas podem ser testadas experimentalmente sacudindo as causas. Por exemplo, a hipótese de que a corrente elétrica gera campos magnéticos é confirmada pela variação da intensidade da corrente e pela mensuração da intensidade do campo magnético.

CERTEZA/DÚVIDA – A certeza é o estado da mente ou o processo mental que não envolve vacilação. Como a dúvida, é uma categoria psicológica e não epistemológica: toda certeza é certeza de alguém sobre alguma coisa. De fato, um sujeito pode estar certo acerca da falsidade e incerto sobre a verdade. A certeza surge em graus. Entretanto, a tentativa de igualar grau de certeza com ↑**probabilidade** é desencaminhadora, porque variações na certeza não são conhecidas como acontecimentos eventuais: a maioria delas resulta do aprendizado.

CERTO/ERRADO – Uma dicotomia aplicável a ideias e ações de todas as espécies. Os pares claro/escuro, bom/mau, justo/injusto, válido/inválido, preciso/impreciso e verdadeiro/falso exemplificam a dicotomia básica. É uma questão aberta se uma teoria geral e não trivial do certo e errado é possível.

CETICISMO – A família das doutrinas segundo as quais algum ou todo conhecimento é duvidoso ou mesmo falso. Há duas variedades: sistemático e metódico. O ceticismo *sistemático*, total ou radical, é o duvidar de tudo. O ceticismo *metódico* ou moderado utiliza a dúvida como um modo de aferir ou propor novas ideias. O ceticismo sistemático, tal como o de Sexto Empírico ou Francisco Sánches, é impossível porque toda ideia é avaliada ou conferida contra outras ideias. O ceticismo metódico devia ser a norma em todas as buscas racionais: a gente duvida somente quando há alguma razão para duvidar.

CÉTICO, PARADOXO DO – ↑**Paradoxo do cético**.

CHANCE – ↑**Acaso**.

CHARLACANISMO – Gênero literário introduzido pelo psicanalista francês Jacques Lacan, que admitia que a psicanálise não é uma ciência, mas *"l'art du bavardage"* (a arte da tagarelice).

CIBERNÉTICA – O estudo de sistemas dotados de dispositivos de controle (*feedback* negativo, retroalimentação), quer natural quer artificial. A cibernética é do interesse da filosofia pelas seguintes razões. Primeiro, proporciona uma explicação naturalista do comportamento dirigido para uma meta, que era antes visto como prova de forças espirituais. Segundo, a retroalimentação negativa explica a estabilidade (estado estacionário) de certos sistemas, ao passo que a posteroalimentação (*feedforward*) explica o início da instabilidade em outros. Terceiro, uma vez que ela trata unicamente de aspectos estruturais, a cibernética é em substrato neutra: aplica-se a sistemas físicos, organismos, organizações e artefatos. Entretanto, o projeto, a construção ou a manutenção de sistemas cibernéticos particulares requer um conhecimento do modo de comportar-se dos materiais particulares de que os sistemas são constituídos.

CIÊNCIA – A busca crítica de ou para a utilização de padrões nas ideias, na natureza ou na sociedade. Uma ciência pode ser *formal* ou *fatual*: a primeira, se se referir a construtos, a segunda, a fatos. A lógica e a matemática são ciências formais: lidam apenas com conceitos e suas combinações, e, por esse motivo, não têm emprego nos procedimentos empíricos ou dados – exceto como fontes de problemas ou de ajuda no raciocínio. A física e a história, e todas as ciências no entremeio, são fatuais: elas versam sobre coisas concretas como feixes de luz e firmas comerciais. Portanto, têm necessidade de procedimentos empíricos, como a mensuração, ao lado de procedimentos conceituais, como a observação. As ciências fatuais podem ser divididas em *naturais* (e. g., biologia), *sociais* (e. g., economia), e *biossociais* (e. g., psicologia). Com respeito à praticidade, pode-se dividi-la em ↑**ciência básica** e ↑**ciência aplicada**.

CIÊNCIA APLICADA – A procura de novos conhecimentos científicos de possível aplicação prática. Exemplos: matemáticos, físicos, químicos, bioquímicos, farmacologistas, psicólogos clínicos e sociólogos aplicam a ciência na medida em que se empenham em pesquisa científica original de possível uso na indústria ou no governo. Se utilizam apenas os achados científicos em uma função profissional, colocam-se como peritos ou militares altamente especializados.

CIÊNCIA BÁSICA – A busca desinteressada de novos conhecimentos científicos. O *sistema de campos de pesquisa científica fatual* é uma coleção variável, onde cada membro $\mathcal{R}$ é representável por uma 10-pla (décupla)

$$\mathcal{R} = < C, S, D, G, F, B, P, K, A, M, >,$$

onde, a qualquer tempo,

(1) C, a *comunidade de pesquisa* de $\mathcal{R}$, é um sistema social composto de pessoas que receberam um treinamento especializado, mantêm fortes liames de comunicação entre si, partilham seu conhecimento com qualquer pessoa que queira aprender e principiam ou continuam uma

tradição de indagação (não apenas de crença) com vistas a descobrir as verdadeiras representações dos fatos;

(2) S é a *sociedade* (completada com sua cultura, economia e política) que hospeda C e encoraja, ou no mínimo tolera, as atividades específicas dos componentes de C;

(3) o *domínio* ou *universo do discurso* D de $\mathcal{R}$ é composto exclusivamente de entidades reais (efetivas ou possíveis) passadas, presentes ou futuras (mais do que, digamos, ideias livremente flutuantes);

(4) a *visão geral* ou a *base filosófica* G de $\mathcal{R}$ consiste de (a) o princípio ontológico de que o mundo é composto de coisas concretas que mudam segundo leis e existem independentemente do pesquisador (mais do que, digamos, entidades fantasmagóricas ou imutáveis ou inventadas ou miraculosas); (b) o princípio epistemológico de que o mundo pode ser conhecido de um modo objetivo ou de maneira no mínimo parcial e gradualmente; e (c) o *ethos* da livre busca da verdade, da profundidade, do entendimento e do sistema (mais do que, digamos, o *ethos* da fé ou o da busca da pura informação, da utilidade, do lucro, do poder, do consenso, ou do bem);

(5) a *base formal* F de $\mathcal{R}$ é a coleção de teorias lógicas e matemáticas atualizadas (mais do que vazias ou compostas por teorias formais obsoletas);

(6) a *base específica* B de $\mathcal{R}$ é uma coleção de dados, hipóteses e teorias atualizadas, e razoavelmente bem confirmadas (no entanto, corrigíveis), e de métodos de pesquisa razoavelmente efetivos, obtidos em outros campos relevantes para $\mathcal{R}$;

(7) a *problemática* P de $\mathcal{R}$ consiste exclusivamente de problemas cognitivos concernentes à natureza (em particular às regularidades) dos membros de D, bem como de problemas relativos a outras componentes de $\mathcal{R}$;

(8) o *cabedal de conhecimentos* K de $\mathcal{R}$ é uma coleção de atualizadas e comprováveis (embora raramente últimas) teorias, hipóteses e dados compatíveis com os de B e obtidos pelos membros de C em épocas anteriores;

(9) os *alvos* A dos membros do C incluem descobrir ou utilizar as regula-

ridades (em particular as leis) e as circunstâncias dos Ds, sistematizar (em teorias) hipóteses gerais acerca dos Ds e refinar métodos em M; (10) a *metódica* M de ℛ consiste exclusivamente de procedimentos escrutináveis (conferíveis, analisáveis e criticáveis) e justificáveis (explanáveis), e em primeiro lugar do ↑**método** científico geral.

(11) Há no mínimo um outro campo *contíguo* de pesquisa científica, no mesmo sistema de campos de pesquisa fatuais, de tal modo que (a) os dois campos partilham alguns itens em suas concepções gerais, bases formais, bases específicas, cabedais de conhecimento, alvos e metódica, e que (b) ou o domínio de um dos dois campos está incluído no do outro, ou cada membro do domínio de um dos campos é um componente de um sistema concreto no domínio do outro.

(12) os elementos de cada um dos últimos oito componentes de ℛ *variam*, embora lentamente às vezes, como *um produto da indagação* no mesmo campo (mais do que como um resultado de pressões ideológicas ou políticas, ou de "negociações" entre pesquisadores), bem como em campos de investigações científica relacionados (formais ou fatuais).

Qualquer campo de conhecimento que deixa de satisfazer, mesmo aproximadamente, todas as doze condições acima expostas será dito *não científico* (exemplos: teologia e crítica literária). Um campo de pesquisa que as satisfaça aproximadamente pode ser chamado de *semiciência ou protociência* (exemplos: economia e ciência política). Se, ademais, o campo está evoluindo no sentido da plena submissão a elas será chamado de *ciência emergente* ou *em desenvolvimento* (exemplos: psicologia e sociologia). De outro lado, qualquer campo do conhecimento que, sendo não científico, for apregoado como científico, será denominado *pseudocientífico*, ou uma ciência *falsificada* ou *adulterada* (exemplos: parapsicologia, psicanálise, psico-história). Aceitando-se que a diferença entre ciência e protociência é de grau, a diferença entre protociência e pseudociência é de espécie.

CIÊNCIA, FILOSOFIA DA − ↑**Filosofia da Ciência.**

CIÊNCIA RELEVANTE PARA A FILOSOFIA − Pelo fato de a ciência estudar tudo o que existe, seja conceitual ou material, natural ou social, ela deveria ser relevante para todos os ramos da filosofia, exceto para a lógica. Mas, na verdade, a maioria das escolas filosóficas são indiferentes à ciência, quando não hostis. Isto vai em seu prejuízo, pois suas concepções sobre o ser, o conhecer ou o fazer estão destinadas à obsolescência. Exemplos desse prejuízo aparecem nas atuais filosofias da mente e da linguagem, de cujos praticantes poucos se dão ao trabalho de aprender alguma coisa das ciências relevantes.

CIÊNCIA SOCIAL – O estudo científico desinteressado dos sistemas sociais e da ação social. Possui muitos ramos importantes: antropologia, sociologia, economia, politicologia, história e suas diferentes combinações (como a socioeconomia). Não deve ser confundida com os estudos sociais "humanísticos" ou de poltrona, tais como sociologia fenomenológica, teoria crítica e estudos culturais. Os estudos de ciência social podem ser empíricos ou teóricos (em especial matemáticos). Segundo a tradição positivista, apenas os primeiros são considerados como pesquisa. Mais do que em quaisquer outras, nas ciências sociais as influências filosóficas e ideológicas são das mais fortes, e raras vezes com efeito benéfico. Testemunham-no as controvérsias materialismo-idealismo, individualismo-holismo, realismo-subjetivismo e Estado-mercado. ↑**Filosofia da ciência social**.

CIENTIFICIDADE – A propriedade de ser científico, como em "a biologia evolucionista é científica", e "as teorias da escolha racional não são científicas". Há diversos critérios de cientificidade. Uma condição necessária para que um item (hipótese, teoria ou método) seja científico é que seja ao mesmo tempo conceitualmente preciso e suscetível a teste empírico. Tal condição desqualifica os modelos de escolha racional que não especificam a função utilitária ou que confiam em estimativas subjetivas de probabilidade. Entretanto, a condição é insuficiente, pois ela concorda com a hipótese da criação de matéria a partir do nada. O que a desqualifica é a sua incompatibilidade com o corpo da física, em particular com o conjunto dos teoremas de conservação. O seguinte critério responde a tais preocupações: Uma hipótese ou teoria é científica se e somente se (a) for precisa; (b) for compatível com o grosso do conhecimento científico relevante; e (c) juntamente com hipóteses subsidiárias e dados empíricos, acarretar consequências empiricamente ↑**testáveis**. ↑**Ciência**, ↑**básico**, ↑**problema mente-corpo. d., e.**.

CIENTISMO – A concepção de que a pesquisa científica é o melhor caminho para assegurar ↑**conhecimento** fatual acurado. É uma componente tanto do ↑**positivismo lógico** como do ↑**realismo** científico. O cientismo tem estado atrás de toda tentativa de transformar um capítulo das humanidades em um ramo da ciência: relembrar, e. g., as origens da antropologia contemporânea, a psicologia, a linguística e as ciências sociais. O termo foi usado pejorativamente por F. Hayek e outros a fim de designar as tentativas de arremedar a ciência natural nos estudos sociais. Ele e outros membros do campo "humanístico" (de gabinete) nas ciências sociais veem no cientismo, mais do que uma anticiência ou uma pseudociência, seu principal inimigo.

CINEMÁTICA/DINÂMICA – Uma explicação cinemática de mudança é puramente descritiva, enquanto uma explicação dinâmica aponta para mecanismo(s) de mudança(s). Exemplos: equações de taxas e equações de movimento, respectivamente.

CÍRCULO VICIOSO – Repetir no *definiens* um termo que ocorre no *definiendum*, como em "uma coisa está viva se e somente se dotada de um impulso vital". Os círculos viciosos devem ser evitados, mas não é o caso dos ↑**círculos virtuosos**.

CÍRCULO VICIOSO/VIRTUOSO – *Círculo vicioso*: repetição do conceito definido na cláusula definidora, ou da conclusão entre as premissas. Exemplo: as pessoas aprendem a falar porque são dotadas de um dispositivo de aquisição de linguagem. *Círculo virtuoso*: processo de aproximações sucessivas, onde uma descoberta é utilizada para superá-la. Exemplo: a validade da matemática consiste no fato de ser confirmada pela lógica, a qual, por sua vez, é testada e desafiada pela matemática.

CÍRCULO VIRTUOSO – Um processo pelo qual a validade de uma proposição, norma, técnica ou conjunto de qualquer delas formado de modo a depender de uma outra, que por seu turno depende da anterior, de maneira que daí resulta progresso. Exemplo 1: A matemática depende da lógica, que por sua vez vem a ser justificada por seu desempenho no raciocínio matemático. Exemplo 2: Uma filosofia é bem fundada se for compatível com o grosso do conhecimento científico e tecnológico, que por seu turno se apóia em certos princípios filosóficos. Exemplo 3: As normas morais são validadas por suas consequências práticas, que por sua vez são avaliadas à luz das normas morais.

CITAÇÃO – A citação serve a múltiplas funções nos trabalhos acadêmicos: dar créditos, exibir prova, dar a impressão de erudição, lisonjear, poupar o esforço de fazer pesquisa e servir de cadeira de rodas para os intelectualmente deficientes.

CLAREZA – Aquilo que tem ↑**significado** preciso, que é minimamente vago ou difuso. Para uma ideia ser clara basta ser bem definida, tanto explicitamente como por meio de um conjunto de postulados. A clareza é o primeiro requisito do discurso racional e uma condição necessária para o diálogo civilizado e fecundo. Algumas ideias, como as da Sagrada Trindade, absoluto, contradição dialética, *id* e *Dasein* (estar-aí, existir), são intrinsecamente não claras (obscuras). Outras são de início um tanto não claras, mas gradualmente são elucidadas por meio de exemplificação, análise ou incorporação a uma teoria.

CLASSE – Coleção (conjunto, em particular) definida por um predicado (simples ou complexo). **Sin.** espécie, tipo, gênero. Álgebra de classes: o ramo da lógica que lida com conjuntos como totalidades, e investiga sua reunião, intersecção e complemento.

CLASSE DE EQUIVALÊNCIA – Uma classe resultante da partição de uma classe mais ampla por uma ↑**relação de equivalência**. Por exemplo, se os indivíduos *a* e *b* possuem uma propriedade comum P, dizemos que eles são *equivalentes com respeito a P*, ainda que possam diferir em todos os outros aspectos. O símbolo padrão é: $a \sim_p b$. Todos estes indivíduos constituem uma *classe de equivalência* sob P. A grande importância científica e filosófica das classes e das relações de equivalência reside no fato de juntarem diversidade com similaridade, reduzindo assim a heterogeneidade e facilitando a descoberta de padrões em meio à desordem. E a velha objeção à possibilidade de haver uma ciência social devido à diversidade dos indivíduos é enfrentada lembrando-se que itens diferentes podem ser juntados com base numa relação de equivalência apropriada. Assim, classes de equivalência superam a dicotomia entre acumular e rachar.

CLASSIFICAÇÃO – Partição exaustiva de uma coleção em subconjuntos (espécies) mutuamente disjuntos, e agrupamento dos últimos em classes de nível mais alto (taxa) tais como gêneros. Duas relações lógicas estão envolvidas em uma classificação: a da pertinência ($\in$) de um particular a uma classe (a de ser membro), e a da inclusão ($\subseteq$) de uma classe em outra de grau mais alto. Portanto, toda classificação é um ↑**modelo** (exemplo) de uma teoria de conjuntos. ↑**Taxonomia**.

COBERTURA – A cobertura de um construto é a coleção de itens para os quais ela é válida. Em particular, a cobertura de um predicado é sua ↑**extensão**, e a de uma teoria fatual é o domínio dos fatos para os quais ela é (suficientemente) verdadeira. Exemplo 1: A extensão de "híbrido", no universo biológico do discurso, é o fruto de organismos pertencentes a diferentes espécies. Exemplo 2: A cobertura da eletrodinâmica quântica é a coleção de todos os fatos conhecidos que envolvem os campos eletromagnéticos. Exemplos 3: A cobertura do existencialismo é o nada. Quanto mais um predicado cobre, tanto mais pobre será o seu conteúdo (tanto menos ele "diz"). Por exemplo, "ser" é, ao mesmo tempo, mais amplo e mais fraco do que "ser vivo". O interessante é que esta lei da "relação inversa" entre extensão e intensão (conteúdo) pode falhar para teorias. Assim, a teoria dos número reais é tanto mais rica e ampla do que a teoria dos números inteiros, e a eletrodinâmica tem maior intensão e cobertura do que a eletrostática.

COERÊNCIA – ↑**Consistência**.

COERÊNCIA, TEORIA DA VERDADE COMO – ↑**Teoria da verdade como coerência**.

COEXTENSIVO – Dois ↑**predicados** são *estritamente* coextensivos se e somente se suas ↑**extensões** coincidirem, e *parcialmente* coextensivos se eles se sobreporem apenas em parte. Exemplo do primeiro: "corpo" e "maciço". Exemplo do último: "artificial" e "feito".

COGITO, ERGO SUM – Penso, logo sou. Um princípio de Descartes que o tomou como evidente por si. Ele tem sido interpretado e reinterpretado a não poder mais durante três séculos. Por vezes acreditou-se que ele encapsulava a doutrina idealista segundo a qual as ideias precedem a existência. Entretanto, tomando-o literalmente, assevera, pelo contrário, que a existência é necessária para (portanto, precede) pensar. Sem dúvida, no condicional C $\Rightarrow$ S, C é suficiente para S, e S é necessário para C. Uma interpretação mais plausível é que Descartes começa a sua indagação duvidando de tudo, exceto do princípio.

COGNIÇÃO – Processo que leva ao ↑**conhecimento**. Percepção, exploração, imaginação, raciocínio, crítica e testagem são processos cognitivos. A cognição é estudada pela ↑**psicologia** cognitiva, enquanto o conhecimento é primordialmente estudado pela ↑**epistemologia** e pela engenharia do conhecimento.

COGNITIVISMO – A família das doutrinas ética e axiológica que afirmam a relevância do conhecimento para avaliar juízos e normas morais. **Ant.** ↑**emotivismo**, ↑**intuicionismo**.

COGNOSCÍVEL/INCOGNOSCÍVEL – O irracionalismo e o ceticismo radical negam a possibilidade do conhecimento. Mas, na realidade, mesmo os defensores de tais antifilosofias conhecem uma porção de coisas. Na verdade, todos nós conhecemos alguma coisa, e além disso, o conhecimento humano teve um crescimento no último meio milênio. Ainda assim, ninguém pode saber tudo: alguns itens são incognoscíveis em princípio (portanto para sempre), outros na prática (portanto apenas por enquanto). Entre os primeiros encontram-se todos os eventos que não podem ser ligados a nós com sinais luminosos e todos os eventos passados que não deixaram traços. Por limitações práticas, basta mencionar a inexatidão dos instrumentos de medida, a limitada capacidade dos dispositivos computacionais, os restritos fundos de pesquisa e os constrangimentos artificiais impostos por ideologias anticientíficas e filosofias.

COINTENSIVO – Dois predicados são cointensivos se e somente se as suas ↑**intensões** (ou sentidos ou conotações) coincidem totalmente ou em parte. Exemplos: "massa" e "peso", "livro" e "folheto", "dependente" e "linearmente dependente", "supernaturalista" e "religioso".

COISA – Um objeto diferente de um construto. Exemplos: átomos, campos, pessoas, artefatos, sistemas sociais. Não coisas: propriedades das coisas (e. g., energia), mudanças nas coisas, e ideias consideradas em si mesmas. Segundo o ↑**materialismo**, o mundo é composto exclusivamente de coisas.

COISA EM SI OU *DING AN SICH* – Coisa que existe independentemente do cognoscente. **Sin.** ↑*noumenon*. Segundo Berkeley, a coisa em si é inexistente; incognoscível para o ↑**fenomenalismo** (e. g., Kant); tanto existe quanto é parcialmente cognoscível para o ↑**realismo** científico (e. g., Galileu).

COISA NULA – ↑Nadidade.

COLEÇÃO – Um grupo de objetos reunidos ou arbitrariamente ou porque possuem alguma propriedade em comum. Uma coleção com um número fixo de membros é um ↑**conjunto** no sentido matemático da palavra. Por exemplo, a espécie humana é uma coleção variável no tocante a seus membros, enquanto a coleção de todos os humanos vivos é, num dado tempo, um conjunto.

COLETIVISMO – Refere-se às teses ontológica e epistemológica, que aparecem na filosofia dos estudos sociais, segundo as quais o todo social sempre precede e condiciona os seus constituintes individuais. **Sin.** ↑holismo. O coletivismo é correto na medida em que cada indivíduo nasce em uma sociedade preexistente, e nunca pode se livrar inteiramente dela. Mas é falso, ao negar que as ações individuais, dirigidas algumas vezes contra a corrente dominante, é o que mantém ou altera totalidades sociais. **Ant.** ↑individualismo. O ↑sistemismo é uma alternativa tanto ao coletivismo quanto ao individualismo.

COMPATIBILIDADE – Duas ou mais proposições são mutuamente compatíveis se nenhuma delas nega a outra. A compatibilidade não requer que todas as proposições em questão sejam verdadeiras. Esta condição é muito forte, porque antes de inquirir sobre a verdade de um conjunto de proposições, é recomendável conferir se elas são mutuamente compatíveis. **Ant.** incompatibilidade. O conceito de incompatibilidade pode ser adotado como uma única operação lógica primitiva (indefinida). ↑**Consistência**.

COMPLEMENTO – O complemento de um conjunto S relativo ao seu universo de discurso U é o conjunto de todos os elementos de U que não estão em S. Símbolo: U\S. Exemplo: os campos físicos constituem o complemento da coleção de corpos na coleção de todas as coisas ↑**materiais**: F = M\B, logo M = B ∪ F.

COMPLETUDE – Uma ↑**teoria** é completa se e somente se cada uma de suas fórmulas for ou um postulado ou uma consequência logicamente válida de seus postulados. Portanto, uma teoria completa não pode ser enriquecida sem a introdução de uma contradição. A lógica de predicados de primeira ordem e algumas poucas teorias matemáticas simples provaram ser completas. De outro lado, qualquer teoria que contenha um fragmento da teoria dos números é necessariamente incompleta. ↑**Teorema da incompletude de Gödel**.

COMPLEXIDADE – Um objeto complexo é aquele que tem duas ou mais componentes. **Ant.** ↑**simplicidade**. Exemplos conceituais: todos os conceitos definidos, todas as proposições, todas as teorias e todos os métodos são complexos em uma ou outra extensão. Exemplos fatuais: átomos, moléculas, células, sistemas sociais. Entretanto, a complexidade em um ↑**nível** de organização pode coexistir com a simplicidade em outro. Como cada ↑**sistema** pode ser analisado em sua composição, ambiente, estrutura e mecanismo (↑**modelo CAEM**), quatro tipos de complexidade devem ser distinguidos. Estes são: composicionais (número e tipos de componentes), ambientais (número, tipos e intensidades de ligações com itens do ambiente) estruturais (número, tipos e intensidades de liames entre os componentes), e mecanísmicos (tipos de processos que fazem o sistema "ticar").

COMPOSIÇÃO – **a. Sistema** – A coleção de partes de um sistema. Como um sistema pode conter partes de diversos níveis (e. g., átomos, moléculas, células, órgãos, pessoas etc.), é necessário indicar o nível no qual a composição está sendo pensada. Exemplo: composição ao nível atômico, ao nível da pessoa (no caso de um sistema social), ao nível da firma (no caso de um sistema econômico). A definição do conceito de composição $C_L(s)$ de um sistema s ao nível L é direta: é a intersecção de C(s) com L, isto é, $C_L(s) = C(s) \cap L$, isto é, a coleção dos L que são partes de s. **b. Falácia** – A falácia ontológica consiste em atribuir a um todo (coleção ou sistema) todas as propriedades de suas partes. Exemplo: "Aquelas espécies vivem à custa das termitas". Esta falácia tem origem na negação da ↑emergência. O ↑reducionismo radical envolve a falácia de composição. Os ↑individualistas ontológicos, em especial nas ciências sociais, propendem particularmente para a falácia.

COMPUTACIONALISMO – A tese que considera a ↑mente uma coleção de programas de computador. De maneira equivalente: a tese segundo a qual todas as operações mentais são computações de conformidade com ↑algoritmos. Esta tese escora o entusiasmo acrítico em favor da inteligência artificial. Justamente por isso ela empobreceu a psicologia e desorientou a filosofia da mente. De fato, levou a negligenciar processos não algorítmicos, tais como os da colocação de novos problemas e formação de novos conceitos, hipóteses e regras (como os algoritmos). Além disso, reforçou o mito idealista de que o estofo da mente é neutro, de forma que pode ser estudada de um modo isolado tanto da neurociência quanto da psicologia social. Finalmente, ela cortou de maneira artificial os liames entre inteligência e emoção – a despeito do fato bem conhecido de que os órgãos correspondentes estão anatomicamente ligados.

COMUM – Costumeiro, familiar, ordinário, não técnico, como em "conhecimento comum", "linguagem comum" "filosofia da linguagem comum". Não exemplos: conhecimento científico e linguagens científicas.

COMUNICAÇÃO – A transmissão de um sinal cognitivamente significativo ou mensagem, isto é, um sinal a envolver algum conhecimento, como no caso de dados, conjeturas, questões, instruções e ordens. Quando duas ou mais coisas se comunicam, quer em uma única direção ou reciprocamente, elas constituem um *sistema de comunicação*. De um modo mais preciso, um sistema de comunicação pode ser caracterizado como um sistema concreto (material) composto de animais de espécies iguais ou diferentes, bem como de coisas não vivas, em algum ambiente (natural ou social), e cuja estrutura inclui sinais de um ou mais tipos – visuais, acústicos, eletromagnéticos, químicos etc. A propagação de tais sinais está sujeita tipicamente a distorções devidas a variações descontroladas (amiúde aleatórias) nos canais de comunicação. Engenheiros de comunicação, etologistas, sociolinguistas, linguistas e outros estudam, projetam, fazem manutenção ou reparos nos sistemas de comunicação tais como as redes de tevê, internet e comunidades linguisticas. Estas últimas são as unidades de estudo dos sociolinguistas. ↑**Linguística d.**.

CONCEITO – Ideia simples, unidade de ↑**significado**, tijolo de uma ↑**proposição**. Exemplos: "indivíduo", "espécie", "duro", "duríssimo", "entre". Todo conceito pode ser simbolizado por um termo, mas o inverso é falso. De fato, alguns ↑**símbolos**, tais como "ele" e "de", são ↑**sincategoremáticos**, e outros denotam coisas concretas ou propriedade a seu respeito. Os conceitos podem ser agrupados em dois grandes gêneros: ↑**conjuntos** e ↑**predicados** de diferentes graus (unários, binários etc.). Tais conceitos encontram-se definidos implicitamente na teoria dos conjuntos e na lógica dos predicados, respectivamente. Como os nomes não são nem predicados nem conjuntos, eles não são conceitos, muito embora alguns deles designem conceitos. O ↑**nominalismo** nega a existência de conceitos por medo do platonismo. Mas, ironicamente, a própria afirmação "Não há conceitos", envolve os conceitos de existência, negação e conceito.

CONCEPÇÃO – Palavra ambígua, quando designa uma ↑**abordagem**, uma ↑**hipótese**, ou uma ↑**opinião**.

CONCEPÇÃO PICTÓRICA DA LINGUAGEM – A opinião segundo a qual as linguagens, longe de serem ontológica e epistemologicamente neutras, descrevem ou pintam o mundo. Se isso fosse verdade, seria impossível enunciar possibilidades, determinar falsidades e ficções. ↑**Teoria reflexiva do conhecimento.**

CONCEPÇÕES RIVAIS – Duas ou mais concepções sobre assuntos prosaicos são rivais uma em relação à(s) outra(s) se explicam de modo diferente fatos aproximadamente iguais. Exemplos: criacionismo/evolucionismo, idealismo/materialismo, individualismo/holismo. Elas serão rivais tão somente se puderem ser comparadas uma com a outra. ↑**Incomensurável**, ↑**revolução epistêmica**. Quando se avaliam concepções rivais relativas a um domínio de fatos, é preciso checar qual delas satisfaz melhor os seguintes requisitos. (1) *Inteligibilidade*: A concepção é clara ou confusa? Se algo obscura, pode ser elucidada e eventualmente formalizada, ou é inerentemente confusa e, portanto, não suscetível de desenvolvimento? (2) *Consistência lógica*: A concepção é internamente consistente ou contém contradições? Se apresentar inconsistências, podem ser elas removidas alterando ou omitindo algumas das assunções sem renunciar às mais importantes? (3) *Sistematicidade*: A concepção é um sistema conceitual (em particular, uma teoria) ou parte de um sistema conceitual, ou é uma conjectura incidental que não pode desfrutar do amparo de qualquer outra porção de conhecimento? Se incidental, pode ela ser expandida num sistema hipotético-dedutivo ou engastada num sistema assim? (4) *Literalidade*: A concepção efetua quaisquer enunciados literais, ou é apenas uma metáfora? Se uma analogia, é rasa ou profunda, estéril ou fecunda? E é indispensável ou pode ser substituída por uma explicação literal? (5) *Testabilidade*: A concepção pode ser aferida conceitualmente (contra itens de conhecimento previamente aceitos) ou empiricamente (pela observação ou pelo experimento) ou é inexpugnável à crítica ou à experiência? (6) *Evidência*: Se a concepção pode ser testada, os resultados obtidos são favoráveis, desfavoráveis, ou não conclusivos? (7) *Consistência externa*: A concepção é compatível com o grosso do conhecimento em todos os campos da pesquisa científica? (8) *Originalidade*: A concepção é uma novidade?

Ela soluciona alguns problemas pendentes? (9) *Poder heurístico*: A concepção é estéril ou suscita novas e interessantes pesquisas ou problemas de aplicação? (10) *Justeza filosófica*: A concepção é compatível com a subjacente filosofia da pesquisa científica? Ou seja, a concepção é naturalista ou coloca itens fantasmagóricos, como entidades imateriais ou processos que estão além do controle experimental? E ela é epistemologicamente realista ou envolve subjetivismo ou apriorismo (por exemplo, convencionalismo)? Exemplo: ↑**problema mente-corpo e; f.**.

CONCLUSÃO – É a última linha de um argumento dedutivo de algo como uma prova. Na linguagem comum e na literatura científica, ocorre uma aceitação mais lassa. Aqui uma hipótese sugerida por um conjunto de dados é chamada muitas vezes de conclusão. Tanto é assim que o último parágrafo da seção de um artigo de pesquisa é usualmente denominado "conclusão" mesmo quando sumaria apenas as hipóteses do artigo ou avalia a evidência pró ou contra estas hipóteses.

CONCRETO – Material. **Ant.** ↑**abstrato**. Todos os objetos concretos são particulares, indivíduos. Portanto, o "universal concreto" de Hegel é um oxímoro.

CONDIÇÃO – **a. Lógica** – A condição *necessária* para que o antecedente p do ↑**condicional** "Se p, então q" seja verdadeiro é que seu consequente q seja verdadeiro. A condição *suficiente* para q ser verdadeiro é que p seja verdadeiro. **b. Ontologia** – Uma ↑**causa** *necessária* (ou contribuinte) de um evento é um evento sem o qual o efeito não aconteceria. Exemplo: a presença de uma coisa em um dado tempo é necessária para a sua percepção. (Advertência: a coisa percebida pode ter desaparecido no momento em que estava sendo percebida. Exemplos: estrelas "mortas" e membros fantasmas.) Uma causa *suficiente* de um evento é que está necessariamente só para levá-lo a cabo. Por exemplo, basta mascar ou ingerir mescalina para ter alucinações.

CONDICIONAL – **a. Lógica** – Uma proposição da forma "Se p, então q", ou "p $\Rightarrow$ q". Definições-padrão: p $\Rightarrow$ q $=_{df} \neg$p $\vee$ q $= \neg$(p & $\neg$q). **b. Mate-**

mática – A *probabilidade condicional* de y dado x (isto é, assumindo que x seja o caso) é P(y|x) = $_{df}$ P(x & y)/P(x). Permutando-se y por x, resulta P(x|y). Dividindo-se as duas probabilidades condicionais se obtém o famoso teorema de Bayes: P(x|y) = P(y|x)P(y)/P(x). **c. Filosofia** – O prévio resultado matemático válido foi mal interpretado em termos de causa e efeito, e de hipótese e evidência. De acordo com a interpretação anterior, a probabilidade do evento c ser a causa do evento e é P(c|e) = P(e|c) P(e)/P(c). Na segunda interpretação, a probabilidade da hipótese h, uma vez dada a evidência e, é P(h|e) = P(e|h) P(e)/P(h). No primeiro caso a probabilidade anterior P(c) da causa, e no segundo caso, a probabilidade anterior P(h) da hipótese devem ser colocadas. Se tais probabilidades forem conhecidas, investigações empíricas serão dispensáveis. Como este não é o caso, ambas as interpretações estão erradas. A primeira interpretação está também errada por assumir tacitamente que todos os eventos são aleatórios, e a segunda por considerar que as proposições podem ser ↑**probabilidades** atribuídas. ↑**Bayesianismo**.

CONECTIVO LÓGICO – Qualquer das funções que mapeiam proposições, ou pares de proposições, em proposições: ¬, ∨, &, ⇒, ⇔.

CONEXÃO TEORIA-PRÁTICA – De acordo com o bom senso, a teoria é oposta à prática. Por contraste, o marxismo recomenda a unidade da teoria à prática, e fala até em "práxis teórica". Nenhuma dessas concepções é correta, porque teoria demais é irrelevante para a prática: pense na matemática, na cosmologia, na paleontologia ou na arqueologia. O certo é que a ação racional é inspirada pela (boa) teoria. Assim, a construção de uma hidroelétrica segue projetos desenvolvidos à luz da eletrodinâmica, da teoria da elasticidade etc.; do mesmo modo, o projeto de políticas sociais inteligentes baseia-se em boa teoria social. Em um mundo perfeito, todas as ações políticas deveriam ser guiadas pela ciência social, pela filosofia social e pela ética.

CONFIRMAÇÃO – a. Conhecimento comum – Uma generalização empírica é confirmada por suas instâncias. Exemplo: "Todos cães adultos podem latir" é confirmado pelos latidos do Rover e do Fido. Este é um tipo de hipótese não problemática e, portanto, desinteressante estudada na ↑"lógica" indutiva. ↑Paradoxo. b. Ciência – Uma generalização científica é uma hipótese que pode não ter instâncias porque contém predicados que representam coisas ou propriedades inacessíveis aos sentidos desprovidos de ajuda, como as moléculas e as nações. Exemplos: "Tomar decisões é uma função específica dos lóbulos frontais"; "A superpopulação gera pobreza". Uma hipótese dessa natureza é confirmada por um conjunto de dados empíricos se e somente se estes forem preditos ou retroditos com seu auxílio. Advertência 1: Como normalmente previsão e retrovisão(↑**predição/retrodição**) envolvem não somente as hipóteses em comprovação, mas também assunções e dados subsidiários, a evidência contrária pode ser debilitante mas não condenatória. Advertência 2: A confirmação empírica é necessária mas insuficiente para atribuir verdade. Primeiro, porque acontece amiúde que a hipótese científica é de início confirmada, mas depois refutada por testes ulteriores. Segundo, porque as hipóteses vêm em feixes, e não de maneira isolada, razão pela qual devem ser compatíveis com suas parceiras. ↑**Consistência**, externa. Em princípio, uma proposição pode ser confirmada (ou refutada) de um modo definitivo. Por contraste, uma ↑**teoria** (sistema hipotético-dedutivo) nunca pode ser confirmada assim porque contém um número infinitamente maior de proposições. O que de melhor se pode fazer é (a) verificar se a teoria como um todo (tal como representada por seus axiomas) é compatível com o conhecimento básico, e (b) sujeitar uma amostragem representativa das proposições da teoria a rigorosas provas empíricas. O grau de confirmação de uma hipótese h por um conjunto de observações n, m das quais são positivas, é $C_n(h) = m/n$. A similaridade formal desta fórmula com a definição elementar (e controversa) de probabilidades sugeriu a alguns filósofos a possibilidade de interpretar probabilidades como graus de confirmação. O projeto não pode ser completado por dois motivos: a razão acima não se iguala a uma função matematicamente bem definida que se aproxima de um limite quando n tende ao infinito – ao contrário, digamos, da razão n/n+1; e (b) não há nada de aleatório no tocante à distribuição dos resultados positivos de provas em uma série de observações. ↑**Probabilidade**.

CONHECEDOR – Pessoa que tenta saber ou consegue conhecer alguma coisa. **Sin**. sujeito. Um dos três termos da relação epistêmica: "Indivíduo a, na circunstância (ou com meios)b, estuda o objeto c". Como os conhecedores são produtores e os portadores do conhecimento, não há conhecimento, e *a fortiori* nem uma epistemologia propriamente dita, sem sujeitos cognoscentes. De fato, a expressão "x é conhecido" é impessoal, na medida em que é omissa por não indicar quem conhece x. Efetivamente, a expressão em apreço é abreviação de "há no mínimo um y que é um conhecedor, e y conhece x". Por conseguinte, o princípio idealista da autonomia do "mundo" das ideias (como o de Platão, de Dilthey ou de Popper) é pura fantasia. Como tal, só pode obstruir o avanço de nosso conhecimento acerca do conhecimento.

CONHECIMENTO – O produto de um processo cognitivo, como a percepção, o experimento ou a dedução. Advertência: para que alguma coisa seja qualificada como conhecimento é suficiente, mas não necessário, que ele seja verdadeiro. O conhecimento verdadeiro é um caso particular de conhecimento: muito de nosso conhecimento é conjetural e constitui apenas meia verdade. Dois tipos de conhecimento devem ser distinguidos: *saiba como* (ou tácito, por familiaridade ou instrumental) e *saiba que* (ou explícito, por descrição ou declarativo). Eu sei como andar de bicicleta, mas ignoro o complicado mecanismo (tanto mecânico quanto neuromuscular) de seu funcionamento. Eu estou intimamente familiarizado comigo mesmo, mas eu não me conheço verdadeiramente.

CONHECIMENTO DA VERDADE – De acordo com o platonismo, todas as proposições são verdadeiras ou falsas, quer o saibamos quer não, e mesmo se foram ou não excogitadas por alguém. Esta não é a concepção realista. Segundo ela, verdade e falsidade não são propriedades intrínsecas de proposições fatuais, porém atributos que lhes consignamos por força de testes. Logo, as proposições fatuais não são verdadeiras ou falsas quer o saibamos ou não. Tanto assim que uma proposição não testada tem o mesmo *status* de verdade que uma ↑**proposição indecidível**: ela não é nem verdadeira nem falsa. *A fortiori*, as proposições não possuem valor de verdade a menos que tenham sido pensadas, uma vez que antes disso elas não existiam. Por exemplo, antes do nascimento da paleontologia a proposição "Os dinossauros extinguiram-se há 65 milhões de anos" não era nem verdadeira nem falsa, porque ninguém a formulara. À primeira vista, isso soa como a tese operacionista de que as propriedades físicas, como a massa, só emergem como resultado da mensuração. Essa aparência é enganosa, porque massa é algo que os corpos possuem, sejam ou não medidas, como pode ser demonstrado pela maneira como a massa é conceituada, isto é, como uma função de corpos em números reais positivos. Por contraste, o valor de verdade v de uma proposição p concernente a um fato f é atribuído com relação a algum procedimento de teste t. Daí que uma mudança de t para um procedimento alternativo de teste t' pode forçar-nos a substituir v por um valor de verdade diferente, v'. (Assim, podemos escrever V(p,t) = v, ou V: P × T → [0,1], onde P é a coleção de proposições fatuais testáveis, e T a dos testes concebíveis.) Portanto, a tese de que as proposições carecem de valor de verdade antes de serem testadas não tem relação com o operacionismo. Em suma, de acordo com o realismo científico, os enunciados precedem a testabilidade que precede o teste efetivo que precede, por sua vez, o valor de verdade.

CONHECIMENTO PROIBIDO – Conhecimento cuja posse pode causar dano ao seu detentor ou a outrem. Exemplos: O conhecimento do sexo de um embrião humano (pois em muito paises isso induz ao aborto dos fetos femininos); a hora exata da morte de alguém (pois, no caso de pessoas fracas, isso poderia levá-las ao desespero ou à apatia); ou de um conjunto de bombas caseiras. A própria existência de conhecimentos tidos por tabus coloca problemas teóricos (em particular, filosóficos) e práticos (em particular, políticos). Assim, se admitimos que há conhecimento proibido, devemos apresentar uma amostra deste, o que implica que o adquirimos, de modo que violamos o tabu. Além disso, se subscrevemos o tabu, comprometemo-nos a sustar a busca daquilo que é proibido, e assim reforçamos ou toleramos a censura cultural. Em uma sociedade democrática ninguém deveria exercer semelhante poder, exceto em relação a si próprio. Desse modo, não tenho o direito de impedir outros de procurar o conhecimento que reputo proibido. Porém, se eu for um membro leal de um dado sistema social (e. g., um governo), não me é dado o direito de divulgar conhecimento secreto, cuja posse seja capaz de beneficiar o sistema do inimigo. E deverei estar apto para exercer meu direito de abster-me de obter um conhecimento cuja posse seria de molde a perturbar-me desnecessariamente, como a hora exata da morte de qualquer de meus parentes ou amigos mais próximos. Os médicos muitas vezes evitam comunicar um conhecimento assim. Este caso está sendo debatido pelos ↑**bioeticistas**.

CONHECIMENTO TÁCITO – ↑**Conhecimento** que não é explícito. **Sin.** *know--how* (saber como proceder). Por exemplo, saber como andar de bicicleta, falar, rolar os olhos, ou até efetuar cálculos de rotina. O conhecimento tácito é importante em todos os campos, mesmo em ocupações intelectuais. Mas, não obstante o ↑**intuicionismo**, ele não é superior ao conhecimento explícito, se não por outro motivo pelo menos devido ao fato de que, sendo tácito, dificilmente pode ser analisado, avaliado, aperfeiçoado e comunicado. Um interessante problema para administradores é como inteirar-se do *know-how* de um trabalhador a fim de verificá-lo, refiná-lo e tornar esse tipo de conhecimento disponível para os outros. ↑**Método socrático**.

CONJUNÇÃO – A conjunção das proposições p e q é a proposição p & q que é verdadeira se e somente se, ambas, p e q (os parceiros) são verdadeiras. Se ao menos um dos parceiros for apenas parcialmente verdadeiro, o valor de verdade de sua conjunção pode ser tomado como igual ao menor dos dois valores de verdade.

CONJUNTO – Uma coleção de itens com uma condição fixa de pertinência (ser membro de). A condição de pertinência pode ser arbitrária, como no caso de S = {3, América}, ou não como no caso do conjunto dos inteiros. Um conjunto pode ser abstrato (com membros não descritos), como em qualquer fórmula geral da teoria dos conjuntos, tal como $A \subseteq B \Rightarrow A \cap B \neq \emptyset$. Ou os elementos do conjunto podem ser designados (descritos), como em "a reta real", ou "o conjunto dos humanos que estão vivos neste momento". Os conceitos de conjunto e de pertinência a um conjunto são os conceitos centrais (e não definidos) da ↑**teoria dos conjuntos**.

CONJUNTO DIFUSO – Uma coleção cujo quadro de membros é impreciso, mas onde a condição de membro é precisamente graduada num conjunto difuso. A matemática difusa, outrora em voga, não produziu qualquer resultado sensacional, e atualmente está em declínio. Por contraste, a conversa difusa sobre conjuntos difusos, catástrofes, caos e fractais é ainda popular.

CONJUNTOS, TEORIA DOS – ↑Teoria dos conjuntos.

CONOTAÇÃO/DENOTAÇÃO – Propriedades dos ↑**predicados** e, por extensão, dos símbolos correspondentes. Conotação = ↑**sentido**. Sin. conteúdo. Denotação = ↑**referência**. Os dois juntos formam o ↑**significado**. Exemplo 1: Na teoria dos números, "par" conota divisibilidade por 2, e denota os inteiros. Exemplo 2: "Vida" conota (*inter alia*) metabolismo, e denota a totalidade dos seres vivos. Exemplo 3: "Anomia" conota desencontro entre aspirações e consecuções, e denota gente.

CONSEQUÊNCIA – **a. Lógica** – No linguajar comum, "consequência" e "dedução" são sinônimos. Na ↑**teoria do modelo** (uma parte da lógica), a noção de consequência é definida em uma assim chamada teoria formal (ou "linguagem formalizada"). A proposição C é uma consequência de um conjunto P de premissas se e somente se C for verdadeira sob toda interpretação em que cada membro P for ↑**satisfeito**. ↑**Implicação**. **b. Ontologia** – Consequência de um evento ou processo = efeito, produto, resultado. **c. Praxiologia** – Consequência de uma ação humana = efeito, resultado, ou produto da ação. Toda ação tem consequências não premeditadas, algumas favoráveis e outras desfavoráveis ("perversas").

CONSEQUENCIALISMO – A família de teorias éticas segundo as quais as consequências devem importar ao empreender uma ação e na avaliação de normas morais. Oposto ao ↑**deontologismo** (em particular o de Kant). Uma versão extrema do consequencialismo é o ↑**utilitarismo**, segundo o qual unicamente as consequências importam. O ↑**agatonismo** envolve um consequencialismo moderado, pois abre espaço para ações com inevitáveis consequências negativas para si próprio ou para os outros.

CONSEQUÊNCIAS NÃO ANTECIPADAS DE AÇÕES PROPOSITADAS – Toda ação deliberada tem consequências imprevistas e até imprevisíveis. Algumas delas são favoráveis, outras desfavoráveis (ou "perversas"). Muitos efeitos colaterais são desse tipo. Fontes possíveis: aleatoriedade objetiva; o fato de toda ação alterar uma ou mais componentes de um sistema; imprevisibilidade em princípio, ignorância, erro; ignorância do interesse real de alguém; desconsideração deliberada do interesse de outras pessoas.

CONSERVANTISMO – Apego a princípios ou métodos recebidos mesmo diante de seus malogros. **Ant.** ↑**revisionismo**, progressivismo. Enquanto o dogmatismo é conservador, a pesquisa que procura a verdade é revisionista.

CONSISTÊNCIA – **a. Lógica** – Diz-se que um conjunto de proposições é *internamente consistente* ou *coerente*, se não houver dois membros do conjunto que sejam mutuamente contraditórios. **Ant.** inconsistência. A consistência é tão valiosa quanto a verdade, porque contradições são falsas e elas implicam proposições arbitrárias (isto é, irrelevantes):↑*Ex falso quodlibet sequitur* ("Do falso segue qualquer coisa"). **b. Epistemologia** – Uma teoria se diz *externamente consistente* se for compatível com o grosso do conhecimento básico, particularmente com as outras teorias acerca das mesmas coisas ou a elas relacionadas. Exemplos: ao contrário da alquimia, a moderna química é consistente com a física; a neuropsicologia, ao contrário da psicologia computacionalista, é consistente com a neurociência; o realismo científico, ao contrário das epistemologias rivais, é consistente com a prática da ciência e da tecnologia. **c. Praxiologia e ética** – Para que seja viável, todo sistema de normas deve ser internamente consistente. De fato, um par de regras mutuamente contraditórias, tal como "Se f acontece faça g", e "Se f acontece não faça g", leva à inação.

CONSTITUTIVO/REGULATIVO – Enquanto uma proposição constitutiva encapsula um bocado de conhecimento, uma proposição regulativa é ou um palpite heurístico ou uma norma para a busca do conhecimento. A distinção se deve a Kant.

CONSTRUTO – Um ↑**conceito,** ↑**proposição**, ou conjunto de proposições, tais como uma ↑**classificação**, uma ↑**teoria**, ou um código legal. **Ant.** ↑**fato**. Exemplo: uma chaleira fervente é um fato objetivo, sentir seu calor é um dado experimental, e os conceitos de temperatura, quantidade de calor e calor específico são construtos. Advertência: Os construtos não devem ser confundidos com os ↑**símbolos** que os designam. Por exemplo, conceito ≠ termo, e proposição ≠ sentença.

CONSTRUTIVISMO – A concepção de que objetos de certas espécies, ou de todas as espécies, são construções humanas. **a. Matemática** – O ponto de vista de que apenas conceitos efetivamente construtíveis e procedimentos efetivamente computáveis são admissíveis na matemática. Aparentado ao ↑**intuicionismo** matemático. O construtivismo matemático opõe restrições severas à pesquisa matemática, e, por essa razão, é um partido minoritário. Ainda assim, é uma prática saudável construir o máximo possível. **b. Psicologia e epistemologia** – A tese de que as ideias, mais do que serem inatas ou se apresentarem já prontas na experiência, são construídas. Psicólogos desenvolvimentistas e filósofos racioempiristas aquiescem. A fim de evitar confusão com a tese idealista a ser examinada a seguir, o *construcionismo* poderia ser preferível. **c. Ontologia** – O ponto de vista de que o mundo é uma construção humana: de que não há coisas em si próprias, mas apenas coisas para nós. Segundo esta concepção, a natureza não tem existência independente. Tal tese está em conflito violento com tudo o que sabemos sobre o mundo anterior à emergência dos seres vivos. A verdade é que as ideias, os artefatos e os fatos sociais são criações humanas, embora nem sempre fossem deliberadas. **d. Sociologia do conhecimento** – A doutrina em que todos os "fatos científicos" são construções e, em particular, o produto das comunidades científicas. Assim, estrelas e átomos, gênese e dinossauros, seriam construções sociais. Efetivamente, o todo da natureza seria uma construção cultural. Esta concepção é um bárbaro exagero do lugar-comum em que os cientistas são criativos e não trabalham em um vácuo social. ↑**Sociologismo**.

CONTEMPLAÇÃO – Maneira passiva de ver. Juntamente com a especulação não controlada, modo característico do pensamento pré-científico. **Ant.** intervenção.

CONTEÚDO – ↑**Conotação**, ↑**sentido**.

CONTEXTO – Todo domínio ou universo do discurso ao qual um dado item pertence, ou nele está engastado. Exemplos: o contexto de "contradição" é lógico e não ontológico; o de "turbulência" é da dinâmica dos fluidos e não da policotologia (exceto quando usado metaforicamente). De um modo mais preciso, o contexto pode ser caracterizado como uma tripla ordenada: C = < Sentenças, Predicados que ocorrem nessas sentenças, Domínios de tais predicados >, ou C = < S, P, D >, para simplificar. P e D são listados separadamente porque um e o mesmo conjunto P de proposições (formais) pode ser atribuído ora a uma classe de referência, ora a outra. Um contexto será propriamente um sistema somente se as suas proposições componentes tiverem no mínimo um referente comum, pois neste caso estarão relacionados pela relação de equivalência por partilharem uma classe de referência não vazia. (Esta relação constitui, então, a estrutura de um contexto.) A indicação de contexto é importante porque, embora um construto possa fazer sentido em um contexto, ele pode não ter em outros. Tanto assim que um truque retórico comum, se não desonesto, é citar sentenças fora do contexto.

CONTINGÊNCIA – **a. Lógica e semântica** – Não logicamente ↑**necessário**. **Sin.** de 'fatual', como em 'as verdades da geologia são contingentes'.

b. **Ontologia** – Não necessário, ou que pode ou não acontecer. Exemplos: nomes, eventos futuros e ↑**acidentes**. **Sin**. fortuito. **Ant**. ↑**necessário**. Esta palavra é ambígua em inglês e em português, onde também é usada na qualidade de sinônimo de 'condicional', como em 'comprar este livro depende da (*is contingent upon*) obtenção daqueles recursos'. Há três visões básicas concernentes ao lugar da contingência no mundo: não há tal coisa (necessitarismo), tudo é contingente (tiquismo), e a contingência se entrelaça com a necessidade. A última é fortemente sugerida pela microfísica, pela biologia evolucionista e pela historiografia. Todas as três estudam coincidências e processos onde pequenas causas, operando sobre sistemas instáveis, podem ter enormes efeitos.

CONTRADIÇÃO – **a. Lógica** – Uma contradição é uma fórmula da forma 'p e não-p', onde 'p' está no lugar de um predicado ou de uma proposição. Exemplos: 'Molhado e seco', 'Embora corrupto, ele é basicamente honesto'. Apenas predicados e proposições claras podem ser negados. Portanto, discursos de caráter irracionalista contêm obrigatoriamente sentenças que não são sequer contradições em termos. Uma contradição implica qualquer número de proposições, relevantes ou irrelevantes, verdadeiras ou falsas (*ex falso quodlibet*). Em outras palavras, contradições são excessivamente férteis. **b. Semântica** – Uma proposição contraditória é completamente falsa se o seu constituinte elementar p pode apenas assumir valores de verdade V e F. Mas se p é uma meia verdade, como no caso de "A Terra é esférica", então "p e não-p" também é uma meia verdade. Assim, à medida que a verdade enfraquece, enfraquece também o ferrete da contradição. Verdade. **c. Epistemologia** – As contradições devem ser evitadas porque elas são falsas (até certo grau), e a pesquisa é a busca da (máxima) verdade. Mas, sem dúvida, a contradição é um fato da vida, de modo que é melhor encará-la e combatê-la quando ela alça a cabeça. Além disso, as contradições desempenham importante papel nas provas por ↑***reductio ad absurdum*** (redução ao absurdo). Destarte, a falsidade lógica pode ser uma ferramenta para a descoberta da verdade. Ademais, o estudo de hipóteses mutuamente contraditórias é uma tarefa importante para os epistemólogos, em especial quando a evidência empírica é tão restrita a ponto de não ser suficiente para rejeitar as conjecturas competitivas. **d. Ontologia** – O princípio da não contradição tem sido mal interpretado, em amplos círculos, como um princípio que rejeita a mudança. Argumenta-se que, enquanto uma coisa muda, ela é e não é ao mesmo tempo. (Assim, Hegel sustentou que o devir é a síntese do ser e do nada.) Esta crença está errada porque o princípio se refere a predicados e proposições, e não a coisas concretas. Além do mais, as leis da mudança, tais como as leis do movimento e as equações das reações químicas são consistentes e não envolvem o conceito de negação. O princípio deveria ser invocado apenas se alguém afirmasse, por exemplo, que o hidrogênio e o oxigênio de repente se combinam e não se combinam para formar a água: isto seria uma falsidade lógica que tivesse o propósito de representar uma situação química impossível. Nas ontologias ↑**dialéticas**, como as de Hegel e Marx, a 'contradição' denota entidades, feições ou processos mutuamente opostos. Em tais teorias contradições ônticas, ou seja, oposição ou rivalidade, são consideradas como sendo a fonte última de toda mudança, em particular do progresso social. Qualquer caso de cooperação (deliberada ou involuntária), como nos casos das sínteses químicas e das coligações políticas, contradiz esta assunção geral. **e. Teoria da ação** – Duas ações são ditas mutuamente contraditórias (ou, melhor, mutuamente opostas) se não puderem ser realizadas ao mesmo tempo, ou se as suas consequências isoladas forem mutuamente exclusivas. Exemplos: andar e deitar, construir e destruir a mesma coisa, competir e cooperar com respeito a mesma coisa.

CONTRAEXEMPLO – Exceção a uma generalização. Exemplo que refuta uma hipótese ou uma teoria. Exemplo: disciplinas biossociológicas, como antropologia, demografia, geografia e psicologia social, constituem contraexemplos em relação às teses idealistas (em particular neokantianas e hermenêuticas) de que os estudos sociais estão desligados das ciências naturais. Advertência: A frase popular 'a exceção que prova a regra' é um oxímoro, pois contraexemplos solapam ou até refutam generalizações. Na matemática, um único contraexemplo basta para refutar uma hipótese. Daí por que a procura de contraexemplos constitui um método favorito da prova matemática. Por contraste, os contraexemplos da ciência fatual, ainda que poucos, podem minar hipóteses sem refutá-las. A razão é que os próprios contraexemplos podem ser falsos. ↑**Erro**.

CONTRAFATUAL – Uma declaração condicional contendo (o que parece como) um antecedente fatualmente falso. Exemplo: "Se eu estivesse na direção, o desastre teria sido evitado". Falando em termos estritos, o "antecedente" dessa sentença em modo subjuntivo não é tal coisa porque 'eu estivesse na direção' é uma frase, não uma sentença a designar uma proposição. Logo, não é mais verificável quanto à verdade do que 'um doce cheiro'. Portanto, não pode ser nem verdadeira nem falsa. As sentenças contrafatuais são, pois, material de ficção. Por contraste, *perguntas* contrafatuais podem ser heuristicamente válidas. De fato, alguns projetos de pesquisa são deslanchados por perguntas contrafatuais como "O que aconteceria (ou teria acontecido) se A, que é um B, fosse (ou tivesse sido) um C?" Por exemplo, o historiador da economia R. W. Fogel perguntou "Como teria um Estados Unidos moderno se arranjado sem estradas de ferro?" Ele veio com a surpreendente e controvertida resposta de que o país teria atingido aproximadamente o mesmo nível de desenvolvimento se meios alternativos de transporte tivessem sido empregados.

CONTRAINTUITIVO – Uma ideia que é ou parece ser incompatível com uma crença entranhada. Todas as ideias radicalmente novas são em princípio anti-intuitivas. Além disso, a contraintuitividade, quando justificada, é um sinal de grandeza teórica. ↑**Plausibilidade**.

CONTRAPOSIÇÃO – O contrapositivo de "Se p, então q" é "Se não-q, então não-p". A proposição e sua contrapositiva são equivalentes: $(p \Rightarrow q) \Leftrightarrow (\neg q \Rightarrow \neg p)$. Portanto, um segue imediatamente do outro.

CONTRATUALISMO – a. Ética – A doutrina em que a moralidade é parte de um contrato social, portanto, de uma convenção social que pode ser alterada como uma consequência de uma luta pelo poder. Embora este modo de ver contenha uma grão de verdade, ele não dá espaço à empatia e não explica a emergência de normas morais (tais como as da reciprocidade) na infância. **b. Filosofia social** – A concepção segundo a qual todas as relações sociais são contratos entre agentes iguais e livres. Esta visão é uma extrapolação das transações de mercado entre agentes com igual poder (ou desprovidos de poder). Ela recobre apenas uma pequena parte da vida social, porque passa por cima das numerosas relações de dependência e dominação sociais. Assim, as relações de amor, parentesco, ajuda, ensino e comunicação raramente são regradas por contratos. E as relações empregador-empregado, professor-aluno e candidato-eleitor, embora tacitamente contratuais até um certo tempo, não são contratos entre agentes com igual poder. Ademais, não há em absoluto ligação, como mostram as greves, *lock-outs*, gazeta de alunos e abstenção dos eleitores.

CONTROVÉRSIA FILOSÓFICA – Trata-se de argumento acerca da adequação de diferentes abordagens, princípios ou métodos. As controvérsias filosóficas são copiosas na ciência, bem como na filosofia. Exemplos: o idealismo contra o materialismo, o racionalismo contra o empirismo, o subjetivismo contra o realismo, o individualismo contra o coletivismo, o criacionismo contra o evolucionismo e o keynesianismo contra o neoliberalismo, nas suas polêmicas. Ocorrem controvérsias em todo campo de pesquisa. Se algumas cessam, ao menos por algum tempo, outras, novas, surgirão. Um domínio sem controvérsias é aquele onde nenhum novo grande problema está sendo atacado, e nenhuma nova abordagem está sendo tentada.

CONVENÇÃO – Acordo explícito ou tácito para assumir, usar ou fazer algo. Exemplos: contratos, convenções linguísticas e regras de etiqueta, convenções de notação, definições e unidades de medida. As convenções não são naturais ou legais, no entanto, regulam o raciocínio e a ação. Além do mais, nem todas são arbitrárias: algumas são adotadas por conveniência, e outras são respaldadas por postulados. Por exemplo, o sistema métrico decimal é adotado quase universalmente por conveniência. Em contraste, a convenção acerca do zero da escala de temperatura de Kelvin é respaldada pelo postulado de que não há movimento molecular abaixo de 0ºK.

CONVENCIONALISMO – A tese epistemológica de que toda verdade é convencional e, portanto, inexpugnável à comprovação empírica. É uma forma de idealismo. O convencionalismo é falso, até com respeito à matemática, onde notações e definições convencionais são consumidas e cuidadosamente distinguidas tanto dos teoremas como dos postulados. Ele é tanto mais falso no tocante à ciência fatual e a tecnologia, onde as convenções, ao contrário das hipóteses e dos métodos, não estão sujeitas à comprovação empírica. O realismo é decididamente anticonvencionalista.

CONVICÇÃO – ↑**Crença** firmemente sustentada. Considera-se em geral que ela não é uma boa forma para filósofos acadêmicos sustentarem convicções, mesmo enquanto estudam as convicções de outras pessoas. Pois, quanto a eles, espera-se que se informem sobre as crenças de outras pessoas e as comentem de maneira imparcial. Aqueles que possuem convicções correm o risco de serem chamados de 'dogmáticos', 'opiniativos' ou até de 'filósofos' em vez de 'professores de filosofia'.

CORPO – Objeto macrofísico dotado de massa. Exemplos: grãos de areia, planetas, células e florestas. O ↑**idealismo** concebe as coisas concretas como corporificações de ideias e coloca o corpo humano abaixo da mente. O ↑**materialismo** encara as funções mentais como processos no cérebro. Sendo este parte do corpo, o mental torna-se corporal. Assim, o contraste idealista (e teológico) entre corpo e mente desaparece. ↑**Problema mente-corpo**.

CORREFERENCIAL – Dois construtos ou símbolos são *estritamente* correferenciais se e somente se partilharem de todos os seus referentes, e *parcialmente* correferenciais se e somente se partilharem de alguns de seus referentes. Exemplos de correferência estrita: em 'Jane disse que ela está em casa', 'Jane' e 'ela' são correferenciais; 'massa' e 'carga elétrica' têm exatamente os mesmos referentes, isto é, corpos. Exemplo de correferência parcial: 'ser humano' e 'primata'. (A classe de referência da primeira está incluída na da última.)

CORRESPONDÊNCIA, PRINCÍPIO DE – ↑**Princípio de correspondência.**

CORRESPONDÊNCIA, REGRA DE – ↑**Regra de correspondência.**

CORRESPONDÊNCIA, TEORIA DA VERDADE DA – ↑**Teoria da verdade da correspondência.**

CORRIGIBILIDADE – A propriedade de algo estar sujeito a possível correção ou mesmo refutação. Do mesmo modo que a marca do dogma é a incorrigibilidade, a da ciência fatual e da tecnologia é a corrigibilidade. ↑**Refutabilidade.**

COSMOLOGIA – a. **Científica** – Megafísica: o ramo da física que procura modelar o universo e sua evolução. Por ser esta ciência um ramo da física, a expectativa é de que o cosmólogo se atenha às leis físicas conhecidas e busque evidência empírica. Entretanto, esta regra é amiúde transgredida, como aconteceu quando o Big Bang foi identificado com a criação do mundo, e o princípio antrópico (↑**hipótese antrópica**) foi tomado a sério. Como resultado, a cosmologia é o mais especulativo, bem como o mais fascinante ramo da física. A cosmologia levanta vários problemas de interesse filosófico e ela, por sua vez, pode fazer contribuições à filosofia. Amostra: É o universo, quanto ao espaço, finito ou infinito? Teve o universo uma origem e terá ele um fim? Pode ter a existência humana alguma significação cosmológica?
b. **Filosófica** – O ramo da ontologia que investiga os constituintes e padrões básicos do universo. Exemplos: atomismo, corpuscularismo, mecanicismo, organicismo, hierarquismo, sistemismo, textualismo. ↑**Cosmovisão.**

COSMOVISÃO – a. **Geral** – Um esquema de tudo o que existe. **Sin.** *Weltanschauung*, mundivisão, cosmologia filosófica. Uma cosmovisão pode ser grosseira ou refinada, esboçada ou detalhada, confusa ou clara, consistente ou inconsistente. Ela pode ser mágica ou naturalista;

religiosa ou secular; idealista, materialista ou dualista. Ela pode ser comum ou dirigida para a ciência; fértil, estéril ou obstrutiva – e assim por diante. E pode ser uma mistura de visões mágicas e científicas. As cosmologias não são propriedade privada de filósofos e teólogos. Os etnólogos nos asseguram que cada animal possui uma representação ou um mapa de sua vizinhança imediata, que lhe permite nela navegar e sobreviver. Antropólogos e psicólogos sabem que todo ser humano tem uma ou outra cosmovisão, muito embora em geral grosseira e tácita mais do que sofisticada e explícita. A diferença entre cosmologias imaginadas por intelectuais e as que são sustentadas por outras pessoas é que as primeiras são explícitas e, portanto, sujeitas à análise, à crítica e à correção. Toda cosmologia racionalmente compreensiva deve conter respostas a questões básicas do seguinte tipo: Há deidades? Se houver, elas ainda mexem com o mundo, ou se aposentaram? Teve o mundo uma origem, e terá um fim, ou ele será eterno? Qual é a matéria-prima do universo? O que mantém as coisas juntas? O que leva as coisas a se separarem? É possível a novidade radical? É o universo qualitativamente plano ou organizado em níveis? O que é a vida? O que é a mente? O que é o ser humano? Há destino ou fado? O que é a sociedade? O que é a história? Haverá um fim da história? **b. Funções** – Toda cosmologia desempenha tanto uma função conceitual como prática. Sua função *conceitual* é a de prover um referencial onde todo fato e toda ideia podem adequar-se ou "fazer sentido", isto é, ser coerente com o resto. A função *prática* de uma cosmologia é proporcionar direção na vida: ajudar a formular metas, escolher meios, esboçar planos e avaliar tudo isso. **c. Doze cosmovisões** – Há no mínimo uma dúzia de comovisões influentes: ↑**holismo**, que vê o mundo como um animal ou coisa parecida; ↑**hierarquismo**, que considera o mundo à imagem de uma escada; ↑**atomismo**, para a qual a nuvem é a metáfora; ↑**processualismo**, que olha o mundo como um rio sem margens; ↑**mecanicismo**, segundo o qual o mundo é um relógio; ↑**tiquismo** (ou probabilismo), que vê o mundo como um cassino; ↑**agonismo**, para o qual o cosmo é um campo de batalha; sacramentalismo, que encara o cosmo como um templo; ↑**materialismo**, que iguala "coisa" com "objeto material"; ↑**idealismo**, que proclama serem as ideias ou constitutivas ou reguladoras do mundo; ↑**textualismo**, que considera o mundo como um livro ou uma biblioteca; e ↑**sistemismo**, para a qual o cosmo é o sistema de todos os sistemas. Cada uma das primeiras oito cosmovisões contém um grão de verdade ou fez uma contribuição positiva. Assim, o holismo nos ensinou que, na verdade, as totalidades possuem suas próprias propriedades (↑**emergentes**). O hierarquismo foi finalmente transfigurado na ideia de que o mundo não é do ponto de vista qualitativo plano, porém organizado em ↑**níveis**. Devemos ao atomismo a ideia de que existem, de fato, coisas simples ou indivisíveis, tais como elétrons e *quarks*. A ideia básica do processualismo tornou-se um lugar-comum. O mecanicismo foi a primeira cosmovisão baseada numa teoria científica. O tiquismo é atraente porque as leis básicas da teoria quântica são probabilísticas. E o agonismo seria correto se ele sustentasse que alguns processos, não todos, são conflitivos. Mas nenhuma destas concepções está livre de sérias falhas. Assim, não obstante o holismo, o universo não é um bloco: é amiúde possível isolar algumas coisas de outras, no mínimo em certos aspectos e por um momento. Tampouco é verdade que a análise seja impotente para trazer algum conhecimento de totalidades. O hierarquismo foi substituído pela visão evolucionista em que o mais baixo precede o mais alto, não em poder ou dignidade, mas simplesmente como precursor. O atomismo está errado ao minimizar interações e emergências. A visão processualista radical em que a mudança precede a substância é errônea, visto que toda mudança constitui a mudança nas propriedades de alguma coisa concreta. O mecanicismo é por demais estreito. Necessitamos não só da mecânica mas também de centenas de outras disciplinas. O tiquismo é demasiado extremista porque até as leis probabilísticas básicas envolvem conceitos causais. Assim, calcula-se a probabilidade de um dado campo externo causar o espalhamento de uma partícula incidente dentro de um certo ângulo sólido; ademais, existe uma grande número de processos não randômicos, como tremores de terra e a escritura dessa página. O agonismo passa por cima do caráter difundido da cooperação, sem a qual não haveria sistemas concretos para começar algo. Além do mais, ele foi formulado de maneira críptica. Com respeito ao materialismo, trata-se da cosmovisão tacitamente adotada por todos os cientistas e tecnólogos quando não estão entregues a pilhagens filosóficas. De fato, eles lidam apenas com coisas concretas – algumas delas pensadas – e jamais com ideias desencarnadas. Por esta razão, o idealismo é incompatível com a ciência e a tecnologia; além do mais, constitui um sério obstáculo ao estudo científico da mente. Mas, ao menos, enfatiza de modo correto a grande importância das ideias nas questões humanas. Em resumo, cada uma das nove primeiras cosmovisões contém alguma falsidade junto com algumas verdades. Por outro lado, o sacramentalismo e o textualismo são visceralmente falsos, portanto inúteis no melhor dos casos. Sem dúvida, o primeiro sugere substituir a ciência pela teologia ou, no mínimo, ignorar sua incompatibilidade, e desistir de qualquer crença na liberdade e na responsabilidade. O textualismo é intrinsecamente falso porque as coisas concretas nunca têm propriedades linguísticas nem literárias. E é censurável porque leva a conceber estudiosos da realidade como meros leitores. **d. Síntese sistemista** – ↑**Sistemismo**, da relação acima é a décima segunda cosmovisão. Trata-se de uma espécie de síntese das componentes valiosas das primeiras oito cosmovisões. Ela concebe o mundo como um supersistema de todos os sistemas, e encara o nosso conhecimento a seu respeito como um supersistema de dados, hipóteses e métodos. Ela se reduz ao postulado de que todo objeto é ou um sistema ou uma componente de algum sistema. Pondo em uma forma negativa: Não há cinzas. O sistemismo é inerente à ciência, à tecnologia e mais ainda. De fato, todos nós descobrimos ou inventamos, analisamos ou esboçamos sistemas mais ou menos complexos, tais como átomos e células, sistemas nervosos e organizações sociais, sistemas numéricos e espaços, ou linguagens e teorias.

Isoladamente, não entendemos nada. Assim, compreendemos uma palavra em uma sentença, e uma sentença em um discurso; compreendemos o comportamento individual em seu contexto social, e este último dentro de sua matriz natural – e assim por diante. A natureza sistêmica de ambos, o mundo e o conhecimento, apela para a adoção de uma ↑**abordagem sistêmica**.

CRÉDITO – Grau de credibilidade. ↑**Plausibilidade,** ↑**probabilidade subjetiva**.

CRENÇA – Um estado da mente, ou processo mental, que consiste em dar assentimento a uma proposição ou a um conjunto de proposições. Na vida cotidiana a crença é com frequência independente da verdade. Na matemática, na ciência, na tecnologia e na filosofia propriamente dita, acredita-se apenas naquilo que pode ser provado de modo conclusivo ou plausível, ou que implica proposições verdadeiras. Em outros domínios, particularmente na religião e na política, a maior parte das pessoas crê de maneira acrítica no que lhes foi ensinado: não se preocupam em descobrir se isto é verdadeiro ou eficiente. Assim, a crença é uma categoria psicológica e não semântica ou epistemológica. Entretanto, tal fato não apequena a importância da crença justificável (bem fundamentada) em todos os campos do conhecimento ou da ação. Os pesquisadores creem que vale a pena refazer certas observações ou pôr à prova certos pressentimentos. Os cidadãos mobilizar-se-ão apenas se acreditarem que seu interesses estão em jogo, ou se forem induzidos a crer em certos slogans. ↑**Justificação**.

CRIAÇÃO – A formação, espontânea ou dirigida, de algo novo. Exemplos: combinação química, fertilização de ovo, invenção, a formação de uma nova firma de negócios. De acordo com a maioria das religiões, a criatividade é uma prerrogativa divina. Segundo o empirismo, os seres humanos só podem juntar ou combinar elementos preexistentes e nunca moldar algo radicalmente novo. O ↑**materialismo** emergentista sustenta que a criatividade é universal na natureza e na sociedade. Mas, como nega o sobrenatural, seu criativismo é não criacionista. A emergência de novas ideias pode ser explicada, ao menos em princípio, como a ↑**auto-organização** de novos sistemas de neurônios.

CRIPTOCONTRADIÇÃO – Uma declaração que, conquanto contraditória, não apresenta a forma explícita "p e não-p". Exemplo: "Eu ia amanhã". Isto é uma ↑**contradição** porque a gramática do verbo 'ir' exige que a expressão 'eu ia' seja seguida de uma expressão da forma 'em algum tempo antes de agora', enquanto amanhã vem depois de hoje.

CRIPTOTAUTOLOGIA – Uma sentença que parece fatual mas é efetivamente ↑**tautológica**. Exemplo 1: "Aqui estou". Por definição, "aqui" é onde eu estou, de modo que a proposição original é efetivamente "Onde eu estou eu estou". Entretanto, a sentença veiculará informação a alguém que entenderá que "aqui" é tomado no sentido de significar ou o lugar habitual de quem fala ou sua destinação final. Exemplo 2: "A água congela a 0°C" é tautológica por ser uma definição implícita de "0°C". Mas, como qualquer definição, ela não conduz informação a alguém que não a conheça antes. Exemplo 3: "Nem todo mundo pode ser um cavaleiro sem montaria". Isto é uma tautologia porque não há cavaleiro sem montaria. Uma primeira conclusão é que, contrariamente ao que afirma a maioria dos compêndios, nem toda tautologia envolve conectivos lógicos. Uma segunda é que: Informativo ≠ Não tautológico.

CRITÉRIO – Uma regra para identificar alguma propriedade. Exemplos: tabelas de verdade para o valor de verdade de proposições compostas; critérios de convergência para séries infinitas; confirmação empírica como um critério de verdade fatual; resultado ou produto como critério de regra de eficiência. Os critérios podem ser baseados em definições, leis, teorias ou regras. Critérios são com frequência confundidos com ↑**definições**. Por exemplo, muitos ecologistas declaram que a "competição" é definida pelo seguinte: "Duas espécies competem quando um aumento na densidade de uma delas leva a uma diminuição na densidade da outra, e vice-versa". Mas este é um critério útil para formar ou comprovar hipóteses de competição interespecífica. Somente o desvendamento de um ↑**mecanismo** específico de competição pode confirmar a existência de competição.

CRITÉRIO DE VERDADE – Um critério adequado é o seguinte: p é fatualmente verdadeiro se e somente se (a) p for compatível com o conhecimento básico, e se (b) p for consistente com a melhor evidência empírica para p. A verdade fatual e a refutação fatual, plenas ou parciais, são atributos de proposições relativas aos fatos. Atribuímos qualquer atributo desse tipo por força dos testes empíricos como uma série de observações. O resultado dessa operação é uma metaproposição como, por exemplo, "A proposição p que descreve o fato f é verdadeira à luz do teste t". Em suma, o caminho do fato no mundo externo para a verdade (ou a refutação) e a crença parece com o seguinte: Fato externo f → Pensamento acerca de f (fato cerebral) = p → Teste de p → Avaliação de p → Crença ou descrença em p. Um teste de p envolve uma parte do conhecimento sobre os procedimentos do teste (e. g., cromatografia) que não ocorre de maneira explícita na cadeia precedente. Do mesmo modo, a avaliação dos resultados dos procedimentos do teste envolve um bocado ulterior de conhecimento (e. g., teoria dos erros de observação ou de inferência estatística).

CRITÉRIOS DE EXISTÊNCIA – Em matemática, a existência é assumida, provada ou exemplificada. Em contrapartida, a existência material de qualquer coisa diferente do que o universo como um todo pode ser desafiada a menos que esteja firmemente estabelecida. O ↑**critério** mais simples de existência para um objeto concreto é a observabilidade. Mas este critério é falível, pois alguém pode estar vendo uma miragem. Um critério mais exigente e, portanto, mais confiável é o experimental: uma coisa existe somente se ela reagir a algum estímulo controlado. Todavia, até esse critério pode falhar a não ser que se possa prever, por meio de uma hipótese empiricamente corroborada, o tipo de reação ao estímulo em apreço. Em resumo, o meio mais rigoroso de averiguar se se trata de existência concreta é combinar o experimento com a teoria. Em assuntos mundanos é possível encontrar critérios mais simples, tais como "Ser é possuir carteira de motorista", "Ser é dispor de uma *home page*" e "Ser é estar com uma camiseta".

CRÍTICA – Análise e avaliação desencadeadas por defeitos de alguma espécie. A crítica é uma parte normal da pesquisa em todos os campos. Mas seu papel não deveria ser exagerado, pois não é criativa: ela pode apenas melhorar ou eliminar. De fato, antes que um item seja submetido a uma análise crítica é preciso que tenha sido trazido à existência. E, se julgado defeituoso, deve ser reparado ou substituído em vez de ser protegido por inverificáveis ↑**hipóteses** *ad hoc*.

CROQUI – Projeto, ↑**esquema**.

CUBISMO FILOSÓFICO – A construção de teorias ou "linguagens" formalmente rigorosas, mas simplistas e totalmente artificiais. O cubismo filosófico é exato, porém distante da ciência e da tecnologia.

CULTURA – Em conjunto com a economia e a política, um dos três subsistemas artificiais (em sua feitura) e concretos de toda sociedade humana. Caracteriza-se por relações como as de investigar, teorizar, mitificar, comunicar, ensinar, persuadir, curar e adorar. A cultura de uma sociedade avançada compõe-se de um certo número de subsistemas, tais como os das comunidades profissionais, da indústria do entretenimento, do sistema escolar e das igrejas. A caracterização acima está em desacordo com a concepção idealista da cultura como uma coleção de objetos desencarnados, tais quais a moralidade, a arte e a religião tomadas em si mesmas, isto é, sem consideração para com as pessoas que produzem ou consomem itens morais, artísticos ou religiosos. Difere também da equação antropológica entre cultura e sociedade – que torna impossível falar sobre a economia e a política da cultura.

CULTUROLOGIA – O estudo das ↑**culturas**. Exemplos: a sociologia e a história da arte, a filosofia, a ciência e a tecnologia.

D

DADAÍSMO FILOSÓFICO – Preferência por ↑**miniproblemas** e crença em resultados simples e seguros, e na possibilidade de representar qualquer coisa com algumas poucas pinceladas. **Sin.** minimalismo, ↑**simplismo**.

DADO DO SENTIDO – Informação (*datum*) proveniente dos órgãos dos sentidos, como em "fedor de alho" e "dores de queimadura".

DAR CONTA – ↑**Descrição** ou ↑**explanação** de alguns ↑**fatos**.

DARWINISMO – A cosmovisão ou ideologia desencadeada pela biologia evolucionista. Seus princípios-chave são de que tudo evolui, e que a variação e a seleção (natural ou social) são os principais mecanismos da evolução, e de que o mais apto sobrevive. ↑**Evolução**.

DASEIN – Estar-aí. Marca registrada do existencialismo. Em alguns textos, *Dasein* = existência efetiva. Em outros, *Dasein* = existência humana. Em outros ainda, *Dasein* = consciência. A dificuldade hermenêutica é composta pela frase recorrente *das Sein des Daseins*, isto é, o Ser do Ser ou Estar-aí. Termos relacionados que não foram ainda utilizados pelos existencialistas: *Hiersein* (Ser, estar-aqui), *Dortsein* (Ser, estar-lá), *Irgendwosein* (Ser, estar-algures), e *Nirgendwosein* (Ser, estar-nenhures). Junto com estas categorias espaciais podemos introduzir suas contrapartes cronológicas: *Jetztsein* (Ser-agora), *Dannsein* (Ser-então), *Irgendwannsein* (Ser-alguma vez) e *Niemalssein* (Ser-nunca). Por outro lado, *Ursein* (Ser-primordial), *Frühsein* (Ser-cedo), *Frühersein* (Ser-mais-cedo), *Spätsein* (Ser-tarde) e *Wiedersein* (Ser-de-novo) não possuem parceiros espaciais. (Essa assimetria pode sugerir uma interessante acusação à teoria da relatividade especial de Einstein.) Finalmente, a síntese cronotópica *Hierjetzsein* (Ser, estar-aqui-agora), *Jetzhiersein* (Ser, estar-agora-aqui), *Jetztdortsein* (Ser, estar-agora-acolá), *Danndortsein* (Ser, estar-então-lá), *Dortnunsein* (Ser, estar-lá-agora), *Dortirgendwannsein* (Ser, estar-alguma-vez-lá), *Dortniemalssein* (Ser, estar-lá-nunca), *Irgendwoirgendwannsein* (Ser, estar-alguma-vez-em-algum-lugar), *Irgendwannirgendwosein* (Ser, estar-em-algum-lugar-alguma-vez), e inúmeros outras que podem ser facilmente assim formadas. Observe-se quão natural tais combinações soam em alemão e quão enevoadas soam suas contrapartes em português (inglês, no original). Isto prova que o alemão (quando macerado) é a língua ideal do existencialismo. Um certo número de profundas questões metafísicas a envolver estes conceitos pode ser enquadrado. Por exemplo, *Was ist der Sinn des Dawannseinden?* ("Qual o sentido do Sendo-aqui-quando?") ["na temporalidade", em tradução aproximada], *Was ist das Sein des Niergendsniemalsseins?* ("Qual o ser do Ser-nunca-nenhures?"), Hans, está você então-aqui?, e O que Greta encontrou depois aqui? Uma exploração sistemática desta vasta família de palavras poderia conduzir a uma enorme extensão do existencialismo, em particular se referida a profundos conceitos ontológicos-semânticos, tais como *Quatschsein* (Ser papo de asneira) e *Unsinn* (Insensatez), e as correspondentes questões profundas: Qual é a essência de *Quatschsein*? e Por que *Unsinn* em lugar *Sinn*? Advertência: *Dasein* e seus correlatos não devem ser confundidos com *Daschein* (aparência-aqui), e muito menos com *Daschwein* (porco-aqui).

DATAÍSMO – Doutrina empirista radical, segundo a qual todo conhecimento genuíno é ou um dado (*datum*) empírico ou uma generalização indutiva a partir de dados (*data*). A maior parte dos cientistas experimentais professa o dataísmo, ainda que eles raramente o confessem. O dataísmo influencia o ensino da ciência experimental quando enfatiza a técnica às expensas das ideias e a meticulosidade às expensas do entendimento. ↑**Empirismo**.

DATUM – **a. Filosofia geral** – Dado, em oposição ao construído. Exemplos: dados sensoriais, informação de jornal, leituras instrumentais. Advertência: os dados não são efetivamente dados, mas são construídos a partir dos *inputs* (das entradas) sensoriais. E a maior parte deles é o produto de uma exploração ativa: eles são sobretudo procurados mais do que dados. **b. Epistemologia** – parte de uma informação empírica. Exemplos: "Você está lendo um livro", "Este livro pesa cerca de meio quilo". Ciência e tecnologia buscam somente dados empíricos garantidos. Tais garantias envolvem não só rigor metodológico, como também compatibilidades com teorias sólidas e com a filosofia inerente à pesquisa científica. Assim, relatos sobre visões da Virgem e comunicações com os mortos, mesmo de boa-fé, não constituem dados científicos porque estão em desacordo com a ontologia naturalista da ciência. Lembrete: o plural de '*datum*' é '*data*'.

DECADÊNCIA – **a. Conceito geral** – O conceito de decadência aplica-se (refere-se) apenas a coisas concretas complexas, tais como moléculas, organismos e sistemas sociais. Diz-se que um sistema concreto se acha em decadência se estiver em um processo de desintegração ou – no caso de coisas artificiais como as máquinas e organizações sociais – não mais desempenhar suas funções usuais. **b. Decadência da filosofia** – Muito embora nunca tenha havido antes tantos professores de filosofia, na hora de escrever há muito pouco filosofar radicalmente novo, interessante e útil, em curso no mundo. De fato, a maioria dos filósofos dedica-se ao ensino, ao comentário ou à análise das ideias de outros filósofos, quando não estão disputando jogos conceituais inconsequentes. Em suma, a comunidade filosófica mundial encontra-se presentemente em decadência. Em verdade, a filosofia está sofrendo das seguintes doenças: (1) substituição da vocação por profissão e da paixão pela ocupação; (2) confusão entre filosofar original e fazer ↑**história** da filosofia; (3) confundir ↑**profundidade** com obscuridade; (4) obsessão com a ↑**linguagem**; (5) ↑**subjetivismo**; (6) focalizar ↑**miniproblemas**, ↑**pseudoproblemas** e *jeux d'esprit*; (7) ↑**formalismo** sem substância e substância sem forma; (8) desdém por

↑**sistema**: preferência por fragmentos e aforismos; (9) alheamento dos dois engenhos intelectuais da cultura moderna: ciência e tecnologia; (10) fraco interesse pelas mais prementes questões sociais de nosso tempo – exceto quando proporcionam uma desculpa para o ensaísmo superficial. Entremos em alguns pormenores. Qualquer das dez doenças acima mencionadas deveriam ser suficientes para mandar a filosofia à sala de pronto-socorro. Todas as dez juntas tornaria imperativa a necessidade de conduzi-la à unidade de terapia intensiva. O tratamento é óbvio: cumpre atacar problemas difíceis e interessantes cuja solução provavelmente proporcionaria avanço de conhecimento; incrementar o rigor conceitual e a concomitante clareza; alimentar com bocados escolhidos de ciência e tecnologia; e retomar os contatos com a melhor tradição filosófica. Entretanto, esta dieta será insuficiente se o enfermo não compreender quão mal tem passado ultimamente. Neste caso, a filosofia acadêmica há de morrer e os filósofos amadores receberão a tocha. No fim de contas, nenhum dos fundadores da filosofia moderna era professor de filosofia.

DECIDÍVEL/INDECIDÍVEL – ↑**Decisão**.

DECISÃO – a. **Metamatemática** – Uma fórmula é *decidível* em uma teoria se puder ser ou comprovada ou refutada dentro da teoria. Do contrário é *indecidível*. Um *procedimento* decisório para uma dada teoria é um método a fim de descobrir se alguma proposição na teoria pode ser comprovada dentro da teoria. (Exemplos em lógica: as tabelas de verdade e as técnicas da forma normal). Um *problema* decisório para uma teoria é o problema de descobrir se há um procedimento decisório para os teoremas da teoria. Uma teoria é *decidível* se um procedimento assim existe; do contrário, é *indecidível*. A decidibilidade de uma teoria é coextensiva (embora não cointensiva) com sua recursividade. Daí vem que apenas algumas poucas teorias são decidíveis. Este resultado negativo tem colidido com a estratégia fundacionalista ↑**formalista**, mas não afetou a matemática. Tudo o que ela diz é que na vasta maioria dos casos não há *método* "mecânico" uniforme de prova. Uma primeira consequência é que a prova da vasta maioria dos novos teoremas requer exatamente tanta ingenuidade quanto o seu conjeturar. A segunda consequência é que, em geral, não é possível programar computadores para comprovar teoremas. Os teoremas, diferentemente dos meros corolários, não pingam dos axiomas: de uma maneira típica, estes últimos precisam ser enriquecidos com lemas e construções auxiliares antes de implicar teoremas. b. **Psicologia e teoria da ação** – O último estádio de um processo de deliberação com o fito de encetar a ação – ou não encetá-la. ↑**Teoria da decisão**.

DECISÃO, TEORIA DA – ↑**Teoria da decisão**.

DE DICTO/DE RE – Acerca de palavras/acerca de coisas. Algumas expressões são ambíguas, pelo fato de poderem ser interpretadas de ambos os modos. Por exemplo, na linguagem comum *provável* pode ser entendido ou como ↑**plausível** (*de dicto*) ou como ↑**aleatório** (*de re*).

DEDUÇÃO – Raciocinar da(s) premissa(s) até a(s) conclusão(ões), ou "desembrulhar" as consequências de um conjunto de assunções. Algumas de tais consequências, ainda que "potencialmente contidas" nas premissas, são desconhecidas no momento em que estas últimas são enunciadas. Daí por que podem ser inesperadas – mais uma prova de que a lógica não é o estudo das leis do pensamento. A dedução é por certo o tema central da ↑**lógica** dedutiva. Exemplo 1: Que um indivíduo específico tenha uma certa feição implica logicamente que alguns indivíduos têm a mesma propriedade: Fb $\vdash$ $\exists$xFx. Exemplo 2: Se uma das opções de uma alternativa for falsa, então a opção remanescente é verdadeira: p$\vee$ q, ¬p $\vdash$ q. Ao contrário de todos os outros tipos de inferência, a dedução é regida por estritas regras universais de inferência, tais como ↑***modus ponens*** e ↑***modus tollens***. Ela também está sujeita a axiomas e teoremas como o *teorema da dedução*: Para cada conjunto S de fórmulas bem formadas, e para quaisquer fórmulas bem formadas p e q, se S $\cup$ {p} $\vdash$ q, então S $\vdash$ (p $\Rightarrow$ q). Diz-se que uma dedução é *válida* se e somente se for sustentada por tais regras. Como existem muitos sistemas lógicos dedutivos diferentes, a validade dedutiva é contextual. Em outras palavras, há tantas relações de ↑**implicação** lógica quanto lógicas. Entretanto, a lógica subjacente à esmagadora maioria das teorias na matemática e da ciência fatual é a lógica comum (clássica).

DEFINIBILIDADE – Diz-se que um conceito é definível em um dado contexto se e somente se puder ser igualado com uma combinação de conceitos que ocorrem neste contexto. Os conceitos definidores ou básicos são chamados de "primitivos" em relação ao dado contexto. Por exemplo, na lógica dos predicados "algum" é definível em termos de "todo" e "não", isto é: Algum = não-tudo-não. Mas a gente pode também escolher "algum" e "não" como primitivos ou definidores de "tudo". Na mecânica das partículas a "massa" é um primitivo, enquanto na mecânica do contínuo (que abrange a mecânica das partículas) ela é definida em termos da "densidade de massa". Ali parece haver apenas um conceito absolutamente indefinível, isto é, um que deve ser tomado como básico ou primitivo em todos os contextos. Este é o conceito de identidade. A razão é que as ↑**definições** são identidades. Assim, se alguém deseja definir "idêntico" como "não diferente" perpetraria a seguinte corrente ou cadeia de símbolos sem sentido: = = ¬ ≠.

DEFINIÇÃO – Elucidação de um conceito (ou de um signo) em termos de outros conceitos (ou signos), como em "numerais são os nomes dos números inteiros". Os conceitos elucidantes são os *definiens*, e o elucidado é o *definiendum*. Há duas espécies principais de definições: explícita e implícita. Definições *explícitas* são identidades, amiúde escritas na forma "A $=_{df}$ B" tal como "*Quanton* $=_{df}$ entidade física descritível apenas em termos da física quântica". Definições *implícitas* são proposições ou conjunto de proposições onde o *definiendum* não ocorre separadamente do *definiens*. Exemplo: uma definição padrão da relação de implicação ⇒ é a seguinte: p ⇒ q = $_{df}$ ¬ p ∨ q. Definições *axiomáticas* são definições implícitas em termos dos sistemas de axiomas. Exemplo: Os cinco axiomas de Peano definem o conceito de um número natural. Definições *recursivas* são definições implícitas onde os *definienda* ocorrem ao menos duas vezes. Exemplo: a adição de números naturais pode ser definida recursivamente pelas seguintes equações: Para qualquer número natural m, m + 1 = m', m + n' = (m + n)'.

DEFINIÇÃO OPERACIONAL – A caracterização de um conceito por meio de operações realizadas para aferi-lo. Exemplo: a caracterização do "peso" como aquilo que as escalas medem, ou da "inteligência" como aquilo que os testes QI medem. Uma vez que as definições são puramente conceituais, não há definições operacionais. Por outro lado, existem ↑**hipóteses indicadoras**, tais como "A batida do coração é um indicador do estado de saúde", e "A soma das taxas de inflação e desemprego é um indicador de pobreza".

DEFINIÇÃO REAL – Caracterização ou descrição das feições salientes de uma coisa real, como em "O homem é um animal fazedor de instrumentos". A denominação não é apropriada porque ↑**definições** propriamente ditas são identidades, e é óbvio que uma coisa real não seja o mesmo que qualquer de suas descrições. O mais perto que se pode chegar de uma "definição" real é esta: comece por postular a existência de entidades de algum tipo, cada membro das quais dotado de tais e tais propriedades, então introduza uma definição que nomeie as referidas entidades. Exemplo: Há coisas dotadas de massa, e essas coisas são chamadas de 'corpos'. O par ordenado <postulado, definição> pode ser encarado como o sucessor moderno de uma definição real.

DEFINIDA, DESCRIÇÃO – ↑**Descrição definida**

DEMONSTRAÇÃO – Prova que inclui uma referência explícita a todas as regras de inferência nela envolvidas.

DENOTAÇÃO – A(s) relação(ões) entre um conceito e seus referentes, como no caso de "estudantes são pessoas cuja principal ocupação é aprender". Há duas relações de denotação: as de ↑**referência** e as de ↑**extensão**. Por exemplo, o conceito de honestidade refere-se a pessoas, e sua extensão é o subconjunto do conjunto de pessoas que vem a ser honestas. A referência é um dos dois componentes do ↑**significado**.

DEÔNTICA, LÓGICA – ↑**Lógica deôntica**.

DEÔNTICO – O que se refere ao dever ou à obrigação.

DEONTOLÓGICA, ÉTICA – ↑**Ética deontológica**.

DESCOBERTA – O desvelar de um item de existência previamente desconhecida. Há duas espécies de descobertas: conceitual e empírica. Exemplo 1: A prova de um teorema matemático é uma descoberta da relação lógica existente entre o teorema e suas premissas, mas ambos têm de ser inventados antes que sua relação possa ser descoberta. Exemplo 2: Os oncogenes foram descobertos. Entretanto, esta descoberta foi a culminação de um processo que começou com a hipótese não ortodoxa – uma invenção – de que os cânceres de alguns tipos poderiam ser causados por certos genes. Não há regras para fazer descobertas, e não há nenhuma razão para crer de que tudo será finalmente descoberto. Isto não impediu que certo número de filósofos escrevesse sobre uma lógica da descoberta. ↑**Invenção**.

DESCONSTRUCIONISMO – Variedade de ↑**hermenêutica** derivada de Hegel, Husserl e Heidegger, e praticada por J. Derrida, H. Bloom e outros. Sustenta que não há nada fora do texto; que a linguagem é anterior ao significado; que o autoritarismo pode estar espreitando por trás do texto até de aparência mais inocente; e que tais ameaças encobertas devem ser "desconstruídas" (desmascaradas, desveladas). Caracterizada por jogo de palavras, é pois de difícil tradução. Exemplo: a preocupação de J. Derrida com *l'écrit* (o escrito), *l'écran* (a tela) e *l'écrin* (o escrínio). É uma coqueluche entre críticos literários a fazer pose de filósofos ou cientistas sociais. Não deve ser tomado a sério exceto como um indicador de ↑**decadência**.

DESCRIÇÃO – **a. Lógica e semântica** – As descrições podem ser indefinidas, como "um gato", ou definidas, como "o gato da porta vizinha". Descrições indefinidas não são problemáticas: "um gato" é apenas um membro arbitrário do conjunto dos gatos. Em contrapartida, descrições definidas são mais difíceis de rachar. A solução canônica é a definição de Bertrand Russell: Uma descrição definida pressupõe existência e indica unicidade. Esta análise é insatisfatória devido à ambiguidade do ↑**quantificador** "existencial". No caso de descrições estamos interessados apenas na unicidade, que pode ser expressa de várias maneiras. Um modo claro e simples é o seguinte: considere a fórmula funcional "O preço de x é igual a y" ou, para resumir, "P(x) = y". O lado esquerdo desta igualdade é uma descrição definida "O preço de x". Em outras palavras, a descrição definida resulta do truncamento da função em jogo, que no caso é P. Mas P pode não ser definida para alguns objetos, tais como planetas ou sonhos, que não tem preço até novo aviso. Neste caso pode-se falar de descrições definidas *impróprias*. Exemplos: "O imperador da América" e "O criador do universo". Somente as ↑**descrições definidas** próprias, tais como "minha mãe" e "o seno de 90°" podem ser analisadas como funções truncadas. **b. Epistemologia** – É a caracterização de um conceito ou fato, como em "1 é o sucessor de 0", e "Escolas são locais de ensino". As descrições matemáticas podem ser completas. Não acontece o mesmo com descrições de itens fatuais: a maior parte delas é incompleta. É verdade, a descrição teórica do estado de uma coisa simples como é um átomo de hidrogênio pode ser completa. Mas ninguém pode garantir experimentalmente em que estado se encontra um átomo particular até que ele tenha pulado para outro nível de energia. Se a descrição de um fato inclui o mecanismo correspondente, ele é uma ↑**explanação** propriamente dita. Exemplo: "O mercado de ações caiu quando se anunciou que a taxa de emprego subiu, porque seria de esperar um aumento na demanda e, com isso, um período de inflação de demanda".

DESCRIÇÃO DEFINIDA – É a que aponta para um único objeto, tal como "o logaritmo de 1" e "o presidente dos Estados Unidos". Uma descrição definida pode ser analisada como uma função parcial. De um modo mais preciso, podemos conceituá-la como o lado direito da fórmula do tipo "y = f(x)". ↑**Descrição**.

DESCRITIVISMO – A prescrição metodológica para restringir todos os estudos à ↑**descrição** e abster-se da tentativa de analisar ou explicar. Uma componente quer do ↑**positivismo** quer da ↑**fenomenologia**. ↑**Caixismo-preto**, ↑**funcionalismo**. O descritivismo pode ser enriquecido e, deste modo, salvo, exigindo-se que a descrição inclua o pertinente ↑**mecanismo**, pois neste caso ele redunda em uma ↑**ex-**

planação. Em outras palavras, uma explanação de um fato é uma descrição do fato juntamente com uma menção ao mecanismo subjacente. Exemplo: Um eclipse solar é a ocultação do sol (descrição) causada pela interposição da Lua (mecanismo).

DESIGNAÇÃO – Relação entre símbolo e construto, como em "∅ designa o conjunto vazio". Tal relação é convencional, portanto mutável à vontade.

DESTINO – Não há tal coisa.

DETERMINAÇÃO – **a. Ontologia** – Modo de vir-a-ser, como em "Causação, chance e busca de alvo são modos de determinação". **b. Epistemologia** – O estreitamento de um universo de discurso.

DETERMINADO/INDETERMINADO, QUALIDADE DE SER – ↑Qualidade de ser determinado/indeterminado.

DETERMINISMO – **a.** A doutrina ontológica de que tudo ocorre ou segundo leis ou por desígnio. O determinismo tradicional admitia apenas determinação causal, teleológica (dirigida para meta), e divina. O determinismo científico contemporâneo é em alguns aspectos mais amplo e, em outros, mais estreito: é idêntico ao ↑**princípio da legalidade** juntamente com o princípio ↑*ex nihilo nihil fit*. **b. Determinismo causal** – Todo ↑**evento** tem uma ↑**causa**. Isto é somente em parte verdade, porque há processos espontâneos, como a desintegração radioativa espontânea e a descarga neurônica, bem como as leis probabilísticas. **c. Determinismo genético** – Nós somos o que os nossos genomas prescrevem. Isto é apenas parcialmente verdade, porque os fatores ambientais são tão importantes quanto os dons genéticos e porque a criatividade (↑**criação**) é inegável.

DEUS – Um dos mais potentes e sábios dos seres sobrenaturais inventados por algumas religiões. Há, pelo menos, tantas deidades quantas são as religiões. Algumas são imaginadas como sendo materiais e perceptíveis, enquanto outras se afiguram não serem nem uma coisa nem outra; algumas são postuladas como imortais ou mesmo eternas, outras não; algumas são prestimosas e misericordiosas, outras não prestam nenhuma ajuda e são cruéis; algumas são solteiras, outras possuem famílias e cortes. A possibilidade da existência de divindades coloca interessantes problemas filosóficos, tais como os da evidência para a crença religiosa, o alcance da liberdade humana, a fonte última do bem e do mal, e a possibilidade do livre-arbítrio e da responsabilidade. Por exemplo, se Deus é onipotente, então o homem não pode ter livre-arbítrio, e ele peca apenas por procuração, portanto ele não deveria ser punido. Se, por outro lado, o homem possui livre-arbítrio, então ele pode pecar, e assim Deus, seu criador, é indiferente ou mesmo perverso.

DEUS, PROVAS DA EXISTÊNCIA DE – ↑**Provas da existência de Deus**.

DEUS, PROVAS DA NÃO EXISTÊNCIA DE – ↑**Provas da não existência de Deus**.

DEVER/DIREITO – São os polos da esfera ↑**moral**. Uma moralidade unicamente de deveres impõe sacrifícios sem recompensas, e uma moralidade unicamente de direitos entesoura privilégios. Ambas são injustas e incompatíveis com uma ordem social sustentável. A segunda demanda uma moralidade onde direitos implicam deveres e inversamente. Por exemplo, o direito ao voto implica o dever de votar segundo as regras e responsavelmente. E o dever de prover a subsistência dos filhos implica o direito de ganhar os meios para cumprir com o dever.

DIALÉTICA – **a.** Na filosofia antiga e medieval é um sinônimo da lógica ou da arte da argumentação. A dialética, no hegelianismo e no marxismo, é algumas vezes encarada como um método e em outras, como uma filosofia. A primeira interpretação é equivocada, porque nem Hegel nem Marx nem seus seguidores propuseram qualquer método propriamente dito (ou procedimento padronizado) com gosto de dialética. A dialética é uma filosofia e, mais precisamente, uma ontologia. A ética e a epistemologia dialéticas não existem. **b. Lógica dialética** – Ela tem sido vendida como uma generalização da lógica formal. Esta última seria uma espécie de aproximação em câmara lenta da primeira: teria validade apenas para curtas extensões, enquanto a lógica dialética cobriria processos em sua inteireza. Para melhor ou para pior, a lógica dialética permaneceu em estágio de projeto. De fato, ninguém jamais propôs quaisquer regras dialéticas de formação ou de inferência. Além disso, a ideia toda de uma lógica dialética parece ser um mal-entendido proveniente da identificação feita por Hegel entre a lógica e a ontologia – uma equação que tem sentido apenas dentro de seu próprio sistema idealista. **c. Ontologia dialética** – Esta concentra as assim chamadas três leis da dialética, estabelecidas por Hegel e reformuladas por Engels e Lênine. Elas são: (1) cada coisa seria a união de opostos; (2) cada mudança origina-se em oposição (ou "contradição"); (3) qualidade e quantidade mudam uma na outra. As partículas elementares – os tijolos que constituem o mundo – são os contraexemplos da primeira "lei". Cada caso de cooperação na natureza ou na sociedade arruína a segunda. A terceira "lei" é ininteligível na forma como se apresenta, mas pode ser caridosamente reformulada assim: Em cada processo quantitativo, ocorrem (podem ocorrer) mudanças e, uma vez realizadas, novos modos de crescimento ou declínio começam. É esta a única "lei dialética" clara e verdadeira, mas ela não envolve o conceito de contradição, que é uma marca registrada da dialética. Não é de surpreender que, ante uma doutrina tão nebulosa, a dialética nunca tenha sido formalizada.

DIALÉTICO, MATERIALISMO – ↑**Materialismo dialético.**

DICOTOMIA – Divisão de um todo ou de uma coleção em duas partes mutuamente disjuntas e complementares. Exemplos: mente/corpo (↑**problema mente-corpo**), ↑**razão/causa**, ↑**fato/valor** e ↑**natureza/cultura** são dicotomias em filosofias idealistas.

DICOTOMIA DA CIÊNCIA NATURAL / CIÊNCIA SOCIAL – Tese idealista (em particular neokantiana) segundo a qual as ciências sociais nada têm em comum com as ciências naturais. Refutada pela mera existência de ciências biossociais como a demografia, a geografia, a psicologia, a antropologia e a linguística.

DICOTOMIA FORMAL/FATUAL – A divisão de proposições em formal (independentes de quaisquer fatos) e fatual (verdadeiras ou falsas dependentes dos fatos a que se referem). Uma alternativa à dicotomia simplista entre ↑**divisão analítica/sintética.**

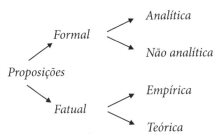

DICTUM DE OMNI OU INSTANCIAÇÃO UNIVERSAL – O que vale para tudo vale para qualquer um: $;xFx \mid ¾ Fy$.

DIFERENÇA – Dois objetos são diferentes se, e somente se, não forem idênticos – isto é, se não compartilharem todas as suas propriedades. Itens idênticos "são" um, não muitos. Daí, se não houver diferenças no universo, eles serão uma única coisa. E, sendo uma única coisa e sempre idêntica a si própria, ela não mudará. Mas é claro que há diversidade, e há mudança. As coisas mudam porque diferem umas das outras, seja em espécie ou devido a suas respectivas posições no espaço e tempo. Por exemplo, gradientes (de intensidade do campo, de densidade de massa, de calor etc.) são fontes de forças, que por sua vez alteram o modo de variação (por exemplo, causando acelerações). Assim, os conceitos de diferença e mudança, embora não ↑**cointensivos**, são ↑**coextensivos**. Em resumo, a diferença faz toda a diferença. Infelizmente, a "diferença" é uma categoria negligenciada. Apenas a diferença extrema, ou seja, a ↑**oposição** tem atraído a atenção de filósofos, particularmente dos defensores da ↑**dialética**. Mas eles amiúde confundem a oposição com a mera diferença – como ao sustentar que a variação é (ontologicamente) contraditória porque consiste na transformação de uma coisa ou de uma propriedade em suas opostas.

DIFUSA, LÓGICA – ↑**Lógica difusa**.

DIFUSO – Sin. vago. Ant. ↑**exato**. Exemplos: "algum", "longo", "velho". Uma propriedade de alguns conceitos e, por isso mesmo, das proposições que os contêm. Um predicado é vago se sua conotação ou sentido for impreciso, em consequência do que sua extensão também será obscurecida. Em resumo: predicados difusos são aceitáveis para marcadores de limites. A lógica não vale para conceitos vagos. Por exemplo, em muitos casos pode-se dizer realmente a respeito de um homem que ele é, ao mesmo tempo, calvo e não calvo. A indicação de contexto pode restringir a vagueza de um conceito. Por exemplo, "velho" (*old*) na expressão "gente velha" (*old people*), hoje em dia e no mundo industrializado, denota pessoas acima de oitenta anos. A vaguidade é prejudicial à testabilidade. Assim, as hipóteses psicanalíticas que contêm os conceitos vagos de *id*, superego, trauma, energia psíquica e similares, dificilmente são testáveis – daí por que naturalmente elas podem ser sustentadas sem levar em consideração dados empíricos. ↑**Testabilidade**. Dois interessantes problemas filosóficos acerca da vagueza são se conceitos difusos jamais podem ser exatificados, e se é possível tornar exatos graus de vaguidade. O primeiro é insolúvel, porque o bom êxito em exatificar quaisquer conceitos inexatos não constitui garantia de que alguns conceitos intuitivos ainda por ser inventados não resistirão a todas as tentativas de domá-los. Entretanto, o problema dá origem a uma injunção metodológica: "Tente exatificar todos os conceitos úteis". Quanto ao segundo problema, ele parece estar aberto. ↑**Exatidão**, ↑**vago**.

DIFUSO, CONJUNTO – ↑**Conjunto difuso**.

DILEMA – Problema de escolha entre duas alternativas mutuamente excludentes. Exemplos: o dilema lógico suscitado em uma teoria por duas proposições contraditórias entre si; o dilema epistemológico levantado por duas hipóteses diferentes a dar conta dos mesmos dados empíricos; o dilema moral ou legal provocado por dois interesses ou normas conflitantes. O conceito pode ser generalizado a partir de proposições para conjuntos de proposições, tais como doutrinas. Mas neste caso há mais escolha, porque é possível aceitar algumas partes dos pontos de vista contrastantes. Por exemplo, o dilema racionalismo/empirismo pode ser resolvido adotando-se as versões moderadas das duas epistemologias.

DINAMICISMO – ↑**Processualismo**.

DING AN SICH – ↑**Coisa em si** ou *ding an sich*.

DISCURSO FICCIONAL – Um discurso que toma ou finge tomar as ↑**ficções** por realidades. Exemplo: teoria geral do equilíbrio econômico. A literatura séria e a crítica filosófica não são ficcionais mesmo quando versam sobre o discurso ficcional.

DISJUNÇÃO – Alternativa, como em "p ou q" simbolizado como "p ∨ q". Uma disjunção é verdadeira se e somente se no mínimo um dos disjuntivos for verdadeiro. Daí o *silogismo disjuntivo*: p ∨ q, ¬p ⊢ q. Se pelo menos uma das proposições (disjuntivas) for apenas parcialmente verdadeira, o verdadeiro valor de sua disjunção será o maior dos dois valores: V(p ∨ q) = max {V(p), V(q)}.

DISPOSIÇÃO – Capacidade, potencialidade, ↑**propensão**, ou tendência de uma coisa passar de um estado a outro. Exemplos: refratibilidade, polarizabilidade, transmissibilidade, fragilidade, verificabilidade. **Sin.** ↑**potencialidade**, ↑**possibilidade** real. A ideia mesma de uma propriedade disposicional tem caído em descrédito ou porque lembra os poderes do escolástico medieval ou porque aparentemente se devia esperar em face de uma disposição que ela fosse efetivada antes de ser atribuída. Entretanto, um estudo teórico de uma coisa pode revelar alguma disposição desta coisa – por exemplo, associar com outras coisas, crescer, decair ou aprender. Portanto, falar de disposições não importa necessariamente invocar ↑**caixas-pretas**, isto para não falar de poderes obscuros. Mas, de fato, qualquer hipótese acerca da disposição precisa ser empiricamente comprovável, e ela se tornará verdadeira ou falsa só depois de completada a prova, o que coincidirá com a efetivação da disposição. Há duas espécies de disposição: causal e estocástica. Uma disposição *causal* é sempre efetivada sob certas circunstâncias. Exemplos: a propensão dos ovos quebrarem quando se deixa caí-los no chão; a disposição ao decaimento de um sistema instável; a disposição das crianças a aprenderem a andar e a falar. Uma disposição *estocástica* é efetivada apenas algumas vezes, com uma frequência (constante ou variável). Exemplo: a propensão dos átomos radioativos para desintegrarem-se. O segundo conceito de disposição é tornado exato por ↑**probabilidade**. A existência de dois modos de propensão prova que a sentença 'interpretação da probabilidade como propensão' não é uma ↑**descrição** definida: isto é, ela não basta para especificar a interpretação realista da teoria de probabilidades.

DISTRIBUTIVA, LEI – ↑**Lei distributiva**.

DIVISÃO ANALÍTICA/SINTÉTICA – A visão tradicional de que cada proposição é ou analítica no sentido estrito (isto é, logicamente verdadeira) ou sintética (isto é, empírica). Uma pedra angular do positivismo lógico e da filosofia de Wittgenstein. Este ponto de vista é falso porque as proposições estritamente matemáticas, tais como "Há infinitos números primos", não pertence nem à lógica nem à ciência fatual. A ↑**dicotomia formal/fatual** é a correta.

DIVISIBILIDADE – A propriedade de um objeto de ser decomponível ou analisável. Exemplos de indivisíveis: números primos e *quarks*. A questão da divisibilidade tem dividido os ontologistas desde os tempos antigos. Enquanto os continuístas ensinavam a infinita divisibilidade de tudo o que existe, os ↑**atomistas** postulavam a existência de indivisíveis. A física contemporânea supõe a existência de ambos, contínuos (campos) e indivisíveis (*quanta*). ↑**Atomismo,** ↑**plenismo**.

DOGMA – Uma crença que é tida como inexpugnável ao argumento e à experiência. Exemplo: as assim chamadas verdades reveladas da religião. Diferença entre dogma e tautologia: as tautologias são passíveis de prova. Diferença entre dogma e postulado: os postulados são passíveis de verificação por meio de suas consequências. Se estas forem falsas, os postulados que as implicam logicamente ficam refutados.

DOGMATISMO – A adoção de ↑**dogmas** em certos campos. Os antigos céticos chamam de "dogmatistas" todos aqueles que pretendiam saber algo com certeza. Hoje em dia o dogmatismo é exuberante não apenas na filosofia, religião ou política, mas também em alguns capítulos da ciência, particularmente na cosmologia e na economia.

DOUTRINA – Coleção de proposições ensinadas como sendo verdadeiras por algumas escolas. As doutrinas são menos bem organizadas do que as teorias, e não dispõem necessariamente de suporte empírico. Podem ser seculares ou religiosas.

DOUTRINA DO DIREITO NATURAL – A concepção segundo a qual a moralidade e a lei são antes naturais do que artificiais. Há duas versões principais: a secular e a religiosa. A primeira é a concepção de que o homem nasceu bom, mas se tornou mau devido à sociedade. A variante religiosa é a de que a vontade divina está incorporada na ordem natural das coisas, com as quais as leis feitas pelo homem devem casar. Dado que todas as normas de comportamento são produto de elaboração, e assim sujeitas às coerções sociais e mudanças históricas, o conceito todo de direito natural é uma contradição em termos. Não surpreende que esta doutrina tenha sido usada algumas vezes para justificar a injustiça, e outras para combatê-la; em certas ocasiões para argumentar em favor da unidade da espécie humana e, em outras, para negar tal unidade em nome de raça, classe ou religião.

DOUTRINÁRIO – Preso a uma ↑**doutrina** de maneira extrema e ↑**dogmática**. Exemplos: fundamentalismos religiosos, microeconomia neoclássica, marxismo, neoliberalismo. **Ant.** ter uma atitude crítica ou uma ↑**mente aberta**.

DOXÁSTICO – Refere-se à opinião ("achismo") mais do que ao conhecimento bem fundamentado. *Lógica doxástica*, a assim chamada lógica da crença, é a malsucedida tentativa de estudar e sistematizar *a priori* o que é empírico e inerentemente indisciplinado.

DUAL – Complemento. O pares de conceitos como tudo e nada, unidade e pluralidade, exatidão e vaguidade, cheio e vazio, amor e ódio, cooperação e competição, confiança e traição, que consistem de um conceito e seu dual. A característica semântica de conceitos duais é que nenhum deles faz sentido sem o seu dual. Por exemplo, uma pessoa pode trair outra somente se a última confiar na primeira. Advertência: duais não são opostos (ou contraditórios). Por exemplo, "nada" é o dual de "tudo", mas não o seu oposto; o de "amor" é "ódio", mas sua negação é "ódio ou indiferença"; e a negação de "maior do que" é "menor do que ou igual". Em matemática, há várias *leis de dualidade*, ou melhor, metaleis. Por exemplo, a troca das operações ∪ e ∩ em qualquer matriz leva a outra matriz: à sua dual.

DUALISMO – a. Ontológico – A concepção de que o mundo é composto de coisas de duas espécies: materiais e ideais, naturais e sobrenaturais, profanas e sagradas, ou boas e más. Um caso particular de ↑**pluralismo**. O dualismo ontológico é parte e parcela de todas as religiões e da maioria das filosofias idealistas. O dualismo psiconeural está em desacordo com a neuropsicologia, que postula constituírem os processos mentais um subconjunto dos processos cerebrais. ↑**Problema mente-corpo**. **b. Econômico-cultural** – A concepção segundo a qual a sociedade humana é composta de um estrato material (ou econômico) e outro ideal (ou cultural). Trata-se de uma visão compartida por idealistas históricos e materialistas históricos. A diferença entre eles é que, enquanto os idealistas mantêm a primazia da cultura, os materialistas históricos pretendem o inverso. Conforme o materialismo sistêmico, todos os subsistemas de uma sociedade – em particular sua economia e sua cultura – são materiais por serem compostos de coisas concretas (pessoas e seus artefatos); e, além disso, mais do que uns serem agentes e outros pacientes, eles interagem entre si. ↑**Esquema BEPC**, ↑**cultura**. **c. Metodológico** – A convenção segundo a qual, para propósitos analíticos, as ideias podem ser tratadas como existentes por si, em particular, separadamente dos cérebros e das sociedades. Esta convenção é indispensável para analisar e avaliar ideias de qualquer tipo. Ela é sistematicamente violada pelos sociólogos externalistas do conhecimento.

DUHEM, TESE DE – ↑**Tese de Duhem**.

DUPLA NEGAÇÃO – a. Lógica – Trata-se de uma lei da lógica clássica e da teoria dos conjuntos, pela qual uma segunda negação (ou complemento) cancela a primeira. É simbolizada na lógica comum por ¬ ¬ p ⇔ p. Não se trata de um teorema da lógica intuicionista, e é rejeitada pelos dialéticos, que interpretam a negação de uma forma ontológica, a saber, como uma suspensão. **b. Ontologia** – A "lei" dialética da dupla negação não é propriamente uma lei, porém uma definição dada por Hegel e um conceito peculiar de negação, ou seja, *Aufhebung* (suspensão, superação, negação) do mais baixo pelo mais alto, ou do mais velho pelo mais novo. Ela constitui uma afirmação singular do mito do progresso contínuo.

DÚVIDA – Estado da mente ou processo mental que consiste no fato de uma pessoa ser incapaz ou não ter vontade de asseverar ou negar uma proposição (ou um conjunto de proposições) por ignorar se ela é verdadeira ou falsa. A dúvida é a marca registrada do ↑**ceticismo**. Todavia, enquanto os céticos radicais duvidam de tudo, os moderados duvidam apenas diante da evidência incompleta ou contraditória. É típico o fato de que cientistas e tecnólogos, quando em trabalho, sejam céticos moderados. Mas até eles são por vezes ingênuos ao se extraviarem em outros campos.

E

E – Conjunção, como no predicado "geral & profundo", e na proposição "A biologia molecular é geral & a biologia molecular é profunda". Relação de disjunção: ¬(¬ p & ¬ q) = p ∨ q. Símbolos padrões: & e ∨.

É – Na lógica tradicional, "é" era denominado "a cópula", sendo visto como um conceito lógico cardeal e, no entanto, enigmático: dizia-se que "colava" o predicado ao sujeito, como em "A água *é* molhada". Na lógica (matemática) moderna, 'é' é tacitamente considerado como um termo ↑**sincategoremático**. De fato, "é" e seu cognatos ('são', 'era' etc.) vêm junto com predicados, como em "é molhada". Em outros termos, enquanto na lógica tradicional uma proposição tipo "a água é molhada" era analisada em três conceitos irredutíveis, na lógica moderna é analisada em dois: o sujeito "água" e o ↑**predicado** unário 'é molhada'. Entretanto, muito embora predicados possam ser exatos, a palavra 'é' é ambígua. Com efeito, a linguagem ordinária é equivalente aos seguintes conceitos lógicos distintos: (a) identidade, como em "a = b"; (b) predicação ou atribuição, como em "a é um (ou tem a propriedade) F"; (c) pertencer (ser membro de), como em "a é um membro do conjunto S"; (d) inclusão, como em "Os humanos são primatas". Unicamente a análise lógica pode refinar a rudeza da linguagem comum. Fato este que constitui um dos muitos contraexemplos à dicotomia de Pascal, *esprit de finesse/esprit de géométrie*. Atualmente ambos coincidem.

É/DEVE – ↑**Fato/valor**.

ECLETISMO – Combinação de concepções disparatadas ou escolas de pensamento. Há dois tipos de ecletismo: mosaico (ou inconsistente) e sistêmico (ou consistente). O *ecletismo mosaico* é uma mistura ou justaposição de concepções sem qualquer consideração para com a consistência interna. Exemplo: o sistema de crença de um cientista religioso. O *ecletismo sistêmico* mescla de um modo consistente componentes retiradas de diferentes fontes. Exemplos: ↑**racioempirismo** e ↑**sistemismo**.

ECONOMIA – **a. Ciência** – Ramo das ciências sociais que estuda sistemas econômicos tais como firmas, indústrias, mercados e economias inteiras. Diferenciável das outras ciências mas inseparável delas, como mostram a prosperidade da sociologia econômica, da socioeconomia e da história econômica. **b. Filosofia da** – Ramo da filosofia da ciência que procura elucidar os conceitos mais gerais e problemáticos da economia, e avaliar seus princípios e métodos mais básicos e problemáticos. Amostra das problemáticas: O *status* conceitual e empírico da utilidade; justificação do princípio de maximização da utilidade; conexão micro-macro; existência de leis econômicas; relações com outras ciências e fundamentos científicos e morais das políticas econômicas.

ECONOMICISMO – A tentativa de explicar todos os fatos políticos e culturais em termos de interesses econômicos. **Sin.** imperialismo econômico. Há duas variedades: marxista e neoclássica. É uma estratégia de pesquisa popular, mas ela deixa de dar conta da cooperação, das coerções morais, do compromisso ideológico, da curiosidade desinteressada, da heterodoxia e, mesmo, de fatos econômicos tais como ciclos de negócios e inflação. ↑**Marxismo**, ↑**teoria da escolha-racional**.

EGOCÊNTRICO, PARTICULAR – ↑**Particular egocêntrico**

ELEMENTAR – Indivisível, individual, básico. Exemplos: elétrons, letras, pontos, números primos, conceitos primitivos.

ELUCIDAÇÃO – Clarificação. Em grande parte o filosofar consiste necessariamente em elucidar conceitos e teses. Chega-se à elucidação por meio da exemplificação, da análise, da definição, da redução ou da incorporação a uma teoria. Os conceitos mais importante são os que servem para definir outros, daí serem eles indefiníveis ou primitivos. A melhor maneira de elucidar um conceito primitivo é incorporá-lo como um primitivo na teoria. Por exemplo, o conceito de necessidade lógica foi elucidado tornando-o um conceito central da lógica comum: ↑**Implicação**. Do mesmo modo que o conceito de campo eletromagnético, outro primitivo, foi elucidado pela eletrodinâmica. **Sin.** explicação.

$E = mc^2$ – Teorema da mecânica relativística que relaciona a energia e a massa de uma partícula. Vale apenas para entidades dotadas de massa e não para fótons. A ocorrência de **c**, a velocidade da luz no vácuo, mostra que a mecânica relativística não pode ser compreendida fora da eletrodinâmica. Embora uma das mais famosas leis físicas é também uma das menos entendidas. O mais comum dos mal-entendidos é considerá-la como uma lei que expressa a conversão da matéria em energia e inversamente. Isto é um erro porque massa e energia são propriedades, e não coisas.

EMERGÊNCIA – **a. Conceito estático** – Uma propriedade de um sistema é emergente se e somente se não for dominada por qualquer componente do sistema. Exemplos: estar vivo (uma propriedade emergente das células), perceber (uma propriedade emergente de certos sistemas de neurônios) e estrutura social (uma propriedade de todos os sistemas sociais). Propriedades emergentes podem ser locais (como aglomerar) ou globais (como estabilidade). **b. Conceitos dinâmicos** – Segundo a hipótese de que todos os sistemas são formados pela assembleia (natural ou artificial) de suas componentes, a emergência é típica tanto do desenvolvimento individual (ou ontogenia) quanto da ↑**história** (em particular da ↑**evolução**). Exemplos: a emergência da fala nas crianças surge por volta do primeiro ano de vida, sendo provável que tenha emergido com o nascimento do *Homo sapiens sapiens*, cerca de 100.000 anos atrás. Os conceitos de emergência não devem ser confundidos com o confuso conceito de ↑**superveniência**.

EMERGENTE – Um sistema recém-formado e caracterizado por novas propriedades. Exemplos: organismos de novas espécies, sistemas de neurônios que pensam novas ideias e invenções sociais. ↑**Emergência**.

EMERGENTISMO – A família de concepções que envolve a ideia de ↑**emergência**. Em particular, são emergentistas as variedades do materialismo que, ao contrário do materialismo vulgar (ou mecanicismo, ou fisicalismo), asseveram que todo sistema é dotado de algumas propriedades que faltam às suas componentes.

EMERGENTISTA, MATERIALISMO – ↑**Materialismo emergentista**.

EMOTIVISMO – Ponto de vista, antecipado por Hume e adotado pelo ↑**positivismo lógico**, de que juízos de valor e regras morais são apenas expressões da emoção, e por isso estão além tanto da análise racional como da justificação empírica. Uma visão irracionalista oposta ao ↑**cognitivismo** axiológico e ético.

EMPÍRICO – Item inerente à ou derivado da experiência. Algumas vezes identificado com o termo ↑**'fatual'**, como na expressão 'ciência empírica'. Esta identificação é errônea em uma filosofia ↑**realista**, pois as experiências constituem apenas um pequeníssimo subconjunto do conjunto dos fatos.

EMPÍRICO, SUPORTE – ↑**Suporte empírico**.

EMPIRISMO – **a. Epistemologia** – O empirismo tradicional é uma família de filosofias segundo a qual a experiência é a única fonte de conhecimento. Os empiristas mais modernos abrem uma exceção para a lógica e a matemática, as quais, admitem eles, são *a priori*. **b. Ontologia** – Concepção segundo a qual o mundo consiste de experiências. A implicação metodológica é que todas as ciências são redutíveis à psicologia. Obviamente, isto é falso, pois a psicologia usa alguma física, enquanto a física não usa a psicologia. Segue-se que a premissa também é falsa. É verdade, não há conhecimento fatual sem experiência. Mas as ciências e a tecnologia vão além da experiência quando criam hipóteses, teorizam e planejam experimentos científicos e testes tecnológicos. Exemplos: o conceito de campo de força, DNA, eficácia e globalização são transempíricos. Tal qual o racionalismo, o empirismo é apenas uma meia verdade. O bilhete de ingresso é ↑**racioempirismo**.

EMPIRISMO LÓGICO – ↑**Positivismo lógico**.

EM PRINCÍPIO – Impossível na prática, ao menos por ora. Por exemplo, em princípio alguém poderia continuar contando *ad infinitum*.

ENERGETISMO – É uma ontologia monística pela qual todas as coisas consistem ou ↑**energia**. Esta tese é insustentável porque a energia é uma ↑**propriedade** das coisas materiais, e não uma entidade. O energetismo ganhou evidência no fim do século XIX como uma alternativa para o materialismo e o idealismo, e foi endossado pelos positivistas. Atualmente, veio a ser substituído pelo ↑**informacionismo**, que envolve o mesmo erro, ou seja, o de isolar uma propriedade de seu portador.

ENERGIA – **a. Propriedade** – A extensão para a qual uma coisa concreta muda de pode mudar. Portanto, é coextensiva com a "mutabilidade". É a propriedade mais universal das coisas reais, até mais do que a localização no espaço-tempo. Portanto, uma possível definição de "material": x é material $=_{df}$ x tem energia. Advertência 1: A energia é uma propriedade e não é uma coisa; portanto, ela não existe por si nas mesmas condições que a matéria. ↑$E = mc^2$. Advertência 2: Possuir energia zero não é a mesma coisa que não ter energia: ↑**zero**. **b. Predicado** – A medida mais geral de mudança real ou potencial. Há diferentes espécies de energia: potencial e cinética, mecânica e térmica, eletromagnética e nuclear etc. A energia é representada por diferentes predicados em diferentes teorias: por funções em algumas e por operações em outras. Eis a razão para não misturar ↑**predicados** com as ↑**propriedades** que elas representam.

ENTENDIMENTO – Uma categoria psicológica que se aplica a fatos, símbolos e construtos. Na filosofia ↑**hermenêutica**. **b.** um termo mal definido. Sin ↑*Verstehen*.

ENTIA NON SUNT MULTIPLICANDA PRAETER NECESSITATEM – As entidades não devem ser multiplicadas de modo desnecessário. Máxima de Ockam. Um cuidado útil contra a tendência de introduzir ficções não necessárias. Amiúde mal-entendida como preferência pela simplicidade mesmo às custas da profundidade ou da verdade. ↑**Simplismo**.

ENTIDADE – ↑**Coisa** real ou concreta, efetiva ou possível.

ENTIDADE MATERIAL – O conceito tradicional é de uma coisa passiva, incapaz de mudar por si própria. **Sin**. coisa concreta. O conceito moderno é o de um objeto capaz de mudar. Assim, ser (material) é vir-a-ser. Todas as coisas físicas são materiais, mas a inversa é falsa, pois, em acréscimo às coisas físicas, existem as químicas, as biológicas, as sociais e as técnicas. Do mesmo modo, possuir uma massa é suficiente, porém não necessário para ser material: os campos gravitacional e eletromagnético são materiais, mas desprovidos de massa. ↑**Nível**.

ENTIDADE TEORÉTICA – Conceito que aparece em uma teoria científica ou em hipóteses, e denota uma coisa, uma propriedade, ou processo inacessível à observação comum. Exemplos: órbita planetária, átomo, enzima, gene, evolução, hominídeo. Estritamente falando, a expressão entidade teorética é um oxímoro, pois teorias não são precisamente entidades (coisas reais).

ENTIMEMA – Argumento com uma ou mais premissas tácitas. Exemplo: "Penso, logo sou" esconde a premissa "Todos os seres pensantes existem".

ENTROPIA – Há dois conceitos técnicos de entropia diferentes e não relacionados, a saber: o físico e o informacional. Nenhum deles é relevante para a filosofia, embora a palavra 'entropia' seja uma favorita entre os filósofos *pops*.

ENUNCIADO – ↑**Proposição**.

ENUNCIADO EXISTENCIAL – Asserção da existência de objetos de alguma espécie seja conceitual ou material. Enunciados existenciais são de dois tipos: Os que partem de um ↑**quantificador existencial**, e os que partem de um ↑**predicado de existência**. Uma proposição de qualquer desses tipos pode ser uma premissa, como ao se assumir que o conjunto dos objetos acerca dos quais se fala não é vazio; ou ela pode ser um ↑**teorema de existência**. Exemplo 1: A hipótese segundo a qual Jesus Cristo existiu, isto é, foi uma personagem histórica pode ser admitida apenas com base na fé, uma vez que não há documento histórico que a sustente. Mas, por certo, documentos deste naipe podem ainda ser descobertos. Exemplo 2: A hipótese da existência de ondas gravitacionais, que ainda não foram detectadas, é comumente admitida porque, longe de ser uma vaga conjetura, é um teorema da teoria da gravitação de Einstein, que tem sido amplamente confirmado em inúmeros casos. Mas, na verdade, sua existência pode ainda ser refutada. Positivistas e outros têm pretendido que todas as hipóteses existenciais são metafísicas, portanto – na sua visão de ciência – não científicas. Os cientistas pensam de outro modo. Exemplo 1: A existência de elementos mais pesados do que o 92 foi primeiramente sugerido como hipótese e vivamente debatido, e por fim confirmado ao ser produzidos artificialmente. Exemplo 2: A hipótese de que um ↑*quanton* existe numa dada região R do espaço é assim expressa: a função de estado do *quanton* não se anula em nenhuma parte e em qualquer tempo em R. Exemplo 3: Qualquer paleontólogo ou arqueólogo que cava em um dado sítio é guiado por alguma indicação de que ali pode haver restos interessantes.

ENUNCIADO METANOMOLÓGICO – a. **Matemática e ciência** – Um enunciado acerca de um ou mais enunciados de ↑**lei**.c. Por exemplo, o princípio de dualidade para conjuntos ordenados pelas relações $\geq$ e $\leq$: "O inverso de um conjunto parcialmente ordenado é um conjunto parcialmente ordenado". Alguns enunciados metanomológicos são heurísticos, regulativos ou metodológicos, enquanto outros são teoremas rigorosos. Por exemplo, o metaenunciado segundo o qual as leis básicas da física deveriam ser Lorentz covariantes (ou algo mais geral) é de primeira espécie. Trata-se de uma condição que guia e limita a escolha de enunciados de lei físicos. Em compensação, o metaenunciado segundo o qual as equações de campo de Maxwell são Lorentz covariantes é um teorema. O mesmo acontece com o teorema CPT (carga-paridade inversão no tempo) na teoria quântica dos campos. b. **Filosofia** – Um princípio amplo relativo aos enunciados de lei. Exemplos: "Leis são relações constantes entre propriedades", "Todos os fatos são regidos por leis, nenhum deles é desprovido de lei ou milagroso", e "As leis dos níveis integrativos mais altos surgiram dos níveis mais baixos". Os enunciados metanomológicos não possuem ↑**poder explanatório**.

EPIMÊNIDES – ↑Paradoxo do mentiroso.

EPIFENOMENALISMO – A filosofia da ↑mente segundo a qual o mental é um ↑epifenômeno do físico, ou uma emanação do cérebro e por isso incapaz de modificá-lo. Uma variedade tanto do materialismo vulgar quanto do dualismo psiconeural.

EPIFENÔMENO – Fato concomitante e secundário que não retroreage sobre o evento fonte. Exemplos: a sombra de alguém e o barulho feito por um carro. ↑Epifenomenalismo.

EPISTÊMICO – Tem a ver com o conhecimento, como em "provar e medir são atividades epistêmicas".

EPISTEMOLOGIA – O estudo da cognição e do conhecimento. **Sin.** promissor: teoria do conhecimento. **a. Científica** – Psicologia cognitiva: a investigação dos processos cognitivos da percepção à formação de conceito, conjeturar e inferir. Quando leva em conta o cérebro e a sociedade, pode-se dizer que a psicologia cognitiva tem como efeito naturalizar e socializar a epistemologia. **b. Filosófica** – O estudo de processos cognitivos – particularmente a investigação – e seu produto (conhecimento) em termos gerais. Amostra das problemáticas: relações entre conhecimento, verdade e crença; o que é comum e diferente entre conhecimento ordinário, científico e tecnológico; papel(éis) e limites da indução; estímulos filosóficos, e obstáculos à pesquisa; matriz social da cognição; relações entre epistemologia, semântica e as ciências sociais do conhecimento; relações entre teologia e ciência; méritos e defeitos das várias escolas epistemológicas. A investigação de alguns problemas epistemológicos exige matemática avançada, conhecimento científico ou tecnológico. Exemplos: O que são objetos matemáticos e como é que existem? Qual das interpretações de probabilidade é correta? Como pode a matemática, que é *a priori*, desempenhar algum papel na ciência fatual? Como são operacionalizadas as teorias, isto é, preparadas para o confronto com os dados empíricos? Seriam rivais teorias mutuamente "incomensuráveis" (incomparáveis)? Acarretaria a refutação das desigualdades de Bell o desmoronamento do realismo? Pode a psicologia desvelar quaisquer mecanismos sem recorrer à neurociência? E pode a ciência social ser reduzida à biologia (ou à psicologia)?

EPISTEMOLOGIA EVOLUCIONÁRIA – A tentativa de entender a história do conhecimento em termos evolucionários. Tal história seria um processo de tentativa e erro, por meio da qual os "inadequados" (os falsos) seriam eliminados. A analogia biológica é enganosa porque hipóteses científicas e tecnológicas, longe de ocorrerem cega e a aleatoriamente como as mutações gênicas, são engenhadas à luz do conhecimento básico. Além do mais, hipóteses alternativas, longe de serem equivalentes, são desigualmente ↑**plausíveis**. Tampouco são recebidas de igual modo pela sociedade atual. Por exemplo, a concepção biológica da mente continua sendo combatida pelos psicólogos e filósofos – para não mencionar os teólogos. Em suma, a epistemologia evolucionária não parece ser capaz de evoluir.

EPOCHE – O descarte do concreto e do externo, para focalizar o ideal e o interno. Paradoxalmente, os fenomenólogos recomendam o procedimento de "pôr entre parênteses" como um meio de apreender a essência das coisas. Para melhor ou para pior, nenhum fenomenólogo jamais descobriu a ↑**essência** de qualquer coisa, ao passo que os cientistas descobriram um número incontável de propriedades essenciais.

EQUIVALÊNCIA – **a. Lógica** – Duas fórmulas são logicamente equivalentes a uma outra se cada uma delas implica a outra e, *a fortiori*, se elas implicam logicamente uma à outra. Exemplos: Todas as tautologias são mutuamente equivalentes; "3 = 2 + 1" é equivalente "2 = 3 – 1". **b. Semântica** – Dois predicados ou duas proposições são semanticamente equivalentes se elas "disserem a mesma coisa", isto é, se elas tiverem a mesma intensão ou conteúdo, ainda que possam ter diferentes formas lógicas. Por exemplo, em uma ontologia materialista, "x é material" é semanticamente equivalente a "x é mutável". A equivalência semântica não é o mesmo que a equivalência lógica. Por exemplo, os predicados "equilátero" e "equiângulo" dos triângulos, com referência ao plano euclidiano, são logicamente equivalentes (coextensivos), mas obviamente as intensões e os conteúdos de tais predicados são diferentes. **c. Linguística** – Duas expressões linguísticas são equivalentes se e somente se tiverem o mesmo significado, isto é, se e somente se "representarem a mesma ideia". **Sin.** ↑**sinônimo**. **d. Pragmática** – Duas intenções, dois planos ou ações são *praticamente equivalentes* se e somente se tiverem o mesmo resultado, ainda que difiram nos meios propostos ou empregados. ↑**Fins/meios**.

EQUIVALÊNCIA, CLASSE DE – ↑**Classe de equivalência**.

EQUIVALÊNCIA, RELAÇÃO DE – ↑**Relação de equivalência**.

EROTÉTICO – O que tem a ver com ↑**problemas** ou ↑**perguntas**.

EROTÉTICA, LÓGICA – ↑**Lógica erotética**.

ERRO – **a. Epistêmico** – Afastamento da verdade. A forma extrema do erro é a falsidade. Há tantas espécies de erros quantos são os tipos de investigação: lógico, computacional, de classificação, de medição etc. E eles aparecem em todos os tamanhos. Os piores de todos são a escolha errada de problema e de abordagem. Estes dois erros são frequentes na filosofia e ainda mais na teologia. Exemplo 1: Perguntar "Por que existe alguma coisa em vez de nada?" é um sério erro porque pressupõe a ideia teológica de que, não fosse a vontade de Deus, nada existiria. Exemplo 2: Acreditar que a filosofia é apenas uma questão de sintaxe, donde o conhecimento de uma língua e da lógica é bastante para filosofar, é errôneo porque a maior parte do filosofar, seja na ontologia, na epistemologia, ou na ética, envolve algum conhecimento substantivo. Exemplo 3: Crer que questões empíricas, como as da natureza da mente, podem ser resolvidas *a priori* é um erro muito sério porque a psicologia, a ciência da mente, está avançando a passos rápidos. **b. Experimental** – Há duas espécies de erros experimentais: o sistemático (defeito no projeto) e o aleatório. O primeiro pode ser eliminado reprojetando-se a instalação (*setup*) experimental, ao passo que o erro aleatório nunca pode ser expurgado porque se origina em flutuações intrínsecas nos instrumentos, no mensurador, ou em ambos. ↑**Medição**. **c. Estatístico** – Dois tipos de erros podem ser cometidos na avaliação de uma ↑**hipótese nula**. Um *erro de tipo I* que consiste em rejeitar uma hipótese nula verdadeira.

Um *erro de tipo II* que consiste em deixar de rejeitar uma hipótese nula falsa. Das duas, o erro do primeiro tipo tem consequências práticas mais sérias. Por exemplo é bem pior pretender que uma certa droga é atuante quando não é, do que pretender de que não é atuante quando o é, realmente. No primeiro caso, os pacientes tratados com a droga hão de sofrer piora (excetuando-se o efeito placebo), enquanto no segundo caso eles não irão piorar. **d. Moral** – Uma ação é *moralmente* errônea (ou errada) em relação a um dado código moral se e somente se infringir qualquer das normas deste código. Uma ação é *absolutamente* errônea (ou errada) do ponto de vista moral se e somente se a sua intenção for a de prejudicar uma pessoa inocente ou danificar um bem público, mesmo que ela não atinja a sua meta. **e. Prático** – Uma ação é *praticamente* errônea se o seu resultado for significativamente diferente de seu objetivo. Quando ambos, objetivo e resultado, referem-se a uma dada variável quantitativa, o erro prático iguala-se ao valor absoluto da diferença entre o valor do objetivo e o valor efetivo que a variável alcançou. Um dispositivo de controle (ou uma retroalimentação negativa) mede tais diferenças e as corrige automaticamente, ao modificar o *input*.

ERRO DE CATEGORIA – Apresentação de um objeto de uma certa espécie como pertencente a uma outra. Exemplos: confundir livre arbítrio com previsibilidade e falar de "memória coletiva" ou de "significados das ações".

ESBOÇO – ↑Esquema.

ESCOLASTICISMO – Comentário sobre alguns textos, sagrados ou profanos, importantes ou insignificantes, antigos ou modernos, do qual não se espera a solução de qualquer problema significativo, afora o da manutenção de um emprego acadêmico. Tipicamente, o escolástico – quer medieval ou contemporâneo – estudará o que o autor X diz acerca dos pronunciamentos da autoridade Y sobre o tema Z, em vez de dirigir-se diretamente a Z. O escolasticismo, que supostamente feneceu com a emergência da filosofia moderna, domina a cena filosófica contemporânea.

ESCOLHA – Conceito chave na ética, na psicologia e na ciência social. Ocorre, por exemplo, no problema científico-filosófico se uma escolha é completamente livre, parcialmente livre ou totalmente determinada pelo passado e por circunstâncias externas. ↑**Livre-arbítrio**, ↑**teoria da escolha-racional**.

ESCOLHA, AXIOMA DA – ↑Axioma da escolha.

ESCRUTABILIDADE – A habilidade de ser escrutinizado ou examinado. O ↑**cientismo** nega a existência de coisas inescrutáveis além daquelas que desapareceram sem deixar traços perceptíveis. Justamente por isso, os obscurantistas asseveram a existência de entidades inescrutáveis (tais como as divindades) e de afirmações (dogmas) intocáveis. Daí por que eles se sentem livres para escrever à vontade sobre as inúmeras propriedades maravilhosas de tais pseudocoisas e pseudoverdades.

ESPAÇO – a. **Matemática** – Qualquer conjunto estruturado pode ser visto como um espaço. Se esta estrutura for determinada por uma função distância, o espaço será métrico. Há um número ilimitado de espaços matemáticos concebíveis, portanto, de geometrias. b. **Física** – Em contraste com a multiplicidade de espaços matemáticos, há um único espaço físico que é uma feição do mundo real. Uma geometria física é construída por uma interpretação adequada de uma geometria matemática. Exemplo: *Int.*(reta) = raio de luz, *Int.*(superfície) = frente de onda de luz. Ao contrário das geometrias matemáticas, que são postas à prova apenas para verificar sua consistência interna, as geometrias físicas devem também ser submetidas a testes empíricos. Há um consenso quase universal de que a geometria física euclidiana vale no pequeno, enquanto a geometria riemanniana, inerente à teoria geral da relatividade, vale globalmente. Em contraste, não há consenso universal quanto à própria natureza do espaço físico – uma questão ontológica. c. **Ontologia** – Uma teoria ontológica do espaço tenta responder à seguinte questão: O que é o espaço? Ele não deveria estar comprometido com uma métrica definida, mas deveria deixar este problema para a física, porque apenas mensurações (de, por exemplo, curvatura do espaço) podem ajudar a determinar os coeficientes do espaço (ou do espaço-tempo) métrico. Há duas concepções fundamentais: absolutista (ou substantiva) e a relacional. De acordo com a primeira, o espaço físico é o palco existente por si onde o drama cósmico se desenrola: ele precede as entidades físicas. Esta concepção é fortemente sugerida pelo modo como nós usamos as coordenadas espaciais para colocar os entes: começamos por construir uma grade espacial. Por oposição, segundo a teoria relacional, o espaço físico é a coleção das coisas mutáveis juntamente com suas inter-relações. Esta concepção é vigorosamente induzida pela relatividade geral. De fato, neste sentido, o espaço (ou melhor, o espaço-tempo) está intimamente conectado à matéria. Esta conexão é tão íntima que, se não houver matéria, não haverá espaço físico remanescente. ↑**Geometria. d.** filosófica, ↑**espaço-tempo**.

ESPAÇO DE ESTADO – O conjunto de todos os estados em que as coisas de uma mesma espécie podem estar dentro: o espaço abarcado por uma ↑**função de estado**. Trata-se de um ↑**espaço** abstrato cuja dimensionalidade depende da teoria. Os espaços de estado na física clássica, bem como na biologia e nas ciências sociais, possuem um número finito de dimensões, enquanto na física quântica eles são infinitamente dimensível.

ESPAÇO DE ESTADO, ABORDAGEM DO TIPO ↑Abordagem do tipo espaço de estado.

ESPAÇO-TEMPO – A síntese do espaço e do tempo, tal como efetuada pela física relativista, segundo a qual o onde depende do quando e inversamente. Advertência: espaço e tempo estão intimamente relacionados, mas não lhes é dado transformar-se um no outro. Por exemplo, a taxa de variação com respeito ao tempo não é mesma que a taxa de variação com respeito à posição. O espaço-tempo pode ser considerado a estrutura básica da coleção de todos os ↑**eventos,** ou mudanças de estado das coisas materiais. Daí, se não há matéria, não há espaço-tempo. Este ponto de vista é inerente à teoria geral da relatividade, que é a teoria padrão da gravitação. De fato, a fórmula central desta teoria é "G = κT", onde o tensor G descreve a estrutura do espaço-tempo, e o tensor T descreve a distribuição da matéria (inclusive de outros campos além do gravitacional). Se T = 0 em toda parte, G não é bem definido e descreve espaços quadridimensionais puramente matemáticos, visto que não restam entidades físicas em cujos termos os conceitos geométricos ocorrentes em G possam ser interpretados. Para encontrar a estrutura do espaço-tempo que cerca um pedaço de matéria, como um corpo ou um feixe de luz, é preciso começar especificando o correspondente tensor de matéria T.

ESPÉCIE NATURAL – Uma coleção que, longe de ser arbitrária, é definida por uma propriedade ou lei. Exemplos: todos os seres vivos constituem a classe (espécie natural) de organismos; todas as entidades compostas de pessoas ligadas por relações sociais constituem a classe (espécie natural) de sistemas sociais. Nominalistas, convencionalistas e subjetivistas rejeitam a própria ideia de uma espécie natural. Daí não poderem explicar a tabela periódica, a transmutação de elementos químicos ou a especiação biológica.

ESPÉCIES – Uma coleção de coisas que partilham das mesmas propriedades básicas. Exemplos: espécies químicas e biológicas. O primeiro degrau em uma classificação. Mais conceitos inclusivos: gênero, família, reino. As relações entre um gênero e suas espécies são as seguintes: Um gênero é a união (∪) de suas espécies; cada uma destas está incluída (⊆) em seus gêneros; e cada indivíduo é um membro (∈) de uma única espécie. A concepção de que as espécies são indivíduos concretos ignora esta análise porque confunde a relação de pertinência com o relacionamento parte-todo. ↑**Espécie natural,** ↑**taxonomia.**

ESPECULAÇÃO – O enquadramento de conjeturas sem se importar, ao menos naquele momento, com sua verdade fatual. Não há filosofia, matemática, ciência, tecnologia ou até ação racional sem alguma especulação. Mas os produtos da especulação devem ser conferidos quanto à ↑**consistência** interna e externa e, se necessário, com evidência recente. Isso distingue a especulação séria e frutífera da desbragada e estéril. Os idealistas têm sustentado que a especulação sem verificação é a prerrogativa da filosofia autêntica. Os realistas científicos exigem que a especulação filosófica seja posta à prova contra o corpo de conhecimentos matemáticos, científicos ou tecnológicos relevantes.

ESPÍRITO – Ser imaterial. O conceito central do ↑**animismo**, ↑**espiritualismo** e ↑**idealismo**.

ESPIRITUALIDADE – Termo polissêmico. Na religião e na filosofia idealista é o oposto de material ou carnal. Raramente usado pelos naturalistas e secularistas que preferem falar de assuntos culturais altruísticos, tais como música ou filosofia.

ESPIRITUALISMO – No passado, idêntico a ↑**idealismo**. Hoje em dia, crença nos espíritos ou almas errantes e acessíveis a raros indivíduos dotados de capacidades paranormais. Um culto popular e uma indústria modesta e sólida.

ESQUEMA – Esboço ou lista de propriedades salientes, como "Solteiro, no fundo jovem, não fumante".

ESQUEMA BEPC – A concepção de que a sociedade é um supersistema composto de quatro subsistemas acoplados: o biológico (B), o econômico (E), o político (P) e o cultural (C). Uma alternativa ↑**sistemista** tanto para o ↑**individualismo** como para o ↑**holismo**. Uma consequência prática disto é que o desenvolvimento social autêntico e sustentável é a um só tempo biológico, econômico, político e cultural.

ESSE EST PERCIPERE VEL PERCIPI – Ser é perceber ou ser percebido – pelo homem ou por Deus. Princípio central do ↑**idealismo** subjetivo de Berkeley e do ↑**imaterialismo**. Considerado falso por longo tempo, embora não refutado. No entanto, todos nós presumimos a existência de uma profusão de coisas imperceptíveis, tais como o centro da Terra, e os processos mentais de outras pessoas. Ainda assim, o princípio de Berkeley foi revivido pelos positivistas J. S. Mill, R. Avenarius, E. Mach, R. Carnap, N. Goodman e B. Russel por algum tempo. Além do mais, este princípio é inerente à interpretação de Copenhague da ↑**mecânica quântica**, segundo a qual os entes da microfísica vêm à existência somente ao serem observados. Se isto fosse verdade, não haveria observadores, pois estes são compostos de entidades microfísicas, das quais a vasta maioria jamais foi observada.

ESSÊNCIA – A essência de um objeto é o conjunto das propriedades que o faz pertencer à sua espécie. Em outras palavras, uma propriedade essencial ao contrário de uma ↑**acidental**, é uma propriedade sem a qual o objeto em questão não existiria como tal. Por exemplo, a essência de um átomo é o seu número atômico, isto é, o número de prótons de seu núcleo. (Por contraste, o número de seus elétrons é em parte contingente no seu ambiente. Em particular, todos os átomos podem temporariamente ser privados de seus elétrons, e alguns deles podem capturar mais elétrons.) Quanto mais complexo for o sistema, mais numerosas serão suas propriedades essenciais. Pense nas propriedades que caracterizam as células de todas as espécies ou todos seres humanos através das culturas. No conhecimento comum, a diferença entre propriedades essenciais e acidentais é amiúde duvidosa. Não é assim na ciência, onde duas definições alternativas mas mutuamente compatíveis são possíveis. De acordo com uma delas, uma propriedade de coisas de uma espécie é essencial, se e somente se ela ocorrer como uma lei de tais coisas. De acordo com a outra, leis são essenciais e circunstâncias são acidentais. Qualquer das definições pode ser usada como um critério para distinguir o essencial do acidental.

ESSENCIALISMO – a. **Ontológico** – Há duas teses essencialistas. Uma delas é que todo objeto tem propriedades (ou raízes) essenciais, das quais todas as outras dependem. Essa concepção, contestada por nominalistas e positivistas igualmente, é tomada por certa na matemática, na ciência e na tecnologia. Assim, a ↑**essência** de um triângulo plano é que ele tem três lados. Todas as suas propriedades restantes – e. g., de ter três ângulos, e de que a soma deles é igual a dois ângulos retos – derivam desta somente. Do mesmo modo, a essência de um átomo de hidrogênio é que seu núcleo possui um único próton. E a essência de uma moderna fábrica industrial é que produz em massa artefatos com a ajuda da tecnologia. A segunda tese essencialista é que a essência (no sentido platônico de ideia) precede a existência. Esta tese só faz sentido na ontologia de Platão. Nem ela nem a sua dual ("A existência precede a essência") têm qualquer nexo em uma ontologia materialista, onde as essências são propriedades, e não coisas, razão pela qual coexistem (e cessam de existir) juntamente com as coisas que as possuem. **b. Nomológico** – A tese de que as leis de uma coisa são parte de sua essência. Por exemplo, as leis do movimento e as assim chamadas equações constitutivas são essenciais para o conceito de um corpo. De outro lado, as coerções (como a superfície sobre a qual um corpo é coagido a se mover) são situacionais (↑**contingente** ou ↑**acidental**). Do mesmo modo, as condições iniciais e as condições de contorno são acidentais mais do que essenciais porque suas mudanças não alteram a natureza do corpo.

ESTADO – **a. Ontologia e ciência** – O estado de uma coisa concreta é, em um dado instante e relativamente a um dado sistema de referência, a totalidade de suas propriedades naquele tempo e relativas àquele referencial. Cada estado é representável por um valor particular de uma ↑**função de estado**. Chamando de Ψ uma função de estado para uma coisa de uma certa espécie (e relativa a algum referencial), o estado da coisa no tempo t é representável por $\Psi(t)$. **b. Filosofia da mente** – A expressão 'estado mental' é frequentemente utilizada, mas nunca elucidada com clareza nas filosofias da mente que não são partes de ontologias dirigidas para a ciência. Assim, algumas vezes se afirma que o cérebro *causa* estados mentais – o que equivale a afirmar que a atmosfera causa estados do tempo. Coisas não causam estados, mas se acham nos estados.

ESTADO DE NATUREZA – O estado da espécie humana primitiva. Ficção imaginada pelos teólogos e filósofos que ignoram o fato de serem os humanos parcialmente feitos por si próprios e, portanto, parcialmente artificiais.

ESTATÍSTICA – O estudo científico de amplos grupos de fatos de alguma espécie, como nascimentos e acidentes automobilísticos. Certos conceitos estatísticos típicos são os de amostra, média, moda e variância. A estatística pode ser descritiva ou analítica (matemática). A primeira é de central importância para todas as ciências sociais e tecnologias. A estatística matemática, uma aplicação do cálculo de probabilidades, é o estudo dos conceitos e métodos empregados na estatística descritiva. Essa disciplina apresenta interesse filosófico por lidar com propriedades emergentes, tais como a distribuição de uma característica em uma população, o projeto de observações e experimentos, testes empíricos de hipóteses de baixo nível, ↑**induções,** a partir de amostra para a população, e a correlação como um indicador de possível causação.

ESTATÍSTICA, PROBABILIDADE – ↑**Probabilidade estatística.**

ESTÉTICA – a. **Filosófica** – A filosofia da arte. Gira em torno de conceitos gerais da obra de arte, representacional/ abstrata, do estilo e do belo/feio. O *status* desse campo é incerto porque não se conhecem padrões objetivos, portanto transpessoais e que combinem dois ou mais grupos culturais, para avaliar obras de arte – particularmente nos dias de hoje, quando até uma colagem caprichosa e uma sequência arbitrária de ruídos passam por obras de arte se promovidas de maneira adequada. Como consequência, embora existam numerosas opiniões, definições e classificações estéticas, parece não haver hipóteses estéticas comprováveis e muito menos sistemas (teorias) hipotético-dedutivos. Ainda assim, a análise e a inter-relação dos conceitos estéticos, que poderiam ser chamados de 'estética analítica', constituem um esforço legítimo. b. **Científica** – Psicologia experimental da apreciação da arte iniciada por D. Berlyne.

ESTOCÁSTICO – Do tipo chance. ↑**Aleatoriedade.**

ESTOICISMO – Antiga filosofia naturalista e humanista. O estoicismo é conhecido sobretudo por sua ética, que recomenda a força moral.

ESTRUTURA – Uma propriedade de todos os ↑**sistemas,** quer conceituais ou materiais, naturais ou sociais, técnicos ou semióticos. A estrutura de um sistema é o conjunto de todas as relações entre seus componentes, particularmente aqueles que mantêm o sistema unido. Exemplos: a estrutura de uma sentença é a ordem dos tipos de seus constituintes, como o Sujeito-Verbo-Objeto no caso de 'Sócrates bebeu cicuta'; a estrutura de uma teoria é a relação de implicação; a estrutura de uma molécula de DNA é a sequência dos nucleotídios que a compõem; a estrutura de uma cultura inclui as relações de aprendizagem e comunicação; a estrutura de qualquer exército consiste nas relações de comando, abastecimento, comunicação e combate. No último exemplo, o comando pertence à estrutura interna de um exército, e o combate à externa – ou seja, à *endoestrutura* e à *exoestrutura* respectivamente. Estruturas são propriedades de sistemas: não há estruturas em si mesmas. Portanto, a expressão 'relação de estrutura-agência (atuação)', comum nos estudos sociais deveria ser entendida como a relação entre agentes individuais e os sistemas sociais nos quais eles atuam. Uma receita para um título atrativo de livro: comece por "A estrutura de".

ESTRUTURA DE NÍVEL – O conjunto de ↑**níveis** juntamente com a relação de ordem de precedência de nível (ou sua dual, emergência de nível), ou L = < L, < >. A relação de precedência < pode ser definida como segue: Para qualquer nível L_n, $L_n < L_{n+1} =_{df} \forall \sigma \, [\sigma \in L_{n+1} \Rightarrow C(\sigma) \in L_n]$, onde $C(\sigma)$ representa a composição do sistema σ. Deve ser distinguida da hierárquica ↑**cadeia do ser**, porque os níveis são ordenados por precedência, não por dominação, para não mencionar por proximidade ao Criador.

ESTRUTURALISMO – **a. Conceito geral** – Enfatiza a ↑**estrutura** de ↑**sistemas** às expensas de sua composição e ambientação. Exemplo: a pseudodefinição de Marx de um particular como um conjunto de relações sociais. Esta definição é incorreta porque relações não precedem seus *relata* (aquilo que relacionam). **b. Conceito especial** – Tentativa de compreender a sociedade como um ↑**sistema semiótico**. A versão francesa de ↑**textualismo** ou ↑**hermenêutica**. Apresenta a grande vantagem de substituir a conversa sobre símbolos pelo estudo de pessoas reais, e o papo sobre convenções pela investigação empírica de tendências, normas e leis. Esta abordagem literária é barata porém, estéril. **c. Filosofia da ciência** – É a concepção idealista segundo a qual os referentes de

teorias científicas são conceitos matemáticos – isto é, de que um sistema de partículas é idêntico a um certo sistema relacional (mais do que representado por este último). ↑**Barafunda de modelos.**
ETERNA RECORRÊNCIA – A repetição cíclica dos estados do mundo. Um processo impossível: ↑**irreversibilidade.**
ETERNIDADE – **a. Teologia** – Intemporal, fora do tempo. **b. Ciência e ontologia** – Duração indefinida. Um dos mais velhos problemas da ↑**cosmologia** é averiguar se o universo é eterno ou teve um começo e terá um fim. A física moderna, da qual a cosmologia é apenas um capítulo, aponta para a eternidade do universo, se não por outro motivo, ao menos por causa das muitas leis de conservação.
ÉTICA – O estudo das morais. **a. Científica** – O ramo da psicologia social, da antropologia, da sociologia e da história que estuda a emergência, a manutenção, a reforma e o declínio das normas morais. **b. Filosófica** – O ramo da filosofia que analisa conceitos morais (tais como os da bondade e da verdade moral) e preceitos morais (tais como os da reciprocidade). ↑**Metaética.** A ética, a ↑**praxiologia** e a ↑**filosofia política** podem ser encaradas como ↑**tecnologias,** pois seu propósito último é guiar o comportamento. ↑**Bioética,** ↑**nomoética,** ↑**tecnoética.**
ÉTICA DEONTOLÓGICA – Uma ética apenas dos deveres. Ela pode ser ↑**consequencialista,** como a maioria das éticas cristã, ou inconsequencialista, como a de Kant. Ela se ajusta bem a ordens sociais não democráticas. Em uma democracia, os deveres estão supostamente pareados com os direitos: ↑**dever/direito.**
EU – Um nome que o ator autoconsciente, o orador ou o escritor dão a si próprios como em "Eu estou lendo este livro". **Sin.** mim, ego, *self.* Os idealistas fazem uma distinção entre eles próprios e seus corpos, como em "o 'si próprio' (*self*) e seu cérebro". Os materialistas consideram o "si próprio", o *self* como um estado cerebral.
EVENTO – Uma mudança em um só passo, tal como um salto quântico. Definível como um par ordenado e = <estado inicial, estado final>. Dois eventos serão consecutivos se o fim de um deles coincidir com o início do outro. Esta ordem de estados sucessivos é mapeada numa

ordem temporal. Ao contrário dos ↑**processos**, os eventos são em geral encarados como se não demandassem ↑**tempo**. Entretanto, é duvidoso que existam eventos instantâneos ou pontuais, uma vez que mesmo os saltos ↑**quânticos**, como a emissão de fótons, podem ser analisados como processos contínuos embora extremamente rápidos. O conceito de um evento é básico ou primitivo na metafísica processual de Whitehead. Isso constitui um erro porque o conceito de um evento pressupõe o de estado, que por sua vez pressupõe o da propriedade de uma coisa. Em outros termos, numa ontologia consistente e orientada para a ciência o conceito de evento é derivado, e não básico (primitivo).

EVIDÊNCIA – Um dado empírico constitui uma parte relevante da evidência para uma hipótese ou teoria se e somente se ele puder sustentá-la ou solapá-la. Uma condição necessária para que um dado seja uma evidência a favor ou contra uma hipótese é que ambos, o dado e a hipótese, sejam ↑**correferenciais**. Esta condição desqualifica dados científicos como evidências para conjeturas sobrenaturais e paranormais. Por exemplo, como ninguém conhece as impressões digitais de Deus, ou mesmo onde Ele tem os dedos, nenhuma peça da criação pode ser vista como portadora de Suas impressões digitais. Ou seja, a ciência não pode ser invocada para sustentar a hipótese criacionista e muito menos a teologia natural. A evidência surge em graus. Assim, um dado que confirme uma predição teórica constitui uma evidência forte para esta última. A razão é que, de acordo com a teoria, nenhuma outra coisa poderia ter produzido o dado em questão. Por exemplo, a curvatura da trajetória de um corpo celeste é uma evidência em relação à hipótese de que uma força está atuando sobre ele (pela segunda lei de Newton). Por contraste, a evidência circunstancial utilizada na vida corriqueira, a lei e as disciplinas históricas, são muito mais fracas. A razão é que o nosso conhecimento da situação é tão escasso que o dado em questão poderia ter sido produzido de modo diferente. Por exemplo, o fato de ter caminhado descalço e com cabelos longos, bem como de haver inventado uma nova religião, são apenas partes de evidência circunstancial para a hipótese de que Jesus seria natural da Califórnia.

EVOLUÇÃO – História pontuada pela ↑**emergência** e pela ↑**submersão** de coisas de diferentes espécies. (Daí por que o conceito de evolução é um caso especial do conceito de história). Exemplos: a evolução dos elementos químicos e das moléculas; a história da vida a partir da primeira autoassembleia de células fora do material abiótico. A evolução não pode ser confundida com o desenvolvimento (individual) da história de vida. Atualmente, nem mesmo a Igreja Católica contesta a ocorrência da evolução biológica. O que ela contesta são a abordagem naturalista (materialista) da evolução e as hipóteses científicas segundo as quais as habilidades mentais evoluíram ao longo do tempo com as características anatômicas e fisiológicas e sem qualquer intervenção divina.

EVOLUCIONÁRIA, EPISTEMOLOGIA – ↑**Epistemologia evolucionária**.

EVOLUCIONÁRIA, PSICOLOGIA – ↑**Psicologia evolucionária**.

EVOLUCIONISMO – A doutrina pela qual todo reino do fato está sujeito à ↑**evolução**. É uma extensão do darwinismo para todas as ciências fatuais. Sendo um princípio filosófico, não deve ser confundido com a ↑**biologia** evolucionária, um componente padrão da biologia contemporânea. O evolucionismo transformou radicalmente todas as ciências naturais e sociais mandando os pesquisadores encarar tudo como submetido não apenas à mudança, mas também, possivelmente, à especiação e à extinção de espécies. Ele exerceu também uma influência decisiva sobre a filosofia ao liquidar os últimos remanescentes das ontologias e epistemologias estáticas. Sugerindo que nenhuma instituição é eterna, encorajou ideologias sociais revolucionárias. E, mal interpretado por Spencer, para quem esta doutrina proclamava a sobrevivência e a superioridade do mais apto (do ponto de vista fisiológico), o evolucionismo estimulou igualmente credos retrógrados como o racismo e o fascismo.

EXATIDÃO, PODER E LIMITES DA – ↑**Poder e limites da exatidão**.

EXATIDÃO, PRINCÍPIOS ACERCA DA – ↑**Princípios acerca da exatidão**.

EXATIDÃO VAZIA – Em seu entusiasmo pela exatidão, alguns filósofos construíram um número exato, porém vazio, de sistemas, isto é, teorias lógicas ou matemáticas que não solucionam quaisquer problemas filosóficos interessantes. Por exemplo, os primeiros sistemas de ↑**lógica modal** foram inventados com a esperança de que pudessem elucidar as noções de necessidade lógica e possibilidade real. Mas eles falharam no seu intento de cumprir as duas tarefas. Por contraste, os lógico-matemáticos conseguiram exatificar a primeira sem a ajuda de conceitos modais. Quanto ao conceito de ↑**possibilidade**, efetiva, é possível elucidá-lo em termos da noção de lei e circunstância, sem a ajuda do conceito de possibilidade lógica. Em suma, a lógica modal voltou a ser não só útil como exata. O leitor será poupado do trabalho de examinar ulteriores extravagâncias filosóficas exatas, como seja a semântica e a ontologia (ramos da lógica modal) de ↑**mundos possíveis**, pois elas parecem ter seguido o seu curso. Em todos esses casos o processo foi o seguinte: Ideia intuitiva → ideia exata → abuso ou descontextualização da ideia exata → ideia errada. Tal processo degenerativo pode ser abafado logo no início impondo-se as regras propostas no verbete ↑**princípios acerca da exatidão**.

EXATIFICAÇÃO – É a transformação de uma ideia imprecisa ou intuitiva em outra, exata. Exemplo 1: A relação sujeito-predicado, misterioso na lógica aristotélica, pode ser assim analisada: "b é um P" é o valor da função P em b, isto é, Pb. O antigo conceito confuso da cópula, "é", foi absorvido pelo ↑**predicado**, o qual, por sua vez, foi concebido como uma função de particulares para proposições. Exemplo 2: A aura de mistério em torno da ↑**emergência** evapora-se uma vez adotada esta definição: "Uma propriedade emergente é uma propriedade de um sistema como um todo, tal que nenhuma de suas componentes a possui". Exemplo 3: As ↑**definições operacionais** redundam em indicadores ou critérios, como "o papel de tornasol é um indicador de acidez". Exemplo 4: O ↑**valor** de um item é o grau em que este satisfaz uma necessidade, e o desvalor de um item é o grau em que ele gera uma necessidade. Advertência: Visto que é mais fácil exatificar ideias simples do que complexas, existe um risco implicado na exatificação, ou seja, o da trivialização. Em outras palavras, se for dada absoluta prioridade à exatificação é provável que a relevância, a profundidade ou mesmo a verdade sejam subestimadas. Cuidado com a ↑**exatidão vazia**.

EXATO – Diz-se que uma ideia (conceito, proposição, problema ou norma) é *exata* se e somente se possuir uma forma lógica ou matemática definida. **Sin.** preciso, rigoroso. Um argumento é exato, preciso ou rigoroso se e somente se for logicamente válido, isto é, se satisfizer algum cálculo lógico. Um construto que deixa de ser exato será dito *inexato, impreciso* ou *confuso*. Por exemplo, "1 mm de largura" é exato, enquanto "de estreiteza" é inexato. Entretanto, o predicado "estreito" pode ser exatificado se de unário for transformado em binário, ou seja, "mais estreito do que". Advertência: A exatidão não deve ser confundida com simbolização. O mérito fundamental da lógica matemática não decorre do fato de ela ser simbólica mas de ser exata. Os símbolos são úteis apenas se estiverem no lugar de ideias racionalmente precisas. Este é o caso da esmagadora maioria dos conceitos que ocorrem na matemática e nas teorias matemáticas na ciência e na tecnologia. Por contraste, muitos dos conceitos-chave que aparecem nas ciências sociais e nas humanidades são inexatos. "Exato" é o ↑**dual** de "intuitivo". Todavia, no curso do processo de pesquisa, um deles pode ser transformado no outro. Sem dúvida, o que começa como uma ideia intuitiva pode vir a ser exatificada; e, por seu turno, a familiaridade com ideias exatas pode levar a posteriores intuições, que, por sua vez, podem vir a ser exatificadas, e assim por diante. Em outras palavras, o processo de ↑**elucidação** se parece com o seguinte: Intuição 1 → Exatificação 1 → Intuição 2 → Exatificação 2 → ... Consequentemente, as concepções de que há intuições absolutamente básicas e exatificações finais são falsas. Das definições acima é óbvio concluir que a exatidão não envolve nem conteúdo nem verdade. A autonomia semântica da exatidão torna possível a tentativa de exatificar algumas ideias ↑**teológicas**, às quais podemos atribuir conteúdo (↑**intensão** ou ↑**sentido**) mas nunca referência real, nem verdade. Por exemplo, o conceito de onipotência pode ser assim definido: "x é onipotente $=_{df}$ para qualquer evento y, x pode ser causa de y". Em uma ontologia naturalista esta definição seria imediatamente seguida do postulado segundo o qual não há seres onipotentes. À primeira vista, este postulado torna a definição despropositada. Numa segunda reflexão ele não a torna, pois, de vez em quando, precisamos ser lembrados de que os seres naturais são finitos, no sentido de que eles exercem apenas poderes limitados. (Efetivamente, os teólogos são forçados a se contradizer quando atribuem onipotência a Deus, pois não hão de admitir que Deus possa contradizer-se a si próprio ou ganhar qualquer batalha com o Diabo.) De fato, nossa definição particular de "onipotência" pode ser inaceitável para teólogos por envolver noções ontológicas de evento, de possibilidade real e de causação, e assim tornar a teologia dependente de uma ontologia naturalista. Mas isto não coloca um problema lógico, pois os conceitos definidores podem e, realmente, foram definidos em termos exatos. O problema da teologia exata é o de encontrar uma definição exata (explícita ou implícita) de "onipotência" diferente da que aparece acima – não é apenas uma questão de ingenuidade. O que vale para a teologia vale, *a fortiori*, para a filosofia. ↑**Filosofia exata**.

EXCEÇÃO – ↑**Contraexemplo**.

EX FALSO QUODLIBET SEQUITUR – Da falsidade segue-se qualquer coisa. Prova: se $p \Rightarrow q$ for verdade, e p for falso, então o arbitrário q será verdade porque $p \Rightarrow q =_{df} \neg p \vee q$. Moral: A falsidade não é apenas má em si mesma, mas também porque gera arbitrariamente muitas proposições, verdadeiras ou falsas, pertinentes ou irrelevantes.

EXISTÊNCIA – Hamlet entendeu direito: A existência é a mãe de todas as questões. Ela é, de fato, a mais importante propriedade que toda e qualquer coisa pode possuir ou perder. A existência, porém, pode ser conceitual ou material. Um objeto existe conceitualmente (ou idealmente) se e somente se integrar em algum corpo conceitual (↑**doutrina** ou ↑**teoria**). Por exemplo, os números existem na teoria dos números. Por contraste, um objeto existe materialmente (ou realmente) se e somente se for mudável. ↑**Predicado de existência**, ↑**matéria**.

EXISTÊNCIA, CRITÉRIOS DE – ↑**Critérios de existência**.
EXISTÊNCIA, PREDICADO DE – ↑**Predicado de existência**.
EXISTÊNCIA, PROVA OU REFUTAÇÃO DA – ↑**Prova ou refutação da existência**.
EXISTÊNCIA, TEOREMA DE – ↑**Teorema de existência**.
EXISTENCIAL, ENUNCIADO – ↑**Enunciado existencial**.
EXISTENCIAL, QUANTIFICADOR – ↑**Quantificador existencial**.
EXISTENCIALISMO – É uma miscelânea de declarações enigmáticas acerca do ser e do não-ser, da existência humana e do ↑*Dasein*, da temporalidade e da morte, da "mundanidade do mundo" e da "fala da linguagem". Uma de suas principais teses é de que a "existência precede a essência" – uma sentença que teria tido sentido na metafísica medieval. A outra é de que a palavra é a morada do ser. Uma terceira é a de que o filosofar deveria estar centrado no sujeito vivente em vez de tentar retratar o mundo. Uma quarta característica do existencialismo é o seu irracionalismo e a consequente denúncia que faz da lógica. Os existencialistas estão visceralmente desinteressados da epistemologia, da ética e dos problemas filosóficos levantados pela ciência e pela tecnologia modernas – são inimigos de ambas. O existencialismo é uma ↑**pseudofilosofia**, e uma das maiores fraudes de toda espécie e de todos os tempos. Ele foi esboçado por Soren Kierkegaard e Miguel de Unamuno, ambos destituídos de qualquer pretensão filosófica. (Kierkegaard era um teólogo, moralista e jornalista, enquanto Unamuno era um escritor e crítico literário). Martin Heidegger, discípulo predileto de Edmund Husserl e perverso ativista do nazismo, o converteu em uma indústria acadêmica. As torturadas sentenças de Heidegger se dividem em duas categorias: as inteligíveis, mas falsas ou triviais, e as ininteligíveis. Como são na maioria obscuras, não têm significados claros, donde resulta que suas pretensas traduções são fraudulentas. ↑**Tradutibilidade**.

EX NIHILO NIHIL FIT – Do nada nada vem e no nada nada entra. Este princípio, devido a Epicuro e Lucrécio, é a mais antiga e mais geral enunciação do princípio de conservação da matéria.

EXPERIÊNCIA – Percepção ou ação. Um cérebro ou um ↑**processo** neuromuscular, mas não uma ↑**coisa** nem uma ↑**propriedade**. É a fonte de todo conhecimento, segundo os empiristas radicais. A psicologia experimental demonstra que não existe experiência pura: que toda experiência é colorida por crenças e expectativas. Daí a primazia e a pureza da experiência serem ilusórias. Entretanto, isto não implica que seja toda ↑**observação pejada de teoria** no sentido estrito de ↑**teoria**. De fato, a experiência cotidiana, embora não totalmente pré-conceitual não envolve propriamente quaisquer teorias (sistemas hipotético-dedutivos). Apenas observações científicas, especialmente mensurações de precisão, são projetadas ou interpretadas à luz de hipóteses ou teorias.

EXPERIMENTO – Alteração deliberada de algumas feições de um objeto concreto com o fim de descobrir como ele afeta outras características ou outras coisas. Exemplos: um teste laboratorial de uma hipótese científica e um teste de uma nova droga. ↑**Método experimental**, ↑**observação**.

EXPLANAÇÃO – A explanação é uma operação epistêmica que tem a ver com os fatos. Explanar um fato (estado ou mudança de estado de uma coisa concreta) consiste em mostrar como ele aparece. Exemplo: o pôr do sol é explanado em termos da rotação da Terra em torno de seu eixo. Antes de nos precipitarmos para explanar um fato, cumpre assegurar-se primeiro de que se trata efetivamente disto e não de um artifício ou ilusão. O que compreende descrevê-lo o mais cuidadosamente possível, e conferir o grau de precisão da descrição por meios empíricos, tais como a observação, a medição ou o experimento. Assim, a explanação é precedida pela descrição e pela verificação. Ela possui três aspectos: o lógico, o ontológico e epistemológico. A *lógica* da explanação a exibe como um argumento dedutivo que envolve regularidades (e. g., leis) e circunstâncias (e.

g., condições iniciais). A *ontologia* da explanação indica um ↑**mecanismo** (causal, aleatório, teleológico etc.) assumido hipoteticamente. E a explanação *epistemológica* refere-se à relação entre o conhecido ou familiar e o novo ou o não familiar. Como a explanação mágica e religiosa, a explanação tipicamente científica invoca entidades ou propriedades não familiares – mas ao contrário da anterior, estas são ↑**escrutáveis**. Além disso, em vez do conhecimento e da explanação mágica, a científica envolve ↑**leis** e fatos bem atestados. Cabe distinguir duas espécies de explanações científicas: a fraca ou subsumida e a forte ou mecanísmica. A explanação *subsumida* é a subsunção de particulares a universais. É da seguinte forma: Lei(s) & Circunstâncias ⊢ *Explanandum* (fato a ser explanado). Aqui as leis podem ser puramente descritivas, tais como as declarações de concomitância e equações referente a razões. Exemplo: A mortalidade de Bob é (fracamente) explanada pelos dados segundo os quais ele é humano, e pela generalização de que todos os humanos são mortais. (Isto é, $\forall x \ (Hx \Rightarrow Mx), bH \vdash Mb$). É assim que a maioria dos filósofos entendeu o conceito de explanação desde J. S. Mill. Uma explanação *mecanísmica* ou forte é desvendamento de mecanismo. Ela tem a mesma forma lógica que a subsunção, mas a lei(s) nela(s) envolvida(s) descreve(m) ↑**mecanismos**, tais como os de reunião, colisão, difusão, competição e cooperação. Por exemplo, a mortalidade humana é (fortemente) explanada em termos de um certo número de mecanismos concorrentes: oxidação, danificação, desgaste e ruptura do DNA, apoptose (morte geneticamente programada), perda da imunidade devido à ação de glucocorticoides gerados durante episódios de estresse, acidentes etc. Explanações mecanísmicas subsume subsunção.

EXPLANATÓRIO, PODER – ↑**Poder explanatório**.

EXPLICAÇÃO – Clarificação, ↑**elucidação**. Não se deve confundida com ↑**explanação**.

EXPLICAÇÃO FUNCIONAL – Uma explicação em termos de funções ou papéis mais do que de mecanismos subjacentes. Descreve o que as coisas fazem, não como as fazem. Exemplo 1: Reações químicas aceleradas ou mesmo possibilitadas por catalisadores. Exemplo 2: Experiências, se revocadas de algum modo, são armazenadas primeiro em memória de curto prazo e depois de longo prazo. Exemplo 3: A mente (ou o cérebro) tem um dispositivo de aquisição de linguagem. Uma explicação funcional é tudo o que um usuário de um artefato necessita para operá-lo. O técnico de manutenção e, com maior razão ainda, o projetista, precisam saber também como o artefato funciona. Do mesmo modo, o primeiro estágio de uma descoberta científica ou invenção pode ser puramente funcional ou descritivo. Mas se se deseja uma ↑**explanação** propriamente dita, faz-se mister uma busca do ↑**mecanismo** (em geral não observável), particularmente quando a função em apreço pode ser executada por diferentes mecanismos, como são os casos ligados à locomoção e ao aprendizado.

EXPLÍCITO/IMPLÍCITO – Sin. declarado/ não declarado. Exemplos: ↑**definições** explícitas e implícitas, assunções e ↑**pressuposições**, ↑**conhecimento tácito** e declarativo.

EXTENSÃO – Uma propriedade de ↑**predicados** (atributos). A extensão de um predicado é sua cobertura. Esta é o conjunto dos particulares, ou n-plas de particulares, que satisfazem o predicado, isto é, para as quais o predicado é válido (verdadeiro). A extensão de um predicado unário P definido em um domínio A é $E(P) = \{x \in A \mid Px\}$. A extensão de um predicado binário Q definido pelo ↑**produto cartesiano** $A \times B$, é $E(Q) = \{<x,y> \in A \times B \mid Qxy\}$. A generalização para um predicado n-ário é óbvia. Um predicado possui uma extensão vazia se ele se aplica ao (ou vale para o) nada. Por exemplo, a extensão dos predicados "verdadeiro & falso", "erudito & infalível" e "onipotente" é $\emptyset$. A extensão não deve ser confundida com classe de referência. Um psicólogo que rejeita a noção de alma por não encontrar sua contrapartida real refere-se à alma na medida em que a encara como pura invenção. E um físico (ou químico ou biólogo), que pressupõe a existência de um objeto que ainda não foi encontrado, atribui o(s) predicado(s) definidor(es) a uma classe de referência não vazia, mesmo admitindo que, até aí, a correspondente extensão é vazia. Tal extensão se completa à proporção que os espécimes da entidade sobre a qual se construíram as hipóteses forem sendo descobertos; e ela se esvazia à proporção que tais itens desaparecem. Por exemplo, uma vez que os dodós vieram a se extinguir, a extensão do "dodó" é vazia. As diferenças fundamentais entre a extensão e a classe de referência de um predicado são as seguintes: primeiro, enquanto a noção de extensão pressupõe a de verdade, o mesmo não ocorre com a classe de referência; em segundo lugar, ao passo que a extensão de um predicado n-ário é um conjunto de n-plas, a classe de referência correspondente é um conjunto de particulares; em terceiro, enquanto a função de extensão é sensível à negação e aos remanescentes conectivos lógicos, a função de referência não o é. Por exemplo, a extensão de "não molhado" é o complemento de "molhado", ao passo que a classe de referência de ambos os predicados é a mesma, ou seja, toda a coleção de coisas materiais de tamanho médio. ↑**Referência**.

EXTENSIONALISMO – Trata-se da tese semântica segundo a qual todos os conceitos devem ser caracterizados exclusivamente por suas ↑**extensões**. Em particular, todas as relações e, *a fortiori*, todas as funções devem ser definidas como conjuntos de pares ordenados. Essa tese falha com respeito ao conceito de identidade, o qual não é definido como um conjunto ordenado de pares. Falha no tocante ao conceito central da teoria dos conjuntos, ou seja, quanto à ↑**relação de pertinência** ∈, que não é analisável como um conjunto de pares ordenados. Ela falha também em relação a todas as funções contínuas, visto que não é possível fornecer uma tabela completa delas. A tese continua a ser falha no que tange aos predicados que representam propriedades de coisas reais. Por exemplo, "temperatura" e "entropia" possuem a mesma extensão, ou seja, a coleção de todas as coisas macrofísicas, mas as duas têm diferentes conteúdos (sentidos, intensões), portanto, diferentes ↑**significados**.

EXTERNALISMO – É a concepção ontológica pela qual aconteça o que acontecer a uma coisa isso será um efeito de um estímulo externo a incidir nela. Exemplo: ↑**causalismo**. Em particular, cada parte do comportamento humano seria uma resposta a algum estímulo. Esse era o cerne da defunta psicologia E-R (estímulo-resposta ou behaviorista), e é a tese fundamental dos estudos externalistas (ou sociologísticos) da ciência, que desvia o foco da cognição dos cognoscentes para a sociedade. O externalismo malogra com relação a todas as coisas conhecidas. Nem mesmo os elétrons, emboras sejam presumivelmente simples, são os brinquedos passivos de seu meio: o efeito destes últimos dependem das suas velocidades e de seus *spins*, e uma vez em movimento, continuam a mover-se até serem absorvidos. Ainda assim, os externalistas podem ser de ajuda quando chamam a atenção para os fatores externos omitidos pelos internalistas. Isto é o que acontece especialmente no caso da história das ideias. Entretanto, cumpre evitar um externalismo radical porque ele não explana a gênese das ideias e conduz ao relativismo.

EXTERNO, MUNDO – ↑**Mundo externo.**

FABRICAÇÃO DE MUNDO – A ilusão que consiste em crer que pensar é fazer. Um passatempo de filósofos malucos e subjetivistas. ↑**Construtivismo**.

FADIGA FILOSÓFICA – Uma concepção filosófica que goza de um curto período de popularidade, sem deixar nada de valioso. Exemplos: existencialismo, hermenêuticas, teoria crítica e desconstrucionismo; lógica modal, lógica doxástica, ontologia de multimundos e semântica.

FADO – Predeterminação. O perverso invoca o fado para justificar suas más ações, e o fraco, para desculpar suas falhas. Apenas os fortes e os afortunados não creem no fado, pois eles plasmam o seu próprio.

FALÁCIA – Erro lógico. **Sin**. paralogismo. Exemplo: a falácia em afirmar o consequente, ou seja, em concluir p a partir de p $\Rightarrow$ q e de q. A inferência correta seria: A partir de p, e de p $\Rightarrow$ q, concluir q. Outras falácias populares são os argumentos *ad hominem* e de autoridade, de inferência de causação a partir da correlação, e a falácia do jogador. Entretanto, algumas falácias são heuristicamente férteis. Por exemplo, a falácia de afirmar o consequente está envolvida em toda generalização verdadeiramente indutiva, o que é também o caso de algumas inferências de causação a partir de uma correlação comprovadamente correta.

FALÁCIA GENÉTICA – Descreditar uma ideia devido à sua origem humilde ou porque foi de início proposta por uma personagem desagradável. Exemplo 1: Atacar o igualitarismo, a solidariedade e o internacionalismo por terem sido propostos primeiro pelos Cristãos primitivos e, muito mais tarde, pelos socialistas. Exemplo 2: Louvar o capitalismo porque nasceu junto com a racionalidade e a democracia. As ideias deveriam ser julgadas por seus próprios méritos, não pelos méritos ou deméritos de suas origens, fontes, ou seus partidários.

FALÁCIA NATURALISTA – A redução de predicados axiológicos ou morais, tais como "bom", a outros de caráter natural, tais como "saudável", "promoção do bem-estar" ou "útil". Uma expressão pejorativa inventada pelos intuicionistas e perpetuada pelos filósofos da linguística para defender seu território contra as invasões da ciência. Os teóricos do valor orientados para a ciência e os filósofos da moral deliberada e jubilosamente perpetraram a falácia naturalista. Lacuna de ↑**fato/valor**.

FALIBILISMO – Sin. ceticismo. Há duas variedades: o radical e o moderado. O falibilismo radical (ou ceticismo extremado) sustenta que todo conhecimento pode virar às avessas para ser falso. O falibilismo *moderado* tempera o falibilismo com o ↑**meliorismo**. O falibilismo *radical* é uma concepção autodestrutiva, enquanto o moderado é inerente à ciência e à tecnologia, sem que nenhum dos dois duvide da existência de átomos ou neurônios.

FATALISMO – Doutrina, comum ao islamismo e ao calvinismo, segundo a qual tudo é preordenado, de modo que nada contribui para moldar o futuro. Não se deve confundi-la com o ↑**determinismo**.

FATO – Ocorrência possível ou efetiva no mundo real. O estado de uma coisa concreta e suas variações de estados são fatos. Exemplos: Queda de chuva (um processo) e o resultante chão molhado (um estado). Advertência 1: Todos os ↑**fenômenos** (aparências) são fatos, mas o inverso é falso. Advertência 2: "Fato" não deverá ser confundido com "↑**verdade**", o que é frequente na linguagem comum. Assim, corpos que caem sempre foram acelerados, mas foi Galileu quem estabeleceu primeiro a proposição verdadeira, de que corpos em queda são acelerados. Advertência 3: Tampouco o "fato" pode ser confundido com o "dado": um dado é um relato sobre um fato. Quando pedimos a alguém que "nos dê os fatos", não queremos os próprios fatos, mas alguns dados acerca deles. Advertência 4: Os fatos investigados pela ciência são amiúde denominados de 'fatos científicos'. Esta expressão é de algum modo infeliz porque sugere que todos os fatos em questão sejam criações científicas, enquanto, em verdade, apenas alguns o são – isto é, os produzidos nos experimentos. ↑**Construtivismo**.

FATO/VALOR – Uma distinção chave na teoria do valor, na ética e na ciência social. "A maior parte das mulheres é oprimida" é uma declaração fatual, enquanto "A opressão da mulher é injusta" é um juízo de valor. A distinção e a separação entre fato e valor é justificada por quase todas as teorias do valor e filosofias morais. Ela é tão importante que faz jus a uma denominação especial: *apartheid axiológico*. A bem dizer, juízos de valor – em particular, máximas morais – não se seguem logicamente de enunciados fatuais. Todavia, a lacuna fato/valor não é um abismo, pois o transpomos toda vez que conseguimos alterar fatos para adaptá-los às nossas normas. Além disso, nem todas as declarações de valor são subjetivas: algumas podem ser justificadas. Por exemplo, a extrema desigualdade social não é apenas má para o pobre: também põe em perigo a segurança do rico e estorva o crescimento do mercado. Em suma, fatos e valores são distintos mas não estão separados.

FATUAL – Refere-se a fato(s), que pode(m) ser ou não da experiência, como em "verdade fatual". Não se deve confundi-lo com "empírico" ou "verdadeiro", pois uma declaração fatual pode referir-se a fatos inacessíveis à experiência sensorial, ou pode ser falsa. Na perspectiva do ↑**realismo** científico, a coleção das experiências é um pequeno subconjunto da coleção dos fatos, ou seja, daqueles nos quais algum cognoscente está envolvido.

FBF – Fórmula bem formada. Uma fórmula que satisfaz as convenções formais relevantes. Exemplos: "p e q" é uma fbf, enquanto "p q e" não o é; "o comprimento de um lápis em cm = 20" é uma fbf, enquanto "o comprimento de um lápis = 20", não o é. As fórmulas na ciência fatual devem satisfazer a condição de *homogeneidade dimensional*: os dois membros de uma igualdade devem ter a mesma dimensão, por exemplo, L.T^{-2} (a dimensão da aceleração). Esta condição é em geral ignorada nos estudos sociais.

FÉ – Confiança cega, crença sem base. A fé não deve ser confundida com a confiança, por exemplo, em um amigo, na solvência de uma firma ou no poder da razão. Toda confiança tem uma ou outra base, e ela se enfraquece com experiências negativas. A fé, por outro lado, é dificilmente impregnada pela experiência, porque é cega.

FECHAMENTO – Um conjunto de fórmulas bem formadas é *sintaticamente fechado* (ou fechado por dedução) se e somente se cada membro do conjunto for uma assunção ou uma consequência lógica de uma ou mais assunções. Um conjunto bem formado de fórmulas é *semanticamente fechado* se todas elas forem ↑**correferenciais**. O único modo de se alcançar um fechamento ao mesmo tempo sintático e semântico é usar o método ↑**axiomático**, incluindo no mínimo uma assunção ↑**semântica** para o conceito primitivo (não definido), de modo a não abrir espaço para o contrabando de intrusos.

FENOMENALISMO – A tese filosófica segundo a qual somente os fenômenos (isto é, as ↑**aparências**) importam. Há duas espécies de fenomenalismo: o ontológico e o epistemológico. O *fenomenalismo ontológico* é a concepção segundo a qual há apenas fenômenos: de que toda coisa é um feixe de aparências para alguém, e toda mudança é uma experiência humana. Exemplos: Berkeley e Mach. O *fenomenalismo epistemológico* é a concepção de que nós só podemos conhecer fenômenos. Exemplos: Ptolomeu e Duhem. Obviamente, a primeira espécie de fenomenalismo acarreta a segunda. Em ambas as versões, o fenomenalismo está em desacordo com a ciência moderna e até com o conhecimento comum. De fato, fenômenos ou aparências são apenas o ponto de partida da investigação. Mesmo na vida corriqueira, buscamos a realidade por trás das aparências. Por exemplo, aferimos algumas de nossas percepções para nos certificar de que não são meras ilusões; arranhamos a superfície de coisas douradas para descobrir se elas não são apenas banhadas a ouro; observamos as ações de um político para verificar se elas cumprem suas promessas – e assim por diante. A pesquisa científica procura realidades por trás de aparências, porque elas são subjetivas e rasas, ao passo que se espera que o conhecimento científico seja objetivo e profundo. Essa busca nos leva além da percepção, à concepção e, em particular, à teoria. Às vezes conseguimos explicar as aparências em termos de hipóteses que colocam coisas ou processos imperceptíveis. Exemplos bem conhecidos são as explicações de Copérnico sobre as órbitas aparentes dos planetas; a explicação quantomecânica sobre a cintilação de objetos metálicos; a explicação genética sobre algumas feições genotípicas; a explicação psicológica sobre o comportamento e a mente em termos de processos neurofisiológicos; e a explicação psicológica sobre certos comportamentos sociais. A alternativa ao fenomenalismo é o ↑**realismo**, o modo de ver segundo o qual existem fatos que não são fenômenos, e que pelo menos alguns desses fatos podem ser conhecidos – embora, por certo, conceitual e não perceptualmente.

FENÔMENO – Aparecer a alguém. Este é o uso etimologicamente correto e filosófico da palavra. Entretanto, na linguagem corriqueira e na literatura científica, o 'fenômeno' é amiúde utilizado (incorretamente) como um sinônimo do termo 'fato'. E, no entanto, em todos os campos a aparência é em geral contrastada com a realidade. Assim, o céu, segundo se admite, parece apenas girar à nossa volta, e um político desonesto não é na realidade aquilo que parece ser. Uma vez que os poderes da percepção são limitados, também o é o conhecimento fenomenal: ela alcança somente o exterior de uma pequeníssima fração da totalidade das coisas. Ademais, duas coisas ou eventos diferentes podem não ser discriminados por um aparelho perceptual. Em outras palavras, o conjunto dos fenômenos é um subconjunto menor do que o dos fatos. E, como diferentes animais não se acham no mesmo estado e não podem adotar exatamente o mesmo ponto de vista, um fato está destinado a aparecer de maneira diferente, ou não aparecer em absoluto, para diferentes animais. Em suma, não há uma correspondência um a um entre fatos e aparências.

FENOMENOLOGIA – a. Ciência – Descrição de fatos de algum tipo sem levar em conta os possíveis ↑**mecanismos** subjacentes. Uma teoria fenomenológica é uma que se abstém de fazer hipóteses sobre mecanismos. Exemplos: a termodinâmica, a teoria das redes elétricas, a teoria behaviorista da aprendizagem. Dual: a teoria da caixa-translúcida ou teoria ↑**mecanísmica**. **b. Filosofia contemporânea** – A descrição não científica e a análise da experiência subjetiva, em particular o "fluxo de consciência". Especialmente, a doutrina subjetiva idealista de Husserl de que o processo consciente do olhar introdirigido é necessário e suficiente para desvendar a essência das coisas. Ele a identifica com a "egologia" e seu discípulo mais brilhante, Heidegger, tornou-a o ponto de partida de seu enigmático meditar acerca do ser e do nada. Exemplo de prosa fenomenológica: "Como ego primevo, eu constituo meu horizonte de outros transcendentais como cossujeitos que estão dentro da intersubjetividade transcendental, os quais constituem o mundo" (E. Husserl).

FICÇÃO – Qualquer coisa que não se ajusta aos fatos. Exemplos: matemática pura, teologia, ficção científica, artes plásticas não representacionais e idealizações deliberadas utilizadas na ciência e na tecnologia – como as rodas sem fricção, a competição perfeita e a "posição original sob um véu de ignorância" de J. Rawls. A ficticidade vem em graus, da mera simplificação até a fantasia desbragada. Ao contrário da segunda, a primeira pode ser abrandada se julgada demasiado irrealista. A ficção pode ser mais ou menos realista. ↑**Tipo ideal**.

FICCION(AL)ISMO – a. Geral – A tese de que todas as nossas ideias acerca do mundo são ficções: de que nenhuma delas não é sequer parcialmente verdadeira. Exemplo: a influente tese de Milton Friedman de que as premissas de um argumento na teoria econômica não precisam ser verdadeiras; de que apenas suas consequências importam. Uma objeção óbvia é que todo sentido da aferição das conclusões de um argumento é para avaliar suas premissas. Outra é que uma premissa falsa implica logicamente qualquer coisa, seja ela verdadeira ou falsa, relevante ou irrelevante:↑*ex falso quodlibet sequitur*. **b. Ma-**

temático – A tese de que os objetos matemáticos, como conjuntos, funções e números, são ficções firmadas no mesmo fundamento ontológico que as personagens da ficção artística, ou seja, que não têm existência exceto como ideias no cérebro daqueles que estão pensando nelas. As ficções matemáticas ocorrem em duas versões: uma radical e outra moderada. O ficcionismo matemático *radical* é indistinguível do convencionalismo radical. Ele é por certo falso, porque as assunções e suas consequências lógicas distinguem-se claramente de convenções, como as definições, as regras de formação e as propostas de notação. O ficcionismo matemático *moderado* é a tese de que os objetos matemáticos são tão ficcionais como os personagens de histórias em quadrinhos, mas, em contraste com estas últimas, eles são disciplinados – isto é, sujeitos à lógica – sistêmicos e, quando não assumidos, requerem prova.

FILOSOFIA – **a.** A disciplina que estuda os conceitos mais gerais (tais como os de ser, vir-a-ser, mente, conhecimento e norma) e as hipóteses mais gerais (tais como as de existência autônoma e a cognoscibilidade do mundo externo). Ramos *básicos*: ↑**lógica** (partilhada com a matemática), ↑**semântica** (parcialmente partilhada com a linguística e a matemática), ↑**ontologia** e ↑**epistemologia**. Ramos *aplicados*: ↑**metodologia**, ↑**praxiologia**, ↑**ética** e todas as ↑**filosofias de**. **Ant.**, ↑**gnosofobia**. **b.** A ↑**filosofia exata** é a filosofia construída com a ajuda de ferramentas formais tais como a lógica, a teoria dos conjuntos e a álgebra abstrata. As vantagens da filosofia exata são a clareza e a facilidade de sistematização e dedução. Em troca, estas características minimizam os riscos da interpretação textual tendenciosa e de debates intermináveis. Entretanto, a exatidão é despropositada sem a substância. Não vale a pena utilizar-se de uma pesada artilharia formal para lidar com ↑**miniproblemas**. **c.** – ↑**Filosofia científica** é a filosofia que, além de ser exata, concorda com o grosso da ciência e da tecnologia correntes.

FILOSOFIA ANALÍTICA – **a. Sentido amplo** – A abordagem filosófica que envolve a ↑**análise** conceitual. Trata-se de uma abordagem e não de uma doutrina. **b. Sentido estrito** – O exame do uso de locuções e palavras da linguagem comum, bem como de alguns problemas filosóficos à luz da sabedoria popular. **Sin.** filosofia linguística, filosofia da linguagem comum, filosofia oxfordiana, filosofia wittgensteiniana. Embora chamada às vezes de 'filosofia da linguagem', a filosofia linguística não é uma filosofia séria da linguagem porque ignora a linguística. Ainda assim, ela é algumas vezes oferecida como uma espécie de linguística, por legislar sobre a "gramática" das palavras, isto é, sobre as regras para o emprego apropriado das palavras. Exemplos: a pretensão de que a percepção não pode ser um processo porque nós dizemos 'eu vejo x', e não 'eu estou passando pelo processo de ver x'; o ponto de vista segundo o qual os corpos possivelmente não podem pensar, porque na fala ordinária 'corpo' é sinônimo de 'cadáver'. O nome 'filosofia analítica', para a coleção de ruminações simplistas deste gênero, é desencaminhador porque ela está restrita ao bem comum e ao conhecimento comum, e não utiliza de ferramentas analíticas por excelência, a saber, a matemática e a lógica formal. Seria mais apropriado o nome 'semianálise linguística pré-científica'. Esta áspera avaliação da análise do bom senso da vida cotidiana e da linguagem comum não implica sua rejeição. A filosofia linguística é um excelente exercício literário e um bom preâmbulo à filosofia, na qualidade de "filosofia sem lágrimas" (Bertrand Russel). Ela é também conhecida como sendo um efetivo antídoto à embriaguez obscurantista. Portanto, tem um lugar legítimo no ensino pré-universitário. Mas não é propriamente uma filosofia porque não está apaixonada pelo conhecimento, e porque não constrói nada; parece mais uma turma de demolição do que uma equipe de construção. ↑**Filosofia da serragem.**

FILOSOFIA BARROCA – Forma retórica (vazia e enrolada) de filosofar que se especializa em ↑**miniproblemas** e ↑**pseudoproblemas**.

FILOSOFIA DA CIÊNCIA – O estudo da natureza da ciência, suas diferenças de outros modos de conhecimento, suas pressuposições filosóficas, e os problemas filosóficos que levanta. Exemplos de sua problemática: O que é ciência e como é que ela difere do conhecimento comum? Quais são os elementos comuns e as diferenças entre ciência e tecnologia? Quais são as marcas da pseudociência? Pressupõe a ciência a realidade autônoma e a regência por leis do universo? Como é que as teorias científicas relacionam a realidade e a experiência? Pode a ciência ir além dos fenômenos e das relações entre eles? É possível descrever as coisas reais nos mínimos detalhes e com perfeita precisão? O que são leis científicas e explicações científicas? Qual é o papel da matemática na ciência fatual? Subscreve a física relativística e quântica o subjetivismo? Foi a química reduzida à física? É a genética um capítulo da bioquímica? É a biologia evolucionista comprovável? Depende da neurociência o progresso em psicologia? É a sociologia redutível à psicologia? Há leis sociais? São precisas as teorias da escolha racional e, se assim for, foram eles confirmadas empiricamente? Há saídas para os dilemas racionalismo-empirismo e individualismo-coletivismo? Pode a filosofia ter um papel construtivo na pesquisa científica? Está a ciência moralmente comprometida? Há limites para o avanço da ciência? Toda filosofia propriamente dita tem sua filosofia específica da ciência. E a validade de qualquer filosofia da ciência deve ser medida pela fidelidade de sua descrição da pesquisa científica em curso, por sua fecundidade na ajuda da avaliação de projetos de pesquisa, e por sua eficácia na advertência contra projetos não promissores. Não é de surpreender que não haja filosofia da ciência fenomenológica, existencialista, wittgensteiniana ou desconstrucionista.

FILOSOFIA DA CIÊNCIA SOCIAL – Investigação das problemáticas filosóficas levantadas pela pesquisa social. Amostra. Que tipo de coisa é a sociedade: fictícia ou real, espiritual ou material? Há uma saída para o dilema individualismo-holismo? Há leis sociais, ou apenas tendências temporárias? Quais são os motores da história? Quais são as coisas comuns e as diferenças entre as ciências naturais e as sociais? São as ciências sociais ↑**ideográficas/nomotéticas**, ou ambas ao mesmo tempo? Os historiadores fazem a história? O que é ↑***Verstehen*** (compreender) e qual é o seu papel, se é que existe algum? Quão verdadeiros são os princípios da corrente principal da teoria econômica? A ciência social pode ser moralmente neutra? Qual é a relação entre ciência social e ↑**tecnologia social**?

FILOSOFIA DA FÍSICA – O exame filosófico das categorias físicas (tais como as da matéria, energia, espaço, tempo, causação e acaso); o das pressuposições filosóficas, como as de que existem coisas reais atrás das aparências; o dos princípios gerais, como os de que existem coisas básicas ou indecomponíveis; e o dos problemas gerais levantados pelo conhecimento experimental e teórico do mundo físico, tais como se a física quântica é aplicável a entidades macrofísicas e perdoa o subjetivismo, e se a relatividade geral substitui os objetos materiais pelos geométricos – ou se todos eles são enxertos filosóficos.

FILOSOFIA DA LINGUAGEM COMUM – ↑**Filosofia analítica**.

FILOSOFIA DA LINGUÍSTICA – Análise filosófica efetuada com a ajuda exclusiva do senso comum e da linguagem ordinária. Sin. filosofia da linguagem comum, ↑**filosofia analítica**. Filosofia linguística é a filosofia daqueles que sabem apenas ler e escrever. Ela pode ser considerada como um prefácio à filosofia.

FILOSOFIA DA MATEMÁTICA – É o estudo filosófico da pesquisa matemática e de seus produtos. Exemplos ou suas problemáticas: natureza dos objetos da matemática e verdade matemática; relação entre invenção e descoberta na pesquisa matemática; papéis da intuição e da razão na investigação matemática; interpretações físicas da geometria e da probabilidade; relações entre matemática pura e aplicada. Há quatro filosofias fundamentais da matemática: platônica, nominalista, intuicionista e empirista. Considerando-se a natureza dos objetos matemáticos, os platônicos sustentam que eles são existente por si, ideais e eternos; os nominalistas, que são símbolos; os intuicionistas assumem que tais objetos são construções mentais; e os empiristas, que são experiências mentais. Com respeito ao modo de introdução dos objetos matemáticos, os platônicos e os empiristas pretendem que estes são frutos de descoberta; os nominalistas, que são convenções; e os intuicionistas, que são inventados. No tocante ao significado, os platônicos asseveram que o significado dos objetos matemáticos consiste na não contradição; os nominalistas, que não possuem qualquer significado; os intuicionistas, que eles têm sentido na medida em que podem ser relacionados aos inteiros positivos; e os empiristas, que estes se referem à experiência. Quanto à verdade matemática, os platônicos mantêm que ela é formal; os nominalistas, que é convencional; os intuicionistas, que é redutível à computação numérica; os empiristas, que ela é empírica. No referente ao conhecimento matemático, os platônicos mantêm que este é *a priori* e conceitual; os nominalistas, que tal coisa não existe; os intuicionistas, que ele é *a priori* e intuitivo; os empiristas, que é empírico. As concepções fundamentais sobre a atividade matemática são de que ela é estritamente dedutiva (platonismo); que consiste na manipulação formal de símbolos (nominalismo); que é tanto intuitiva quanto racional (intuicionismo); e que procede por tentativa e erro, e é tanto racional como empírica. Finalmente, há uma alternativa para estas quatro concepções, ou seja, o *ficcionismo moderado*. De acordo com este, os objetos matemáticos são ficções; alguns deles (conceitos, axiomas, definições e métodos) são inventados e os outros (principalmente as relações de premissa-conclusão) são descobertas; seu significado consiste na referência a objetos conceituais juntamente com o sentido contextual; a verdade matemática é formal (ou conceitual) e contextual; o conhecimento matemático é *a priori* e conceitual (como para o platonismo); e a atividade matemática procede pela abstração, generalização, manipulação formal, tentativa e erro, analogia, indução (comum bem como matemática) e dedução.

FILOSOFIA DA SERRAGEM – A filosofia que resulta da análise de ideias filosóficas vagas ou de sistemas filosóficos esboroantes. Ant. ↑sistemismo. ↑Filosofia analítica.

FILOSOFIA DA TECNOLOGIA – O estudo ontológico, epistemológico e ético da tecnologia. Amostra de problemas: O que é um artefato? Quais são as semelhanças e as diferenças entre tecnologia e ciência? Podem os tecnólogos inventar novas leis? Quais são, se é que existem, as pressuposições filosóficas da tecnologia? Como a tecnologia se relaciona com a arte? Está a tecnologia moralmente comprometida? Alguns filósofos da tecnologia confundem a tecnologia com o artefato, e são ou tecnófilos ou tecnófobos. A tecnologia é um artefato apenas no sentido de ser produto de uma feitura mais do que de um achado. E, como há boas e más tecnologias, tanto a tecnofilia quanto a tecnofobia são injustificadas.

FILOSOFIA DE – É privilégio dos filósofos filosofar acerca de quase tudo, ou tirar de quase tudo moralidades filosóficas. Daí as muitas *filosofias de X*, onde X pode ser preenchido por arte, leis, política, religião, ciência, tecnologia ou aquilo que se quiser. Idealmente, cada filosofia de X deveria ser cultivada apenas por pessoas com alguma competência tanto em filosofia quanto em X. Lamentavelmente, é comum em toda filosofia de X que ela seja cultivada por gente ignorante quer em filosofia, quer em X. A maior parte dos filósofos tolera, e alguns deles preferem amigos filósofos que escrevam acerca de X sem conhecer nada a seu respeito: eles são menos exigentes. Por exemplo, um conhecimento de primeira mão em ciência é uma grave desvantagem para qualquer filósofo da ciência que queira ser publicado. Por outro lado, especialistas em X não toleram gente ignorante em X, mas são indiferentes aos filósofos familiarizados com X, pois eles encaram a filosofia como irrelevante ou inferior a X.

FILOSOFIA DE ESCOLA – A filosofia de uma escola ou seita dogmática. A receita comprovada para fundar uma filosofia de escola é a seguinte: "Tome uma meia verdade (se for absolutamente necessário, tome até uma verdade plena) e a proclame como sendo a única verdade". Exemplos: A partir do fato de que alguns processos envolvem conflitos, conclua que todos os processos são dialéticos; a partir do fato de algumas escolhas serem racionais, conclua que todas elas o são; a partir do fato de o conhecimento requerer experimento, conclua que toda experiência é o alfa e o ômega do conhecimento; a partir do fato de que o avanço do conhecimento envolve a crítica, conclua que a crítica é o motor do progresso científico; a partir do fato de a pesquisa ser socialmente condicionada, conclua que cada item do conhecimento possui um conteúdo social. Filosofias de escola são difíceis de morrer ou porque encerram um grão de verdade ou porque são alimentadas por movimentos sociais.

FILOSOFIA EXATA – Filosofia construída com a ajuda de ferramentas lógicas ou matemáticas.

FILOSOFIA FEMINISTA – Uma indústria acadêmica que pretende que as ideias e as práticas matemáticas, científicas e tecnológicas são na maior parte, se não todas, ferramentas da dominação masculina. Em particular, encara a lógica, a quantificação e o método experimental como "falocêntricos". Esta indústria floresce nos campos propícios, seja como uma desculpa para o desleixo intelectual, seja como uma reação primitiva ao sexismo masculino. Não oferece alternativas "feministas" para a engenharia elétrica, para a química e para a matemática convencionais ou sequer para a filosofia. Tampouco poderia fazê-lo, porque tais disciplinas são universais, portanto assexuais. A filosofia feminista não deve ser confundida com a política feminista. As militantes do feminismo estão amplamente justificadas na sua luta contra ideologias e práticas discriminatórias de gênero. Mas, para fazê-lo efetivamente, devem valer-se dos próprios meios que os filósofos feministas rejeitam, a saber, a razão, a ciência e a tecnologia. Qual será a próxima? Filosofia excêntrica? Filosofia patriótica? Filosofia deficiente? Filosofia de supermercado?

FILOSOFIA POLÍTICA – O novo fundamento filosófico da teoria política e da política social. Um dos ramos da ↑tecnologia filosófica. Uma filosofia política pode ser secularista ou teocrática, realista ou utópica, científica ou não científica, justa ou injusta, democrática ou autoritária, popular ou não popular. Espera-se que uma filosofia política ↑humanista seja secularista, realista, científica, justa e democrática.

FILOSOFIA POP – Qualquer coletânea de questões mal colocadas, como "Qual é o significado da vida?", e máximas que são ou triviais (como "Há dois lados para toda questão") ou notoriamente falsas (como aquela segundo a qual "Tudo o que sobe tem de descer").

FILOSOFIA PROBABILISTA – **a. Geral** – O emprego do ↑**cálculo de probabilidade** para exatificar conceitos filosóficos. Cerca de vinte conceitos filosóficos diferentes, incluindo os de causação, verdade, simplicidade e significado, tem sido apresentados como defníveis em termos dos da probabilidade. Ironicamente, da expulsão de um conceito exato de seu próprio contexto só resultou confusão, como a de usar a teoria da probabilidade acrescida da família dos modelos estocásticos. **b. Ontologia** – À primeira vista, a causação é um caso muito especial de conexão provável, ou seja, quando o valor desta última é igual a um. De um modo mais preciso, a seguinte definição parece valer: "c é causa de e $=_{df}$ A probabilidade condicional de e, dado c, é igual a 1". Isso não valerá por causa de uma circularidade oculta. De fato, as noções de causa e efeito ocorrem no *definiens*: tudo aquilo que está sendo dito é que, em certos casos, a probabilidade da causa que produz seu efeito é máxima. **c. Semântica** – Vários filósofos propuseram o uso do conceito de probabilidade para elucidar a noção de verdade, quer equacionando as duas ou definindo a verdade como improbabilidade. Tal tentativa estava fadada ao fracasso não só porque atribuir uma probabilidade a uma proposição é tão razoável quanto atribuir-lhe uma área. Com efeito, probabilidades são medidas de conjuntos – tanto é assim que a teoria avançada da probabilidade é um caso especial da teoria da medida, que por sua vez é uma exatificação e generalização das ideias intuitivas de comprimento, área e volume. Não se tratando de conjuntos, as proposições não são mensuráveis, pois não são nem prováveis, nem improváveis. Ao contrário, elas são mais ou menos ↑**plausíveis**.

FILOSOFIA SOCIAL – O ramo da filosofia que lida com as várias doutrinas sobre a ordem social: seus traços gerais, seu fundamento epistêmico e sua justificação moral. Para ser relevante, uma filosofia social deve estar próxima da ↑**ciência social** e da ↑**tecnologia social**.

FILÓSOFO – Numa interpretação ampla: Uma pessoa que levanta problemas filosóficos ou que defende concepções filosóficas ou que as ensina. **Sin.** seres humanos normais com mais de dois anos. Numa interpretação restrita: Uma pessoa que faz pesquisa original sobre problemas filosóficos. Filósofos originais, como os matemáticos, que inventam novas ideias abstratas ou descobrem relações anteriormente desconhecidas entre estas ideias. Mas, diferentemente dos matemáticos, as ideias que dizem respeito aos filósofos são extremamente gerais – tanto assim que algumas delas aparecem no conhecimento comum e em vários campos de pesquisa. Testemunham-no os conceitos de coisa, mudança, tempo, vida, mente, sociedade, justiça, conhecimento, significado e verdade.

FIM – Último estado de um processo. Receita para um livro tendencioso: comece com o título: "O fim de".

FINALISMO – ↑Teleologia.

FINITISMO – A concepção segundo a qual as ↑**infinidades** são quer impossíveis quer dispensáveis, tanto nas ideias quanto na realidade. O finitismo é uma componente do ↑**nominalismo** e do ↑**empirismo** radical. Ocorre em duas frentes: a forte e a moderada. O finitismo *forte* rejeita todas espécies de infinidade, enquanto o finitismo *moderado* admite uma infinidade potencial, ao passo que rejeita uma infinidade real. Ambas as versões rejeitam a teoria dos conjuntos e assim deixam de explicar satisfatoriamente a matemática moderna. E nenhuma delas está relacionada à concepção finitária de Hilbert, que se preocupa apenas com provas matemáticas e está intimamente relacionada ao ↑**construtivismo** matemático. Ant. ↑**infinitismo**.

FINS/MEIOS – A propriedade distintiva da ação deliberada é que ela procura atingir fins definidos (metas, propósitos) por meios definidos. Enquanto algumas filosofias veem apenas os meios, outras só enxergam as metas. O ↑**formalismo**, o ↑**metodismo** e o ↑**contratualismo** exemplificam o primeiro, ao passo que o ↑**pragmatismo** e o ↑**utilitarismo** indicam a última. Em particular, a máxima "os fins justificam os meios" é pragmática. O ↑**agatonismo** exige que ambos, meios e fins, sejam avaliados tanto moral quanto praticamente.

FÍSICA – A ciência fundamental da matéria. Todos os filósofos interessados no conhecimento sentiram fascinação pela física, não só porque ela foi sempre a mais avançada das ciências fatuais, mas também devido à crença difundida de que em última análise estas seriam todas redutíveis à física. Como sucede, conquanto todas as ciências de nível mais elevado – química, biologia e ciência social – pressuponham a física, nenhuma delas é redutível à física. ↑**Redução**, ↑**reducionismo**.

FÍSICA, FILOSOFIA DA – ↑**Filosofia da física**.

FISICALISMO – a. Ontologia – A concepção segundo a qual todos os existentes são coisas físicas de diversos graus de ↑**complexidade**, de modo que a ↑**emergência** é ilusória. Sin. ↑**materialismo** vulgar, ↑**reducionismo** radical. b. Filosofia da ciência – Programa que visa a traduzir todos os termos científicos em outros da ciência física. Ele se estriba nas hipóteses de que todas as ciências são construídas sobre uma base empírica, e que os elementos desta base são declarações em termos de protocolos, tais como "O ponteiro para na posição zero". Este projeto não é um disparador porque o que distingue as diferentes ciências suprafísicas é que elas estudam coisas peculiares com propriedades ↑**emergentes**, como a energia de dissociação, o valor ajustado e a anomia.

FLECHA DO TEMPO – A ideia errônea de que o tempo "flui" do passado para o futuro. Amiúde sustenta-se que processos irreversíveis, tais como a transferência de calor, a mistura de líquidos, o envelhecimento e a expansão do universo, exibem ou mesmo definem a flecha do tempo. Esta é uma metáfora infeliz, pois a "flecha" ou direcionalidade em questão é inerente aos processos irreversíveis, não ao tempo. Tanto assim que nada, exceto a praticidade e a tradição, nos impede de contar o tempo para trás. Se o tempo fluir, terá de mover-se com a velocidade de um segundo por segundo – uma expressão sem sentido. Se o tempo tiver uma flecha, ele será representado, como uma força, por um vetor; mas, na realidade, o tempo é uma variável escalar. A verdade é que o intervalo de tempo entre dois eventos, isto é, entre o evento e e o evento e', quando referido ao mesmo sistema de referência f, muda de sinal quando os eventos são permutados. Isto é, $T(e, e', f) = -T(e', e, f)$. Entretanto, isto não é uma lei, porém uma convenção útil para distinguir o "antes" do "depois". ↑**Tempo**.

FORÇA – **a. Física** – O que quer que possa modificar ou modifica o estado de movimento de uma coisa material. **b. Metaforicamente** – Qualquer coisa que, presume-se, dê conta da variação. Exemplo 1: A seleção natural é amiúde chamada de força, enquanto efetivamente se trata de um ↑**mecanismo** evolucionário. Exemplo 2: O estado, a religião organizada, a inovação tecnológica, a publicidade, a luta de classes e o nacionalismo são frequentemente denominados de forças sociais. Alguns deles são melhor descritos como sistemas, e outros, como mecanismos de mudança social.

FORMA – **a. Lógica** – Determina-se a forma lógica de uma *proposição* analisando seu(s) sujeito(s) e predicado(s) por meio de algum cálculo lógico. Como há inúmeras alternativas de cálculos lógicos, a forma lógica de uma proposição é uma propriedade mútua dela e dos cálculos referentes. Exemplo de cálculo predicativo de primeira ordem: a forma de "Todos os pensantes estão vivos" é: $(\forall x)(Tx \Rightarrow Lx)$. Exemplo de cálculo predicativo de segunda ordem: a forma de "Não há ideias desgarradas (não relacionadas)" é: $(\forall x)[Ix \Rightarrow \exists y \exists R (Iy \& Rxy)]$. A forma lógica de um *argumento* condensa a(s) regra(s) de inferência nela envolvida(s). E, com respeito à sua forma lógica, a *teoria* é – sem levar em conta seu conteúdo – um sistema hipotético-dedutivo. Os cálculos lógicos (teorias) se relacionam apenas às formas lógicas: são indiferentes ao conteúdo ou à referência. O mesmo vale para as teorias dos conjuntos, para as categorias, para álgebra abstrata e a topologia geral. Por outro lado, a geometria euclidiana e o cálculo infinitesimal possuem conteúdos definidos somados a formas precisas. **b. Matemática e ciência** – Na geometria e na física, Forma = Formato. A mecânica quântica sugere que as "partículas" elementares não têm formato próprio, visto que tendem a ocupar todo espaço disponível. O formato é uma propriedade que emerge gradualmente, do mesmo modo que as partículas elementares se reúnem em átomos, e estes em moléculas. A biologia do desenvolvimento, em particular a embriologia, investiga os processos mor-

fogenéticos, em especial os mecanismos subjacentes às variações de formato e de função de vários órgãos.
FORMAÇÃO DE CONCEITO – Invenção, ↑**definição** ou ↑**elucidação** de conceitos.
FORMALISMO – a. **Formalismo matemático de uma teoria** – O formalismo matemático de uma teoria é a coleção de ideias matemáticas incluídas na teoria. Por exemplo, o formalismo matemático da mecânica clássica compreende o cálculo infinitesimal, que, por seu turno, compreende o cálculo predicativo. Duas teorias diferentes podem ter o mesmo formalismo; mas, sendo diferentes, precisam diferir em organização, interpretação, ou em ambos. b. **Filosofia formalista da matemática** – A concepção de que a matemática é um sistema de signos ou inscrições, tais como os numerais, que não representam nada exceto, talvez, outros símbolos. O formalismo, sustentado por D. Hilbert, é a filosofia ↑**nominalista** da matemática. É também a filosofia da matemática que os computadores sustentariam se pudessem filosofar. De fato, os computadores não necessitam "saber" o que, se é que necessitam saber de alguma coisa, os símbolos com que lidam, significam: precisam apenas "saber" como operá-los. c. **Filosofia formalista da ciência** – A concepção de que a ciência é a "forma" dos fatos ou a "lógica" dos processos – e. g., que vida, mente e evolução são essencialmente algorítmicas. Este modo de ver é triplamente defeituoso: (a) nem a natureza nem a sociedade estão isentas de substância (neutra em termos de substrato); (b) ↑**acidentes** são inevitáveis e, enquanto alguns deles frustram potencialidades, outros oferecem oportunidades para novos desenvolvimentos; e (c) o desenvolvimento, a evolução e a maior parte dos processos de pensamentos não são alvos visados, mas têm o fim aberto. d. **Formalismo filosófico** – A concepção de que filosofar nada mais é senão desvelar a estrutura lógica de conceitos, proposições e teorias. ↑**Sintaxe**, ↑**exatidão vazia**.
FORMALIZAÇÃO – a. **Ciência** – Matematização. Isto é, transformações de expressões em linguagem corriqueira em fórmulas ou modelos matemáticos. Não deve ser confundida com simbolização, que é apenas

um ingrediente da formalização. A simbolização e a formalização coincidem apenas se todos os símbolos forem matematicamente bem definidos. **b. Metamatemática** – Matematização acrescida da menção explícita de todas as regras de formação de fórmulas e de regras de inferência.

FÓRMULA – ↑**Sentença**, aberta como "x é um P" ou fechada como "alguns x são Ps". ↑**Fbf** (Fórmula bem formada).

FREQUÊNCIA – A frequência de eventos de um certo tipo é o número de vezes que eles ocorrem em uma coleção ou durante um intervalo de tempo. A frequência *relativa* de eventos de uma espécie é igual a esse número dividido pelo número total de itens na coleção de referência ou pelo tempo dado. E a frequência a *longo prazo* de tais eventos é o valor a que a frequência relativa se aproxima (irregularmente) a longo termo (ou para uma ampla amostra da população total). A frequência não deve ser confundida com a ↑**probabilidade**. (Em particular, a definição de probabilidade como frequência a longo prazo é matematicamente incorreta: ver adiante) Ainda assim, os dois conceitos estão relacionados: as frequências são indicadores de probabilidade. A evidência pertinente a um modelo probabilístico amiúde consiste, especialmente nas ciências menos avançadas, em frequências relativas a longo prazo. Isto sugere a crença de que as probabilidades podem ser definidas ou, ao menos, interpretadas em termos de frequências relativas a longo prazo. Mas essa crença é errônea, como há de mostrar até um relance apressado sobre qualquer compêndio moderno de probabilidade. Para uma coisa, eventos regulares e repetitivos, como o soar de relógios de sinal para funcionários e a partida de trens japoneses programados, têm frequências constantes, alheias ao acaso. Para outra, mesmo se de acordo com um modelo verdadeiro a probabilidade de eventos de alguma espécie for constante, observar-se-á que a frequência correspondente flutuará sem lei em torno da probabilidade. É verdade, a amplitude dessa flutuação decresce com o número de eventos (ou com o tamanho da amostra) até que a discrepância se anule para todos os propósitos práticos. Mas este processo é irregular: ele não satisfaz quaisquer leis. Em terceiro lugar, as probabilidades são teóricas, enquanto as frequências são empíricas (observadas ou medidas). Tanto assim que, ao contrário das probabilidades, as frequências dependem não apenas do tamanho da amostra (relativo à população total), mas também do método de amostragem – que pode ser mais ou menos satisfatório, porém nunca perfeito. Em suma, algumas frequências são indicadores de probabilidade. Quando for este o caso, a gente testa o modelo probabilístico em questão enriquecendo-o com um indicador de hipótese da forma "O valor numérico da probabilidade é aproximadamente igual à frequência relativa de longo prazo". Mais uma vez, todavia, isto não autoriza igualar as duas. Em resumo, Frequência ≠ ↑**Probabilidade**.

FUNÇÃO – **a. Lógica** – Função proposicional: uma fórmula com uma ou mais variáveis livres, tais como "x é jovem" e "x ama y". Uma função proposicional é transformada em uma proposição ou declaração quando precedida de um ou mais quantificadores, como em "Todo mundo ama alguém", ou $\forall x \exists y$ (x ama y) **b. Matemática** – Uma correspondência muitos-um ou um-a-um entre dois conjuntos, simbolizada por f: A → B. O primeiro conjunto é denominado *domínio*, e o segundo *intervalo* da função. Cada um deles, ou ambos, podem ser o ↑**produto cartesiano** de dois ou mais conjuntos. Exemplo 1: A função etária estabelece uma correspondência entre a coleção de sistemas (em particular organismos) e os números reais positivos. Portanto, A(s) = t. Exemplo 2: A função potência é uma correspondência da reta real com ela própria, de modo que $y = x^{\alpha}$, onde α é um número real. Exemplo 3: A velocidade é uma função do trio <objeto físico, sistema de referência, unidade> em termos de números reais (as componentes da velocidade). Uma função *parcial* é definida apenas para um subconjunto de seu domínio. Por exemplo, a função avaliadora da veracidade, que estabelece uma correspondência entre proposições e valores de verdade, e não é definida para proposições indecidíveis ou não verificadas. ↑**Teoria da lacuna da verdade**. **c.**

Ontologia – As funções de uma coisa são aquilo que a coisa faz, isto é, a coleção de processos que nela ocorrem. A *função específica* de uma coisa de uma dada espécie é a função que ela executa, e não uma coisa de qualquer outra classe. Exemplo 1: A função específica de uma calculadora é computar; sua função não específica inclui seus possíveis usos como um pesa-papéis, um símbolo de *status* ou um projétil. Exemplo 2: A cognição é a função específica do córtex cerebral. Exemplo 3: As funções específicas do governo são as de proteger o povo, garantir seus direitos, fazer cumprir seus deveres e administrar os bens públicos. **d. Ciência** – Na biologia e nos estudos sociais a palavra 'função' designa vários conceitos: atividade ou processo, papel, adequação (valor de sobrevivência), adaptação (valor de sobrevivência *cum* produto de seleção), e objetivo. Daí a ambiguidade dos termos ↑'explicação funcional' e ↑'funcionalismo'. **e. Tecnologia** – Função = Uso ou propósito, como em "a função dos computadores é ajudar as pessoas a resolver problemas computacionais".

FUNÇÃO DE ESTADO – Uma função cujos valores representam os possíveis estados de uma entidade concreta. Exemplos: a lista das variáveis termodinâmicas p, V e T; a função de estado (ou onda) na mecânica quântica; o rol das variáveis demográficas que caracterizam a população humana. Na ontologia convém definir uma função de estado F para os indivíduos de uma dada espécie natural, relativamente a algum referencial, como uma n-pla ordenada da forma $F = < F_1, F_2, ..., F_n >$, em que cada componente é uma função dependente do tempo que representa uma propriedade partilhada por todos os membros da espécie. Na medida em que t varia, $F(t)$ pode assumir uma sequência de valores, a totalidade dos quais representa a história da coisa sobre o respectivo intervalo. ↑**Espaço de estado**.

FUNCIONALISMO – A tese segundo a qual em todos os casos são requeridos unicamente ↑**explicações funcionais**. Esta tese é popular sobretudo entre biólogos experimentais moleculares, psicólogos cognitivos da persuasão processadora de informação e filósofos da mente idealistas. O funcionalismo é um obstáculo à pesquisa científica e tecnológica, pois desencoraja o desvelamento de ↑**mecanismos**. Em física inspirou teorias de ação à distância. Em química levou à caracterização de um catalisador como a substância que acelera ou mesmo torna possível uma reação química, por sua mera presença. Considere, e. g., a síntese de uma molécula AB de átomos A e B. Em alguns casos, se os A e os B forem colocados uns juntos aos outros, nada acontecerá. Porém, se um catalisador C for adicionado, ocorrerá uma reação e C reaparecerá incólume entre os produtos da reação:

$$A + B + C \to AB + C.$$

Esta equação descreve corretamente o efeito líquido da intervenção de C, mas nada explica. Pior ainda, sugere que os catalisadores são esquisitos e inexplanáveis. Na química moderna, a reação singular acima é analisada em duas etapas:

$$A + C \to AC$$
$$AC + B \to AB + C,$$

onde AC é um composto intermediário de curta vida. Por sua vez, essas duas reações podem ser explicadas em um nível mais profundo por meio da físico-química (energia de ativação). Em um nível bem mais profundo, é possível explicá-las, ao menos em princípio, com a ajuda da química quântica (espalhamento inelástico dos reagentes). Na biologia molecular, o funcionalismo levou a uma descrição incompleta da síntese da proteína, pois o "DNA atua como um padrão para a síntese de proteínas a partir de aminoácidos". Em psicologia, o funcionalismo sugere cômputos do tipo processamento de informação (em particular, computacional). Em ciência social, convida a dar conta da existência de um sistema ou instituição social em termos de suas vantagens (reais ou imaginárias), sem considerar sua origem e estrutura, bem como das forças sociais em operação. O funcionalismo é tanto o primeiro passo como o beco sem saída; ele inibe a busca de ↑**mecanismos** profundos.

FUNDAMENTALISMO – A concepção epistemológica de que todo conhecimento fatual está ancorado em uma base muito firme ou ↑**funda-**

mento. Variedades: ↑intuicionismo (percepção intuitiva), ↑racionalismo (lógica) e ↑empirismo (base experiencial). O fundamentalismo pode ser seguido no passado até a confusão entre raiz ou fonte psicológica ou histórica e fundamento propriamente dito. Assim, a fonte histórica da geometria foi o levantamento topográfico (agrimensura), mas toda e qualquer geometria tem um fundamento puramente conceitual, que inclui a lógica. De acordo com o ↑racioempirismo, não há fundamentos últimos de conhecimento de fatos usuais, pois às vezes a pesquisa parte da observação e outras vezes da teoria, e outras ainda da combinação de hipóteses com dados, ou do questionamento de pressupostos filosóficos. Só quando um corpo de conhecimento foi transformado em teoria (sistema hipotético-dedutivo) é que se pode levantar o problema de sua organização ou fundamento lógicos.

FUNDAMENTO – a. **Epistemologia** – A fonte, raiz ou base de todo conhecimento. Embora cada projeto de pesquisa comece a partir de algum corpo de conhecimento que não questiona, algumas destas pressuposições podem ser contestadas em diferentes projetos. Assim, há fundamentos, mas eles não são necessariamente finais. b. **Lógica** – Os fundamentos de uma teoria consistem de duas camadas: as teorias pressupostas e os axiomas (postulados) específicos da teoria. Daí por que uma *pesquisa fundamentalista* consiste na axiomatização ou na crítica dos pressupostos ou dos axiomas explícitos. c. **Fundamentos da matemática** – O fundamento de uma teoria matemática é formado por uma ou mais teorias formais. Por exemplo, o fundamento de uma teoria dos conjuntos é feito pela lógica subjacente acrescida de um sistema de postulados que definem (implicitamente) os conceitos de conjunto, de membro do conjunto e similares. Todas as teorias matemáticas, com a única exceção da lógica predicativa de primeira ordem, possuem fundamentos. As matemáticas podem ser concebidas como uma árvore ou uma rede de teorias enraizada em uma ↑**lógica** de primeira ordem e ou em uma ↑**teoria dos conjuntos** ou em uma teoria das ↑**categorias**. Correspondentemente, a pesquisa fundamentalista na matemática consiste em organizar um corpo de conhecimento matemático e colocá-lo na rede de teorias matemáticas. d. **Fundamentos da ciência** – Toda teoria fatual possui fundamentos constituídos por três espécies de postulados ou teorias: filosófica, matemática e específica. Por exemplo, os fundamentos da mecânica quântica se compõem de vastas áreas da matemática clássica (como a álgebra abstrata e a análise) que, por sua vez, estão estribadas na lógica predicativa comum; de princípios filosóficos tais como os da falta de legalidade; e de postulados específicos tais como a equação de Schrödinger juntamente com os ↑**assunções semânticas** que dotam o formalismo matemático de um conteúdo físico.

FUSÃO DE DISCIPLINAS – A hibridização de duas disciplinas anteriormente disjuntas, para constituir uma ↑**interdisciplina**, como é o caso da geometria analítica, da eletrodinâmica, da psicofísica, da sociolinguística e da sociologia política. Esta fusão é levada a cabo pela introdução de hipóteses que colam conceitos chaves de uma delas com conceitos chaves de outra(s). Exemplo 1: A geometria analítica sintetiza a geometria com a álgebra por meio da correspondência ponto-números(s). Exemplo 2: A teoria sintética da evolução junta a teoria evolucionária com a genética via receitas de colagem como "As variações fenotípicas são o produto de transformações gênicas". Exemplo 3: A neuropsicologia sintetiza a neurociência com a psicologia por meio da seguinte fórmula de colagem "Todo processo mental é um processo cerebral". ↑**Receita de cola**, ↑**interdisciplina**.

GATO DE SCHRÖDINGER − ↑Schrödinger, gato de.
GEISTESWISSENSHAFTEN (CIÊNCIAS DO ESPÍRITO) − As humanidades mais os estudos sociais. De acordo com a escola ↑**hermenêutica** ou "interpretativa", tais disciplinas diferem das ciências naturais com respeito tanto à matéria de estudo quanto ao método: as primeiras ao tratar com o espiritual, e as segundas ao usar mais intuição e empatia do que razão, e ao procurar mais entendimento (↑*Verstehen*) do que explanação. Objeções: (a) há ciências biossociais, como psicologia e demografia; (b) as ciências sociais, não menos do que as naturais, estudam coisas concretas de preferência a itens puramente espirituais; (c) o método científico, mais do que *Verstehen*, é usado rotineiramente em todas as ciências sociais; (d) a "interpretação" é outro nome para suposições não checadas; (e) a abordagem "interpretativa" tem sido estéril, particularmente quando se trata de dar conta de fatos sociais em grande escala, como pobreza, discriminação e guerra.
GENERALIZAÇÃO/INSTANCIAÇÃO − Generalizar é ir de particulares para generalidades, a instanciação é o processo inverso. Ambas operações são típicas do pensamento avançado, que busca padrões sob os particulares, e considera estes últimos como exemplos de generalizações.
GENÉTICA, FALÁCIA − ↑**Falácia genética**.
GEOMETRIA − **a. Conceito geral** − O estudo dos espaços − topológico, projetivo, cartesiano, métrico, físico etc. Por exemplo, as geometrias métricas estudam os espaços métricos. Por sua vez, um espaço métrico

é um conjunto, juntamente com a função distância definida sobre ele.
b. Geometrias matemáticas e físicas – Uma geometria matemática estuda um espaço conceitual ou ideal, tal como um ↑**espaço de estado** n-dimensional, ou o espaço euclidiano tridimensional. Há tantos espaços conceituais quantos os matemáticos cuidam de inventar. As propriedades de tais espaços são matemáticas e independentes das características do mundo real – exceto, naturalmente, de que são criações humanas. Por outro lado, há apenas um espaço físico, pois o mundo é um só. Uma geometria física estuda o espaço físico, isto é, a estrutura básica da coleção de todos os entes materiais. Enquanto os elementos de um espaço conceitual são conceitos, como os pontos sem dimensão e as retas sem largura, os do espaço físico são coisas, como as partículas e os raios luminosos. Uma geometria física é construída atribuindo-se uma interpretação física aos conceitos básicos de uma geometria conceitual. Por exemplo, a reta física é um raio luminoso.
c. Relatividade geral – Esta teoria, isto é, a da gravitação de Einstein, iluminou a diferença entre geometria conceitual e física. Ela o fez ao mostrar que a métrica de um espaço lá onde existe um forte campo gravitacional é influenciado por este último. De um modo mais preciso, o desvio da métrica efetiva da euclidiana plana depende da distribuição de matéria (que inclui campos diferentes do gravitacional). O desvio ou a curvatura anula-se quando a densidade de massa e a densidade de energia do campo se aproximam de zero. **d. Geometria filosófica** – A família de teorias que pretende responder à questão "O que é o espaço físico: está radicado nas coisas físicas (realismo) ou na intuição ou experiência do sujeito (subjetivismo)?" Uma geometria filosófica deveria então resolver as questões geométricas que se encontram fora do alcance das geometrias físicas, tais como se restaria algum espaço se toda a matéria fosse aniquilada, ou se não sobrasse nenhum organismo sentiente. Uma geometria filosófica materialista e realista responderia negativamente à primeira pergunta, e de modo afirmativo à segunda. Para ser científica, além de filosófica, a teoria deveria ser consistente com as mais acuradas teorias físicas de que

dispomos, em particular com a relatividade geral e a física quântica. Uma possível geometria filosófica assim gira em redor de conceitos de interposição e separação entre duas quaisquer coisas diferentes e mutáveis. Entretanto, em uma geometria filosófica o conceito de separação, embora ↑**exato**, deve ser qualitativo. Um candidato a isto: a separação entre duas coisas no conjunto de coisas que se interpõem entre as coisas dadas. Finalmente, o conjunto das coisas, juntamente com a função de separação, pode ser denominado o espaço da coisa. Assim, o espaço real (ou físico) acaba sendo a estrutura básica da coleção de coisas.

GERAL/PARTICULAR – Uma declaração ou um predicado geral é aquele que vale em mais de um caso. Uma declaração geral começa por "algum", "a maior parte" ou "todo". No terceiro caso, o enunciado é denominado 'universal' (no conjunto dado).

GIRO LINGUÍSTICO – O desvio que ocorre na problemática de sérias questões ontológicas, epistemológicas e éticas pela adoção do ponto de vista de que tudo gira em torno de palavras e, mesmo, de que constitui uma reunião de palavras. ↑**Glossocentrismo**, ↑**hermenêutica**, ↑**filosofia da linguística**. Uma versão do ↑**idealismo**. Ele desmorona quando se percebe que é ridícula toda questão acerca das propriedades sintáticas, semânticas, fonológicas ou estilísticas de moléculas, emoções ou transações comerciais.

GLOSSOCENTRISMO – A concepção de que a linguagem é tudo ou, no mínimo, o centro de tudo. ↑**Hermenêutica**, ↑**textualismo**.

GNOSIOLOGIA – ↑**Epistemologia**.

GNOSOFOBIA – Ódio ou alergia à aprendizagem. Os existencialistas, os fenomenólogos e os filósofos da linguagem ordinária são gnosofóbicos, pois se recusam a aprender qualquer coisa acerca da matemática, da ciência e da tecnologia. ↑**Ignorância**.

GÖDEL, TEOREMA DA INCOMPLETUDE DE – ↑**Teorema da incompletude de Gödel**.

GRADUALISMO – A tese que toda mudança é gradual ou contínua: de que não há saltos no movimento, no desenvolvimento ou na evolução.

Ant. ↑**saltacionismo**. Realmente, há exemplos tanto de continuidade como de descontinuidade. Por exemplo, a luz se propaga de uma maneira contínua até ser absorvida; reações químicas são processos contínuos até que os produtos da reação sejam formados; ideias novas emergem subitamente como ápices de períodos de preparação; e a evolução biológica é contínua sob algum ponto de vista (e. g., herança de algumas características), porém descontínua sob outros (e. g., catástrofes ambientais). Em resumo, a verdade reside em uma combinação de gradualismo com saltacionismo.

GRAMÁTICA UNIVERSAL – A gramática subjacente às gramáticas particulares de todas as 6.000 línguas mais conhecidas. O Eldorado dos linguistas. Sua existência ainda está para ser estabelecida, pela apresentação de um punhado de regras gramaticais universais, e pela demonstração empírica de que elas são comuns a uma amostra representativa da coleção de línguas vivas. Enquanto esse lance decisivo não ocorrer, a gramática universal continuará a ser objeto de comunicações e livros fantasiosos em linguística e na filosofia da linguagem. A hipótese parece plausível tão somente em relação à fantasia implausível das ↑**ideias inatas**.

GUERRA JUSTA – Oxímoro. Toda guerra é injusta para as suas vítimas. Entretanto, pode haver um lado ou uma parte justa em uma guerra – e. g., a vítima de uma agressão não provocada.

H – A mais perigosa letra da língua alemã.
HAIR-SPLITTING (PROCURAR PELO EM OVO) – Análise levada a um extremo desnecessário. Um recurso favorito dos teólogos e filósofos sem projeto de pesquisa a longo prazo.
HEDONISMO – A busca do prazer sem considerar o bem-estar dos outros. Uma componente do egoísmo. Advertência: evitar o prazer, isto é, o não hedonismo, é uma condição patológica. O ↑**agatonismo** modera o hedonismo quando exige que o bem-estar dos outros seja não só respeitado, como promovido.
HEISENBERG, TEOREMA DE – ↑Teorema de Heisenberg.
HEMPEL, PARADOXO DE – ↑Paradoxo do corvo.
HERMENÊUTICA – **a**. Interpretação de texto na teologia, filologia e crítica literária. **b. Filosofia** – A doutrina idealista de que fatos sociais (e talvez naturais, igualmente) são símbolos ou textos a serem interpretados mais do que descritos ou explanados objetivamente. ↑ *Verstehen*. A hermenêutia filosófica opõe-se ao estudo científico da sociedade; ela denota particular desdém pela estatística social e pela modelagem matemática. E, por encarar tudo o que é social como espiritual, subestima os fatores ambientais, biológicos e econômicos, e recusa-se a enfrentar fatos macrossociais, como a pobreza e a guerra. A hermenêutica constitui assim um obstáculo à busca das verdades acerca da sociedade e, portanto, ao embasamento de políticas sociais.

HEURÍSTICA – Ajuda não algorítmica para a descoberta e solução de problemas. Exemplos: encontrar alguns casos de A's sendo B's sugere que todos os As são B's; uma analogia entre dois problemas sugere o uso do mesmo método para investigá-los; perguntas do tipo para qual são o gatilho de pesquisa de funções biológicas e sociais. Artifícios heurísticos têm seu lugar na montagem de uma construção e é preciso descartá-los após o uso. Seu papel é estritamente o do partejamento.

HIERARQUIA – Uma coleção ordenada por uma relação de dominação, como na "hierarquia militar". Não deve ser confundida com ↑**estrutura de nível**, uma vez que a relação envolvida nesta última é a emergência e não a dominação.

HIERARQUISMO – Visão do cosmo à imagem de uma sociedade estratificada: como uma escada que vai dos seres inferiores aos mais elevados. Este modelo é um tipo de cosmovisão evolutiva invertida, pois pressupõe que a escada é estática, e que os seres superiores originaram e dominam os inferiores, portanto não evoluíram a partir dos mais baixos. Esta cosmologia era bastante popular no curso da Idade Média. Foi mais tarde grotescamente transformada nas atuais ideias acerca da ↑**estrutura de nível** do mundo, prevalecente entre biólogos e ↑**materialistas emergentistas**.

HIPÓTESE – Uma suposição cultivada. Uma declaração que abrange mais do que os dados que a sugerem ou a confirmam. Todas as generalizações empíricas ou enunciados de lei, mesmo aquelas bem corroboradas, são hipóteses. Assim, o conhecimento humano é, em grande parte, hipotético. Todavia, nem todas as hipóteses são igualmente plausíveis: enquanto algumas se apresentam como tentativas, outras são vistas como muito próximas da verdade total, e outras ainda, da final. Exemplos de verdades definitivas que começaram como hipóteses tentativas: "O universo evoluiu", "Há campos de força", "O ADN toma parte da síntese da proteína" e "A tomada de decisões individuais está localizada nos lobos frontais".

HIPÓTESE AD HOC – É uma hipótese excogitada quer para "cobrir" um estreito conjunto de dados quer para salvar outra hipótese de uma evidência adversa. Hipóteses *ad hoc* do primeiro tipo têm um poder explanatório ou profético muito restrito, pois estão ligadas a um corpo fixado e pequeno de dados. A distinção entre hipóteses *ad hoc* e comuns é paralela àquela entre duas espécies de atiradores. O atirador honesto afixa um alvo e depois atira. O desonesto atira primeiro e depois desenha círculos concêntricos em torno do orifício causado pelo projétil. Hipóteses *ad hoc* da segunda espécie, isto é, aquelas que têm em mira proteger outras hipóteses, são, por sua vez, de dois tipos: *bona fide* e *mala fide*. Uma hipótese *ad hoc* de *bona fide* é testável de forma independente, a de *mala fide*, por sua vez, não o é. Um exemplo clássico de uma hipótese *ad hoc* de *bona fide* é a conjetura de William Harvey sobre a existência de um sistema circulatório vascular visível a olho nu, ligando as artérias às veias. Os pequenos vasos foram finalmente vistos através do microscópio. Um exemplo clássico de uma hipótese *ad hoc* de *mala fide* é a hipótese de Sigmund Freud sobre a repressão, destinada a proteger o complexo de Édipo e outras fantasias. Por exemplo, se alguém não odeia ostensivamente seu pai, ele unicamente reprimiu o seu ódio. E, se este sonho particular não teve um conteúdo declaradamente sexual, ele deve ter um conteúdo encoberto ("latente").

HIPÓTESE ANTRÓPICA – A hipótese de que o universo foi projetado de modo a possuir finalmente todas as condições necessárias e suficientes para o surgimento da vida humana. Logicamente errada: tudo o que decorre do fato de a vida humana ter surgido no lugar e no tempo em que surgiu, e não em algum outro lugar e em um tempo diferente, ou não ter surgido em absoluto, é que era possível, e não necessário, para todas as espécies aparecerem lá e então.

HIPÓTESE INDICADORA – Uma hipótese que relaciona uma propriedade não observável a um indicador dela. **Sin.** ↑**definição operacional**. Exemplo: qualquer relação funcional da forma "$U = f(O)$", onde O é uma variável mensurável e U a correspondente variável inobservável, como em "temperatura = altura constante da coluna termométrica".

HIPÓTESE NULA – A hipótese segundo a qual duas variáveis dadas não estão relacionadas. É a primeira conjetura a ser posta à prova nos passos iniciais de uma investigação empírica nas ciências menos avançadas. A refutação de uma hipótese nula demanda a invenção de alguma hipótese positiva concernente à relação entre as variáveis dadas. Somente hipóteses nulas, as mais primitivas de todas, são derrubadas pelo ↑**refutacionismo**. ↑**Erro c**.

HIPOTÉTICO – Conjetural, condicional e não provado.

HIPOTÉTICO-DEDUTIVO – **a. Método** – O procedimento pelo qual uma ↑**hipótese** está sujeita a testes empíricos. Se H designa uma hipótese, S uma assunção subsidiária (ou auxiliar) (tal como uma ↑**hipótese indicadora** ou uma simplificação), e D um dado, os quais em conjunto implicam uma consequência observável O. Isto é, H & S & D ⇒ O. Se se logra encontrar O, diz-se que H está ↑**confirmada**. Em contraste, se repetidamente O deixa de ser encontrado, o antecedente é refutado. Porém, como este antecedente é a conjunção de (no mínimo) três proposições, a saber, H, S e D, cada uma delas pode ser responsabilizada. Quando for este o caso, cada uma delas deve ser reexaminada separadamente: as observações conducentes a D devem ser repetidas, as assunções subsidiárias devem ser variadas e H deve ser alterada. ↑**Tese de Duhem**, **b.** ↑**Teoria do sistema**.

HISTÓRIA – **a. Geral** – A história de uma entidade concreta x em algum período T é uma sequência ordenada de seus estados sobre T, isto é, $h_T(x) = < s(x, t) | t \in T >$. **b. Biologia** – A *história de vida* de um organismo particular é sua história desde a concepção até a morte. A evolução é a história das biopopulações e de seus constituintes da origem da vida em diante, na medida em que envolve a emergência e a extinção de espécies. **c. Filosofia** – A história da filosofia é a recuperação, o repensar, a avaliação e a inserção no contexto do pensamento dos filósofos desde a Antiguidade até o presente. Como em todos os resgates, este está fadado a ser parcial e a ser projetado e reprojetado em termos contemporâneos. Daí por que sua tarefa nunca é completada: não pode haver histórias definitivas da filosofia – ou de qualquer outra coisa. Cada geração concebe seus precursores a partir de uma nova perspectiva. Porém, nem todas as perspectivas são igualmente adequadas e fecundas. Por exemplo, é errôneo fazer com que os pré-socráticos passem por protoexistencialistas só porque eram sobretudo enigmáticos, ou Aristóteles por um precursor de Wittgenstein só porque ambos estavam interessados nas palavras. A história da filosofia é a história da emergência, submergência e reemergência de problemas filosóficos, e das tentativas de resolvê-los. Alguns destes problemas têm sido efetivamente ↑**pseudoproblemas**, e muitas das soluções que lhes foram propostas eram errôneas, se não despidas de sentido. Portanto, a história da filosofia é um aspecto da história da insensatez, bem como da ingenuidade humanas. Uma história da filosofia liberal-conservadora, *whig*, isto é, que se restringe a listar sucessos, seria antes insuficiente. Por esta razão, em parte, nem todos os historiadores da filosofia são guardiões escrupulosos da verdade. Alguns deles têm um interesse investido na falsidade, no contrassenso ou na ocultação. Daí por que estudantes de filosofia raramente recebem lições acerca das ambiguidades de Aristóteles sobre a alma, da cosmologia materialista de Descartes, dos materialistas do Iluminismo francês, do agnosticismo de Kant, ou do socialismo de Mill. A história da filosofia é algo divertido para ler e necessário para filosofar, mas secundário no tocante ao filosofar original. Sem peixe não haveria pescadores e muito menos peixeiros. A tarefa do historiador da filosofia é pegar e distribuir peixes, não destripá-los e menos ainda cozinhá-los segundo o seu próprio paladar. Fazer boa história da filosofia implica não apenas familiaridade com a filosofia, mas também domínio das habilidades especiais do historiador – e não ser alérgico à poeira dos arquivos. Ironicamente, os mais altos padrões do estudo filosófico encontram-se em dois extremos do espectro filosófico: lógica e história da filosofia. Os modernos padrões de rigor lógico foram estabelecidos por matemáticos, e os de exatidão histórica por historiadores. As regiões situadas entre esses dois extremos, isto é, os campos propriamente filosóficos, têm a característica de serem

frouxas nos seus padrões. Em suma, a história da filosofia é necessária, mas não se deveria permitir que deslocasse a filosofia. Além do mais, não deveria omitir os obstáculos e estímulos sociais, bem como a exploração ideológica e a censura de algumas ideias filosóficas.
HISTORICISMO – **a. Biologia** – A ideia de que a biologia evolutiva precede todos os outros ramos da evolução, uma vez que nada na biologia possui sentido a não ser numa perspectiva evolutiva. Essa exigência é impossível de ser satisfeita, se não por outro motivo pelo menos porque os diagnósticos das espécies e da especiação baseiam-se numa biologia e ecologia organísmicas, as quais, por seu turno, são enriquecidas quando vistas à luz da evolução. **b. Estudos sociais** – O ponto de vista de que nada na sociedade pode ser compreendido exceto se situado numa perspectiva histórica, razão pela qual a história é considerada como prioritária em face a toda e qualquer outra ciência social. O historicismo corrige concepções anishistóricas, como o dogma popular de que a natureza humana é constante e concentra-se na busca do lucro máximo. Mas ele está sujeito à crítica de que, antes de indagarmos sobre a história de algo, cumpre ter alguma ideia, embora grosseira, do que é esse algo. As perguntas "O que é isso?" e "Como foi que isso evoluiu?" são mutuamente complementares. Qualquer resposta correta a uma delas ajuda a investigar a outra – um exemplo de um ↑**círculo vicioso**.
HISTORIOGRAFIA – O estudo da história. Os idealistas confundem historiografia e história: segundo eles, os historiadores, mais do que narram e explicam a história, fazem-na. Como consequência, o próprio conceito de verdade historiográfica objetiva não tem sentido para eles.
HOLISMO – **a. Ontológico** – Versão *radical*: A tese segundo a qual o todo determina suas partes, e de que o conhecimento destas últimas é desnecessário para entender a totalidade. Exemplos: as concepções de que as partes de um organismo são subordinadas ao todo, e de que a ação individual é totalmente determinada pela estrutura social. Tomada ao pé da letra, a tese é absurda porque o todo só existe em virtude

de suas partes e interconexões. Uma interpretação benevolente é que o comportamento de um item é ora reprimido, ora estimulado, por sua presença em um todo – fato que o ↑**sistemismo** ensina. *Versão moderada*: A tese de que "um todo é mais do que a soma de suas partes". Este é um modo de ver notoriamente difuso, quer por conter a indefinida noção de "soma", quer por ser negativo. Ainda assim, pode ser benevolentemente interpretada como sendo a tese de que as totalidades têm propriedades ↑**emergentes**, ou seja, propriedades que faltam a seus componentes. O holismo ontológico é uma das mais antigas cosmologias. Hoje em dia ele conta com poucos defensores fora dos estudos sociais, onde ainda se fala um pouco sobre "memórias coletivas", "vontade do povo" e "situação social". Trata-se de uma contaminação holística óbvia na assunção de que os agentes sociais interagem mais através do mercado do que face-a-face. Esta estranha simbiose de holismo e individualismo, que passou por individualismo, pode ser chamada de ↑**indivíduo-holismo**. **b. Epistemológico** – A componente epistemológica do holismo é o ↑**intuicionismo**, segundo o qual podemos apreender um todo unicamente como tal e, por intuição, mais do que por análise conceitual ou empírica. Mas, de fato, somente a análise pode mostrar que uma coisa é complexa, e apenas um estudo dos laços entre suas partes pode explicar o que as mantêm juntas. **c. Metodológico** – A tese de que as totalidades precisam ser estudadas e entendidas em seus próprios níveis mais do que em termos de suas partes. O holismo metodológico se opõe à ↑**análise** e, *a fortiori*, à ↑**redução**. Mas a análise é inerente a tudo que é das ciências e da tecnologia porque é tão somente pela distinção dos componentes de um todo e pela suposição ou descoberta de seus laços que podemos explicar o que os mantém juntos, o que ameaça ou promete rompê-los, ou como poderíamos aperfeiçoá-los. Pensemos, por exemplo, na química e na ciência do gerenciamento. ↑**Individualismo**, ↑**sistemismo**. **d. Semântica** – A concepção segundo a qual o ↑**significado** de qualquer símbolo é determinado pela totalidade do conhecimento humano. Como esse todo é inacessível a qualquer indivíduo, nenhum signo teria um significado nítido. Mas isto é obviamente falso no caso das teorias exatas. Daí por que o holismo semântico é falso. Pior ainda, é obscurantista, pois nos condena à ignorância.

HUMANISMO – Uma ampla e secular antropologia filosófica e filosofia social. Rejeita crenças no sobrenatural e convida a seu exame crítico; advoga códigos morais e programas políticos que enfatizam a livre investigação, os direitos e o bem-estar humanos; e promove a separação entre a Igreja e o Estado. A ética humanista afirma que as morais não são dadas por Deus, mas feitas pelo homem, e que a maior obrigação de uma pessoa não é para com divindades imaginárias, mas para com seus semelhantes. O humanismo secular tem sido com frequência encarado como uma doutrina puramente negativa concentrada na negação do sobrenatural. Não é bem assim, como poderá evidenciar qualquer boa amostragem de literatura humanística. De fato, o humanismo secular é uma cosmovisão positiva composta de cinco teses principais. *Cosmológica*: Tudo o que existe é, ou natural, ou obra manual ou mental do humano. *Epistemológica*: É possível e desejável descobrir a verdade acerca do mundo e de nós próprios apenas com a ajuda da experiência, da razão, da imaginação, da crítica e da ação. *Moral*: Cumpre-nos sobreviver neste mundo, o único que é real, pelo trabalho mais do que pela prece, e desfrutar a vida, bem como ajudar os outros a viver em vez de condená-los. *Social*: Liberdade, igualdade e fraternidade. *Política*: Ao mesmo tempo em que defendemos a ↑**liberdade** do culto religioso e da fidelidade política, devemos trabalhar para a consecução e a manutenção de um Estado laico e uma ordem social democrática plena. Entretanto, nem todo humanista atribui o mesmo valor a todas as cinco componentes. É típico que, enquanto alguns deles acentuam as componentes intelectuais, outros enfatizam as sociais. O que é igualmente justo, pois prova que, longe de ser uma seita ou um partido, o humanismo secular é um amplo guarda-chuva que abriga tanto os ativistas sociais quanto os livre-pensadores.

IDEAL – Termo ambíguo que designa tanto o não material como o perfeito. Exemplos: os números são objetos ideais; o conhecimento ideal seria perfeito; a conduta ideal seria intacável; superfícies ideais são isentas de atrito; mercados ideais são plenamente competitivos.

IDEAL, TIPO – ↑Tipo ideal.

IDEAÇÃO – O processo mental (ou cerebral) que consiste em ter ideias, quer dizer, em perceber, imaginar, conceber, analisar, amalgamar, relacionar etc. Presume-se que a ideação é a função específica da parte plástica do cérebro, ou seja, dos sistemas neurais que se mantêm juntos mediante troca de conexões ("programação em rede").

IDEALISMO – A família de filosofias que assevera a primazia das ideias ou mesmo sua existência independente. **Sin.** ↑**Imaterialismo**. Há duas espécies principais: objetivo e subjetivo. O idealismo *objetivo* sustenta que as ideias existem por si próprias, e que nós apenas as "apreendemos" ou as descobrimos. Exemplos: Platão, Leibniz, Hegel, Bolzano, Dilthey, Frege. O idealismo *subjetivo* sustenta que as ideias existem apenas nas mentes dos sujeitos: não há mundo externo autônomo. Exemplos: uma das duas máscaras de Descartes, Berkeley, Kant, Fichte, Mach, Cassirer e Collingwood. Nenhuma das duas versões do idealismo são sancionadas pela ciência ou tecnologia: ambas tomam o mundo externo como base: daí por que elas o exploram ou o modificam. Advertência: a mera afirmação de que as ideias importam não as qualificam como algo de natureza idealista. A maior parte dos materialistas e realistas admite a existência e a importância das ideias; eles negam apenas sua existência por si.

IDEALISMO SUBJETIVO – A doutrina de que tudo gira em torno do sujeito cognoscente. Versão radical: O sujeito constrói o mundo. Versão moderada: As coisas são as cores com as quais o sujeito as vê. ↑**Construtivismo**, ↑**idealismo**, ↑**fenomenalismo**, ↑**relativismo**, ↑**subjetivismo/objetivismo**.

IDEALIZAÇÃO – Na linguagem comum significa passar por cima das imperfeições. Na ciência e na tecnologia ela se refere a esquematização ou simplificação de um objeto real no processo de sua representação conceitual. **Sin.** estilização.

IDEIA – Um termo sob o qual se abrigam as designações como as de um *percepto*, uma imagem, um conceito, uma proposição, uma classificação, uma doutrina, uma teoria ou de tudo o mais que possa ser pensado. Devido à tal generalidade é difícil conceber o que poderia ser uma única teoria precisa de ideias de todas as espécies.

IDEIA INATA – Ideia com a qual a gente nasce, que não se aprende. A hipótese de ideias inatas foi mantida por Sócrates e Leibniz e é sustentada por Chomsky, entre outros. Ela explica porque povos em diferentes culturas e em épocas diferentes surgem ocasionalmente com as mesmas ideias. Mas isto não explica porque tais ocorrências são raras, porque a maioria das ideias que aprendemos hoje na escola eram desconhecidas há apenas um par de séculos atrás; ou porque é tão difícil inventar ideias radicalmente novas. Pior ainda, a hipótese é incompatível com a genética e a biologia e a psicologia desenvolvimentistas. De fato, os genes não são bastante complexos para codificar ideias, e o cérebro humano de um recém-nascido é tão subdesenvolvido, que ele não pode pensar. A hipótese das ideias inatas costumava ser unida à hipótese da ↑**gramática universal**.

IDEIA PRECONCEBIDA – Falando estritamente, trata-se de um oxímoro. Caridosamente interpretada, a expressão designa uma ideia não submetida a exame, ou aceita de maneira acrítica.

IDENTIDADE – a. Conceito geral – O conceito de identidade não é explicitamente definível em nenhuma teoria. A razão é que "=" é parte de toda definição uma vez que – como Peano observou – as definições não são nada mais do que identidades. Entretanto, "=" pode ser definido axiomaticamente, e. g., por ($\forall$x) (x = x) mais as condições de reflexividade, simetria e transitividade. Além disso, "=" satisfaz a "lei" de Leibniz, ou melhor, o postulado da "identidade dos indiscerníveis": se dois objetos são idênticos, então eles possuem exatamente as mesmas propriedades. (Isto é, para quaisquer particulares x e y, e para cada predicado relevante F: se x = y, então: se Fx então Fy, e inversamente.) Embora essa fórmula (numa lógica de segunda ordem) seja usualmente encarada como uma definição, ela não pode sê-lo, pela razão acima mencionada. Considera-se em geral que a fórmula de Leibniz afirma não apenas a identidade dos indiscerníveis (quando lida da esquerda para a direita), mas também a indiscernibilidade dos idênticos (quando lida na direção oposta). Entretanto, o conceito de discernibilidade é epistemológico e não lógico. De fato, a discernibilidade está relacionada à técnica de observação e ao observador. Se dois objetos são idênticos, então eles serão indiscerníveis, mas a inversa é falsa. A "lei" de Leibniz pode também ser lida como a asserção segundo a qual se "dois" objetos são idênticos, então "eles" serão um só, embora talvez com nomes diferentes em contextos ou circunstâncias diferentes. Isto pode confundir o leigo, mas é natural na matemática e na ciência, onde se pode começar por examinar dois objetos à primeira vista diferentes, apenas para se concluir que eles são o mesmo objeto. Exemplo: todos os triângulos equiângulos são também equiláteros e inversamente. Algumas vezes nos deparamos com objetos tão similares uns com os outros que "erroneamente" nós os chamamos de "idênticos", ao passo que os conceitos, mais fracos, de ↑**igualdade** e ↑**equivalência** é que seriam apropriados. Um exemplo familiar é o das "cópias idênticas" de um documento ou de uma mercadoria. O fato de estarem em lugares diferentes e de poderem ser contados, mostra que não são estritamente idênticos. Um exame ulterior e mais detido, e. g., com a ajuda de um microscópio, apontaria diferenças. Outro caso familiar é o do gêmeos "idênticos" (ou monozigóticos). Ainda que possuam "o mesmo" genoma (ou então duas cópias aproximadamente idênticas de um genoma), eles nascem com certas diferenças (por exemplo, nas impressões digitais) e desenvolvem diferenças ulteriores, particularmente se crescerem em ambientes diferentes. O caso de partículas "idênticas", como uma nuvem de elétrons num pedaço de metal, é à primeira vista mais difícil porque tais entidades possuem muito menos propriedades. Ainda assim, pelo princípio de exclusão de Pauli, dois elétrons quaisquer dessa nuvem jamais estarão exatamente no mesmo estado quântico. Este princípio vale para elétrons e outras partículas com spin semi-inteiro, mas não vale para todas as outras partículas (bósons). Em princípio, um número qualquer de bósons pode estar em um mesmo estado quântico, e, ademais, pode amontoar-se em um "condensado de Bose". No entanto, uma vez que os bósons podem ser contados, não podem ser estritamente idênticos. A verdade é que nada muda se eles trocarem de posição. É possível então falar de uma identidade "funcional" por contraste com uma identidade estrita. **b. Identidade pessoal** – A continuidade da vida de uma pessoa. O estado de uma pessoa em um dado tempo qualquer certamente difere de seu estado em algum outro tempo: não há uma identidade estrita entre estados de vida diferentes. Entretanto, podemos atribuí-los à "mesma" pessoa se nossa definição de uma pessoa envolver a história da pessoa ou, pelo menos, o seu passado – como de fato deveria ser, porquanto aquilo que somos agora é, ao menos em parte, o resultado do que nos foi dado experienciar desde a concepção. **c. Hipóteses de identidade** – As hipóteses científico-filosóficas de que os estados mentais são estados cerebrais. Essas hipóteses (costumeiramente chamada de 'teoria') são a base da abordagem neurofisiológica para o estudo do comportamento, da emoção e da cognição. ↑**Problema mente-corpo**.

IDEOGRÁFICO/NOMOTÉTICO – Ideográfico = singular ou descritivo. Nomotético = generalizar ou justificar em termos de leis. Segundo a escola ↑**hermenêutica**, enquanto as ciências naturais são nomotéticas, os estudos sociais são ideográficos. Supor a distinção entre singular/geral não acarreta que uma disciplina deva ser singularizada ou generalizada. Assim, toda ciência natural responde por fatos particulares em termos tanto de padrão quanto de circunstância. E toda ciência social assume ou procura padrões por entre fatos particulares. Por isso, o encolhimento da força de trabalho industrial é explicado pela generalização segundo a qual todo avanço tecnológico elimina empregos na manufatura por meio do incremento da produtividade.

IDEOLOGIA – Um sistema de declarações fatuais e juízos de valor que inspira algum movimento social ou alguma política social. Uma ideologia pode ser religiosa ou secular; e pode ser compreensiva, como o tomismo e o marxismo, ou exclusivamente sociopolítica, qual o liberalismo e o socialismo. A ideia admitida é que todos os enunciados ideológicos são falsos e servem de instrumento a algum grupo especialmente interessado, portanto estão despidos de futuro numa sociedade tecnológica. Entretanto, é difícil imaginar como qualquer ação em defesa do bem público possa ser impelida sem alguma ideologia. Tampouco é difícil imaginar uma ideologia científica, isto é, uma em que as proposições fatuais sejam juízos de valor cientificamente justificados. Exemplos de proposições ao mesmo tempo científicas e ideológicas: "A pobreza é individualmente degradante e socialmente desestabilizante e, por esta razão, deveria ser erradicada", e "A livre pesquisa é necessária para o avanço da cultura e o aperfeiçoamento do bem-estar, portanto deveria ser protegida e promovida".

IGNORÂNCIA – Falta de conhecimento. Todo mundo conhece alguma coisa mas ignora a maior parte do que é conhecido. A ignorância pode ser involuntária ou voluntária. A ignorância involuntária, quando percebida, constitui um desafio à exploração e à invenção. A ignorância intencional é o destino comum dos dogmáticos, dos tacanhos e dos hiperespecializados. Por exemplo, o filósofo da mente que se recusa a informar-se um pouco sobre a psicologia contemporânea (em particular a fisiológica) denota ignorância propositada; do mesmo modo, o filósofo da linguagem sem interesse na linguística, o filósofo da ciência que ignora a ciência, e assim por diante. A rejeição sistemática de todo conhecimento novo pode ser chamada de ↑**gnosofobia**.

IGNORÂNCIA ESPECIFICADA – Um pré-requisito da pesquisa em qualquer campo é o interessado admitir que ignora algo digno de ser conhecido. Para que tal admissão e avaliação sejam férteis elas devem ser específicas e não genéricas: devem descrever, tão precisamente quanto possível, o que é isto que não conhecemos e que devemos investigar – e. g., o mecanismo detalhado da síntese da proteína. Advertência: semelhante especificação é inevitavelmente incompleta justamente porque o item a ser investigado é em grande parte ignorado.

IGUALDADE – **Lógica e matemática** – Na matemática, a igualdade é considerada o mesmo que a identidade. Esta última é uma relação reflexiva, simétrica e transitiva, de modo que objetos idênticos são intercambiáveis, como em "2 + 3 = 5". Fora da matemática, essa identificação pode ser desencaminhante. Por exemplo, o '=' em "O número de planetas conhecidos = 9" não está no lugar da identidade, porém de uma relação mais fraca, que pode ser chamada de *igualdade*. Isto ocorre por duas razões. Em primeiro lugar, se o enunciado em questão fosse um enunciado de identidade, então os dois lados poderiam ser trocados, para dar "9 = Número de planetas conhecidos". Mas isto não é uma definição apropriada do número 9 – a qual seria se, seguindo Peano, tomássemos definições como sendo identidades. Em segundo lugar, o lado esquerdo (LE) da igualdade acima contém predicados ausentes no lado direito (LD), portanto ambos os lados não podem significar a mesma coisa. Ademais, os dois lados não têm sequer a mesma forma lógica, uma vez que o LE do enunciado original é uma descrição definida, enquanto 9 é um particular. Como a identidade, a igualdade também é reflexiva. Mas, ao contrário da identidade, a igualdade não é necessariamente simétrica ou transitiva. Se "≡" é usado de modo consistente para designar a identidade, então a igualdade pode ser designada por "=". Outra possibilidade seria manter '=' para a identidade, e designar a igualdade por ':=' denominado de *operador de atribuição* em algumas linguagens de programação. Exemplos: "Coloque x igual a 3" é simbolizado por "x := 3". A igualdade é algumas vezes chamada de 'identidade contingente'.

IMANENTE/TRANSCENDENTAL – Intrínseco/extrínseco, deste mundo/do outro mundo, autossuficiente/hétero-governado. Um par de conceitos vagos importante na teologia, na filosofia da religião e na filosofia idealista (em particular, na kantiana). Exemplo 1: A deidade é imanente (panteísmo), transcendental (teísmo), ou nem uma coisa nem outra (ateísmo). Exemplo 2: As leis da natureza são imanentes (materialismo), transcendentais (idealismo), ou nem uma nem outra coisa (subjetivismo). ↑**Transcendental**.

IMATERIALISMO – Qualquer filosofia que nega a existência de coisas ↑**materiais** autonomamente existentes. O imaterialismo pode ser idealista (e.g., o de Leibniz) ou empirista (e. g., o de Berkeley). É uma doutrina obsoleta em vista do fato de que todas as ciências fatuais e tecnologias estudam tão somente entidades materiais. Contudo, a concepção de Berkeley de que as coisas são feixes de qualidades continua sendo mantida por alguns filósofos. Mas é insustentável. De fato, toda qualidade (ou propriedade) é uma feição de um ou outro objeto, material ou ideal. A análise matemática de propriedades torna isto claro: ↑**Predicado**. Além disso, a ideia de que as coisas são feixes de propriedades conduz ao contrassenso. Com efeito, se um objeto fosse idêntico a um conjunto de propriedades, então nenhuma delas poderia ser predicada ao objeto. Isto é, se $b = \{P_1, P_2, ..., P_n\}$, então $P_1 b = P_1 \{P_1, P_2, ..., P_n\}$, que é uma fórmula mal formada.

IMORTALIDADE – Vida sempiterna. Cabe distinguir três espécies de imortalidade: corpórea, espiritual e vicária. A imortalidade corpórea é impossível: todos os organismos envelhecem e finalmente tornam-se incapazes, a ponto de não aguentar todos os processos fisiológicos que caracterizam a vida. (Em princípio, poderia haver regeneração contínua e autorrestauração. Mas uma armadura inexpugnável contra *inputs* externos letais restringiria drasticamente, para dizer o mínimo, a liberdade e a comunicação.) A imortalidade espiritual, postulada por algumas religiões, é igualmente impossível, pois todas as funções espirituais (ou mentais) são funções cerebrais: sem cérebro vivo, não há mente. A imortalidade vicária ou indireta pode ser conseguida por meio da progênie, pois uma parte do genoma de cada pessoa passa para seus descendentes. Mas ele é progressivamente "diluído" no curso das gerações, de modo que a imortalidade biológica de caráter vicário é dificilmente significante. Por outro lado, todo indivíduo deixa sua marca por meio de suas ações, boas ou más, porque toda ação, por mais humilde que seja, altera a vizinhança da pessoa. A imortalidade através das obras não há de satisfazer aquela personagem de Woody Allen que desejava tornar-se imortal mediante o recurso de "não morrer", mas isto é o máximo que racionalmente podemos esperar.

IMPERATIVO – **a. Geral** – Ordem ou instrução, como em "Tu não incorrerás no existencialismo". **b. Lógico** – Como os imperativos não são nem verdadeiros nem falsos, eles pareceriam exigir uma lógica própria. Entretanto, o projeto de construir uma lógica dos imperativos soçobrou. De todo modo, semelhante lógica, mesmo se fosse possível, seria desnecessária, pois todo imperativo pode ser transposto em ao menos uma sentença declarativa. Por exemplo, "Vem!" pode ser traduzido em "Peço-lhe que venha", "Ordeno-lhe que venha", "Mandaram-lhe vir", ou até "Se tiver a bondade, você virá", "Se não quiser me desagradar, você virá" etc. Tais traduções são efetivamente outras tantas análises a exibir as circunstâncias particulares da expedição da ordem. Daí terem valores de verdade e poderem ser discutidas racionalmente. **c. Ético** – O *imperativo categórico de Kant*, em geral tão mal entendido, é uma máxima ↑**metaética** e não moral, pois ela diz que nenhum princípio moral é justificável, a menos que seja considerado como princípio aplicável a todos os seres humanos.

IMPERATIVO CATEGÓRICO – Princípio de Kant segundo o qual todas as regras de conduta deveriam ser universalizáveis, isto é, aplicáveis a cada um. Contrariamente à crença popular, e à do próprio Kant, trata-se de um princípio ↑**metaético**, logo, uma metarregra, e não uma máxima moral. Este princípio é um pilar do ↑**humanismo** e da filosofia política democrática. Rejeitá-lo é justificar a prática de uma moralidade para os governantes e outra para os governados. Mas a pretensão de Kant de que o princípio seja *a priori* e racional, é falsa. Se não fosse, ela teria sido formulada no mínimo há vinte e cinco séculos atrás, quando emergiu o pensamento racional.

IMPERFEIÇÃO – Desvio do tipo ideal, da norma ou da moda estatística. Exemplos materiais: átomos ionizados, mutantes, excêntricos, mercados desequilibrados, monopólios. Exemplos conceituais: conceitos mal definidos, problemas mal colocados, teorias ou hipóteses parcialmente verdadeiras e teorias inconsistentes. **Ant.** ↑**perfeição**. Todo mundo concorda que tudo o que é humano é imperfeito, e alguns acreditam que certas imperfeições podem ser corrigidas. Mas a tese igualmente popular, de que toda imperfeição é indesejável, é falsa. Sem dúvida, enquanto algumas imperfeições são defeitos ou deficiências, outras não são. Por exemplo, excelência acadêmica, um desvio da mediocridade, constitui uma deficiência em um ambiente que não perdoa a excelência. A replicação imperfeita do DNA é uma fonte de biodiversidade e matéria-prima para a seleção, portanto da evolução biológica. Um desvio de conduta social de alguma espécie é uma fonte de mudança social e um desafio que, se enfrentado, poderá ser benéfico. Logo, ter em mira uma sociedade perfeita – uma sociedade adequada a um projeto final *a priori* – não é apenas irrealista como contraproducente, visto que a perfeição é estagnação. O alvo deveria ser uma sociedade progressista, uma sociedade adequada a uma sequência de projetos crescentemente aperfeiçoados.

IMPERIALISMO – **a. Lógico** – A concepção de que a lógica é não só necessária mas também suficiente para lidar com todos os problemas filosóficos. Tal estratégia possui quatro possíveis raízes: (a) a crença de que a forma é o mais importante de tudo ou, no mínimo, muito mais importante do que o conteúdo; (b) platonismo, ou a ideia de que o mundo é feito de ideias ou de grosseiras cópias destas; (c) relutância em estudar qualquer coisa que requeira mais do que lápis e papel; e (d) ignorância, arrogância, ou ambas. ↑**Exatidão vazia**. b. **Econômico** – Ponto de vista segundo o qual todas as ciências sociais deveriam ser modeladas pela economia, em particular pela microeconomia neoclássica. A raiz destas teses é a crença de que todos os seres humanos, independentemente do lugar e do tempo, maximizam o uso egoísta de utilidades. Este movimento tem se espalhado como fogo incontrolável pelas ciências sociais desde meados de 1970. Apresentou também importantes consequências: a redução da multiplicidade das motivações humanas para obter a maximização; a asserção dogmática de que todo comportamento humano é maximizado; o emprego indiscriminado de funções de ↑**utilidade** na maior parte indefinidas e de ↑**probabilidades** subjetivas inescrutáveis; uma proliferação de modelos simplistas de ↑**teoria da escolha-racional** dos fatos sociais; a focalização nos indivíduos às expensas de sistemas sociais: e a persistente omissão da variável tempo.

IMPLICAÇÃO – Um conectivo lógico em todos os sistemas de lógica dedutiva, como em "Se é filosófico, então é geral". Símbolos padrão: $\Rightarrow$, $\supset$, $\rightarrow$. Definições implícitas padrão em lógica clássica: $p \Rightarrow q =_{df} \neg p \vee q$, $p \Rightarrow q =_{df} \neg (p \,\&\, \neg q)$. A implicação não deve ser confundida com a relação mais forte $\vdash$ de ↑**implicação lógica** (ou dedutibilidade). Se $p \vdash q$, então $p \Rightarrow q$, mas não inversamente. (Logo, um método padrão para provar um condicional $p \Rightarrow q$ é provar que q segue a partir de p.) Para destacar ou separar ou afirmar q a partir de $p \Rightarrow q$, temos de afirmar p separadamente e adicionar a regra de inferência ↑*modus ponens*. O conceito controverso de implicação estrita (ou necessária), introduzido pelos lógicos modais, foi substituído pelo de implicação lógica.

IMPLICAÇÃO LÓGICA (*ENTAILMENT*) – A relação entre as premissas e a conclusão de uma prova ou de um argumento válido. **Sin.** dedutibilidade. Definição: p implica logicamente q, ou $p \vdash q$ abreviadamente, se e somente se "$p \Rightarrow q$" for uma verdade lógica (↑**tautologia**). Advertência 1: Como há diferentes teorias lógicas, a precedente deve ser compreendida como relativizada no tocante a alguns cálculos lógicos. Advertência 2: Na definição precedente não consta nenhuma restrição acerca da verdade sobre a premissa ou o antecedente p. Daí por que o torniquete ⊢ é chamado de relação de implicação lógica *sintática*. O uso de ⊢ permite a máxima liberdade de exploração das consequências de uma premissa. A relação de implicação lógica *semântica* é muito mais restritiva: p implica logicamente q do ponto de vista semântico se e somente se, quando p é verdadeiro, p implica logicamente q, e q é verdadeiro. Símbolo: ⊨.

IMPONDERÁVEL – Uma propriedade é imponderável se ela não puder ser quantificada ou mensurada. O paradigma dos imponderáveis é a existência. A lógica e a matemática estão cheias deles. Basta pensar nos conceitos lógicos de negação e disjunção, nos conceitos de pertinência e inclusão da teoria dos conjuntos e os conceitos metalógicos de consistência e completude. Por outro lado, um pressuposto da ciência natural é que todas as propriedades dos objetos naturais, exceto nos referentes à existência, são quantitativos, mesmo que tenham resistido à ↑**quantificação**. Não se trata de um pressuposto dos estudos sociais e das tecnologias, nos quais pululam conceitos qualitativos, como os de justiça, estabilidade política, qualidade do produto e estilo de administração.

IMPORT – O *import* ou a significação de um ↑**construto** em dado contexto é igual ao conjunto dos construtos que ele acarreta neste contexto. Dual: ↑***purport***. A união do *import* e do *purport* é igual ao ↑**sentido**.

INAÇÃO – A ausência de ação. A mais alta virtude de acordo com o taoísmo – uma filosofia moral apropriada apenas para capitalistas estropiados. Um tipo de conduta muito subestimada, a inação é má somente quando a ação é exigida. A inação é boa quando o melhor é deixar um processo benéfico entregue a si mesmo porque uma intervenção poderia desviar ou até deter seu curso. A inação também é desejável quando não temos fundamentos sólidos para intervir de maneira racional com alguma probabilidade de êxito. Entretanto, o conceito de inação está ausente da maior parte das teorias da ↑**ação**.

INCERTEZA, RELAÇÃO DE – ↑Relação de incerteza.
INCOMENSURÁVEL – Incomparável. Exemplo: valores morais e estéticos. A concepção corrente de que teorias científicas rivais são incomensuráveis é falsa: elas são rivais precisamente porque são comparáveis, e uma delas tem a probabilidade de se ajustar à evidência, ou a uma teoria contígua, melhor do que a outra. ↑Revolução epistêmica, ↑concepções rivais.
INCONSISTÊNCIA – O oposto de ↑consistência. Um conjunto de proposições é *internamente* inconsistente se e somente se contiver pelo menos um par de proposições mutuamente contraditórias. E é *externamente* inconsistente se e somente se contradizer o grosso do conhecimento básico. A inconsistência deve ser sempre evitada ou remediada na busca da verdade. Portanto, a ↑lógica paraconsistente, que toma em consideração a inconsistência, é, no melhor dos casos, um brinquedo engenhoso.
INCONSTÂNCIA FILOSÓFICA – A mudança repetida de concepções filosóficas de um livro para outro ou de um artigo para outro. A inconstância pode provir da superficialidade, da falta de sistema e programa ou do fraco compromisso com a verdade.
INCORPORAÇÃO – Materialização de uma ideia. Na filosofia do idealismo objetivo, todas as coisas concretas e processos são incorporações de ideias. **Sin.** encarnação, corporificação. Em particular, processos cerebrais encarnariam o *self* (ego), a alma ou a mente. Isto vem a ser, no melhor dos casos, uma hipótese incomprovável, porque não há meio de descobrir a alegada planta original. De acordo com o materialismo, pode-se dizer somente que as ações, os artefatos e os processos artificiais são ideias corporificáveis.
INDECIDÍVEL, PROPOSIÇÃO – ↑Proposição indecidível.
INDEPENDÊNCIA – Dois ou mais *conceitos* são mutuamente independentes se e somente se nenhum é definível em termos do outro. Exemplos: "probabilidade" e "frequência"; "verdade" e "conhecimento"; "força" e "massa". Duas ou mais *proposições* são mutuamente independentes se e somente se nenhuma delas for dedu-

tível de qualquer outra. Exemplos: p e p $\Rightarrow$ q; 1 > 0 e 1 − 1 = 0; "eu conheço p" e "p é verdadeiro". Um desiderato para sistemas axiomáticos é que seus conceitos básicos (primitivos) e assunções básicas (postulados) sejam mutuamente independentes. Enquanto na matemática a independência é principalmente uma questão de economia conceitual, na ciência fatual ela tem ocasionalmente significação filosófica. Por exemplo, Mach pretendeu que havia desaprovado o materialismo ao "definir" massa em termos da aceleração (como se esta não fosse uma propriedade de corpos materiais). Uma aplicação do teste de independência (pertencente à teoria do modelo), de Padoa, prova que os conceitos de massa e força são mutuamente independentes na mecânica de partículas, o que refuta o argumento de Mach.

INDETERMINISMO – **a. Ontologia** – *Radical* = Não há leis. *Moderado* = Há leis não causais (e. g., probabilísticas). **b. Ética** – A tese segundo a qual os humanos são dotados de ↑**livre-arbítrio**. Um nome indevido, pois, se o arbítrio pudesse ser livremente exercido, sê-lo-ia com certeza em virtude de certas leis neuropsicológicas, como também de certas circunstâncias sociais.

INDICADOR – Sintoma: propriedade observável ou evento visto como uma manifestação de uma propriedade ou evento inobservável. Exemplos: o desvio de uma agulha magnética no vácuo indica a presença, ou de um campo magnético, ou de uma corrente elétrica; a febre pode indicar infecção (ou superaquecimento); o PIB é um indicador de atividade econômica. Indicadores podem ser empíricos ou sustentados por teorias. No primeiro caso são ambíguos; assim, o ruborizar-se pode indicar vergonha, cólera ou exercício físico; e o QI pode indicar tanto informação quanto inteligência. Os indicadores teóricos são mais confiáveis que os empíricos, pois a teoria subjacente exibe o mecanismo onde o observável indica o não observado, e assim comprova que nenhuma outra coisa poderia ter causado o evento observado. Para minimizar a ambiguidade, convém utilizar uma bateria de indicadores independentes.

INDICIAL – O que vale apenas em um certo lugar ou tempo ou para um indivíduo particular. Exemplos: "Eu sinto frio justo agora". **Sin.** contextual. Relacionado: ↑**particular egocêntrico**. O ↑**relativismo** sustenta que todas as declarações deviam ser encaradas como indiciais – exceto, sem dúvida, esta injunção.

INDIVIDUAÇÃO – O procedimento pelo qual um objeto é distinguido de todos os outros objetos: indicação de suas peculiaridades. Usualmente a definição (ou antes o critério) de Leibniz de ↑**identidade** faz o trabalho, uma vez que, de acordo com ela, dois objetos não são idênticos se e somente se diferirem ao menos em uma propriedade. Poder-se-ia pensar que este critério falha no caso de fótons e outros bósons, que são considerados indistinguíveis. Na realidade, eles são distinguíveis (do contrário não seria possível contá-los). A verdade é que, diferentemente de elétrons e dos outros férmions, eles são intercambiáveis. ↑**Identidade a.**

INDIVIDUALISMO – **a. Epistemológico** – A concepção de que o conhecedor é necessário e suficiente para tornar as coisas conhecidas, isto é, que ele não necessita estar engastado em uma rede social. Esta tese tem sido refutada pela psicologia social e pela sociologia do conhecimento. Por exemplo, os cientistas são motivados não apenas pela curiosidade, mas, outrossim, pelo desejo de reconhecimento por seu pares. O individualismo epistemológico está também em desacordo com a metodologia da ciência e a tecnologia, que exigem a discussão e a repetibilidade dos achados. **b. Metodológico** – A tese de que o estudo dos componentes individuais de um sistema são tanto necessários quanto suficientes para explicar o comportamento de um sistema. ↑**Reducionismo**. A base do individualismo metodológico é o individualismo ontológico. **c. Ontológico** – A tese de que o todo não é mais do que a coleção de seus componentes. **Sin.** ↑**atomismo**. O individualismo ontológico é o oposto do coletivismo ou do ↑**holismo**. **d. Moral** – Qualquer moralidade ou doutrina ética que promova o interesse próprio. O individualismo moral enfatiza, com razão, os direitos individuais e propõe que a posição social seja baseada no mérito individual mais do que na pertinência a algum grupo. Mas minimiza erroneamente ou mesmo cancela deveres, e assim encoraja o comportamento antissocial. Em particular, exagera o valor e a importância da competição às expensas da cooperação, que leva a justificar a agressão. **e. Praxiológico** – A concepção de que a ação individual, não tolhida pela estrutura social, é a fonte de tudo aquilo que é social. **Ant.↑coletivismo, ↑holismo.**

INDIVÍDUO – Indivisível em um dado contexto ou nível, embora talvez não em outro. **Ant.** coleção. Indivíduos podem ser construtos ou coisas concretas. Exemplos: os elementos de um conjunto e sistemas, tais como pessoas ou sociedades. A distinção indivíduo/conjunto é contextual. Assim, os membros de uma família de conjuntos são conjuntos. A distinção componente/sistema também é contextual. Assim, famílias, firmas e outros sistemas sociais são particulares na sociedade em geral: são analisáveis, mas não decomponíveis.

INDIVÍDUO-HOLISMO – Uma filosofia da ciência social. A combinação do ↑**individualismo** (metodológico) com o ↑**holismo** (metodológico) que focaliza indivíduos a atuar dentro de totalidades e em circunstâncias que são tomadas como totalidades, isto é, não são analisadas em termos individualistas. Exemplos: "lógica" situacional e modelos de ↑**teoria escolha-racional** que tratam o mercado como um todo não analisado. O indivíduo-holismo manobra para combinar os traços objetáveis do individualismo (ou atomismo) e do holismo (ou funcionalismo). Ironicamente, os indivíduos-holistas pretendem que são individualistas radicais.

INDUÇÃO – **a. Ordinária** – Generalização a partir de particulares ou de generalizações empíricas. Exemplo: "Estudos superiores não florescem nas sociedades agrícolas". Sem a indução não haveria conhecimento geral, quer comum, quer especializado. Mas a ciência avançada e a tecnologia afrouxam quando a indução deixa de funcionar, pois ambas envolvem hipóteses que vão além da observação. De fato, todas as ↑**hipóteses** e ↑**teorias** de alto nível científico e tecnológico contêm predicados que não aparecem nos dados relevantes. Exemplo: "A coesão social favorece a estabilidade política" envolve os inobserváveis "coesão" e "estabilidade". ↑**Lógica indutiva**, método ↑**hipotético-dedutivo**. **b. Científica** – Na ciência e na tecnologia, a indução ocorre em duas importantes junções: na verificação de hipóteses e na generalização a partir de uma amostra para uma população. Com efeito, a "conclusão" de que um corpo de evidência empírica confirma ou infirma algumas das consequências verificáveis de uma dada teoria é uma hipótese indutiva. A segunda ocorrência de indução aparece na forma de uma inferência estatística a partir de observações levadas a cabo sobre os membros de uma pequena amostra para uma população total de onde esta foi extraída. Os dois tipos de indução diferem, no mínimo, em dois aspectos importantes com respeito à indução comum. Primeiro, entram considerações de probabilidade, especialmente na estimativa da possibilidade da ocorrência de um certo resultado por acaso. Segundo, não se encontram amostras, mas elas são cuidadosamente construídas por meio de métodos de amostragem. O resultado filosófico é que vem a ser tão enganoso subestimar a indução estatística como superestimar a indução ordinária. **c. Matemática** – Trata-se de um princípio ou método de prova matemática aplicável a conjuntos enumeráveis de proposições: toda propriedade que vale para zero e para o sucessor de qualquer número dotado dessa propriedade é uma propriedade de todos os números (naturais). Enquanto a indução ordinária é perigosa, dependendo do conteúdo ou substância, a indução matemática (ou aritmética) é rigorosa, por ser puramente formal. O princípio da indução matemática pode ser provado.

INDÚSTRIA ACADÊMICA – Esforço intelectual sustentado para produzir publicações irrelevantes. Discurso sobre pseudoproblemas ou miniproblemas, originados amiúde a partir de mal-entendidos elementares, que servem apenas ao propósito de obter promoção acadêmica. Exemplos: ↑**Bayesianismo**, lógica ↑**doxástica**, semânticas multimundos, ↑**teoria da medição** geral, ↑**lógica quântica**.

INDUTIVA, LÓGICA – ↑**Lógica indutiva**.

INDUTIVISMO – A tese segundo a qual todas as generalizações são ou devem ser obtidas por ↑**indução**, como no caso de "Todos os mamíferos são peludos". O indutivismo é parte integrante do ↑**empirismo**. Nenhum dos princípios da ciência moderna é uma generalização indutiva: todos eles são hipóteses a conter conceitos que, por sua vez, não ocorrem nos dados relevantes. Exemplo 1: A energia do fóton que um átomo emite ao decair de um nível de energia para outro mais baixo é igual à diferença em energia entre os níveis em questão. Exemplo 2: A evolução biológica é um produto da variação gênica e da seleção natural. Exemplo 3: As desigualdades econômicas, medidas pelo índice Gini, são maiores nos países menos desenvolvidos.

INFERÊNCIA – Raciocinar a partir de premissas até a conclusão. Há duas espécies de inferências: a ↑**dedutiva** e a atrativa, ou lógica e não lógica respectivamente. Somente as inferências dedutivas são rigorosas (logicamente válidas). As inferências *atrativas* podem ser ↑**analógicas** ou ↑**indutivas**. Nem uma nem outra provam qualquer coisa, porque nenhuma das duas está sujeita a regras estritas: não existe algo como lógica analógica e ↑**lógica indutiva** – salvo na imaginação de certos filósofos. Ocasionalmente, analogias e induções sugerem generalizações verdadeiras. Tal é, em especial, o caso das induções estatísticas, ou "inferências" a partir de amostragens de populações, porque existem métodos para estimar o grau de confiança com que tais saltos podem ser feitos.

INFERÊNCIA SEDUTORA – ↑**Inferência** não dedutiva.

INFINITA, REGRESSÃO – ↑**Regressão infinita**.

INFINITISMO – A concepção de que há infinidades conceituais e reais. ↑**Infinito**. Ant. ↑**finitismo**. A matemática e a ciência modernas endossam o infinitismo; estudam conjuntos infinitos e coisas contínuas, como os campos, que existem em todo ponto em alguma região espacial. De fato, semelhante região, mesmo se finita em volume, é composta de uma infinidade não enumerável de pontos.

INFINITO – **a. Matemática** – Há muitos tipos de infinitos. Um conjunto infinito pode ser contável (como o conjunto dos números naturais) ou não enumerável (como o conjunto dos pontos de uma reta contínua).

O infinito pode ser ↑**potencial** (como uma coleção que cresce sem limites) ou ↑**real** (como um conjunto de todos os pontos sobre um círculo). Além disso, os conjuntos aparecem em tamanhos infinitamente variados, a partir de um conjunto vazio. Os menores deles todos são os conjuntos finitos: a numerosidade ou a cardinalidade de qualquer destes conjuntos é um número natural. Depois vem os conjuntos infinitos, porém contáveis, tais como os dos números naturais. Todos eles possuem a mesma cardinalidade, denominada $\aleph_0$ (alef zero). Este é o primeiro cardinal infinito ou número transfinito. Cantor provou que o número cardinal do conjunto dos números reais, chamado $\aleph_1$, é maior do que $\aleph_0$. Ele também provou que o $\aleph_1$ é igual à cardinalidade do conjunto das potências do conjunto dos números naturais. (O conjunto das potências 2^A de um conjunto A é a família dos subconjuntos de A.) O próximo número transfinito é a cardinalidade do conjunto das potências do conjunto das potências do conjunto dos números naturais – e assim indefinidamente. Deste modo é gerada uma "hierarquia" de cardinais ou números transfinitos. Ademais, existe uma aritmética para os números cardinais que se assemelha, em alguns aspectos, e se desvia em outros da aritmética comum. Por exemplo, $\aleph_0 + \aleph_0 = \aleph_0$, $\aleph_1 + \aleph_0 = \aleph_1$, e $\aleph_0 \cdot \aleph_1 = \aleph_0$. Alguns matemáticos acreditam, e outros não, que há um número cardinal entre $\aleph_0$ e $\aleph_1$: esta é a hipótese do contínuo. Os platônicos acreditam na existência efetiva da totalidade dos números transfinitos, enquanto os matemáticos intuicionistas e ficcionistas não creem nisso. A discussão sobre tais questões continua em andamento, mas a maioria dos matemáticos lhe é indiferente. O resultado é que existem uma infinidade de infinitos, e que a ↑**teoria dos conjuntos**, longe de ser a única, bem como original, é uma crescente família de teorias.
b. Ciência – Um princípio tácito de todas as ciências fatuais é que nenhuma propriedade de uma coisa física, além do universo como um todo, pode atingir um valor infinito. Portanto, se uma função numérica que representa uma propriedade física, tal como a energia, se tornar infinita em certos pontos, tais pontos deverão ser excluídos

por serem fisicamente destituídos de sentido. Em resumo, cumpre evitar as singularidades porque carecem de sentido. Por contraste, não há um interdito sobre conjuntos infinitos e mesmo sobre os não enumeráveis. Por exemplo, os pontos da trajetória de um corpo e os de um campo elétrico constituem conjuntos não enumeráveis. **c. Filosofia** – Empiristas rejeitam infinitos reais e números transfinitos porque são inacessíveis à experiência. Igualmente, os intuicionistas filosóficos os repudiam porque não podem apreendê-los intuitivamente. Os intuicionistas matemáticos perdoam apenas os infinitos potenciais, isto é, os conjuntos infinitos construídos segundo regras definidas. Por contraste, os racionalistas – em particular os platônicos, os ficcionistas e os realistas científicos – não têm objeção aos infinitos ↑reais. Ao contrário, eles encaram a invenção da teoria dos conjuntos como um dos grandes triunfos da investigação desinteressada, e provam com ela a superioridade do pensamento abstrato sobre o tatear empírico.

INFORMAÇÃO – **a. Engenharia** – A teoria da informação trata da transmissão de sinais eletromagnéticos por fios ou através do espaço. Preocupa-se particularmente com a fidelidade da transmissão, portanto, com os meios de minimizar os efeitos de ruído (perturbações aleatórias) nos canais de transmissão. Ao contrário da crença popular, a teoria da informação não se preocupa de modo algum com o significado. Por exemplo, a soma de informação da mensagem "Eu te amava" é exatamente igual à de "Eu te odeio". A razão é que a relação entre sinal e significado é convencional. Assim, é preciso diferentes mensagens para transmitir a mesma ideia em diferentes línguas. **b. Ciência** O termo 'informação', se não o conceito, transbordou da engenharia, contaminando primeiro a biologia (em particular a genética), depois a bioquímica (e por seu intermédio a biologia molecular), a psicologia, a sociologia e mais ainda. Uma razão para tão rápida expansão é que, em cada caso, à palavra 'informação' foi tacitamente atribuída uma significação diferente. Por exemplo, em genética "informação" é idêntica à "estrutura" do DNA (ou ordem dos nucleotídeos constituintes). Na neurociência, um "fluxo de informação" não é nada mais senão um sinal que se propaga por um nervo – mas não é definitivamente um sinal que carrega uma mensagem como uma instrução, porque os neurônios não podem entender coisa alguma. Em psicologia, a expressão "processar informação" designa qualquer processo mental cujo mecanismo é desconhecido. De fato, é possível argumentar que a inteira psicologia cognitiva processadora de informação é, em essência, a velha psicologia mentalista traduzida em requintado Informacionês. Quanto à versão computacionalista da psicologia processadora de informação, não há dúvida de que é exata, pois contém modelos matemáticos. As perguntas são (*a*) se é pertinente e fértil; (*b*) se, estendendo o domínio de aplicabilidade do conceito de computação até mesmo ao comportamento motor e à percepção, não é confundir fato com modelo; e (*c*) se separar cognição de motivação e afeto não é empobrecer e fragmentar a psicologia. Entretanto, vocês ainda não viram nada. Alguns sociólogos têm pretendido que todos os eventos sociais concentram-se em fluxos de informação. Mais uma vez, uma ideia exata, tirada de contexto (neste caso, a engenharia de telecomunicações), levou a um extremo grotesco. **c. Semântica** – Foram feitas numerosas tentativas de elucidar o conceito de significado em termos do da informação. Todas elas estavam condenadas a malograr por duas razões. Primeira, porque, como foi notado acima em **a**, quantidade e conteúdo da informação não estão relacionados. Segundo, porque o significado não está relacionado com o conceito de probabilidade objetiva que ocorre na teoria da informação.

INFORMACIONISMO – A concepção de que a informação é a matéria-prima de que o mundo é feito. Este ponto de vista foi proposto como uma alternativa ao ↑**materialismo** – do mesmo modo que o ↑**energetismo**, um século antes. Trata-se de um erro, pois a informação exige um sistema de informação, e isto é um complexo dispositivo artificial capaz de enviar e decodificar sinais químicos ou físicos. Um tal dispositivo é composto de uma codificador, de um emissor, de um canal, de um receptor e de um decodificador, todos eles materiais e, além de tudo, artificiais.

INGÊNUO – Algo não examinado, não crítico. Exemplo: teoria ingênua dos conjuntos (na qual se verificou haver alguns paradoxos), ↑**realismo** ingênuo (que toma dados dos sentidos por seu valor nominal), conduta ingênua (que persiste devido a normas morais reconhecidas).

INSTANTE – **a. Instante de tempo** – Ponto no tempo; ponto na reta real que representa o tempo; valor de uma coordenada do tempo. Como os intervalos de tempo, os instantes de tempo não são absolutos, mas relativos ao sistema de referência. **b. Filosofia do instante** – Uma filosofia tão pobre que pode ser aprendida e discutida em um tempo muito curto, ou tão convenientemente compreensiva que tem respostas prontas para todos os problemas.

INSTRUMENTALISMO – A concepção segundo a qual hipóteses e teorias científicas são dispositivos cômodos de cálculo ou ferramentas úteis para ação, mas não representações verdadeiras ou falsas da realidade. Se este é o caso, a escolha entre duas hipóteses ou teorias alternativas seria, ou desnecessária, ou apenas uma questão quer de conveniência prática ou convencional. O astrônomo Ptolomeu e o Cardeal Bellarmino (o acusador de Galileu) sustentaram pontos de vista instrumentalistas com respeito aos modelos planetários heliocêntricos e geocêntricos. Os ↑**positivistas** lógicos e os ↑**pragmatistas** também são instrumentalistas. Portanto, são incapazes de dar conta do fato de que comprovar a verdade e tentar aperfeiçoar a exatidão de modelos são ocupações normais dos cientistas e das pessoas comuns.

INTENÇÃO – Processo mental (ou cerebral) que consiste em encarar uma ação com uma meta definida.

INTENCIONALIDADE – Em psicologia de poltrona, o ↑**referente** ou objeto pretendido de uma experiência mental consciente: aquilo a que se refere o pensamento. Segundo F. Brentano, que ressuscitou tal conceito da escolástica, a intencionalidade é a feição essencial da mente em oposição à matéria. Isto provoca a pergunta: Por que seria o mental imaterial? Além disso, o conceito de referência está elucidado no verbete ↑**semântica**, e não em ↑**psicologia**.

INTENSÃO – O que um predicado "diz": seu sentido. O complemento de ↑**extensão** ou ↑**cobertura**. Exemplo: a intensão do "triângulo" é "a figura plana composta de três segmentos de reta que se interceptam". É um conceito semântico que não pode ser confundido com o conceito psicológico de intenção ou com a obscura noção de ↑**intencionalidade**. Nem o termo "intensional" deveria ser definido como não extensional. A intensão de um predicado pode ser definida como uma função de predicados para predicar, satisfazendo os seguintes axiomas: (1) a intensão de uma conjunção é igual à união das intensões dos predicados; e (2) a intensão da negativa de um predicado é igual ao complemento da intensão do predicado em um dado universo de discurso. Por exemplo, a intensão de "mulher" é igual à união das intensões de "fêmea" e "humano"; e a intensão de "solteiro" é igual ao complemento da intensão de "casado" no universo macho dos humanos. Estes axiomas implicam logicamente, entre outros, o teorema de que a intensão de uma disjunção é igual à intersecção de intensões dos disjuntos. Isto é, a disjunção se enfraquece na medida em que a conjunção se fortalece. Daí resulta também que as tautologias são intensionalmente vazias, por isso elas nada acrescentam quando se associam a um predicado não tautológico. A relação entre intensão e extensão é a seguinte: Quanto maior a intensão de um predicado, menor a sua extensão, e inversamente. Isto é, quanto mais condições forem impostas, menor o conjunto de objetos que as satisfazem. A intensão é uma espécie de parente pobre do ↑**sentido**: enquanto este último é apenas definível para um sistema hipotético-dedutivo, a intensão pode ser determinada em um frouxo contexto aberto por meio de definições e descrições.

INTERAÇÃO – Duas coisas concretas interagem se e somente se cada uma delas atuar sobre a outra. Nem propriedades nem ideias, tomadas em si próprias, podem interagir: elas podem apenas ser relacionadas. As interações mecânicas satisfazem o princípio da igualdade de ação e reação. Tal princípio não é válido na eletrodinâmica, na biologia, nem na ciência social. Todos esses campos estudam ações que não são acompanhadas ou seguidas de reações iguais, como a absorção de luz, a combinação química, a infecção e a colonização.

INTERACIONISMO – **a. Ontologia** – A concepção do universo como um bloco onde cada coisa interage com todas as outras coisas, portanto, onde nada pode ser conhecido independentemente do resto. Sin. ↑**holismo**. Essa tese é apenas uma meia verdade, porque as interações se enfraquecem com a distância e não são igualmente fortes. Tal fato permite isolar as coisas, ou considerá-las como isoladas para fins práticos, e assim estudá-las separadamente do resto do universo. **b. Filosofia da mente** – A opinião vulgar é de que a mente e o corpo interagem. O conceito de interação entre entidades materiais foi definido em inúmeros casos (e. g., mecânico, gravitacional, elétrico, social, etc.). Por contraste, a noção de interação mente-corpo não foi definida. Além disso, não há motivo para esperar que ela há de sê-lo algum dia, porque a ciência estuda apenas objetos materiais (embora, por certo, com a ajuda de ideias). Portanto, afirmar que a mente e o cérebro interagem, importa em afirmar que a mente e o cérebro parlapateiam um blá-blá. O que pode ser caracterizado em termo mais precisos são as interações entre sistemas corpóreos que desempenham funções mentais e outras que não o fazem, como é o caso das interações endócrinas com o córtex cerebral.

INTERDISCIPLINA – Um híbrido ou uma fusão de duas disciplinas. Exemplos: bioquímica, neuropsicologia, psicologia social, epidemiologia e sociologia econômica. D_{12} é a *interdisciplina* compreendida entre as disciplinas D_1 e D_2 se e somente se (a) D_{12} possuir uma classe não vazia de referência igual a intersecção das classes de referência de D_1 e D_2; (b) se D_{12} contiver conceitos técnicos (ou específicos) tomados tanto de D_1 como de D_2; e (c) se houver um conjunto não vazio de ↑**receitas de cola**, nas quais ocorrem conceitos pertencentes tanto a D_1 e a D_2. Tais receitas são quer hipóteses, quer definições. Exemplo da bioeconomia: "Uma fonte renovável é explorada racionalmente se e somente se sua taxa de renovação for maior do que sua taxa de colheita". Da neuropsicologia: "A fala é a atividade específica das áreas de Wernicke e de Broca". A interdisciplinaridade é, de longe, muito mais comum, embora muito menos estudada, do que a ↑redução.

INTERDISCIPLINARIDADE, PRINCÍPIO DA – ↑Princípio da interdisciplinaridade.

INTERNALISMO – A abordagem que focaliza a composição e a estrutura de sistemas enquanto negligencia suas vizinhanças. Ant. ↑externalismo. Exemplo: as histórias convencionais da filosofia, que não levam na devida conta as redes sociais nas quais os filósofos estão engastados, nem as circunstâncias políticas e econômicas.

INTERPRETAÇÃO – **a. Semântica** – Uma operação realizada sobre símbolos ou conceitos. No primeiro caso, Int (símbolo) = conceito, como em "Que n represente um inteiro arbitrário". No segundo caso, Int (conceito) = fato, como em "Pr(e) é a probabilidade do evento e". Esta interpretação é *literal*. Por contraste, a interpretação do mesmo conceito matemático como grau de certeza de uma pessoa na crença de que o evento e ocorrerá, é *adventícia*, porque nenhuma pessoa é nomeada explicitamente em "Pr(e)". Na matemática e na ciência, todas as interpretações são literais, embora nem sempre explícitas. Na filosofia inexata, a interpretação é tanto mais arbitrária quanto mais obscuro o texto. Testemunham-no as múltiplas interpretações de Kant, Hegel e Marx – para não mencionar os oráculos pós-modernos. Na arte e na teologia são comuns as interpretações *alegóricas*. Por exemplo, os teólogos interpretaram o *Cântico dos Cânticos* não como um poema erótico, porém como uma alegoria do amor de Deus a Israel ou à Virgem Maria. O dual da interpretação é a desinterpretação ou ↑abstração. **b. Escola hermenêutica de estudos sociais** – Diz-se que a "interpretação" (ou *Verstehen*, ou compreensão) de uma ação humana descobre seu "significado". Efetivamente, "interpretar" uma ação é conjeturar suas intenções, propósitos ou objetivos. Quer dizer, Interpretação hermenêutica = Hipóteses. A diferença entre "interpretação" hermenêutica e hipótese científica é que a primeira é sobretudo arbitrária, enquanto se espera que a segunda seja empiricamente testável. E, sendo arbitrária, a "interpretação" hermenêutica demanda a autoridade do intérprete, ao passo que a hipótese científica está sujeita a testes objetivos e debate racional.

INTERSUBJETIVIDADE – Diz-se que uma proposição é *intersubjetiva* em um dado grupo social se cada um no grupo a sustenta, ou ao menos pode entendê-la. Obviamente, a intersubjetividade não é um substituto da verdade objetiva, visto que muita gente pode partilhar da mesma superstição ou aceitar o mesmo engano. O consenso numa comunidade de profissionais é, no melhor dos casos, um ↑**indicador** de verdade falível. Os procedimentos para aferir a intersubjetividade são sociológicos e não metodológicos. Isso basta para indiciar a ↑**hermenêutica**, a ↑**fenomenologia**, o ↑**construtivismo** social, a etnometodologia e todas as outras escolas que rejeitam a objetividade em favor da intersubjetividade.

INTUIÇÃO – A habilidade de compreender ou produzir novas ideias instantaneamente sem elaboração racional anterior. **Sin.** *insight*, visão. Assim, o "intuitivo" é oposto ao "racional" e, em particular, ao "exato" e ao "formal". Entretanto, o intuitivo e o formal são apenas os extremos de uma ampla escala. Além disso, as intuições nunca saem do nada, mas culminam em processos de aprendizagem e pesquisa. E, se promissoras, poderão amiúde ser exatificadas. Isto prova que a intuição é, em geral, a primeira etapa do processo da formação de conceitos. Ademais, a prática da razão fortalece a intuição: o estudioso experiente desenvolve um "sentimento" intuitivo – embora nunca infalível.

INTUICIONISMO – **a. Matemático** – Uma estratégia para fundamentar a matemática. Quando foi proposto pela primeira vez, o intuicionismo matemático inspirava-se no intuicionismo kantiano e mostrou-se muito restritivo e, como consequência, falhou na reconstrução de amplos segmentos da matemática. Hoje em dia, está mais aberto. A maioria dos matemáticos intuicionistas exige apenas que todas as provas sejam ↑**construtivas** (mais do que, digamos, por contradição), e se recusam a usar o ↑**axioma** da escolha. **b. Filosófico** – Uma variedade de ↑**irracionalismo**: a concepção segundo a qual a intuição é superior tanto à experiência quanto à razão. A importância destas duas na ciência e na tecnologia, bem como no conhecimento comum e na práxis, basta para refutar o irracionalismo – o que não é para negar a importância de várias espécies de ↑**intuições**.

INTUITIVO – Pré-analítico, o que pode ser apreendido imediatamente. A experiência tem mostrado que a intuitividade depende não só do assunto como do cognoscente: o que é intuitivo para o mestre pode ser o oposto do intuitivo para o aprendiz. De modo que a contraintuitividade é a marca registrada da originalidade e da profundidade na ciência.

INVENÇÃO – A ↑**criação** de uma nova ideia: abordagem, conceito, hipótese ou teoria; projeto, plano, partitura musical, pintura ou o que você tiver. Não exemplos: coisas naturais, dados empíricos e cálculos. Algumas invenções, como as do microscópio, do telescópio, do acelerador de partículas e do programa de computação tornaram possível efetuar novas descobertas. A invenção não é uma regra de operação epistêmica direcionada. Isto não impediu muitos filósofos de escreverem acerca da lógica da invenção. ↑**Descoberta**.

INVERSO – Termo polissêmico. Em lógica, o inverso de uma relação binária R é a relação R^{-1} tal que $xR^{-1}y = yRx$. Exemplos: "não ser amado" é o inverso de "amado"; > é o inverso de <. Na teoria dos conjuntos, o inverso (denominado "complemento") de um conjunto é o conjunto em que sua união com um dado conjunto é igual ao universo do discurso, enquanto sua intersecção é vazia. Na álgebra, o inverso do elemento de um conjunto é o elemento tal que, juntado (concatenado) com ele, é igual ao elemento unidade: $x^{-1} o\, x = e$. Na análise, o inverso de uma função f de uma variável x, é a função f^{-1} tal que $f^{-1}f(x) = x$; exemplos: o logaritmo é a função inversa da função exponencial e o sen^{-1} (ou arc sen) é a função inversa da função sen.
↑**Problema inverso**.

INVESTIGAÇÃO – ↑**Pesquisa**.

IRRACIONALISMO – A família de doutrinas que negam ou denigrem o poder da razão e propõem substituí-la pela iluminação religiosa (↑**misticismo**), sentimento (↑**emotivismo**), intuição (↑**intuicionismo**), vontade (↑**voluntarismo**), ação (↑**pragmatismo**), experiência grosseira (↑**empirismo** radical), ou alguma outra coisa. Um irracionalista radical e persistente não argui suas concepções confusas e não oferece argumentos racionais aos de seus oponentes. Simplesmente afirma ou refuta: ele é irracional. Heiddegger é talvez o mais conhecido irracionalista persistente (embora não consistente). Quando tenta argumentar, falha, como ao definir primeiro a verdade como a essência da liberdade, e depois a liberdade como a essência da verdade. O irracionalismo é uma componente do movimento anti-iluminista, mas não esteve ausente das origens da modernidade. O século XVII, ao censurar a escolástica como uma filosofia de palavras e ideias abstratas, possuía uma involuntária componente irracionalista. O mesmo aconteceu com as críticas da razão pura oferecidas por Hume e Kant, conquanto em alguns aspectos fossem eles membros do Iluminismo. Marx e Engels compartilhavam em alguma medida do irracionalismo de Hegel, particularmente no inerente à ↑**dialética**. E, embora esteja muito claro que atraia os preguiçosos, os escritos de Wittgenstein apresentam três traços irracionalistas: o culto à linguagem comum, o pragmatismo e o dogmatismo.

IRREVERSIBILIDADE – Processos irreversíveis são aqueles que não podem ser desfeitos, ou que exigem um dispêndio extra de energia para serem revertidos. Exemplos: a transformação da energia mecânica ou eletromagnética em energia térmica; envelhecimento; evolução biológica; processos históricos. A irreversibilidade refuta o mito da eterna recorrência. A história não pode ser rebobinada: pode apenas ser reescrita. A irreversibilidade é amiúde erroneamente referida a uma ↑**flecha do tempo**.

ISOMORFISMO – Uma correspondência (mapeamento) um-a-um entre dois conjuntos, que preserva as operações. Dois conjuntos isomórficos possuem essencialmente a mesma estrutura. Exemplo: o isomorfismo entre conjuntos e proposições, que mapeia uniões em disjunções, interseções em conjunções e complementos em negações. Sejam O e O' duas operações definidas nos conjuntos S e S', respectivamente. Denominemos c o resultado de uma operação binária O sobre os elementos a e b do conjunto S, e a', b' e c' os elementos correspondentes de S'. A correspondência entre S e S' é isomórfica se e somente se c' for o resultado da operação O' sobre a' e b'. Se dois ↑**modelos** (interpretações) quaisquer de uma teoria abstrata forem isomórficos diremos que a teoria é *categorial*. Esta é uma propriedade rara. Advertência: A palavra 'isomorfismo' é muitas vezes mal utilizada quando se refere a processos sociais e físicos, e quando verdadeiras teorias científicas são consideradas isomórficas em relação aos seus referentes. Trata-se de disparates, pois nem as coisas nem as suas mudanças são conjuntos: somente seus correspondentes modelos teóricos podem ser conjuntos.

JOGO DE LINGUAGEM – Uso da linguagem. De acordo com Wittgenstein, fazer perguntas, respondê-las, emitir ordens, saudar, adivinhar, resolver problemas, insultar e pilheriar são outros tantos jogos de linguagem. Entender uma expressão linguística implica realizar um jogo de linguagem e, assim, descobrir como ela funciona na língua, mais do que tentar encontrar seu significado: um típico ponto de vista ↑**funcionalista**. A receita de Wittgenstein pode funcionar na escola primária, e, mesmo aí, com a condição de os alunos terem uma ideia grosseira dos significados envolvidos. Mas falha cabalmente na matemática, na ciência, na tecnologia e nas humanidades: neste caso, a pessoa se engaja em pesquisa, não fica apenas falando, e descobre sentidos não conversando, porém desvendando e analisando as ideias enunciadas pelas expressões linguísticas. Por exemplo, a expressão 'elite poderosa' é definida em sociologia política, não em "jogos de linguagem" jogados por cidadãos quando engajados em fofocas políticas.

JOGOS, TEORIA DOS – ↑**Teoria dos jogos**.

JUÍZO DE VALOR – É um enunciado acerca do valor de uma atitude, proposta ou ação. Exemplos: "O racismo é desprezível", "O assédio sexual a menores é imoral", e "A violência é má, exceto na autodefesa". O modo de ver aceito é de tipo emotivo e considera que todos os juízos de valor são subjetivos: isto é, constituem questão de gosto, sentimento ou conveniência pessoal. Essa concepção empirista parece adequar-se a valores estéticos e não aos valores práticos ou morais.

Nesses casos, espera-se que os juízos de valor sejam justificados pela prudência, pela moral ou por ambas. Por exemplo, a opressão é má não só porque degrada o oprimido (base moral), mas também porque provoca a sua rebelião (base prática). Isso sugere uma ↑**teoria do valor** que combine o cognitivo com o emotivo. ↑**Fato/valor**.

JULGAMENTO – Sin. juízo. Um termo ambíguo. Em um sentido, denota o processo mental de fazer uma asserção ou de pensar acerca de uma proposição. Em outro, denota a capacidade de efetuar avaliações reais de questões de fato, como em "ele é inteligente mas não tem juízo".

JUSTIÇA – Um termo polissêmico com três significados principais: distributivo, retribuidor e positivo. Justiça *distributiva* refere-se a uma distribuição equitativa de direitos e deveres, benefícios e encargos. Sin. justiça social. Justiça *retribuidora* refere-se à correção de comportamento antissocial. Outrora realizava-se por meio da vingança: dente por dente, e tudo mais: vide o Velho Testamento. Criminalistas de orientação científica recomendam que a justiça se dirija às raízes sociais do crime (pobreza e concomitante anomia e ignorância), bem como, trate os criminosos como pessoas que necessitam de reeducação e reabilitação, tanto quanto de controle para impedi-los de prejudicar os outros. Esta mudança se deve em boa parte ao declínio da religião e do autoritarismo, ao concomitante ascenso do humanismo e da ciência social, e à preferência pelo ↑**utilitarismo** em lugar do deontologismo (↑**ética deontológica**). A justiça *positiva* é a definida pela lei do país – que pode ou não coerir com quaisquer princípios de equidade ou de justiça distributiva. Os legalistas de orientação ↑**positivista** equiparam a justiça à lei positiva.

JUSTIFICAÇÃO – **a. Geral** – Proporcionar uma base ou razão para um construto ou uma ação, como em "Axiomas são justificados por suas consequências", "Sua queixa acerca da discriminação sexual era justificada" e "Duvidar daquele resultado justifica-se devido ao modo negligente como foi obtido". O conceito é relacional: A justifica B, onde A é um corpo de conhecimento ou de normas. **b. Lógica** – Provar que um argumento é válido (logicamente correto). **c. Semântica** –

Procedimento segundo o qual se prova que uma proposição tem significado em um dado contexto. **d. Metodológica** – Demonstrar que um método ou técnica tem probabilidade de cumprir o que pretende. **e. Epistemológica** – Uma tentativa para mostrar que uma proposição é verdadeira ou, no mínimo, plausível em relação a um corpo de conhecimento. Não só a asserção mas também a dúvida talvez tenham de ser justificadas. **f. Ética** – Procedimento destinado a mostrar que a política, plano e curso da ação são mantidos por certos princípios morais. **g. Prática** – Aquela que mostra que o curso de uma ação é factível, efetivo, conveniente ou moral.

JUSTIFICACIONISMO – O princípio metodológico pelo qual toda hipótese científica ou tecnológica e todo método deveriam ser justificados tendo por referência a evidência e a teoria. É rejeitado pelos irracionalistas e céticos.

LEGALIDADE (LEGITIMIDADE), PRINCÍPIO DE – ↑Princípio de legalidade (legitimidade).
LEI – **a. Filosofia da ciência e da tecnologia** – Padrão universal. Podemos distinguir quatro diferentes significados do termo 'lei'. (1) Lei_1 ou padrão objetivo estável: uma regularidade na natureza ou sociedade. Tais padrões não podem ser processados porque são os referentes das leis do tipo seguinte. (2) Lei_2 ou enunciado de lei: uma conceituação de uma lei_1. Exemplos: a lei dos lucros decrescentes. (3).Lei_3 ou enunciado nomopragmático: uma regra baseada em uma ou mais $leis_2$. Exemplos: o decréscimo na fertilidade é melhor alcançado, a longo prazo, pela elevação do padrão de vida. (4) Lei_4 ou enunciado de metalei: uma condição à qual o conjunto de $leis_2$ satisfaz ou devia satisfazer. Exemplo: as leis da mecânica relativística são covariantes (não mudam) sob uma transformação de Lorentz. ↑**Enunciado metanomológico. b. Distinção de enunciado padrão** – A distinçao entre padrões objetivos e suas conceituações vai ao encontro da prática científica de tentar achar representaçoes crescentemente exatas desses padrões. Trata-se apenas de um caso particular da distinção entre ↑**propriedade** e ↑**predicado**. (Ademais, cabe considerar que um enunciado de lei pode estar centrado em um predicado . Assim, "Para todo x: Se x é um F, então x é um G", pode ser formalizado como segue: $\forall x Lx$, com $Lx = (Fx \Rightarrow Gx)$.) Tipicamente, o ↑**idealismo** subjetivo não admite nenhuma destas espécies de lei, enquanto o idealismo objetivo as

combina; o ↑**empirismo** aceita apenas certos enunciados de lei (quer dizer, generalizações empíricas) e o ↑**pragmatismo** admite somente as leis$_3$. A maioria, se não todos os enunciados de lei nas ciências emergentes são generalizações empíricas. Algumas são precursoras de enunciados de lei em sentido estrito, os quais são característicos das ciências avançadas. Nestas, o enunciado de lei é uma hipótese confirmada empiricamente que pertence a alguma teoria (sistema hipotético-dedutivo). É típico que os enunciados de lei contenham predicados representando propriedades não diretamente acessíveis à experiência, tais como "massa" e "aceleração" da segunda lei de Newton. **c. Enunciados de lei estruturais e constitutivos** – Enquanto alguns enunciados de lei são tidos, por suposição, como válidos (verdadeiros) para todos os gêneros, outros são específicos ou dependentes de seu substrato. Por exemplo: as leis gerais da mecânica do movimento são consideradas verdadeiras para todos os corpos – sólidos, líquidos ou gasosos. Elas podem ser denominadas leis *estruturais*. Por outro lado, as leis peculiares a coisas de uma dada espécie, como os corpos rígidos (ou semicondutores, supercondutores, plásticos, plasmas ou o que se apresentar) são denominadas *equações constitutivas*. Elas representam a constituição das coisas que lhes são concernentes, isto é, o tipo particular de substrato do qual são "feitas". Assim, a química possui comparativamente poucas equações estruturais (tais como as da cinética química), mas milhões de equações constitutivas (uma para cada reação química). **d. Filosofia da lei ou filosofia legal** – A disciplina que lida com problemas tais quais: a natureza da lei positiva; as relações entre a lei e os vários ramos da filosofia, em particular a lógica, a epistemologia, a ontologia e a ética; as relações entre lei e as ciências sociais, em especial a sociologia, a economia e a história; e as virtudes e defeitos das várias filosofias legais, como o direito natural, o positivismo legal, o contratualismo, o utilitarismo e o realismo legal. A escola do *direito natural* é um erro porque as leis positivas são feitas. Entretanto, a retórica do direito natural foi ocasionalmente utilizada para denunciar o privilégio ou a opressão como não naturais. ↑**Dou-**

trina do direito natural. A principal tese do *positivismo legal* é que todos os sistemas legais são justos e legítimos: poder é direito. Esta tese entroniza em relicário o conservantismo político e até o totalitarismo. Portanto, não pode dar conta e, muito menos, justificar sozinha uma reforma legal. O *contratualismo* está próximo do positivismo legal, na medida em que coloca que todos os contratos, por mais injustos que sejam, são legítimos e devem ser cumpridos. Partilha com o positivismo legal a tese não realista da neutralidade moral da lei. O *utilitarismo legal* possui todas as virtudes e defeitos do ↑**utilitarismo** filosófico. Daí sua ambivalência: ele tem promovido reformas penais graduais, mas, ao mesmo tempo, tem defendido privilégios econômicos devido ao seu sofisticado princípio de que o altruísmo não é nada mais senão um egoísmo esclarecido. Finalmente, o *realismo legal* vê a lei como uma ferramenta tanto de controle social como de reforma social. Do mesmo modo, encara a jurisprudência como um corpo de conhecimentos que se beneficia de um contato íntimo com todas as ciências sociais. Se a jurisprudência é encarada como uma ↑**tecnologia social**, então a filosofia da lei, ou a filosofia legal, torna-se um ramo da filosofia da tecnologia.

LEI DISTRIBUTIVA – Qualquer das várias leis da matemática que combinam conjunção (ou multiplicação) com disjunção (ou adição). Exemplos: "$p \& (q \vee r) = (p \& q) \vee (p \& r)$", "$p \vee (q \& r) = (p \vee q) \& (p \vee r)$", "$x(y + z) = xy + xz$".

LEIS DE MORGAN – A negação de uma conjunção é igual à disjunção da negação de seus conjuntivos: $\neg(p \& q) = \neg p \vee \neg q$. A negação de uma disjunção é igual à conjunção das negações: $\neg(p \vee q) = \neg p \& \neg q$. Os análogos para conjuntos sao obtidos substituindo-se negações pelos complementos.

LIBERDADE – Capacidade de pensar ou atuar a despeito de coerções externas. Há duas espécies de liberdade: negativa e positiva. Liberdade *negativa*: uma coisa *a* está livre *de* uma coisa *b*, se e somente se *b* não atuar sobre *a*. Liberdade *positiva*: uma coisa *a* está livre *para* realizar uma ação *b*, se e somente se dispor de meios de executar *b*. Cada uma delas pode ser boa ou má. O problema filosófico-científico mais interessante sobre a liberdade é saber se ela pode ser total (↑**voluntarismo**), impossível (↑**externalismo**) ou parcial. É bem provável que haja experiências de escolha em relação a estas três espécies. De fato, há determinantes de escolha tanto internos como externos e, habitualmente, podemos alterar ambos em alguma extensão. Em termos metafóricos: é possível escolher a partir de um dado *menu* ou escolher o *menu* ou escrever o *menu*. Diferentes ordens sociais e diferentes sistemas sociais permitem diferentes tipos e graus de liberdade. Por exemplo, universidades seculares concedem liberdade acadêmica. Contudo, como qualquer outra, a liberdade acadêmica está cerceada pela responsabilidade e, em particular, pelo dever de procurar a verdade e ensiná-la sem considerar as consequências, bem como pelo dever de tolerar caminhos alternativos na busca de metas similares. Alhures, a liberdade de investigar e ensinar está limitada a temas que não desafiam a ideologia reinante, tais como os hábitos das chitas e a gramática do verbo 'ver'.

LIBERTARIANISMO – Doutrina moral e política segundo a qual a liberdade é o supremo bem. **Sin.** egoísmo. De acordo com este, o indivíduo deve desfrutar liberdade irrestrita de escolher, de vir-a-ser e fazer o que quiser, sem levar em conta as necessidades e os desejos de outras pessoas. Todos os inimigos do Estado, sejam de esquerda ou de direita, são libertários.

LIGAÇÃO OU VÍNCULO – Duas coisas estão ligadas, vinculadas ou acopladas, se e somente se houver uma relação entre uma e outra que faça uma diferença em relação a elas. Exemplos: força física, ligação química, amizade, relação comercial. As relações podem ser divididas em *ligantes* e *não ligantes*. As relações espaço-temporais são do tipo não ligante. No entanto, podem tornar as ligações possíveis ou impossíveis. Exemplos: proximidade, estar entre e sucessão temporal.

LIMITES PARA O CONHECIMENTO – Há dois tipos de limites para o avanço do conhecimento: natural e social. Os *limites naturais* são curiosidade restrita, impossibilidade de acesso aos dados e escassez de conhecimento de itens necessários para efetuar progressos ulteriores. Por exemplo, não podemos conhecer tudo o que aconteceu no passado – nem desejaríamos fazê-lo. Os *limites sociais* são preconceitos filosóficos, censura e falta de apoio para a pesquisa. Por exemplo, o idealismo e o irracionalismo têm obstruído a pesquisa científica, particularmente no que tange à psicologia e aos estudos sociais. E o pragmatismo inerente a uma política de curta visão restringe a consolidação da pesquisa básica quase em toda parte.

LINGUAGEM – **a. Conceito** – Sistema de ↑**signos** que serve para ↑**comunicar** e pensar. Seja natural (histórica), artificial (projetada) ou mista, uma linguagem é constituída de signos convencionais. Como cada signo deve ser elucidado em termos de outros símbolos, signos vagos não são significantes. Portanto, quando em dúvida acerca da significação de um signo, nós o colocamos em algum contexto: tentamos descobrir ou conjeturar o sistema de signos do qual ele pode ter sido derivado. Sempre procedemos do mesmo modo quando procuramos tirar o caráter ambíguo de uma expressão ambígua. Este procedimento ilumina a natureza sistêmica da linguagem. **b. Definição** – Uma linguagem L é um sistema convencional de signos tal que

– *Composição* de L = o vocabulário de L;
– *Ambiente* de L = a coleção de itens extralinguísticos referidos pelas expressões em L;
– *Estrutura* de L = a gramática de L;
– *Mecanismo* de L = ∅.

Note-se que o ↑**mecanismo** que faz L "operar", isto é, a comunicação, falta na colocação acima, ao passo que ocorre na definição de um ↑**sistema semiótico** – que, ao contrário da linguagem, é um sistema concreto que inclui os falantes. Quanto à gramática, ela é construída aqui no sentido amplo, ou seja, como composta de sintaxe, semântica e fonologia. A sintaxe de L mais as relações lógicas entre os conceitos designados pelos signos de L constituem a ↑**estrutura** interna (ou endoestrutura) de L. (A primeira é uma categoria linguística, enquanto a segunda é lógica e, assim sendo, independente do envoltório linguístico particular.) E a exoestrutura de L é a coleção de relações que ligam os signos de L com o mundo (natural, social e cultural), em particular o falante e seu interlocutor. As relações de designação, denotação (ou referência), fala e escuta pertencem à exoestrutura de uma linguagem: elas relacionam signos a conceitos e coisas concretas. A exoestrutura de uma linguagem é a ponte entre a linguagem e o mundo. É o que torna a linguagem um meio de comunicação. c. **Linguagem e lógica** – Linguagem e lógica estão relacionadas de dois modos. Primeiro, a lógica é uma ferramenta para a análise conceitual e a limpeza de expressões da linguagem comum, bem como de gramáticas e teorias linguísticas. Por exemplo, a lógica nos diz que o prefixo "anti" não é equivalente ao da negação. Assim, "anti-antiárabe" não é o mesmo que "árabe" ou "pró-árabe": o duplo "anti" não importa em dupla negação. A razão é que, enquanto a negação é uma operação unária, "anti" é uma relação binária que denota uma atitude ou ação. (A é anti-B = A opõe-se a B.) A análise lógica das expressões linguísticas mostrou que as linguagens comuns são imprecisas e até logicamente defectivas. Por exemplo, o quadro anunciando "Consertamos todos os tipos de sapatos" está errado do ponto de vista lógico, porque sapateiros só podem consertar sapatos individuais: Tipos são conceitos, não podem ser consertados com sovela e martelo. Um anúncio correto deveria dizer: "Consertamos sapatos de todos os tipos". Este é um tento contra o platonismo. No tocante à conexão lógica-gramática, a análise lógica mostra que – *pace* Chomsky – as gramáticas não são teorias, e isto por três motivos. Primeiro, como todas as regras, as da gramática são convencionais, portanto, nem verdadeiras nem falsas; por conseguinte, não são nem confirmáveis nem refutáveis. Segundo, as regras de transformação gramatical – de, e. g., uma voz passiva para ativa – não são regras de inferência, porque não se exige delas que conservem valores de verdade. Terceiro, ao contrário da lógica, as gramáticas, em sua maior parte, são permissivas: fecham os olhos às exceções, especialmente as de tipo fonológico. O uso é o mestre em matéria de gramática, a consistência em matéria de lógica. Entretanto, a lógica (inclusive da teoria dos conjuntos) não é apenas uma teoria e uma ferramenta. Também pode funcionar como a mais universal das linguagens, em especial como uma linguagem técnica da matemática, ciência, tecnologia e filosofia exata. Por exemplo, a expressão matemática "y = sen x" é apenas um exemplo de Pxy, uma expressão de primeira ordem na lógica predicativa. Pode-se usar o vocabulário lógico sem invocar quaisquer leis lógicas. Assim, ao definir, por exemplo, a ↑**extensão** de um predicado, emprega-se somente umas poucas notações lógicas, deixando à lógica a tarefa de definir (implicitamente) as noções de predicado, identidade, conjunto e de pertinência a um conjunto. Do mesmo modo, faz-se uso tácito do conceito lógico de inclusão de conjunto ao dizer que humanos são animais – ou, expresso no modo "formal", que a extensão do conceito "humano" está incluída no de "animal". Mas, embora a lógica possa ser utilizada como uma linguagem, não é verdade que ela seja apenas uma linguagem: é uma teoria, enquanto as linguagens não são nada disso. Primeiro, ao contrário das teorias, as linguagens não fazem assunções: não assumem compromissos. São apenas esqueletos neutros a serem encarnados. Daí por que podemos afirmar ou negar qualquer coisa, verdadeira ou falsa, em qualquer linguagem. Segundo, as linguagens não contêm regras de inferência, embora estas últimas devam estar sempre ocultas em uma ou outra linguagem. Em suma, toda lógica é tanto uma teoria como uma linguagem. A base lógica para a caracterização errônea da lógica, como não sendo nada além de uma linguagem, tem uma raiz filosófica, a saber, o ↑**nominalismo**. Os nominalistas são contra conceitos e proposições, por acreditarem que constituiria uma postura platônica falar de conceitos, enquanto falar de signos e sons pareceria fisicalista. Mas isto é um erro: signos não são símbolos, a menos que simbolizem algo do qual alguma coisa pode ser um conceito. Por exemplo, @ não é um signo rodoviário, e o $ não é um símbolo matemático padrão. Por oposição, os numerais – romanos, arábicos ou outros – designam números. Os primeiros são itens linguísticos, e os últimos, conceituais. Além disso, todos os pareamentos signo-conceito são convencionais. Isto vale não só para a relação palavra-conceito, mas igualmente para o pareamento sentença-proposição: constituem também relações convencionais entre signos e construtos. O nominalismo, então, malogra mesmo na tarefa de dar conta dos nomes – em particular o seu próprio. **d. Linguagem e o mundo** – Como foi definido acima, em **b**, as linguagens – ao contrário das inscrições individuais – não são sistemas reais, concretos ou materiais. Reais são os usuários da linguagem e os sistemas sociais (comunidades linguísticas) que eles constituem. (Se se preferir, ↑**sistemas semióticos** são coisas reais.) Por conseguinte, as linguagens não se desenvolvem por si próprias. Portanto, não há forças linguísticas evolucionárias. Quem quer que esteja interessado na dinâmica da variação da linguagem, deve procurar sistemas de ↑**comunicação**, em especial comunidades linguísticas. Por exemplo, para entender o surgimento das modernas línguas europeias cumpre reconstruir o vagaroso movimento para o oeste de camponeses que, entre o quinto e o décimo milênio, levaram consigo algumas poucas línguas indo-europeias. **e. Linguagem como quadro do mundo** – O jovem Wittgenstein sustentava que a linguagem retratava o mundo. Como o próprio Russell colocou, todo "átomo" de significado casa com um fato simples ("atômico") no mundo real. Uma visão correlata é a dos linguístas Sapir e Whorf, que pretende que toda linguagem comum constrange o pensamento e, além do mais, está comprometida com alguma cosmovisão. (O corolário é claro: Estude a língua e conhecerá o mundo – ou, no mínimo, o modo como os falantes veem o mundo e seu comportamento.) Tais concepções são versões do ↑**realismo** ingênuo. ↑**Teoria reflexiva do conhecimento**. Elas ignoram o fato de que todas as expressões linguísticas, inclusive as descrições de coisas prosaicas, são simbólicas, portanto juncadas de convenções. Elas também passam por cima do fato de que a linguagem comum é insuficiente para descrever a maioria dos fatos estudados pelos cientistas e tecnólogos. A despeito destas objeções óbvias, a visão pictórica da linguagem ganhou ao mesmo tempo popularidade entre os antropólogos. Em particular, alguns deles relataram que falta uma palavra relativa ao tempo em certas línguas ameríndias modernas e que elas não flexionam os verbos. A inferência era que aqueles povos ignoravam a mudança. Finalmente, mostrou-se que, mesmo quando o vocabulário de uma língua nativa não dispunha de um termo para o tempo, seus falantes não tinham dificuldade em veicular informação acerca do vir-a-ser. (Por outro lado, Buda e os filósofos eleáticos, que negavam a realidade da mudança, falavam línguas que continham palavras para o tempo e o devir.) Aparentemente, apenas os filósofos ainda citam as hipóteses de Wittgenstein e de Sapir-Whorf. **f. Linguagem e estrutura social** – A ↑**estrutura** de uma sociedade é a coleção de relações sociais que nela vigoram. Como as relações sociais são mediadas pela comunicação, a comunicação linguística (mas não a linguagem como objeto abstrato) está incluída na estrutura social. Tal fato ajuda a explicar as diferenças linguísticas entre grupos sociais diversos, em particular classes sociais. A sociolinguística estuda essas diferenças. Por exemplo, é coisa bem conhecida que o acento "correto" é algo que prevalece nas classes superiores, e que o acento "incorreto" pode ser um obstáculo sério para uma mobilidade ascendente.

LINGUAGEM COMUM, FILOSOFIA DA – ↑**Filosofia da linguagem comum.**
LINGUAGEM, JOGO DE – ↑**Jogo de linguagem.**
LINGUAGEM, NÍVEL DE – ↑**Nível de linguagem.**
LINGUAGEM-OBJETO/METALINGUAGEM – Uma linguagem usada para reportar-se a itens não linguísticos é denominada linguagem *objeto*. Por contraste, uma ↑**metalinguagem** é uma linguagem utilizada para reportar se a expressões numa linguagem-objeto. A distinção meta-objeto é relativa. Assim, qualquer referência a uma expressão metalinguística é meta-metalinguística. Os desconstrucionistas, que sustentam que toda palavra se refere somente a outras palavras, ignoram – *inter alia* – a distinção em apreço.

LINGUÍSTICA – **a. Geral** – O estudo científico da fala e da linguagem. Pode ser dividido em linguística geral, o estudo das gramáticas e fonologias das diferentes linguagens naturais (ou históricas), psicolinguística, sociolinguística, linguística histórica e neurolinguística. Apenas o primeiro destes ramos é puramente teórico: os outros subcampos envolvem pesquisa empírica, e o último dos quatro acima mencionados é um misto de disciplinas. Ao contrário de seu predecessor, a filologia, a linguística moderna é uma disciplina multidisciplinar. A linguística geral pertence às humanidades, mas a linguística histórica está montada sobre a linguística, a história e, atualmente, inclusive sobre a genética das populações humanas. A linguística comparativa pertence à antropologia e à história, bem como às humanidades. A sociolinguística situa-se na intersecção da linguítica com a sociologia. A neurolinguística é uma parte da neurociência, assim como da linguística. Em particular, a afasiologia interessa, em tudo, tanto aos linguistas quanto aos neurologistas. E a psicolinguística é cultivada pelos psicólogos cujos interesses estão centrados na fala, bem como pelos linguistas e educadores interessados nas relações entre a fala, de um lado, e a cognição e a emoção, de outro, e não menos no aprendizado e não aprendizado da língua. **b. Generalização linguística** – Se a maturidade de uma ciência é medida pelo número de generalizações com que lida, deve-se admitir que a linguística ainda é uma ciência em fraldas. A bem dizer, todo gramático original descobre alguns padrões, mas estes são provavelmente ↑**regras** (prescrições) mais do que ↑**leis**. Isto sugere uma razão possível para a escassez das leis linguísticas: isto é, a efetiva dificuldade de distingui-las das leis gramaticais (sintáticas, semânticas ou fonológicas). Outra razão é o subdesenvolvimento da linguística matemática, cuja meta principal é precisamente a determinação de leis linguísticas. Se a linguística vai amadurecer adiante depende muitíssimo da filosofia da ciência adotada pelos linguistas. Os empiristas, propensos como são à coleta de dados, podem quando muito alcançar umas poucas generalizações empíricas. E os racionalistas, que são dados ao fantasiar *a priori*, podem inventar algumas generalizações, mas é improvável que descubram quaisquer leis genuínas. Somente ao ↑**racioempirismo** é dado conduzir com fecundidade a pesquisa de leis linguísticas. Isto porque, por definição, uma ↑**lei** científica (ou enunciado de lei) não é apenas uma generalização empiricamente confirmada, mas também um membro de alguma teoria ou modelo teórico – o que nos traz ao tópico seguinte. c. **Explanação linguística** – Por causa da escassez de leis linguísticas conhecidas, o poder explanatório da linguística é restrito. Ora, uma lei linguística pode ser de duas espécies: ↑**mecanísmica** (isto é, que se refere a algum mecanismo) ou não mecanísmica. Espera-se que um enunciado de lei mecanísmico explique por que algo é, ou não é, o caso, mostrando o que faz a coisa funcionar. Por exemplo, podemos tentar explicar a introdução de neologismos numa língua em termos de um dos três dos principais mecanismos sociais: conquista, migração e mudança estrutural autógena. A conquista por um povo que fala uma língua diferente tem um ou dois dos seguintes efeitos sobre a fala nativa: enriquecimento ou empobrecimento. Por exemplo, a conquista normanda introduziu grande número de expressões francesas e latinas no inglês medieval. Mas também simplificou um pouco sua sintaxe – e. g., excluindo a esmagadora maioria dos substantivos de gênero. Os imigrantes trazem na bagagem a sua língua, algumas de cujas aparas se espalham pela nova terra, de uma ponta a outra, se servirem a algum propósito útil, ou parecerem simplesmente engraçadas a alguns dos naturais do país. Exemplos: 'frappé', 'adagio' e 'chutzpah'(idichismo ou hebraísmo: 'atrevimento'). Além disso, línguas inteiras, do *pidgin* (jargão composto de chinês e inglês) ao *créole* (dialeto francês da Louisiana), emergem do encontro de diferentes línguas ou dialetos. Quanto à mudança social autógena, ela envolve o surgimento de novos itens cuja descrição requer novas expressões linguísticas. E algumas destas são indispensáveis expressões recém cunhadas ou adotadas, como 'marketing', 'transistor' ou 'networking'. Outros neologismos são inventados em grupos sociais especiais para proteger suas atividades da indiscrição de estranhos. Outros ainda são inventados por *parvenus* desejosos de imitar seus "superiores". E assim por diante. Todas essas explicações de mudança linguística são explicações em termos de ↑**mecanismos** – e, por certo, mecanismos só existem em objetos concretos, como falantes e comunidades linguísticas. Daí por que as gramáticas não têm poder explanativo. De fato, as gramáticas, como as ideias matemáticas, são objetos abstratos e não concretos: são contemplados *sub specie aeternitates*. Ora, nada jamais acontece em ou para objetos abstratos. Portanto, nenhuma ↑**explanação** em termos de linguística teórica, entendida como o estudo das gramáticas em si mesmas, pode ser do tipo mecanísmico. No máximo, pode ser do tipo subordinado. Em outras palavras, a linguística teórica é necessariamente descritiva mais do que explanatória. Por contraste, as explanações mecanísmicas devem ser possíveis em todos os ramos da linguística que estudam a fala mais do que a linguagem em si mesma: neurolinguística, psicolinguísica e linguística histórica. Por exemplo, a neurolinguística tem esboçado explanações mecanísmicas de algumas anomalias da fala, como gaguejar, dislexia e incapacidade de pronunciar palavras de certos tipos. A bem dizer, a maior parte dessas explanações são tentativas. Mas ao menos as hipóteses das quais elas dependem são empiricamente testáveis. No que diz respeito às línguas em si mesmas, algumas de suas feições poderiam ser explicadas se fossem encaradas como tipos ideais a representar a fala efetiva ou possível. Este é de fato o modo como algumas das regularidades linguísticas têm sido descobertas. **d. Comunidade linguística** – Um grupo de pessoas que, independentemente das fronteiras políticas, compartilham de uma língua e, portanto, também de algumas tradições a ela ligadas. O objeto de estudo dos sociolinguistas, que não estão interessados na linguagem como um objeto abstrato, mas como meio de ↑**comunicação**. Ademais, eles podem não limitar seu interesse à língua propriamente dita, porém, podem estar interessados em outros meios de comunicação, tais como a linguagem corporal. Em outras palavras, os sociolinguistas lidam com ↑**sistemas semióticos** engastados nos sistemas sociais. Caso se prefira, eles estudam os usos que as pessoas de carne e osso fazem da linguagem. Espera-se que o estudo de uma comunidade linguística durante um certo tempo conduza não apenas a descrições e regras, mas também a leis e explanações acerca das mudanças linguísticas. Ora, uma ↑**explanação** propriamente dita (ao contrário de uma simples subsunção a uma generalização) invoca um ↑**mecanismo**: veja c acima. No caso de mudanças linguísticas o mecanismo é psicossocial: mesmo se iniciado por um indivíduo, uma mudança torna-se uma mudança linguística somente quando se difunde por uma cultura inteira ou, no mínimo, por uma subcultura. E, presume-se, ela é socialmente tolerada por ser encarada em geral (correta ou incorretamente) como conveniente. Por exemplo, no inglês falado na América, como no moderno grego e em outras línguas, o som /t/ está sendo lentamente substituído por /d/, devido talvez à facilidade de emissão e, portanto, de comunicação. Por contraste, é possível que o subjuntivo esteja desaparecendo do inglês por causa da crescente permissividade e massificação da cultura, ambas, em alguns aspectos, empobrecedoras da língua, enquanto enriquecedoras em outras. Em acréscimo a tais mudanças espontâneas, há, de tempos em tempos, decretos linguísticos, tais como os expedidos por governos ou academias. Um claro exemplo é a "limpeza" linguística do idioma alemão conduzido pelo regime nazista – que baniu todas as palavras não germânicas. A razão de lembrar este fato é a de enfatizar a ideia de que as línguas não evoluem por si próprias. Portanto, os padrões de evolução de linguagem devem ser buscados nas comunidades linguísticas.

LINGUÍSTICA, FILOSOFIA DA – ↑**Filosofia da linguística.**
LINGUÍSTICO, GIRO – ↑**Giro linguístico.**
LIVRE-ARBÍTRIO – A capacidade de tomar decisões e levá-las a cabo sem coerção ou a despeito desta, e com base deliberativa mais do que como resposta automática a estímulos externos. O caso do livre-arbítrio suscita ainda fervorosa discussão. No apogeu do behaviorismo a admissão do livre-arbítrio era considerada marca de uma postura não científica, pois, se tudo o que fazemos não passa de resposta adaptativa (recompensa) a um estímulo externo, então não há nada que possamos fazer de maneira espontânea e muito menos contra a

corrente. Hoje em dia, os neuropsicólogos tendem a admitir a possibilidade do livre-arbítrio como um processo introdirigido, que ocorre nos lobos frontais, isto é, nos "escritórios executivos" do cérebro. Tratando-se, como se presume, de um processo legítimo, ele não viola o ↑**determinismo**. Logo, o problema torna-se um problema filosófico-científico – que constitui mais uma ilustração de que a filosofia e a ciência não são domínios disjuntos, e que devem estimular e aferir um ao outro.

LIXO FILOSÓFICO – Contrassenso evidente, falsidade óbvia ou lugar-comum apresentado em roupagem filosófica. Aparece com duas variedades: a inofensiva ou esfiapada e a ofensiva ou venenosa. Por exemplo, meditações sobre o sentido da vida são como fiapos, ao passo que o irracionalismo é tóxico. No momento do escrever, a indústria dos fiapos declina, enquanto a indústria do veneno prospera. O lixo filosófico é produzido por amadores, bem como por acadêmicos. Ao contrário destes últimos, os primeiros trabalham por amor à filosofia e muitas vezes pagam os custos de edição de seus rebotalhos.

LÓGICA – **a. Geral** – O órganon de raciocínio válido (correto): a teoria da dedução. A lógica é formal, ou seja, é independente de conteúdo e, portanto, da verdade. Por isto perdoa formalmente argumentos válidos sem considerar a verdade das premissas, assim como acusa raciocínios inválidos a partir de premissas verdadeiras. A concordância pela lógica é por conseguinte necessária embora insuficiente para o discurso racional. **Sin**. lógica matemática. **b. Lógica clássica** – O campo da matemática, oriundo da filosofia, cuja base é a lógica predicativa de primeira ordem com identidade e que sustenta os princípios do ↑**meio excluído** e da ↑**dupla negação**. É a teoria lógica que está subjacente à maior parte da matemática e à totalidade da ciência fatual e da tecnologia. **c. Lógica intuicionista** – A teoria lógica que não sustenta os princípios do meio excluído nem da dupla negação. Estas restrições críticas têm controvertidas motivações filosóficas. Por sua causa, as provas ficam muito mais envolvidas na lógica intuicionista do que na lógica clássica. **d. Lógica desviada** – Toda lógica que não é nem clássica nem intuicionista. Há dúzias de lógicas desviadas, a maioria inventadas por filósofos: ↑**deôntica**, ↑**difusa**, ↑**de muitos valores**, ↑**modal**, ↑**paraconsistente**, ↑**relevante**, ↑**quântica**, ↑**do tempo verbal** e outras mais. Nenhuma delas ajudou a resolver qualquer problema filosófico, matemático ou científico. Por exemplo, a lógica quântica não serviu para provar um só teorema na teoria quântica. Os usos legítimos das lógicas desviadas são: (a) para mostrar que se pode raciocinar validamente por vias alternativas: (b) para refutar a crença que a lógica estuda as leis psicológicas do pensamento; e (c) para provar que a exatidão é desejável porém insuficiente para o avanço do conhecimento. e. **Lógica filosófica** – A aplicação de teorias lógicas a problemas semânticos, epistemológicos, ontológicos ou éticos. Uma parte da ↑**filosofia exata** propensa à ↑**exatidão vazia**.

LÓGICA DEÔNTICA – A teoria que visa a elucidar e a relacionar os conceitos de dever, proibição e permissão. Nesta medida, nenhum sistema satisfatório de lógica deôntica tem sido proposto. Isto não é de surpreender dado que, por dizer respeito a predicados éticos, ela não pode ser ética ou mesmo politicamente neutra. Assim, numa sociedade liberal, tudo o que não é explicitamente proibido é permitido, enquanto numa sociedade autoritária tudo o que não é explicitamente permitido é proibido. Ademais, os portadores dos operadores deônticos "permitidos" e seus aparentados são proposições, de modo que a lógica deôntica é um enriquecimento da lógica comum. E isto é claramente inadequado porque somente ações são permissíveis ou o contrário. Tal fato sugere que seria possível construir lógicas deônticas racionais com operadores deônticos que atuam sobre ações (ou inações), e incluir postulados alternativos acerca da relação entre obrigações e permissões básicas. Mas os resultados seriam uma mera formalização das normais éticas e legais dentro da lógica comum.

LÓGICA DE MUITOS VALORES – Uma família do cálculo lógico que inclui mais de dois valores de verdade. A principal razão lógica para introduzir a lógica de três valores era a consideração de proposições às quais não se havia consignado ainda um valor de verdade, e. g., porque elas se referiam a eventos futuros, como os resultados da batalha naval do dia seguinte. A estas proposições eram atribuídos o valor "indeterminado" ou o valor 1/2. Uma objeção contra toda essa iniciativa é que a ↑**lógica** não se preocupa com a atribuição de valores de verdade a proposições atômicas (simples). Portanto, as proposições que não foram ainda avaliadas não pedem uma lógica especial. Basta considerar a avaliação de verdade como uma função parcial, isto é, uma função definida num subconjunto peculiar do conjunto de todas as proposições. Na realidade, é o que fazemos sempre que suspendemos o nosso julgamento. Pretendeu-se que as lógicas de muitos valores exatificavam a noção difusa de verdade parcial, a qual deveria ser consignada a proposições do tipo "O valor de P é 3" e "A Terra é esférica". Não é o que ocorre, porque a lógica comum (de dois valores) é suficiente para os raciocínios científicos e tecnológicos com verdades parciais. Isto é assim porque a lógica estuda a dedução sem levar em conta a verdade e a falsidade: ela é aleticamente neutra.

LÓGICA DE SEGUNDA ORDEM – Qualquer cálculo lógico que admite quantificação sobre predicados, como em "Todas as propriedades são propriedades de alguma coisa" e "Algumas propriedades valem apenas para objetos abstratos". A lógica de primeira ordem (o cálculo comum de predicados) que admite apenas quantificação sobre particulares é um caso particular de lógica de segunda ordem. Esta é necessária para lidar com teses filosóficas chave como o princípio da ↑**identidade** de particulares de Leibniz, e princípios matemáticos como os da ↑**indução** matemática.

LÓGICA DIFUSA – Cálculo de predicados difusos (vagos) e suas extensões. A motivação é a de descrever pensamentos não enxutos. Este alvo está em completo contraste com o ideal da lógica como o órganon do pensamento correto, que nos concita a remover a imprecisão em vez de varrê-la e escondê-la debaixo de um tapete formal. Seu efeito é semelhante ao do psicanalista que tranquiliza a sua paciente dizendo-lhe que todos nós somos anormais, em vez de fazer algo para melhorar a condição dela. Ideias difusas devem ser exatificadas na medida do possível, e dispensadas ou, no mínimo, manipuladas com cuidado se não forem passíveis de exatificação. A lógica difusa, embora inútil nas disciplinas teóricas, está sendo usada no projeto de certos artefatos.

LÓGICA DO TEMPO VERBAL – A ↑**lógica** clássica enriquecida com operadores "passado" e "presente". Um brinquedo inútil, porque qualquer predicado pode ser levado ao modo verbal pela inclusão da variável tempo. Por exemplo, "estava seco" pode ser construído como "está seco em um tempo t anterior ao tempo presente t_0". Assim, o enunciado "A camisa estava seca" pode ser formalizado como "∃t (Dst & t < t_0)". Como isso é um caso particular de uma fórmula do cálculo de predicados, a lógica do tempo verbal é desnecessária. Tal resultado não deveria causar surpresa, uma vez que a ciência fatual sempre lidou com o passado, o presente e o futuro, sem requerer uma mudança na lógica.

LÓGICA EROTÉTICA – A investigação da forma lógica, do conteúdo e do contexto de problemas. Considere, por exemplo, o problema "Quem fez isto?" A pergunta pressupõe a existência de um agente; ela é gerada pela função proposicional "x é o agente", onde x é a incógnita a ser descoberta; e ela induz uma solução da forma "b fez isto", onde "b" nomeia uma pessoa definida ou seu procurador fictício. Em outras palavras, o problema é "Qual é o x tal que x é o agente", ou (?x) Ax numa forma abreviada. O gerador desta questão é Ax; a pressuposição é ExCx, onde E designa o ↑**predicado de existência**; e a solução é Ab. Logicamente, então, temos a seguinte sequência: Pressuposição ExCx → gerador Ax → problema (?x)Ax → solução Ab. Neste caso, a incógnita é uma variável individual. Em outros casos, a incógnita é constituída de um ou mais predicados, como em "Quais são as propriedades de b?" Um problema é *bem formado* se e somente se satisfizer as seguintes regras de formação: (1) O gerador contém tantas variáveis quantas são as incógnitas; (2) ele tem tantos pontos de interrogação quantas são as variáveis acrescentadas ao gerador; (3) cada problema elementar possui uma das seguintes formas: (?x)

(...x...), e (?P)(...P...), onde x é a variável individual que ocorre no gerador (...x...), e P é a variável predicada que ocorre no gerador (...P...); (4) cada problema não elementar é uma generalização ou combinação de problemas elementares. Um problema é *bem-concebido* se e somente se nenhum de seus pressupostos for não claro ou manifestamente falso. Um problema é *bem-formulado* se e somente se for bem-formado e bemconcebido. Fato que sugere a última regra: Todo problema deverá ser bem-formulado.

LÓGICA FORMAL – ↑**Lógica**. Tudo o que é propriamente lógico, de Aristóteles em diante, é formal, quer dizer, válido sem levar em conta o conteúdo. ↑**Forma**.

LÓGICA INDUTIVA – A tentativa de justificar saltos e inferências pela atribuição de probabilidades a hipóteses e dados. Assim, a nau capitânea do ↑**positivismo** lógico afundou por muitas razões, entre elas as seguintes: primeiro, as inferências indutivas são inerentemente desregradas porque dependem mais do conteúdo do que da forma: às vezes dão certo, outras vezes não; segundo, não há razão para atribuir ↑**probabilidades** a proposições, a não ser de uma forma arbitrária. Em particular, tampouco há sentido em atribuir-lhes probabilidades subjetivas *a priori*, isto é, créditos anteriores à realização de testes empíricos. O máximo que se pode fazer é declará-los ↑**plausíveis** ou implausíveis. Terceiro, mesmo que faça sentido imputar probabilidades não haveria garantia de que as hipóteses rivais consideradas seriam mutuamente exclusivas e conjuntamente exaustivas, de modo que a soma de todas as probabilidades fosse igual a 1. De fato, alguém poderia surgir com outros candidatos. Seja como for, não há um único caso histórico onde a lógica indutiva tenha sido usada: ela não passa de um brinquedo acadêmico.

LÓGICA LIVRE – Todo cálculo de predicados que leva em conta termos "não denotativos", tais como "unicórnio". Argumenta-se que o cálculo padrão de predicados exige que todos os particulares (tanto constantes quanto variáveis) tenham uma denotação em todos os modelos (ou exemplos). Esta condição colocaria restrições indevidas à linguagem comum, em que se pode querer falar acerca de unicórnios e outras ficções. Todavia, é possível replicar que este raciocínio pressupõe a interpretação ontológica do quantificador "existencial". Logo, a necessidade de uma lógica livre desaparece se '∃xFx' for interpretado como "Alguns particulares são Fs", e não "Há Fs". ↑**Predicado de existência**. Diga-se de passagem que é confuso considerar o predicado "é um unicórnio" como "não denotativo". É melhor dizer que ele se refere a um animal mítico, de modo que sua ↑**extensão** (mas não sua classe de ↑**referência**) é vazia. Se "unicórnio" fosse não denotativo seria impossível descrever e pintar unicórnios.

LÓGICA MODAL – Qualquer teoria que tenta exatificar, interrelacionar e sistematizar os conceitos de ↑**possibilidade** (◊) e ↑**necessidade** (¬◊¬). Esperava-se primeiramente que a lógica modal resolvesse dois problemas de um só golpe: o problema lógico da consequência necessária (em contraste com a mera implicação), e o problema ontológico da possibilidade real. Ela falhou na solução do primeiro que foi, finalmente, resolvida pela lógica matemática comum e pela teoria do modelo: ↑**implicação lógica**. Ela também fracassou na solução do segundo, ou seja, do problema ontológico, e isto por cinco razões: Primeira, trata-se de uma teoria *a priori* que pretende lidar com um aspecto da realidade, estando assim fadada ao malogro desde o início. Segunda, a lógica modal refere-se a proposições, enquanto a possibilidade real é uma propriedade dos fatos. Terceira, ela não se relaciona com as teorias da probabilidade e os processos aleatórios, que quantificam uma espécie de possibilidade real. Quarta, não estabelece qualquer contato com o conceito de lei natural, o qual é indispensável para se decidir se um fato concebível é efetivamente possível. Quinta, é dominada de controvérsia insolúvel sobre problemas bizantinos, tais como se a possibilidade infere ou não necessariamente a possibilidade, e se a necessidade infere necessariamente a necessidade. Por estes motivos, a ciência não se utiliza de nenhum dos 256 sistemas possíveis da ↑**lógica modal**. Trata-se apenas de exercícios de ↑**exatidão vazia**. Daí por que a pretensão de que a lógica modal é uma parte central da filosofia, ou mesmo dos fundamentos da matemática, é disparatada. Entretanto, alguns sistemas da lógica modal tiveram aplicações inesperadas na ciência computacional, do mesmo modo que as ferramentas dos alquimistas se mostraram úteis no laboratório de química.

LÓGICA PARACONSISTENTE – Todo cálculo que leva em conta as ↑**contradições**. Análise racional ontológica: Como o mundo é supostamente "contraditório" (isto é, compreende forças e processos mutuamente opostos), qualquer explicação veraz a seu respeito deve conter contradições lógicas. Tais concepções concentram jogos de palavras hegelianos com os termos 'contradição' e 'lógica'. Efetivamente, qualquer "lógica" que contenha contradições é uma contradição em termos: um monstro conceitual e, portanto, uma traição da razão. Há apenas uma coisa racional a fazer em face da contradição: remover no mínimo uma das proposições mutuamente contraditórias.

LÓGICA QUÂNTICA – Teoria que se propõe a atacar algumas das perplexidades suscitadas pela física quântica, em particular o fato de que um elétron não tem no mesmo instante uma posição bem definida e um momento bem determinado. Entretanto, isso não é mais paradoxal do que alguém que não saiba nadar e datilografar ao mesmo tempo. Essas são feições da realidade e, portanto, a lógica não pode lutar com elas. Além disso, toda a ideia da lógica quântica está enraizada em uma errônea combinação entre operadores e proposições. Em todo caso, nenhum teorema novo da física quântica jamais foi deduzido com a ajuda da lógica quântica. Fato que seria de se esperar desde o início, pois as teorias quânticas têm a matemática clássica embutida no seu interior, e, por sua vez, a subjacente lógica da matemática clássica é a lógica comum dos predicados. Em suma, a lógica quântica não passa de mais uma indústria acadêmica.

LÓGICA RELEVANTE– Qualquer cálculo lógico que tenta evitar duas características da lógica clássica: que uma contradição acarreta logicamente qualquer proposição, e que uma tautologia seja acarretada por uma proposição arbitrária. As atuais lógicas relevantes não cumprem essa meta porque elas incluem o princípio da ↑**adição**. O único modo de evitar impropriedades é especificar o universo do discurso desde o início e proceder axiomaticamente.

LÓGICA SITUACIONAL – Não existe tal coisa.

LOGICISMO – A estratégia que tenta, nos fundamentos da matemática, reduzir (por meio de definições) todos os conceitos matemáticos a conceitos lógicos. Este programa mostrou-se inviável. Em particular, o conceito central da teoria dos conjuntos, ou de ser membro de um conjunto, isto é, pertencer a um conjunto, não é definível em termos lógicos. O malogro do logicismo é paralelo ao destino das tentativas de ↑**redução** radical em outros campos.

LÓGICO, EMPIRISMO – ↑**Empirismo lógico**.

LÓGICO, POSITIVISMO – ↑**Positivismo lógico**.

MACRO/MICRO – As entidades podem ser agrupadas, quanto ao tamanho, em microcoisas e macrocoisas. Exemplos: moléculas e corpos, pessoas e sistemas sociais. Amiúde é possível distinguir mais do que um micronível e mais do que um macronível. Além disso, o que é visto como micro em um dado contexto pode ser tratado como macro em outro. Advertência: uma peculiaridade dos ↑*quantons* é que, salvo se ligados entre si, eles podem espalhar-se até ocupar todo o espaço disponível. Por exemplo, um único elétron em uma caixa macrofísica acaba ocupando a caixa inteira. Portanto, a distinção *quanton/classon* não coincide com a de micro-macro. Esta última é particularmente crucial na ciência social, onde ajuda a explicar conexões que são de outro modo intrigantes. Exemplo:

Macronível   Aumento de Emprego → Queda na Bolsa
   ↓   ↓   ↑
Micronível   Aumento de Consumo → Temor de inflação

MAGNITUDE – *Sin.* grandeza. Um tipo particular de predicado ou atributo: uma função numérica que representa uma ↑**propriedade** de uma entidade concreta. Exemplos: distância, carga elétrica, taxa metabólica, idade, taxa de nascimentos, densidade populacional e PNB. A maior parte das variáveis nas teorias científicas são magnitudes, que por sua vez são funções. Por exemplo, a massa é uma função da forma $M: B \, F \, U_M \to \mathbb{R}^+$, onde B denota o conjunto de corpos, F o de sistemas de referência, U_M o de unidades de massa (g, Kg etc.), e $\mathbb{R}^+$ o dos números reais não negativos. Um valor particular de M para um corpo b, relativo a um sistema referencial f, e calculado ou medido na unidade u, será M(b, f, u) = m. Esse número m é o valor que aparece, por exemplo, na fórmula do momento linear: p = mv. Em geral, uma grandeza M é uma função da forma M: A B ... N U_M → $\mathbb{C}^n$, onde A, B ..., N denotam espécies de coisas, U^M é o conjunto de todas as M-unidades concebíveis, e $\mathbb{C}^n$ é o conjunto de n-plas de números complexos. Na física quântica muitas das variáveis, tais como a posição, o momento, a energia, e o spin são operadores. Entretanto, eles ajudam a definir magnitudes propriamente ditas, ou seja, as densidades correspondentes, funções da forma $\Psi^* A_{op} \Psi$, onde Ψ é uma função de estado. De maneira característica, magnitudes possuem dimensões – não devem ser confundidas com unidades. As dimensões básicas das magnitudes físicas são L (para o comprimento), T (para o tempo), e M (para a massa). Assim, a dimensão de uma força é MLT^{-2}. Por contraste, a dilatação relativa e outras razões são adimensionais. As grandezas estão relacionadas aos ↑**predicados** do seguinte modo: Seja M: D → N uma grandeza com domínio D e codomínio N, um conjunto de números n-plas de números de certo tipo. O predicado associado com M é $\mathcal{M}$: D N → S, onde S é o conjunto de proposições que contém $\mathcal{M}$. Por exemplo, se M designar a função de massa e M (b, f, u) = m, como acima. O valor correspondente do predicado associado $\mathcal{M}$ é a proposição $\mathcal{M}$ (b, f, u, m), que é uma abreviatura para "a massa de b, relativa a f e em unidades de massa u, vale m".

MANDAMENTO – ↑**Imperativo**. Exemplo: "Deverás ser rigoroso".

MÁQUINA – Artefato capaz de efetuar trabalho de alguma espécie. Sendo artefatos, as máquinas são projetadas e operadas de acordo com regras explícitas. Logo, apenas seres humanos ou seus procuradores são capazes de construí-las ou operá-las.

MAQUINISMO – A concepção de que o mundo ou a vida e a mente, pelo menos, são como máquinas, isto é, são projetados e operam de acordo com regras ou algoritmos. Assim sendo, a biologia e a psicologia seriam ramos da engenharia. O assim chamado projeto de Vida Artificial, bem como a abordagem computacionalista da psicologia cognitiva são exemplos de maquinismo. Ambos pretendem que a matéria não importa à vida e à mente: que estas são "neutras quanto ao substrato". Consequentemente, o entendimento da vida e da mente não demandaria a procura de leis da natureza, das quais todas são propriedades da matéria de um tipo ou de outro. Assim, o maquinismo combina os piores traços do ↑**mecanicismo** com os do ↑**idealismo**.

MARXISMO – Uma sacola misturada, extremamente influente, feita de ciência social, filosofia e ideologia. A filosofia marxista é composta do materialismo dialético e do histórico. O primeiro é uma ontologia e o segundo é a aplicação desta ao estudo da sociedade. A ↑**dialética**, quer materialista quer idealista, é extremamente imprecisa e apresenta mais exceções do que exemplos. Em compensação, o ↑**materialismo histórico** tem uma semente sadia e frutífera, ainda que estreita. ↑**Imperialismo** econômico. Já é mais do que tempo de alguém descobrir o que pode ser salvo do naufrágio intelectual e político do marxismo.

MATEMÁTICA – A ciência da forma e dos padrões em si próprios, isto é, desconsiderando o próprio conteúdo, interpretação ou aplicação. Segundo esta definição, a matemática inclui a ↑**lógica**. A antiga definição da matemática como "a ciência do algarismo e do número" tornou-se obsoleta com o nascimento do cálculo infinitesimal, e ainda mais com o surgimento de campos matemáticos não quantitativos, tais como a topologia, a álgebra abstrata e a teoria dos conjuntos. Estas últimas são particularmente valiosas na filosofia ↑**exata** (ou matemática).

MATEMÁTICA, FILOSOFIA DA – ↑**Filosofia da matemática**.

MATÉRIA – É a coleção de todas as ↑**entidades materiais** reais ou possíveis. Isto é, $\mathcal{M} = \{x| Mx\}$, onde M – é material – é mutável. Como $\mathcal{M}$ é uma coleção, a matéria é conceitual, não é material: apenas objetos individuais podem ser materiais. Por contraste, qualquer sistema composto de entidades materiais, desde a sociedade até o universo, é material. Advertência: matéria ≠ massa. Sem dúvida, a massa é uma propriedade de algumas coisas materiais; os fótons, os neutrinos, os grávitons não têm massa. ↑$E = mc^2$.

MATERIALISMO DIALÉTICO – A filosofia do ↑**marxismo**. ↑**Dialética c.**

MATERIALISMO EMERGENTISTA – A versão do ↑**emergentismo** que sustenta serem todos os existentes reais ↑**materiais**. Trata-se de uma variedade de materialismo não fisicalista nem reducionista.

MATERIALISMO FILOSÓFICO – A família de doutrinas ontológicas para a qual a realidade é composta exclusivamente de coisas ↑**materiais** ou concretas. Não está relacionada ao materialismo moral, nem à ganância, nem à busca do prazer. **Ant.** ↑**idealismo**. Variantes principais: fisicalista e emergentista. O *fisicalismo* (ou *materialismo vulgar*, ou *mecanicismo*, ou *materialismo redutor*) é a concepção segundo a qual cada existente é uma coisa física, portanto algo, no fim de contas, descritível em termos puramente físicos. O mero fato de existirem ciências que estudam, como a biologia, a psicologia e a sociologia, propriedades suprafísicas, basta para liquidar esta fase inicial do materialismo. Por contraste, o *materialismo emergentista* sustenta que todos os seres existentes são materiais ou concretos, porém, longe de pertencerem a um único ↑**nível**, estão agrupados em muitos níveis de organização: físico, químico, biológico, social e tecnológico. Os membros de cada nível abaixo do físico são sistemas dotados de propriedades peculiares que emergem (↑**emergentismo**) das interações entre componentes de sistemas, ou entre estes últimos e itens ambientais. **Sin.** ↑**reísmo**.

MATERIALISMO HISTÓRICO – A filosofia marxista da história. Segundo ela, os principais motores da história são a mudança no modo de produção e a luta de classe. Estas hipóteses mostraram ser extremamente frutuosas, em especial por esvaziar o idealismo histórico. E foram confirmadas em muitos casos, porém refutadas em tantos outros. Por exemplo, a sociedade moderna é em grande parte, sem dúvida, um produto da Revolução Industrial, mas também o é da ciência moderna, da tecnologia, e da filosofia, bem como da emancipação política de crescentes setores da população. A semente válida do materialismo histórico frutificou na escola historiográfica dos *Annales*, que é tanto materialista quanto sistêmica.

MECÂNICA QUÂNTICA – O ramo da física quântica que lida com coisas dotadas de massa, como os elétrons. É de interesse filosófico por várias razões. Primeira, substitui a mecânica clássica no nível microfísico – o que depõe a favor da objetividade da distinção de níveis. Segunda, não contém o conceito de posição precisa e formato, exceto em casos excepcionais. Terceira, contém o princípio de não localidade: "Uma vez sistema sempre sistema". Quarta, contém resultados marcadamente anti-intuitivos, como o teorema de Heisenberg (quanto mais precisa a posição, mais espalhada é a velocidade, e inversamente). Por essa razão é melhor dar a seus referentes um nome especial, como ↑*quantons*, do que chamá-los de 'partículas' ou 'ondas'. Quinta, a teoria era de início interpretada como se afirmasse que todos os fatos microfísicos são criados por atos de observação ou mensuração: eis o ponto nodal da interpretação de Copenhague, que prevalecia nos compêndios até há pouco tempo. Este modo de ver, que evoca o ↑*esse est percipere vel percipi*, de Berkeley, é insustentável pelo seguintes motivos. Primeiro, a axiomatização da teoria revela que ela não encerra o conceito de observador, seja como primitivo, seja como definido. Segundo, quando coloca um problema teórico que não envolve um instrumento de medida, o meio macrofísico é dado como certo e tratado como um todo em vez de ser analisado em microentidades. (Este ponto é relevante para o problema das relações micro-macro, em particular a ↑**redução**. A necessidade de especificar o meio, e o modo global como é descrito, mostra o malogro do microrreducionismo radical e, portanto, do individualismo metodológico.) Terceiro, normalmente, quando níveis de energia, seções de choque de espalhamento e outras quantidades sao calculados, nenhuma referência é feita à observação. Nem se poderia fazê-la no cálculo de processos espontâneos, como radioatividade, "aniquilação" de pares ou a energia emitida por uma estrela. Tudo isso sugere que a interpretação de Copenhague da mecânica quântica é inconsistente com seu formalismo matemático, e indica a necessidade e a possibilidade de uma interpretação realista desta mecânica. Por exemplo, a formulação usual (semissubjetivista) do postulado de Born é a seguinte: "$|\Psi(x)|^2 \Delta x$ é a probabilidade de *encontrar* a coisa no estado Ψ, dentro do intervalo Δx ao medir sua posição". Essa formulação é errônea simplesmente porque tal probabilidade depende não apenas da coisa, mas também da técnica de mensuração. Uma reformulação realista do princípio é a seguinte: "$|\Psi(x)|^2 \Delta x$ é a probabilidade de que a coisa no estado Ψ *esteja* dentro de Δx". Semelhante reinterpretação não apenas clarifica e simplifica as questões: também coloca a teoria alinhada com o resto da ciência, e impede o emprego da teoria em apoio do espiritualismo.

MECANICISMO – Cosmovisão – A Revolução Científica do século XVII introduziu a concepção mecanística do mundo. De acordo com ela, a cosmologia é igual à mecânica – a especulativa dinâmica dos fluidos de Descartes, ou a mecânica de partículas, mais realista, de Newton. O mecanicismo foi a primeira cosmovisão científica. Ele generalizava a ciência mais avançada de sua época e dirigia os pesquisadores para investigar as propriedades mecânicas de todas as coisas visíveis. Justamente por isso, afastava as pessoas de uma cosmovisão holística e hierárquica que prevalecia antes. Em particular, Descartes e outros consideravam o corpo animal simplesmente como uma máquina complicada movida por uma bomba – o coração. Apenas a alma era eximida, e isto nem sempre. O mecanicismo apareceu em duas versões: secular e religiosa. O mecanicismo *secular* sustenta que o cosmo é um mecanismo existente por si e autorregulador – uma espécie de um relógio eterno que dá corda a si mesmo. Por outro lado, o mecanicismo *religioso* pressupõe um Relojoeiro. O relógio cósmico de Descartes era perfeito, como convém à criação divina, de modo que não precisava de quem o consertasse. Tendo criado a matéria e tendo-a dotado de leis dinâmicas, o Deus cartesiano não mais precisava ocupar-se, Ele próprio, do universo físico, e poderia devotar toda a Sua atenção a questões espirituais. Por contraste, o cosmo newtoniano era dissipativo: havia atrito entre as rodas da máquina celeste. Logo, Deus teve que dar um empurrão de vez em quando a fim de mantê-la em funcionamento. A partir de seu início até meados do século XIX, o mecanicismo secular estimulou uma prodigiosa criatividade científica e tecnológica. Ele começou a declinar com o nascimento da física do campo e da termodinâmica, e com o eclosão da biologia evolutiva. No começo do século XX, já estava inteiramente morto. Agora se entende por que a mecânica é somente um dos capítulos da física. Concebe-se também por que a mecânica relativística não faz sentido fora da eletrodinâmica, e por que a "mecânica" quântica não é totalmente mecânica, pois não descreve corpúsculos com formas definidas e trajetórias precisas. Em suma, o mecanicismo teve seus dias de glória. Então ele mostrou o caminho para a exploração científica do mundo físico. De fato, ensinou que a correta abordagem para o estudo da realidade é uma combinação de razão e experiência, isto é, para inventar teorias expressas em linguagens matemáticas, e para comprová-las no laboratório ou na pesquisa de campo. Assim, embora não de maneira explícita, o mecanicismo demandou uma síntese do racionalismo e do empirismo (↑**racioempirisimo**). E seus êxitos e falhas demonstram que cosmovisão e ciência podem interagir.

MECANISMO – Processo – Qualquer processo que faz funcionar uma coisa complexa. Exemplo 1: O "funcionamento" mecânico ou eletrodinâmico de um relógio. Exemplo 2: O mecanismo neural da aprendizagem e criação, concebido como a autorreunião de novos sistemas de neurônios a partir de outros previamente não comprometidos. Exemplo 3: Na vida social, a cooperação é um mecanismo de coordenação. Exemplo 4: Votar é um mecanismo de participação. Exemplo 5: A moralidade é um mecanismo de coexistência social e de controle. Uma *mecanísmica* ou uma ↑**explanação** *forte* envolve a abertura do(s) mecanismo(s) em um sistema. Estes mecanismos são representados no(s) enunciado(s) de lei que ocorre(m) entre as premissas do argumento explanatório.

MEDIÇÃO – a. Geral – O procedimento empírico pelo qual o valor de uma propriedade quantitativa é determinado. A mensuração pode ser direta ou indireta (isto é, via alguma fórmula teórica). É possível dispor muitas vezes de vários métodos alternativos para medir a mesma variável. Qualquer destes métodos só pode ser justificado por uma ↑**teoria da medição** ajustado à variável. **b. Erro de medição** – Não há mensurações perfeitas. Erros de dois tipos ocorrem com certeza em qualquer medida de precisão: o sistemático e o acidental (ou aleatório). O primeiro são erros no projeto experimental – representativo, no caso, é a omissão ou a subestimação de uma variável. Por contraste, erros acidentais devem-se a pequenas mudanças, no curso do experimento, no dispositivo de mensuração, no objeto mensurado, ou em ambos. Os erros acidentais distribuem-se aleatoriamente: ou seja, cada um deles é pareado com uma probabilidade definida. Distribuem-se, tipicamente, sobre a curva de erros de Gauss na forma de sino: a maioria se agrupa em volta do meio, e há alguns poucos muito pequenos e alguns poucos muito grandes. Tal é a razão que está por trás da convenção de que o valor verdadeiro é igual ao valor médio. O tamanho do conjunto inteiro dos erros acidentais é medido pelo desvio padrão da média. O cálculo desta estatística envolve as diferenças entre os valores individuais medidos e sua média. Um cômputo padrão de uma série de medições de uma grandeza M tem a forma de: $M = m \pm \sigma$, onde m designa a média e σ o desvio padrão da média (ou dispersão, ou espalhamento) em torno da média. Ambos m e σ dependem não apenas de M, mas também do projeto e da execução da mensuração.

MEDIÇÃO, TEORIA DA – ↑**Teoria da medição**.

MEDIDA – **a. Matemática** – Uma propriedade dos conjuntos estudados pela teoria da medida, um ramo da matemática pura. Trata de comprimentos, áreas e similares, e enfatiza o cálculo de probabilidades. Não deve ser confundida com ↑**medição**. Nem faz sentido definir "medida" como a "unidade dialética e a interação da qualidade e da quantidade" (Hegel). **b. Metodologia** – Termo ambíguo que designa quer uma ↑**magnitude** quer um ↑**indicador**. Exemplos: a massa é uma medida da inércia; a participação é uma medida de coesão social; e a frequência na igreja é uma medida (um indicador) ou de fervor religioso ou do desejo de ser visto como respeitável.

MEDO – Uma forte emoção que inibe um filosofar original. Alguns filósofos esposaram o irracionalismo por medo da ciência, o nominalismo por medo do idealismo, o idealismo por medo quer da religião quer do marxismo, o holismo por medo da individualidade, o individualismo por medo do holismo, e assim por diante.

MEIO EXCLUÍDO – Uma verdade lógica ou ↑**tautologia** na lógica comum (ou clássica): Para cada proposição p, p∨¬ p. (Isto não é um teorema na lógica intuicionista. Entretanto, nela sua negação é falsa.) O princípio foi mal interpretado por muitos como se impusesse dicotomias ou partições binárias, do tipo "preto ou branco", "bom ou mau", e "capitalista ou socialista". Trata-se de um erro porque o princípio se refere a proposições, e não a coisas concretas: ele apenas divide cada conjunto de proposições em asserções e suas negações. Portanto, ele não evita a partição de uma coleção em tantas classes (de equivalência) quanto se necessita. Por exemplo, o princípio é indiferente à existência de compostos organo-metálicos, espécies híbridas, economias mistas e pessoas que são metade boas e metade más.

MELIORISMO – **a. Epistemologia** – A tese segundo a qual o erro pode ser detectado e corrigido. O complementar do ↑**falibilismo**. Uma filosofia científica (↑**ciência**) é, ao mesmo tempo, falibilista e meliorista. **b. Filosofia social e política** – A família de ideologias a defender o ponto de vista de que o indivíduo e a sociedade podem ser aperfeiçoados. Principais exemplos: liberalismo clássico e ideologias de esquerda.

MENÇÃO/USO – ↑Uso/menção.

MENTAL – Que ocorre na mente. Inexistente ao ver do behaviorismo radical, e é um processo neurofisiológico particular segundo o materialismo. Se este for admitido, a expressão "Isto só está em sua mente" deveria ser substituída "Isto só está em seu cérebro". ↑**Problema mente-corpo**.

MENTALISMO – ↑**Idealismo subjetivo**. Não deve ser confundido com a asserção de que há processos mentais, pois estes podem ser interpretados ou de um modo mentalista ou materialista.

MENTE – A coleção de possíveis estados e processos mentais, quer afetivos, cognitivos ou volitivos em humanos e outros vertebrados superiores. Ciências da mente = Psicologia e neuropsicologia. Filosofia da mente = Reflexão filosófica sobre a natureza do mental e suas relações com o cérebro. Este ramo da filosofia estuda problemas ontológicos e epistemológicos suscitados pela natureza do mental e seu conhecimento. A maioria dos filósofos ainda conduz este estudo em forma *a priori*, isto é, sem a assistência das ciências da mente. Daí as fantasias idealistas de que a mente existe além do cérebro, e de que ela é uma coleção de programas de computador. ↑**Problema mente-corpo**.

MENTE ABERTA – Disposição para aprender novos itens e revisar crenças. **Ant.** dogmatismo. Não deve ser confundida com mente vazia. Uma mente aberta é crítica: ela possui filtros que mantêm fora o refugo. ↑**Ceticismo** moderado.

MENTE-CORPO, PROBLEMA – ↑**Problema mente-corpo**.

MENTIROSO, PARADOXO DO – ↑**Paradoxo do mentiroso**.

MEREOLOGIA – O capítulo da ontologia que trata da relação parte-todo e da "soma" ou justaposição física de particulares. A mereologia clássica é uma teoria extremamente complicada que usa um simbolismo idiossincrático, e produz unicamente elucidações das noções acima mencionadas com a ajuda exclusiva da lógica de primeira ordem. Com o emprego da ferramenta, ligeiramente mais poderosa, da teoria dos semigrupos, a mereologia inteira pode ser comprimida em um punhado de sentenças: ↑**Parte/todo**, ↑**teoria do modelo**. A mereologia pode ser encarada como uma diminuta fração da ↑**teoria de sistemas**, tanto mais quanto não envolve os conceitos de propriedade e de mudança.

META – O estado final ou objetivo de um sistema sob o controle de um vertebrado superior. Metas são primeiro imaginadas ou concebidas, e depois perseguidas. Portanto, é puro antropocentrismo atribuir uma atividade guiada por uma busca de metas a coisas não inteligentes, como células, organizações ou sociedades. O que é em geral designado por meta (ou missão) de um sistema social, tal como uma firma comercial ou uma escola, é o objetivo que seus organizadores têm em mente ao estabelecerem ou gerirem o empreendimento. Nem sempre as metas são atingidas. Para facilitar sua consecução é necessário projetar sistemas com mecanismos de retroalimentação, pois eles regulam o *input* como uma função da discrepância entre o estado alcançado e a meta considerada. Mecanismos de retroalimentação podem ser artificiais ou naturais. Os naturais operam em todos os seres vivos e constituem os resultados da variação e da seleção natural e não de desígnios. Seu estudo contribuiu muito para denunciar a ↑**teleologia**.

METACIÊNCIA – É o campo de pesquisa composto de filosofia, de sociologia e de história da ↑**ciência**.

METAENUNCIADO – Um enunciado (ou proposição) acerca de um ou mais enunciados. Exemplos: regras de inferência, princípios metanomológicos (↑**enunciado metanomológico**) e princípios concernente à legislação. ↑**Constitutivo/regulativo**.

METAÉTICA – Discurso acerca dos conceitos, máximas e teorias éticos. Exemplos: análise dos conceitos gerais do direito e do dever, das relações entre ética e tecnologia e da utilidade do utilitarismo.

METAFILOSOFIA – Filosofia da filosofia. Exemplos: as definições e os juízos de valor em filosofia são enunciados metafilosóficos. A peculiaridade da metafilosofia é que ela não é sistêmica: não há teorias sobre a filosofia. Outra peculiaridade da metafilosofia é que ela é uma parte da filosofia. Neste aspecto, a metafilosofia é similar à metalógica e à metamatemática. Por oposição, estas três metadisciplinas apresentam-se em agudo contraste com outras. Por exemplo, a metahistória, ou a filosofia da história, não é parte da história. Do mesmo modo, o que passa por metateoria nos estudos sociais é filosófico e não científico.

METAFÍSICA – **a. Senso comum** – Sem sentido, conversa acerca do sobrenatural, fantasia que não pode ser posta à prova. **b. Filosofia** – Disciplina filosófica que lida com as feições mais gerais da realidade e, possivelmente também, com os objetos imaginados pelos teólogos e pelos filósofos sem contato com a realidade. A metafísica adquiriu uma péssima reputação no século XIX por quatro razões não correlacionadas: devido à sua íntima associação com a teologia no passado; por haver sido praticada por escritores tão enigmáticos e não científicos como Hegel; por ter sido denunciada por este último como sendo limitada a categorias fixas; e por ser imprecisa e desconexa em relação à ciência. Por tais motivos, a metafísica sóbria é amiúde denominada ↑**ontologia**. Além disso, a *metafísica científica*, isto é, metafísicas consistentes com a ciência são logicamente possíveis. Por exemplo, é possível e vantajoso examinar os conceitos metafísicos (tais como os de espaço, possibilidade e mente) e as hipóteses metafísicas (tais como as de legalidade e identidade psiconeural) à luz da ciência contemporânea e da matemática.

METÁFORA – Figura de linguagem que sugere uma ↑**analogia**. Exemplos: "o tecido da sociedade" (estrutura social), "a circulação das elites" (revolução), "o significado da ação"(o alvo da ação). Peculiar à poesia, ao pensamento arcaico, ao discurso político sob a tirania, e às elocubrações pós-modernas. Uma concepção outrora influente é que as teorias científicas são mais metáforas do que descrições literais dos fatos. Este ponto de vista é falso porque (a) metáforas podem ser substituídas por expressões literais; e (b) enquanto as teorias científicas são testáveis no tocante às suas verdades, as metáforas, no melhor dos casos, são sugestivas, e no pior deles causam confusão.

METALINGUAGEM – A linguagem que se refere a outra linguagem, chamada "linguagem objeto". Por exemplo, toda asserção acerca de uma teoria é metateórica, estando assim formulada em uma linguagem que se acha um degrau acima da linguagem da teoria. Uma língua, como o inglês, pode ser usada para que fale de si mesma. ↑**Menção/uso**.

METALÓGICA – A ↑**metateoria** da ↑**lógica**, uma parte da ↑**metamatemática**. Investiga as problemáticas das regras de inferência, decisão, prova, consistência, independência e relações lógicas entre teorias. Exemplos: o método de Pádoa para descobrir se num conjunto de conceitos, estes são mutuamente independentes, o teorema da incompletude de Gödel e a teoria das teorias de Tarsky.

METAMATEMÁTICA – A família de teorias matemáticas acerca da matemática como um todo. Seu núcleo é a teoria da prova. Outrora domínio reservado aos lógicos, a metamatemática é cultivada hoje em dia também pelos estudiosos do campo teórico da ciência da computação, interessados como estão nas questões das provas, computações, programas e algoritmos. O que constitui mais um exemplo dos imprevisíveis subprodutos da pesquisa básica.

METANOMOLÓGICO, ENUNCIADO – ↑**Enunciado metanomológico**.

METAPROBLEMA – Um problema sobre um ou mais problemas. E. g., "É este um problema aberto?", "Valeria a pena investigar este problema aberto?", "Seria este problema solúvel com a ajuda desta teoria?", "Quais seriam as condições necessárias e suficientes para que problemas deste tipo fossem solúveis?", "Como poderia alguém checar as soluções propostas para problemas desta espécie?" e "Como estão relacionados problemas diretos e inversos?".

METARREGRA – Uma ↑**regra** acerca de uma ou mais regras. Exemplos: O ↑**imperativo categórico** de Kant e o princípio legal que interdita leis com efeito retroativo.

METATECNOLOGIA – O campo de pesquisa composto pela filosofia, pela sociologia e pela história da ↑**tecnologia**.

METATEORIA – **a**. – Estritamente falando, uma metateoria é uma teoria acerca de uma ou mais teorias, onde o termo "teoria" é tomado como um sinônimo de "sistema hipotético-dedutivo". Assim, a metalógica e a metamatemática são coleções de metateorias. E o famoso teorema de Bell da física quântica pertence à teoria que este formulou sobre o conjunto de todas as possíveis teorias de variáveis ocultas, portanto, trata-se de um metateorema incluído em uma metateoria. **b**. De um modo mais livre, pode-se dizer que uma "metateoria" designa qualquer comentário sobre um corpo de conhecimento teórico ou uma crítica a seu respeito. Tal é o sentido no qual a palavra é utilizada nas ciências sociais e suas filosofias. Por exemplo, quaisquer reflexões filosóficas ou metodológicas sobre uma teoria sociológica ou linguística passam por metateorias.

METÓDICA – A coleção de métodos empregados em um campo de pesquisa. Não se deve confundir o termo com ↑**metodologia**.
METODISMO FILOSÓFICO – O culto do método. Isto é, a crença de que é preciso apenas o método correto para efetuar invenções e descobertas: de que não se faz necessário nenhum conhecimento substantivo para tal fim. Em reação exagerada a este modo de ver, há quem pretenda muitas vezes que a pesquisa científica não envolve método algum. ↑**Método. c**.
MÉTODO – **a**. – Um procedimento regular e bem especificado para fazer alguma coisa: uma sequência ordenada de operações dirigida a um objetivo. Cada ramo da matemática, da ciência e da tecnologia tem seus próprios métodos especiais: para calcular, obter amostras, efetuar preparados, observar, medir etc. Ademais, todas as ciências usam o método científico e algumas empregam igualmente o método experimental. **b**. **Método experimental** – A montagem planejada de um dispositivo para empreender observações ou mensurações sobre particulares de tipos definidos, distribuídos de maneira mais ou menos igual entre dois grupos: o grupo experimental, onde o estímulo está presente, e o de controle, onde ele não está. **c**. **Método científico** – A sequência: Levantamento de um corpo de conhecimento → Escolha do problema neste corpo de conhecimento → formulação ou reformulação do problema → aplicação ou invenção de uma abordagem para tratar do problema → solução tentativa (hipótese, teoria, projeto experimental, instrumento de medida etc.) → aferir a solução tentativa → avaliar a solução tentativa à luz do teste e do conhecimento básico → revisão ou repetição de quaisquer dos passos prévios → estimativa do impacto sobre o conhecimento básico → avaliação final (até nova informação).
MÉTODO SOCRÁTICO – Maneira de ensinar questionando e analisando mais do que transmitindo informações. O ensino efetivo combina ambos os métodos. O método socrático pode ser adequado para esvaziar por punção o *know-how* de artesãos. Imagine o que um Sócrates poderia aprender acerca dos pormenores dos processos industriais se

ele trabalhasse como engenheiro ou administrador de nível médio numa fábrica moderna.

METODOLOGIA – O estudo de ↑**métodos**. O ramo normativo da ↑**epistemologia**: uma tecnologia do conhecimento. Muitas vezes confundida com "método", como em "a metodologia utilizada na presente pesquisa".

MILAGRE – Um evento que elude todas as leis, conhecidas e desconhecidas, sendo realizado por um ser sobrenatural ou com ajuda de um ente assim. Os milagres são impossíveis, segundo o ↑**princípio de legalidade**, que é subjacente a toda ciência fatual e tecnologia. Daí a regra metodológica: Se um fato parece miraculoso, investigue-o até desvendar a lei subjacente ou o mecanismo social. Por exemplo, procure artifícios ocultos em estátuas que choram ou sangram, e por processos fisiológicos pouco conhecidos em curas milagrosas e nos feitos de iogues.

MINIMALISMO FILOSÓFICO – ↑**Dadaísmo filosófico**.

MINIPROBLEMA – Um problema cuja solução mal faz qualquer diferença, exceto para a perspectiva de promoção acadêmica. Exemplos: descobrir o que fulano de tal realmente queria dizer, a lógica das aspas, a lógica do tempo verbal, os ↑**paradoxo do corvo** (da confirmação de Hempel), e o ↑**paradoxo do *verzul*** de Goodman e o problema de Newcomb.

MISTÉRIO – **a. Religião** – Problema alegadamente insolúvel que desafia a pesquisa científica e mesmo a discussão racional. **b. Ciência** – Problema insolúvel. O ↑**cientismo** admite a existência de problemas não resolvidos e até de insolúveis, mas nega que haja mistérios. O achado de que um problema matemático ou científico não é resolúvel ou insolúvel, respectivamente, constitui um produto da pesquisa científica, ao passo que os mistérios, supõe-se, devem ser aceitos sem maior dificuldade.

MISTICISMO – Crença numa união instantânea da alma com a divindade ou algum substituto secular disto. O conhecimento resultante, embora inefável (incomunicável), seria superior a qualquer outro. **Sin.**

incompreensível, inaferível, sobrenatural. Os místicos pretendem ter profundas visões interiores e alcançar êxtases, mas não conseguem descrever ou discutir em termos racionais nem uma coisa nem outra. O misticismo tem inspirado (ou disfarçado) um certo número de belos poemas e muita teologia e pseudofilosofia impenetráveis. É também alimento padrão da Nova Época.

MITO – Uma história ou modo de ver sabidamente falsa, mesmo que tenham sido na origem inventados de boa-fé para explicar alguma coisa. Exemplos: os mitos da origem do mundo e da moralidade, da superioridade de certas raças e dos benefícios universais da ditadura comunista ou do capitalismo desenfreado. Os inimigos da democracia, desde Platão e Nietzsche até Mussolini e Hitler, têm sustentado que o homem comum necessita de mitos ou "mentiras nobres" para viver. Os humanistas promovem o estudo científico, portanto não mítico, dos mitos, quer novos quer antigos, para remover não só obstáculos à pesquisa como para defender a democracia.

MODAL, LÓGICA – ↑Lógica modal.

MODALIDADE – A propriedade de algo ser possível, necessário ou impossível. Um construto é possível se não for inconsistente. O estudo da possibilidade efetiva, em contraste com a mera possibilidade lógica, é um assunto comum da ciência e da tecnologia. Pode-se argumentar que certas modalidades reais são mais derivativas do que básicas ou primitivas. Exemplo 1: "A coisa x pode ser encontrada em y" importa em dizer que "x está em y & uma busca cuidadosa de x o encontrará em y". Exemplo 2: "O fato x ocorrerá necessariamente" é equivalente a "x é legal & a condição necessária para a ocorrência de x há de estar presente". ↑**Possibilidade**, ↑**lógica modal**.

MODELO – a. *Visual* – Um modelo icônico de uma coisa ou um processo inobservável é uma analogia visual disto. Exemplos: os modelos de linhas de força de campos eletromagnéticos, o modelo de Bohr de átomos e os diagramas de Feynman de processos eletrodinâmicos. No século XIX, alguns físicos eminentes envolveram-se em uma viva polêmica sobre o papel de tais modelos. Tipicamente, os realistas os defenderam ao passo que os positivistas e convencionalistas os atacaram. Hoje em dia é em geral admitido que, enquanto alguns de tais modelos (e. g., o de Bohr) são representações toscas das coisas reais, outros (e. g., o de Feynman) são apenas análogos ou até meros dispositivos mnemônicos. **b. Teórico-modelar** – Um *modelo*, no sentido teórico-modelar da palavra, é um exemplo (ou "realização", percepção como se costuma dizer) de uma teoria abstrata (ou linguagem formalizada). Por exemplo, o cálculo proposicional é um modelo ou um exemplo da álgebra de Boole. ↑**Interpretação**, ↑**teoria do modelo**. **c. Científico e tecnológico** – Um *modelo teórico* na ciência ou na tecnologia é uma teoria especial de algum domínio fatual. Exemplos: modelos do átomo de hélio, de proliferação de células e de uma firma fabricadora. Embora tais modelos não tenham relação com os estudados pela teoria do modelo, toda uma filosofia da ciência é baseada em sua confusão: ↑**barafunda de modelos**. É preciso distinguir duas espécies de modelos teóricos: o amarrado e o livre. Um *modelo amarrado* resulta do enriquecimento de uma teoria geral (como a mecânica clássica ou a teoria geral do equilíbrio) com assunções específicas. Exemplos: modelos do pêndulo simples e do mercado de capitais. Por contraste, um *modelo livre* é construído a partir de um rápido esboço. Exemplos: modelos de uma firma de negócios ou da difusão de um invento. A maioria dos modelos teóricos (ou matemáticos) na biologia, nas ciências sociais e na tecnologia são livres. Isto indica ou que tais disciplinas ainda estão do ponto de vista teórico atrasadas ou que é difícil chegar nelas à generalidade.

MODELO CAEM – O ↑**esboço** de um ↑**sistema** como a quádrupla ordenada $\mathcal{M}$ = <Composição, Ambiente, Estrutura, Mecanismo(s)>. Exemplo: uma fábrica é composta de trabalhadores, engenheiros e administradores; seu ambiente é um mercado; são mantidos juntos por contratos e relações de comunicação e comando; e seus mecanismos são os da fabricação, da transação comercial, do empréstimo e do marketing. Se o mecanismo de um sistema é ou desconhecido ou ignorável, o esboço mecanísmico CAEM se reduz a um esboço funcional CAE.

MODELO, TEORIA DO – ↑Teoria do modelo.

MODERADO/RADICAL – Muitas, ou talvez todas, doutrinas filosóficas acabam em duas versões: a moderada (mitigada) e a radical (extrema). Por exemplo, o ceticismo, o empirismo, o racionalismo, o materialismo, o idealismo e o reducionismo. Não há razão para sermos moderados ou radicais na escolha entre moderação e radicalidade porquanto a escolha adequada depende da natureza do caso. Assim, enquanto na biologia o ↑**reducionismo** moderado é aconselhável, o ↑**evolucionismo** pleno é sempre obrigatório.

MODUS NOLENS – A regra de inferência praxiológica: Para qualquer ação A e seu correspondente resultado B,

Se A, então B

B é indesejável

∴ Evite A ou se abstenha de efetuar A,

onde ∴ representa o conceito algo impreciso de inferência prática.

↑**Praxiologia**, ↑*modus volens*.

MODUS PONENS – Uma regra básica de inferência no cálculo proposicional: para quaisquer proposições p e q: $p \Rightarrow q, p \vdash q$. Também denominada "regra de separação" porque permite separar o consequente q de um condicional desde que seu antecedente p esteja também declarado. ↑*Modus tollens*.

MODUS TOLLENS – Trata-se de uma regra derivada de inferência na lógica proposicional: para quaisquer proposições p e q: $p \Rightarrow q, \neg q \vdash \neg p$. Derivada do ↑*modus ponens* pela substituição de p por $\neg q$, e q por $\neg p$.

MODUS VOLENS – A regra de inferência praxiológica: Para qualquer ação A e seu correspondente resultado B,

Se A, então B

B é desejável

∴ Procure ou efetue A.

↑**Praxiologia**, ↑*modus nolens*.

MONISMO – A família de concepções ontológicas que afirma consistir o mundo de entidades de um só tipo, ou que ele "é feito de um único estofo". Principais tipos de monismo: ↑**materialismo**, ↑**energetismo**, ↑**idealismo**, ↑**empirismo** radical e ↑**pragmatismo** radical. Monismos menores: ↑**energetismo**, ↑**informacionismo**, ↑**monismo neutro**, ↑**panpsiquismo**.

MONISMO NEUTRO – A tese de que a mente e a matéria são apenas manifestações diferentes de uma única substância "neutra" que não pode ser conhecida. Sin. tese do duplo aspecto. Uma vez que por hipótese a substância neutra é incognoscível, a tese não pode ser expandida numa teoria nem posta à prova empírica. Ela é, pois, estéril, como a maioria das tentativas de compromisso entre opostos. ↑**Problema mente-corpo**.

MORAL – Concernente ao bem-estar de outras pessoas e nossa responsabilidade para com elas. Problemas e preceitos morais referem-se a ações que podem ser maléficas ou benéficas para outrem. ↑**Moralidade**, ↑**ética**.

MORALIDADE – Sistema de preceitos morais. Sin. morais, código moral. Para ser viável, um código moral deve ser coercitivo (negativo) em alguns aspectos e permissivo (ou positivo) em outros. Isto é, deve equilibrar ônus e recompensas. Tipicamente, as moralidades religiosas pospõem recompensas e punições à vida após a morte, ao passo que as moralidades humanistas as procuram ou as encaram em vida. Em todo grupo social há um código moral dominante – muito embora ele seja algumas vezes transgredido por certos indivíduos. É mais frequente observar em uma sociedade que os vários códigos morais se sobrepõem parcialmente. Toda sociedade em que esta sobreposição é pequena é instável. A ↑**ética** pode ser definida como o estudo de problemas, preceitos e códigos morais.

MORGAN, LEIS DE – ↑**Leis de Morgan**.

MORTE – **a.** O término da vida. Um estado, não uma coisa. Assim, todas as reificações da vida e, em particular, suas personificações são errôneas. ↑**Vida após a morte**. **b. Morte da filosofia** – Tornou-se moda sustentar que a filosofia não está apenas doente, mas se acabou de uma vez para sempre. Tal concepção remonta a Comte e Wittgenstein. A do primeiro, afirma que a ciência suplanta a filosofia e, a do segundo, que a filosofia é uma doença linguística a ser tratada por um terapeuta linguístico. Entretanto, a pesquisa científica envolve um certo número de conceitos filosóficos (tais como os de lei e verdade) e princípios (como os de realidade e cognoscibilidade do mundo) que nenhuma ciência específica examina. E a ↑**filosofia da linguística** – indiferente como é ao conhecimento mais profundo – abstém-se de lidar com quaisquer problemas filosóficos importantes e, como consequência disso, não chega a quaisquer teorias filosóficas (sistemas hipotético-dedutivos). Quem quer que acredite sinceramente que a filosofia esteja morta e, em particular, que ele próprio esteja liquidado como filósofo, tem o dever moral de calar-se. De outro lado, se alguém descrê da morte da filosofia ou acredita que ela está em más condições de saúde mas ainda pode ser salva, essa pessoa deveria empreender algo para curá-la. E, a única coisa que se pode fazer de boa fé a fim de contribuir para a sua recuperação é pôr-se a filosofar de maneira séria e interessante. Em que se deveria acreditar: no coveiro ou no construtor? O segundo é preferível porque há incontáveis problemas filosóficos não resolvidos. Boa parte das entradas deste dicionário levanta alguns deles. Daí ser possível dizer que o anúncio da morte da filosofia é prematuro. É bem provável que haja investigação filosófica enquanto subsistir problemas desta natureza, sem solução. E eles continuarão a existir enquanto houver pessoas empenhadas em pensar acerca das feições mais gerais da realidade e do nosso conhecimento e controle desta. Escrever a respeito da morte da filosofia é uma indicação de impotência no enfrentar alguns dos inúmeros problemas filosóficos em aberto. Entretanto, a alegada morte parece ter-se tornado uma indústria. Ainda assim, isso não implica que a filosofia esteja gozando de boa saúde: longe disso, a filosofia corrente apresenta sérios sintomas de estagnação e, mesmo, de ↑**decadência**.

MOVIMENTO – Mudança de lugar. A espécie mais simples de mudança, pois não envolve nenhuma novidade qualitativa. Entretanto, o movimento pode levar à mudança ↑**qualitativa**, como quando dois átomos se aproximam um do outro e se combinam formando uma molécula, ou quando várias pessoas convergem para um mesmo lugar e constituem um sistema social. Em outras palavras, uma mudança quantitativa pode tornar possível uma transformação qualitativa.

MUDANÇA – Qualquer alteração ou variação em uma ou mais propriedades de uma coisa. A peculiaridade dos objetos materiais (↑**entidade material**). Mudança *quantitativa* = mudança no valor de uma ou mais propriedades. Exemplos: movimento, acreação, crescimento populacional. Mudança *qualitativa* = a ↑**emergência** ou a ↑**submersão** de uma ou mais propriedades de uma coisa. Exemplos: "criação" e "aniquilação" de pares de elétrons; transmutação de núcleos atômicos; combinações e dissociações químicas; nascimento e morte de organismos; mudanças estruturais em sistemas sociais. *Mudança evolutiva* = a emergência de um tipo (espécie) ou coisas inteiramente novas. Exemplos: formação de novas espécies e novas instituições.

MUNDO – ↑Universo.

MUNDO EXTERNO – O mundo fora da mente ou da pele de um sujeito (ou de um cognoscente). Há um único universo, mas há tantos mundos externos quantos são os sujeitos. A justaposição ou a soma física destes mundos centrados no sujeito é igual *ao* (único) ↑**mundo**, ou realidade. Os objetivistas afirmam, enquanto os subjetivistas negam a existência autônoma do mundo externo. Se a existência do mundo externo pode ser ou não provada, é uma questão aberta. Porém, se trata de uma questão puramente acadêmica, porque todas as pessoas normais, especialmente os cientistas fatuais, tomam o mundo externo como dado. Se não o fizessem, não poderiam explorá-lo nem procurar proteger-se dele, e jamais conseguiriam entendê-lo ou transformá-lo. Assim, a tese da existência autônoma (independente do sujeito) do mundo externo é muito mais importante do que qualquer hipótese bem confirmada: é um pressuposto para toda a cognição e toda a ação.

MUNDO, FABRICAÇÃO DE – ↑Fabricação de mundo.

MUNDO POSSÍVEL – Alternativa imaginária ao mundo real. Por exemplo, em um mundo diferente do nosso, os humanos seriam escravos das máquinas; em outro, as pessoas pensariam com seus pés; em um terceiro, não haveria gente em absoluto – portanto, não haveria problemas filosóficos. Estes mundos imaginários só têm sentido em cosmovisões religiosas, onde a divindade (ou divindades), não constrangidas pelas leis da natureza, podem alimentar e avaliar planos alternativos na véspera da criação ou recriação. O especular sobre tais possibilidades fantasiosas deu origem a toda uma metafísica e semântica de mundos possíveis baseados na ↑**lógica modal**. Assim, pode-se pretender que 'Aristóteles' não é o mesmo que 'o autor da *Ética a Nicômaco*' porque em um mundo diferente este livro poderia ter sido escrito por algum outro. Mas como tudo o que conhecemos diz respeito somente a um mundo, o problema é uma tapeação. No entanto, o tratamento exato desse pseudoproblema é o principal direito à fama de certos filósofos. A metafísica e a semântica de mundos possíveis são meros jogos acadêmicos.

NADIDADE – Não existência. Há vários conceitos de não existência. **a. Lógica** – A nadidade é composta pelo prefixo "nada" e o sufixo "dade", que indica qualidade (no original inglês o termo correspondente é *nothingness*, construído como "*not-something*", "não-algo") ou ¬∃x, que importa em "tudo-não", ou ∀x¬. Por exemplo, "Nada é um fantasma" é simbolizado seja por "¬(∃x)Gx" ou por ∀ x¬Gx". **b. Matemática** – Há vários conceitos de nadidade além do "não-algo", entre eles o conjunto vazio, o elemento nulo de uma álgebra e o número zero. **c. Ontologia** – O nulo particular é o particular cuja concatenação (justaposição, adição física) com qualquer outro particular é igual a este último. Este conceito, que não espelha nenhum existente, é útil, por exemplo, para declarar formalmente o princípio de conservação, segundo o qual nada sai de nada ou entra em nadidade. Até a necessidade de um tal conceito de nadidade constitui embaraço para o realismo ingênuo e o empirismo, porque nenhum conceito assim tem uma contrapartida na realidade. Todavia, necessitamos de semelhantes conceitos para explicar a realidade, até em termos da vida quotidiana. Por exemplo, de uma caixa vazia dizemos que ela não contém nada e de alguém que está ocioso, dizemos que ele não faz nada. Hegel fez muita coisa da nadidade, afirmando que o devir é a síntese do ser e da nadidade – uma proposição que ele não se deu o trabalho de esclarecer. O existencialismo vai inclusive mais longe, ao reificar a nadidade. Isto é, ele trata a nadidade como uma entidade e, além disso, como uma entidade central. (Vale lembrar o famoso "*Das Nichts nichtet*" – "O não nada" – de Heidegger.) Obviamente, o não-coisa (*no-thing*) não é uma coisa (*thing*).

NATURAL/ARTIFICIAL – As coisas naturais, ao contrário das artificiais e feitas, vêm à existência e persistem independentemente dos humanos. Os próprios seres humanos são em parte naturais e em parte artificiais, pois são feitos e feitos por si quer biológica quer socialmente. Daí a severa limitação do ↑**naturalismo** no sentido estrito.

NATURAL, DOUTRINA DO DIREITO – ↑**Doutrina do direito natural**.

NATURAL, ESPÉCIE – ↑**Espécie natural**.

NATURALISMO – A ontologia centrada na tese de que o mundo consiste exclusivamente de entidades naturais. Por implicação, a rejeição de todas as pretensões acerca da realidade de ideias autônomas e objetos sobrenaturais, como fantasmas e divindades. O naturalismo coincide com o materialismo no concernente aos objetos estudados pela física, química e biologia. Mas é muito restritivo com respeito à vida social e à tecnologia, pois a primeira é, em larga medida, artefato e a segunda, totalmente artificial. Com efeito, embora os seres humanos sejam animais, ocorre que eles criam coisas artificiais, como regras e utensílios, que por sua vez condicionam suas vidas. O materialismo *lato sensu* inclui tais artefatos. Ele também abarca artefatos conceituais, como a lógica e a matemática, nenhum dos quais pode ser explicado em termos naturalistas (e. g., psicológicos).

NATURALISTA, FALÁCIA – ↑**Falácia naturalista**.

NATUREZA – **a**. A parte do mundo que existe independentemente de todo observador, e que os humanos podem melhorar ou degradar, estudar ou ignorar, mas não podem criar ou aniquilar. **b. Filosofia da natureza ou *Naturphilosophie*** – Especulação filosófica acerca da natureza sem o auxílio da ciência natural. Parte da reação romântica contra a Ilustração. A maior porção dela causa riso de tão errada que é, particularmente os livros de Schelling e Hegel sobre o assunto. Entretanto, três *Naturphilosophen* fizeram descobertas científicas: Goethe, Oken e Oersted. Exemplos contemporâneos: a antropologia filosófica e a filosofia da mente. Na recente literatura filosófica alemã, *Naturphilosophie* = Filosofia da ciência natural.

NATUREZA/CULTURA – Numa cosmovisão secular, a cultura é coisa produzida, enquanto a natureza não é. Entretanto, a distinção entre as duas não deveria ser levada ao exagero de uma separação, porque os produtores e consumidores dos produtos culturais são seres vivos e, por esta razão, amplamente naturais. Uma ↑**dicotomia** estrita natureza/cultura é típica de todas as filosofias idealistas, que colocam o espírito ou a mente acima da natureza em vez de colocá-las dentro do cérebro.

NATUREZA, ESTADO DE – ↑**Estado de natureza**.

NATUREZA HUMANA – O feixe de propriedades que caracteriza a espécie humana em face de outras espécies animais. Há tantas caracterizações da natureza humana quantas são as escolas antropológicas, e a maioria delas focaliza uma única feição. Que as seguintes fórmulas sejam suficientes: *homo faber*, *homo oeconomicus*, *homo ethicus*, *zoon politikon* (animal social), *homo sapiens*, *homo loquens*, *homo symbolicus* (Cassirer), *homo ludens* (Huizinga), *homo aleator* (jogador), *animal autointerpretador* (C. Taylor), *animal estruturador* (Lévi-Strauss) e *homo mechanicus* (La Mettrie e psicologia cognitiva computacionalista). ↑**Historicistas**, em especial marxistas, contestaram a própria noção de natureza humana com base no fato de que o homem se faz a si mesmo e evolui. Mas isto é apenas uma tácita caracterização alternativa. A seguinte descrição deveria acomodar tal objeção: O homem é o animal social enciclopédico e que se faz por si próprio.

NAVALHA DE OCKHAM – Princípio de Ockham, "Entidades não devem ser multiplicadas sem necessidade". Também chamado *princípio da parcimônia*. Este princípio é razoável, mas amiúde é mal-interpretado como se exigisse ↑**simplicidade** a todo custo e, em particular, à custa de conceitos e hipóteses referentes a itens muito distantes da experiência. ↑**Simplismo**. O princípio também é interpretado, desta vez corretamente, como favorecedor da mais simples de duas hipóteses que dão conta dos mesmo dados. Esta regra é correta somente se nenhuma das hipóteses rivais goza do amparo de hipóteses adicionais.

De outro modo, desideratos ulteriores, como profundidade e poder explanatório, devem ser levados em conta.

NECESSIDADE – **a. Lógica** – Uma proposição é *necessariamente verdadeira* se for uma tautologia ou se ela se seguir validamente a partir de premissas verdadeiras. Uma proposição q é uma *condição necessária* de uma proposição p se e somente se p $\Rightarrow$ q. Exemplo: A plena significação é necessária para a verdade. Uma proposição p é *suficiente* para uma proposição q se e somente se p $\Rightarrow$ q. Exemplo: Pensar é suficiente para estar vivo. Uma proposição p é, ao mesmo tempo, *necessária e suficiente* para uma proposição q se e somente se p $\Leftrightarrow$ q. Exemplo: Para qualificar um construto como exato é necessário e suficiente que possua uma forma lógica ou matemática precisas. **b. Ontológica** – O estado de uma coisa ou de um evento é *nomicamente necessário* (do grego *nomikos*, como oposto ao ↑**contingente** ou ao ↑**acidental**) se e somente se satisfizer leis causais e for consistente com as restrições da situação. Por exemplo, o calor é necessário para a água ferver. O conceito de necessidade nômica não tem relação com o da necessidade lógica. A pretensão de que a ↑**lógica modal** elucida os conceitos de necessidade, quer lógicos quer ontológicos, é tão disparatada quanto a pretensão de a teoria dos anéis valer tanto para os anéis nupciais como para os anéis algébricos.

NEGAÇÃO – Um conectivo lógico básico. A negação ¬p de uma *proposição* p é a proposição ¬p que desdiz, nega ou contradiz p. Se p for verdadeiro, ¬p será falso e inversamente. Se p for meio verdade, p será verdadeiro. Por exemplo, a negação de "Todos os planetas são perfeitamente esféricos", uma meia verdade, é plenamente verdadeira. Portanto, as verdades podem ser produzidas em massa a baixo custo pela simples negação de meias verdades. As asserções plausíveis são mais valiosas do que as denegações. Daí por que todos os postulados científicos são afirmativos e por que o ceticismo sistemático (ou ↑**negativismo**) é estéril. A negação de um *predicado* unário F é assim definível: $\neg F =_{df} \forall x \neg Fx$. A negação é o próprio centro da argumentação. Daí serem os cálculos lógicos desprovidos de negação, ou positivos, inúteis para analisar argumentos.

NEGATIVISMO – Qualquer doutrina circunscrita à negação de que certos conceitos podem ser definidos, certas hipóteses ou inferências podem ser feitas, ou certas ações podem ou devem ser executadas. O negativismo pode ser lógico, semântico, epistemológico, ético, político etc. Negativismo *lógico* = ↑**irracionalismo**. Exemplo de negativismo *semântico*: a opinião de que os conceitos de significado, sinonímia e verdade podem ser dispensados ou não podem ser propriamente definidos. Exemplo de negativismo *epistemológico*: o ↑**ceticismo** radical. Exemplo de negativismo *ético*: o utilitarismo negativo, ou a concepção de que a única norma moral sensível é "Não faça o mal". Negativismo *social* = anarquismo, isto é, a doutrina de que todo poder organizado é mau, de modo que o Estado deveria ser abolido.

NEO X – Um doutrina inspirada em X. Exemplos: neoplatonismo, neopitagorismo, neotomismo, neokantismo, neo-hegelianismo, neomarxismo, neopositivismo e neopragmatismo. Uma característica de todos os neo-ismos é que cada um deles está constituído por escolas rivais que pretendem ser as herdeiras legítimas da doutrina inicial. Muitas dessas pretensões concorrentes são plausíveis devido às ambiguidades existentes nos escritos originais, e por ser a fidelidade aos textos o único critério de exatidão utilizado – mais do que, digamos, a compatibilidade com a ciência da época. Todo neo-ismo tem sido uma tentativa de superar algumas das dificuldades que perseguem o ismo original sem, entretanto, corrigir suas falhas principais – pois, se o fizesse, não poderia ser qualificado como legítimo herdeiro. Esta é a razão pela qual todos os neo-ismos fracassaram tão horrivelmente quanto todas as tentativas de uma plena restauração política.

NIHIL EST IN INTELLECTU QUOD PRIUS NON FUERIT IN SENSU – Não há nada no intelecto que não estivesse primeiro nos sentidos. O princípio do ↑**sensacionismo**. Contraexemplos: Os conceitos de 0, consequência lógica, tempo, relação causal, conhecimento, evolução, passado remoto e divindade.

NIILISMO – ↑**Negativismo**. *Ontológico*: Nada existe. *Epistemológico*: Nada é cognoscível. *Semântico*: As questões dos significados são, no melhor dos casos, intratáveis e, no pior, destituídos de significação. *Axiológico*: Nada é valioso. *Praxiológico*: Nada é digno de ser feito.

NÍVEL – Termo polissêmico, razão pela qual deve ser utilizado junto com um adjetivo. Na ontologia, um nível *integrativo*, ou nível de *organização* da realidade, é uma coleção de entidades materiais (concretas) que compartilham certas propriedades e leis. As hipóteses mais simples acerca de níveis integrativos são que (a) a realidade (a coleção de todos os objetos reais) é composta de cinco níveis principais: físico, químico, biológico, social e técnico; (b) as entidades em qualquer nível suprafísico são compostas de entidades pertencentes a níveis inferiores; e (c) os níveis superiores (ou melhor, os particulares a eles pertencentes) emergiram no curso do tempo quer por associação, quer por desenvolvimento de particulares de níveis inferiores. Não acrescentamos um nível mental porque na ontologia materialista mentes não são coisas, porém coleções de processos cerebrais. Observe-se também que qualquer nível dado pode ser analisado em tantos subníveis quantos se fizerem necessários. Por exemplos, os níveis físicos e sociais são divisíveis em micro, meso, macro e meganíveis.

NÍVEL DE LINGUAGEM – A liguagem em que falamos sobre uma outra língua é tida como uma *metalinguagem* desta. Exemplo: a sentença 'o inglês é uma língua desregrada' pertence a uma metalinguagem do inglês, e a sentença 'A sentença anterior é verdadeira' pertence à meta-metalinguagem do inglês. Em geral, a linguagem L_n de nível n é uma linguagem que se refere a componentes de um nível mais baixo de linguagem L_{n-1}. Pois para qualquer linguagem dada L_n há um número ilimitado de níveis mais altos de linguagens L_{n+1}, L_{n+2},... Entretanto, raramente há necessidade de um segundo nível de linguagem. Nível de ↑**linguagem**, ↑**paradoxo do mentiroso**, ↑**metalinguagem**, ↑**linguagem-objeto/metalinguagem**.

NÍVEL, ESTRUTURA DE – ↑**Estrutura de nível**.

NOÇÃO DO CONHECIMENTO COMUM DE PROBABILIDADE – Na linguagem comum o termo 'provável' é amiúde identificado com 'possível' ou 'plausível'. Ambas as identidades são incorretas. A primeira porque, enquanto 'provável' designa um conceito quantitativo, 'possível' é qualitativo. E igualar ↑**plausibilidade** com probabilidade é um erro porque não se pode atribuir uma probabilidade a uma proposição, plausível ou não, mais do que se lhe pode adjudicar um preço. ↑**Paradoxo da probabilidade.**

NOÉTICO – ↑**Intuitivo**, apreendido prediscursivamente, diretamente. Na fenomenologia, o noético é infalível e oposto ao hilético ou material.

NOME – Rótulo linguístico convencional que é aposto a um objeto e serve para identificá-lo. Nomear é uma função de um conjunto de objetos em um conjunto de nomes. Nas linguagens naturais esta função é uma relação muitos-um entre objetos e nomes. Na linguagem artificial é, em geral, uma função parcial, quer dizer, uma de um subconjunto de objetos para um conjunto de símbolos. De fato, nem todos os membros de um contínuo, como a reta real, podem ser nomeados. Assim, surge um paradoxo: Uma totalidade infinita pode ser nomeada, como no caso de ℝ, mas a grande maioria de seus membros permanece sem nomeação. Isto constitui, diga-se de passagem, um sério golpe na tese ↑**nominalista** de que existem nomes, mas não conceitos. Os nomes são convencionais: não há necessidade lógica ou física acerca de qualquer relação nome-nomeado. Como Shakespeare notou, não há nada em um nome: o que realmente importa é o *nominatum*. Por serem etiquetas arbitrárias, os nomes não têm estatuto lógico: eles não são nem predicados nem conjuntos. Portanto, é erro procurar o significo dos nomes em geral. Apenas os nomes de ↑**espécies naturais**, como as bioespécies, têm um ↑**sentido** além de uma ↑**referência**, porque identificam ↑**predicados** e não particulares.

NOMINALISMO – **a. Ontológico** – A concepção de que há apenas ↑**particulares**, de que estes são coisas concretas ou signos de tais coisas (e. g., palavras), e que nenhum deles é conceitual. **Sin.** ↑**materialismo** vulgar. Entretanto, as ciências fatuais e as tecnologias não podem dispensar itens como moléculas, organismos e sistemas sociais, que não são apenas coleções de particulares. Somente as mais simples das coisas, como *quarks* e fótons, são julgados particulares genuínos (indivisíveis). Nem podem a ciência e a tecnologia prescindir de propriedades e relações, que o nominalista ou evita ou constrói como coleções de particulares, pares etc. (Isto é, ele confunde as propriedades com os correspondentes atributos, e mais tarde, por sua vez, com suas extensões.) Em especial, cientistas e tecnólogos distinguem propriedades ↑**essenciais** das acidentais – tais como, por exemplo, a composição química de detergentes pelo contraste de suas cores. **b. Semântico** – A doutrina de que não há conceitos nem seus afins (como hipóteses e teorias), mas unicamente nomes de entidades. Há duas objeções, no mínimo, contra este modo de ver. Primeiro, as coisas concretas não têm propriedades conceituais e conceitos não possuem quaisquer propriedades físicas, biológicas ou sociais. Segundo, nomes não podem substituir conceitos, se não por outro motivo pelo menos porque um e mesmo conceito é provavelmente nomeado diferentemente em diferentes línguas. ↑**Nome**. **c. Metodológico** – A prescrição metodológica de que a gente deveria evitar de fazer perguntas da forma "O que é x?" e muito menos "Qual é a essência de x?". Ao contrário, cumpriria fazer perguntas da forma "Como se comporta x ?" e, em particular, "Quais são as regularidades no comportamento de x (isto é, as leis de x)?" O oposto do ↑**essencialismo**. Na realidade, o nominalismo metodológico é o mesmo que o ↑**descritivismo**, o qual é por seu turno um componente do ↑**positivismo**.

NOMOÉTICA – O ramo da ética que investiga os problemas morais levantados pela lei. Amostra de problemáticas: as relações entre os direitos humanos e os direitos legais, e o estatuto de máximas como "Os direitos de cada indivíduo são limitados pelos direitos dos outros", "Todo direito implica algum dever" e "A pessoa moral tem o dever de se opor às leis injustas".

NOMOLÓGICO – Que tem a ver com leis, como em "enunciado nomológico". **Sin.** como ou do tipo lei (*lawlike*).

NON SEQUITUR – Um enunciado que não se segue logicamente das premissas. Exemplos: "Tudo tem um começo; portanto, o universo deve ter sido criado"; "A ciência não explica tudo; logo, pode muito bem haver milagres"; "Os computadores fazem muitas coisas que as mentes fazem; logo, eles possuem mentes".

NORMA – **a.** – ↑**Regra** prevalente. **b.** – Norma estatística: moda ou mediana.

NORMATIVO OU PRESCRITIVO – Referente a normas, como em "a lógica e a lei são antes normativas do que descritivas".

NOTA DE PÉ DE PÁGINA OU DE RODAPÉ – A marca do saber acadêmico – no mínimo segundo a definição de um *scholar* como alguém que se especializa no transporte de ossos entre cemitérios intelectuais. (Daí a expressão 'enterrado num pé de página'.) Quanto melhor um acadêmico moderno, maior a razão notas de pé de página/texto em seus escritos. Se esta razão for igual a 0, temos a ver com um não acadêmico ou com um acadêmico pré-moderno ou então com um pensador original; se a razão for igual a 1/2 ela será um indicador de um acadêmico universitário médio; se for igual a 1 indicará um acadêmico de boa qualidade; se for maior do que 1, isto será a prova de um excelente acadêmico. O *scholar* eminente fará notas de rodapé para notas de rodapé, e assim por diante – tantas quantas a sua impressora aguentar.

NOTAÇÃO – Representação de construtos por símbolos. Notações são convenções linguísticas. Mas, como qualquer convenção, uma notação poder ser sugestiva ou não, generalizável ou não e ágil ou embaraçosa. Por exemplo, o símbolo *aRb*, abreviatura de "*a* é *R*-relacionado a *b*" não pode ser generalizado para uma relação *n*-ádica, enquanto *Rab* pode do seguinte modo: *Rab ... n*. Outro exemplo é a notação polonesa para a lógica, que é conveniente para sentenças do tipo simples, como é o caso de CCprCrs, que na notação matemática padrão reza: (p $\Rightarrow$ r) $\Rightarrow$ (r $\Rightarrow$ s). Para fórmulas complexas esta notação torna-se impossível de tão incômoda. Do mesmo modo, os pontos de Newton fazem-se impraticáveis para derivadas de ordem superior a dois, e não podem ser generalizados para derivadas de uma ordem arbitrária. Daí não permitirem sequer escrever leis elementares como $D^m D^n = D^{m+n}$ para o operador diferencial *D*. Uma notação embaraçosa pode tornar mais lento ou mesmo bloquear o progresso, como foi o caso dos numerais romanos. O que constitui mais um lembrete de que as convenções não necessitam ser arbitrárias e muito menos tolas.

NOUMENON – ↑Coisa em si ou *ding an sich*.

NOVA ERA OU ÉPOCA (NEW AGE) – É um chapéu velho. Uma indústria multibilionária que vende superstições e pseudociências de todas as espécies. Parte da cultura comercial.

NOVIDADE – O que quer que não tenha existido antes. A novidade pode ser absoluta ou relativa: a primeira, se ocorre pela primeira vez na história do universo, e a segunda, se ocorre pela primeira vez em uma coisa particular. Como a história do universo é desconhecida em cada detalhe, a novidade absoluta não pode ser afirmada. Até o Big Bang, se aconteceu, pode ter acontecido mais do que uma vez em diferentes lugares do universo. A novidade também pode ser *quantitativa, qualitativa* ou ambas. Por exemplo, expansão e contração são quantitativas; nascimento e morte são qualitativos; e desenvolvimento e especiação são tanto qualitativos como quantitativos. É possível ainda uma partição alternativa da novidade em numérica, combinatória e radical. A novidade *numérica* é a repetição ou a multiplicação de objetos similares, como na produção em massa. A novidade *combinatória* vem da combinação de objetos preexistentes, como na formação de moléculas a partir de átomos, de sentenças a partir de palavras e de melodias a partir de notas. A novidade *radical* é a emergência de coisas que não mantêm quaisquer traços de seus precursores, como a luz emitida pelos átomos, as inovações sociais e a infinidade.

N-PLA ORDENADA – Um rol finito de itens. Um par ordenado é usualmente definido assim: $<a, b> =_{df} \{\{a\}, \{a,b\}\}$. Logo $<a,b> \neq <b,a>$ a menos que $a = b$. Uma *n*-pla ordenada: $<a,b,..., n> =_{df} <<a,b,..., n - 1>, n>$. Trata-se de uma ferramenta útil na filosofia exata, particularmente para definir itens de múltiplas feições, tais como os conceitos de ↑**significado** e de ↑**ciência**.

OBJETO – Tudo o que pode existir, a cujo respeito se pode falar, pensar ou sobre o que se pode atuar. É o mais básico, abstrato e geral de todos os conceitos filosóficos, portanto indefinível. A classe de todos os objetos é, assim, a espécie máxima. Objetos podem ser individuais ou coleções, concretos (materiais) ou abstratos (ideais), naturais ou artificiais. Por exemplo, sociedades são objetos concretos, ao passo que números são objetos abstratos; e as células são objetos naturais, enquanto as palavras são objetos artificiais. A. Meinong e alguns outros tentaram construir uma teoria única de objetos de todas as espécies, concretos e conceituais, possíveis e impossíveis. Este projeto gorou porque objetos concretos possuem propriedades essenciais (como energia) que nenhum dos objetos conceituais tem, enquanto estes últimos possuem propriedades (como a forma lógica) que nenhum dos objetos materiais pode ter. Daí a divisão mais radical da classe dos objetos ser entre objetos materiais (ou concretos) e conceituais (ou formais).

OBJETIVO – Refere-se exclusivamente a itens do mundo externo. Por exemplo, "A criminalidade está em declínio" é um enunciado objetivo, embora talvez não seja verdadeiro com referência a alguns lugares e épocas. De outro lado, "Eu sinto empatia com ladrões de ninharias" não é objetivo, conquanto possa ser verdadeiro para algumas ocasiões do "Eu". Presume-se que a ciência, a tecnologia e as humanidades sejam objetivas, enquanto a arte pode ser subjetiva. Por contraste, a matemática não é nem objetiva nem subjetiva. O que prova que o par objetivo/subjetivo não coincide com o par material/conceitual.

OBSCURANTISTA – Qualquer atitude, escola ou movimento que ataque tanto as abordagens racionais quanto as empíricas, e promova a cega adoção de dogmas, em seu lugar. Enquanto alguns obscurantistas, tais como Husserl e Heidegger, escreveram de maneira cifrada, outros, como Nietzsche e Mussolini, o fizeram claramente. O Iluminismo combateu o obscurantismo religioso quer de modo direto, criticando-o, quer indireto, promovendo a ciência e a filosofia orientada para a ciência. Os humanistas atuais se orgulham de ser sucessores da Ilustração. Por contraste, os pós-modernos pertencem à mais recente onda da Contra-Ilustração.

OBSCURO – Uma ideia ou símbolo são obscuros se e somente se não forem claros, isto é, se não tiverem ↑**clareza**. Exemplos: ↑*Dasein*, ↑**intencionalidade**, ↑**intuição**, ↑**noético**, ↑**superveniência**, unidade de opostos, ↑*Verstehen*, ↑*Zeitgeist*.

OBSERVAÇÃO – Percepção deliberada, como no ouvir e ver por contraste com escutar e olhar respectivamente. Não deve ser confundida com o experimento, que é observação planejada dos efeitos da intervenção ativa do conhecedor na situação concernente. ↑**Experimento**.

OBSERVAÇÃO PEJADA DE TEORIA – Uma observação conduzida à luz de alguma hipótese ou teoria e, assim, envolvendo provavelmente algum viés conceitual. **Ant.** observação ingênua. Certos filósofos têm pretendido que toda observação é carregada de teoria. Essa tese é falsa: somente as observações científicas mais sofisticadas são conduzidas de teorias propriamente ditas. A verdade é que toda observação é promovida por hipóteses e colorida pela expectativa.

OBVIAMENTE – Uma palavra que precede uma afirmação injustificada. Um artifício retórico destinado a persuadir. ↑**Autoevidente**.

OCKHAM, NAVALHA DE – ↑**Navalha de Ockham**.

OMNE QUOD MOVETUR AB ALIO MOVETUR – O que quer que se mova é movido por outra coisa. Princípio do ↑**externalismo**, central para cosmologias do senso comum e aristotélicas, bem como para o behaviorismo. Refutado pela inércia, pela automontagem e pela espontaneidade.

OMNIS DETERMINATIO EST NEGATIO – Este dito algo obscuro de Spinoza pode ser exatificado como segue. Seja x um objeto arbitrário dotado da propriedade P, isto é, que seja Px. O que parece ter sido enunciado por Spinoza é que, se Px for o caso, então x deixa de ter algumas outras propriedades. (Por exemplo, uma pessoa pobre não pode permitir-se a despesa de uma excursão ao Caribe.) Chamando W de a totalidade dos entes e $\mathbb{P}$ a totalidade das propriedades (unárias), obteremos o princípio ontológico transparente: $\forall x \forall P[x \in W \ \& \ P \in \mathbb{P} \Rightarrow \exists Q(Q \in \mathbb{P} \ \& \ \neg Qx)]$. Um princípio relacionado com este é o seguinte: Nenhuma coisa possui todas as propriedades. Isto é, $\neg \exists x \ \forall P \ (P \in \mathbb{P} \Rightarrow Px)$, que pode ser reescrito como $\forall x \ \exists P(P \in \mathbb{P} \ \& \ \neg Px)$. Um modo equivalente, mas à primeira vista paradoxal de afirmar a mesma coisa é: A coisa nula possui todas as propriedades. Este enunciado pode até servir para definir a coisa nula se o conceito de ↑**propriedade** estiver à mão.

ONISCIÊNCIA – Conhecimento completo e perfeito de todas as coisas. Uma ficção teológica predicada de certos deuses.

ONTOLOGIA – A séria versão secular de ↑**metafísica**. O ramo da filosofia que estuda as feições mais universais da realidade, tais como existência real, mudança, tempo, chance, mente e vida. A ontologia não estuda construtos, isto é, ideias em si próprias. Estas são abordadas pelas ciências formais e pela epistemologia. Daí a expressão "ontologia da matemática" ter sentido apenas no contexto do idealismo objetivo (como o de Pitágoras e de Platão). Por contraste, a pergunta "Qual o estatuto ontológico de objetos matemáticos?" é significativa em todos os contextos, e em uma filosofia ficcional da matemática ela tem uma resposta simples: Nenhum. ↑**Filosofia da matemática**. A ontologia pode ser classificada em geral e especial (ou local). A ontologia *geral* estuda todos os seres existentes, enquanto cada ontologia *especial* estuda um gênero de coisa ou processo – físico, químico, biológico, social etc. Assim, ao passo que a ontologia geral estuda os conceitos de espaço, tempo e evento, a ontologia do social investiga conceitos sociológicos gerais, tais como os de sistema social, estrutura social e mudança social. Seja geral ou especial, a ontologia pode ser cultivada em uma das duas maneiras: especulativa ou científica. As ontologias de Leibniz, Wolff, Schelling, Hegel, Lotze, Engels, Mach, W. James, H. Bergson, A. N. Whitehead, S. Alexander, L. Wittgenstein, M. Heidegger, R. Carnap e N. Goodman são tipicamente especulativas e distantes da ciência. Assim é também a metafísica contemporânea dos ↑**mundos possíveis**. Advertência: a expressão "ontologia de uma teoria" é, às vezes, empregada de maneira transviante para designar a classe de ↑**referência** ou o ↑**universo do discurso** de uma teoria. A expressão é desencaminhadora porque as ontologias são teorias e não classes.

ÔNUS DA PROVA – Qualquer pessoa que apresente uma conjetura, norma ou método tem a obrigação moral de justificá-los. Por exemplo, quem quer que proponha uma explicação não biológica do mental, ou uma explicação biológica do social, tem o dever de exibir as evidências a seu respeito. Por contraste, cientistas e tecnólogos não são obrigados a submeter à prova fantasias descabeladas de não cientistas: eles têm bastante a fazer em seu próprio campo de trabalho. Do mesmo modo, detetives não são obrigados a refutar pretensas abduções alheias; pesquisadores biomédicos não têm o dever de aferir todo caso de alegada cura pela fé; e engenheiros não têm o dever de examinar cada novo projeto de máquina de moto-perpétuo.

OPERAÇÃO – Processo artificial, conceitual ou material, por cujo intermédio um objeto é transformado em outro. Exemplos da vida quotidiana: cozinhar, pajear, comerciar. Exemplos matemáticos: ¬, +, $\partial/\partial x$. Exemplos científicos: diluir, aquecer, observar, mensurar, experimentar, computar. Exemplos tecnológicos: perfurar, ligar, controlar.

OPERACIONALIZAÇÃO DE TEORIAS – O enriquecimento de teorias científicas ou tecnológicas com ↑**hipóteses indicadoras**, de modo a torná-las testáveis. Por exemplo, os modelos macroeconômicos só podem ser aferidos adicionando-lhes indicadores globais da atividade econômica como o PNB ou o volume de vendas a varejo.

OPERACIONISMO – Filosofia pragmática da ciência que prescreve que todo construto seja introduzido por meio de algum procedimento de laboratório. Por exemplo, é dito que a introdução do conceito de massa terá de ser feito por meio de técnicas de medida de massa. Se isto fosse assim, haveria tantos conceitos de massa quantas técnicas de medida de massa – o que é falso. De fato, há apenas uns poucos conceitos de massa, como os que ocorrem na mecânica clássica e relativística, que são tacitamente definidos pelas equações onde ocorrem e não por referência a mensurações técnicas. Por exemplo, uma análise do conceito clássico de massa mostra ser ela uma função de pares ordenados <corpo, unidade de massa> para números positivos reais (M: B × U_M → $\mathbb{R}^+$). A referência a um teste de procedimento t está envolvida apenas na expressão do valor medido da massa de um corpo b, como em $\mu(b,u,t) = m \pm \sigma$, onde u é uma unidade de massa e σ é o desvio padrão em torno do valor médio m Assim, a função μ do valor da massa medida (ou empírica) difere da função M do valor da massa teórica mensurada. Além do mais, μ não teria sentido sem M, visto que o propósito das medidas de massa é determinar os valores das funções de massa (teóricas, portanto universais) para corpos particulares. Devido à sua tentativa de sujeitar a teoria à técnica de medida, o operacionismo exerceu um efeito mutilante nas ciências naturais, alijando construtos de alto nível que não poderiam possivelmente estar ligados a operações laboratoriais. Mas, por algum tempo, tiveram um efeito benéfico sobre os estudos sociais, ao desacreditar especulações disparatadas. Atualmente, o operacionismo sobrevive apenas nas primeiras poucas páginas de alguns compêndios de ciência.

OPINIÃO   Crença que não foi aferida em relação à verdade assim como à eficiência.

OPOSIÇÃO – **a. Lógica** – Negação. **b. Ontologia** – Conflito. Um conceito chave na ↑**dialética**, mas confuso, porquanto não fica sequer claro que espécie de itens fatuais pode ter opostos: coisas, propriedades, eventos? Por exemplo, os nêutrons e fótons possuem opostos? o que é o oposto da temperatura? e o que é o oposto de uma colisão? Definição: O oposto (ou inverso) de um processo em um sistema é o processo que, sucedendo ao processo original, restaura o estado inicial do sistema. Exemplos: expansão e contração, absorção e emissão, combinação e dissociação, concentração e difusão, crescimento e declínio. Tese: Somente processos podem ter opostos, e somente alguns deles podem efetivamente acontecer no mundo real, isto é, os reversíveis.

ORDEM – **a. Matemática** – Os membros de um conjunto podem ser ordenados de diferentes maneiras. A ordem mais simples e a mais forte é a ordenação *estrita* (ou serial), como a dos pontos de uma reta: ela é induzida por uma relação assimétrica e transitiva. Uma ordenação mais fraca, e portanto bem mais comum, é a da ordem *parcial*: ela é levada a cabo por uma relação reflexiva, antissimétrica e transitiva como "menor que ou igual a" e "provir de". Exemplo: uma filogenia. Definição formal: $<S, \geq>$ é um *conjunto parcialmente ordenado* se e somente se, para todo x, y, e em S, $x \geq x$, $x \geq y$ & $y \geq x \Rightarrow x = y$, e $x \geq y$ & $y \geq z \Rightarrow x \geq z$. **b. Ciência e ontologia** – Padronizado, na medida em que é oposto a irregular. **c. Ciência social** – A ordem social que prevalece em uma sociedade é a estrutura de poder da sociedade, ou seja, o conjunto das relações de poder em seu interior. Exemplos: feudalismo, teocracia, capitalismo autoritário (fascismo), capitalismo democrático, socialismo democrático, socialismo autoritário (comunismo). Ant. anarquia.

ORGANICISMO – **a. Biologia** – A tese de que ↑**vida** e ↑**mente** são processos organísmicos. Terreno intermediário entre ↑**mecanismo** e ↑**vitalismo**. **b. Estudos sociais** – A concepção de que a sociedade é um ↑**organismo**. Uma componente de algumas ideologias reacionárias. **c. Ontologia** – A doutrina segundo a qual toda e qualquer coisa, inclusive o universo, é um ↑**organismo**. Uma parte de algumas mundivisões mágicas.

ORGANISMO – Ser vivo. ↑**Vida**.

ORGANIZAÇÃO – ↑**Estrutura**, organização, arquitetura. Duas totalidades ou ↑**sistemas** com os mesmos componentes podem ser organizados (estruturados) de maneira diferente. Exemplos: isômeros, nucleotídeos num gene, palavras numa sentença, gabinetes governamentais.

ORIGEM – Ponto de partida do existir, começo. Todos os problemas atinentes à origem de coisas ou ideias de novos tipos são, ao mesmo tempo, científicos e filosóficos. Exemplos: origem do universo, vida, espécies, mente, racionalidade, linguagem, conhecimento, morais, filosofia, o Estado.

ORIGINAL – Novo, portanto, desconhecido antes. Todo o desígnio da pesquisa é conseguir achados originais. O da erudição é cercar a originalidade com uma proibitiva crosta de comentários desnecessários. O desígnio da censura é prevenir a difusão de descobertas originais. Na filosofia, a censura é realizada de um modo mais efetivo por dissidentes ignorantes e colegas enaltecedores que assentam o foco em ↑**miniproblemas** ou em ↑**pseudoproblemas**.

ORTODOXIA – Conformação com um sistema de crenças sustentado por algum grupo de poder.

OSTENSIVO – Acessível aos sentidos, de modo que pode ser apontado. Uma *definição ostensiva* é uma pretendida definição da forma "Aquilo que você vê (ou ouve) ali, é um X". "Definições" ostensivas são úteis no processo de ensino. Mas não são propriamente ↑**definições**, pois estas são operações puramente conceituais. Dar uma "definição" ostensiva é somente denominar ou exemplificar.

OUBLIETTE – Derradeiro lugar do esquecimento da maior parte das ideias filosóficas, literalmente seu "calabouço".

OXÍMORO – Justaposição de predicados incompatíveis. Exemplos: universal concreto (Hegel), centralismo democrático (Stálin), ciência cristã, criacionismo científico, lógica paraconsistente, morais egoístas.

PAIXÃO – O complemento de razão: aquilo que ora lubrifica o raciocínio, ora o descarrila. Não há grande empenho sem paixão, e nada é correto somente com ela.

PALAVRA – Elemento de uma linguagem comum (natural). As palavras são letras ou concatenações de letras de uma linguagem. Elas constituem o vocabulário de uma língua. O vocabulário de toda língua moderna contém termos técnicos, bem como termos de uso geral.

PANLOGISMO – A doutrina de que o mundo e a mente são uma só coisa. Sustentada por Pitágoras, Proclo, Hegel e outros idealistas objetivos.

PANPSIQUISMO – A doutrina de que tudo é mental ou tem a capacidade de sofrer processos mentais, em algum grau. **Sin.** animismo.

PANTEÍSMO – A doutrina da identidade do mundo e da deidade. Defendida por Xenófanes, David de Dinant, alguns místicos alemães, Spinoza, Toland e talvez Schelling e Hegel também. Condenado pelas igrejas porque sacraliza o homem e torna absurdo o mal e, portanto, a batalha contra o mal.

PARACONSISTENTE, LÓGICA – ↑**Lógica paraconsistente**.

PARADIGMA – Um termo polissêmico que designa "estalão de perfeição", "exemplar", "modelo a ser imitado", "abordagem padrão", "orientação teórica", "estilo de pensamento" e outras coisas mais. Exemplo: até o nascimento da física dos campos e a biologia evolucionária, a mecânica era considerada como o paradigma de todas as ciências. Hoje em dia, cada ciência tem vários paradigmas. Definição: Um *paradigma* é um corpo B de conhecimento básico juntamente com um conjunto H de específicas ↑**hipóteses** substantivas, uma ↑**problemática** P, uma meta A e uma ↑**metódica** M : $\mathcal{P}$ = <B, H, P, A, M>. Uma generalização do conceito de ↑**abordagem**. Um *deslocamento de paradigma*, ou mudança de perspectiva, acontece quando uma mudança radical ocorre nas hipóteses específicas, na problemática, ou em ambas. Exemplos: platonismo → aristotelismo, ética kantiana → utilitarismo, economia clássica → economia neoclássica, modernidade → pós-modernidade.

PARADOXO – Contradição ou assunção contraintuitiva ou achado. Os paradoxos de primeira espécie são de duas classes: lógicos e semânticos. Os primeiros foram encontrados na lógica e na teoria dos conjuntos no começo do século XX, e seu estudo estimulou importantes avanços, como a teoria do tipo e a teoria axiomática dos conjuntos, que se situam para além do escopo da presente obra. Alguns dos paradoxos semânticos eram conhecidos e têm sido investigados há séculos. O mais famoso é o ↑**paradoxo do mentiroso**, que pode ser tratado por meio da distinção linguagem-metalinguagem. Quanto aos paradoxos do segundo tipo – resultados contraintuitivos – a física quântica está carregada deles. Basta lembrar o EPR* e os experimentos mentais de ↑**Schrödinger, gato de**. O primeiro foi resolvido, mas os outros continuam sendo água para o moinho da indústria acadêmica. A ↑**"lógica" indutiva** também se apresenta marcada pelos paradoxos: o ↑**paradoxo do corvo** e o ↑**paradoxo do** *verzul*.

PARADOXO DA PROBABILIDADE – a. **Enraizados na linguagem comum** – O seguinte paradoxo deveria salientar os riscos que estão à espreita por trás da noção de conhecimento ↑**comum** de probabilidade. Dado o fato de existirem presentemente cerca de 6 bilhões de pessoas no mundo, a probabilidade de que um ser humano, colhido ao acaso, seja americano é apenas de 1:6 bilhões = 0,0000000017. Pareceria, portanto, que o seguinte argumento sustenta-se: (1) Se um indivíduo é um ente humano, ele, ou ela, cada um por si não é provavelmente o

---

* EPR – Iniciais de Einstein, Podolsky e Rosen, autores de um artigo publicado em 1935, que aceita ser a mecânica quântica correta, mas não completa. (N. da T.)

presidente americano; (2) Bill Clinton é o presidente americano; (3) portanto, Bill Clinton não é (provavelmente) um ser humano. Mas esta não é uma conclusão válida. Com efeito, suas premissas são:

A. Para cada x, se x é humano, então a probabilidade de que x seja o presidente americano = 0,0000000017.
B. Bill Clinton é o presidente americano.

Entretanto, nada segue da conjunção de A e B. Por hipótese, a população total (ou espaço de amostra) em questão é o gênero humano no presente momento. Daí ser um indivíduo, colhido ao acaso nessa população, necessariamente um ser humano como o resto. Assim sendo, se semelhante indivíduo é o presidente americano ou não, é irrelevante: tal indivíduo é, por pressuposição, humano. Moral da história: Cuidado com a linguagem comum, particularmente quando empregar a palavra 'probabilidade'. **b. Enraizados na interpretação subjetivista** – Não é de surpreender que a probabilidade ↑**subjetiva** (ou Bayesiana) esteja plena de paradoxos. Um deles é o seguinte – o qual, segundo a lenda, quase fez afundar uma conferência sobre biologia teórica em 1966. De três prisioneiros, Mateus, Marcos e Lucas, dois devem ser executados, mas Mateus não sabe quais. Ele acredita que sua própria chance de ser executado é 2/3. Ele pede ao carcereiro que lhe dê o nome de um dos homens: Marcos ou Lucas? O carcereiro responde que Marcos será executado. Bom subjetivista que é, Mateus sente-se um pouco aliviado: acredita que esta informação baixou a sua chance de vir a ser executado de 2/3 para 1/2. Estará ele certo? Não, porque as pessoas que serão executadas já foram escolhidas; o problema é alheio à chance, portanto, não se justifica falar de probabilidade. Somente se os dois prisioneiros forem escolhidos ao acaso, a probabilidade de Mateus ser executado seria de 2/3. E esta chance cairia de fato para 1/2 apenas se seus executores, tendo condenado Marcos, decidissem tirar a sorte entre Mateus e Lucas. Mas este não é um dos dados do problema. Moral da história: Cuidado com as probabilidades subjetivas: atribuir números a pressentimentos não os tornam mais respeitáveis.

PARADOXO DE ZENÃO – Os argumentos de Zenão de Eleia contra a realidade da mudança. O mais conhecido é o de Aquiles e a tartaruga. Aquiles corre dez vezes mais rápido do que a tartaruga, mas tem um retardo de h estádios. Quando ele atinge o ponto de partida da tartaruga, esta já andou h/10 estádios à sua frente; quando ele alcança a segunda posição, a tartaruga estará h/100 estádios adiante, e assim *ad infinitum*. A distância total que Aquiles precisa correr para alcançar a tartaruga é a série infinita h/10 + h/100 + ... + h/10^n + ... Pois bem, os gregos antigos pensavam que toda soma de infinitos termos, como esta, deve ser infinita. Mas nós sabemos que a série dada converge para h/1 – (1/10) = 10h/9. Isso dissolve o paradoxo. Seu único interesse para o nosso tempo é que exemplifica a tese segundo a qual muitos quebra-cabeças filosóficos acabam sendo resolvidos com a ajuda da ciência. Outros exemplos são o dilema causalismo/tiquismo (soluciondo pela mecânica quântica), a controvérsia vitalismo/mecanismo (encerrada pela bioquímica), o ↑**problema mente-corpo** (solucionado pela neurociência cognitiva) e a ↑**dicotomia da ciência natural/ciência social** (destruída pelas ciências biossociais).

PARADOXO DO CÉTICO – O cético radical duvida de tudo igualmente. Em particular, ele coloca todas as ↑hipóteses, científicas ou não científicas, no mesmo nível. Por exemplo, é provável que ele classifique no mesmo grau a psicocinética (o movimento de objetos materiais provocados pela mente) junto com o princípio de conservação da energia, o que contradiz a psicocinética quando envolve a criação de energia. Como consequência, ele pede tolerância ou até apoio para especulações ou experimentos concernentes à psicocinética. Assim, na prática, o ceticismo radical pode encorajar a credulidade. ↑**Ceticismo,** ↑**mente aberta**.

PARADOXO DO CORVO – Um paradoxo da ↑**lógica indutiva** proposto por C. G. Hempel. A generalização empírica "Todos os corvos são pretos" é formalmente equivalente à proposição que reza: Todas as coisas não pretas são não corvos. (↑**Contraposição**). Portanto, encontrar uma loira pareceria confirmar a dada generalização, que é paradoxal, para não dizer tola. Esse paradoxo dissolve-se à observação de que qualquer interessado em corvos começaria por confinar seu universo de discurso aos pássaros, de modo que consideraria irrelevante para o seu objetivo encontrar uma loira. Em outras palavras, como a classe de máxima referência de "Todos os corvos são pretos" é a classe dos pássaros, apenas dados acerca dos pássaros seriam relevantes para a hipótese em questão. Qualquer teoria razoável de ↑**referência**, que seguisse o modo como os cientistas lidam efetivamente com os predicados, poderia ter evitado a enchente de publicações gerada por esse quebra-cabeça.

PARADOXO DO MENTIROSO – Uma instância da classe de expressões autorreferentes. Diz-se que a sentença *eu estou mentindo* é paradoxal porque o seu valor de verdade parece oscilar entre V e F. Com efeito, se de fato eu estiver mentindo, então estarei dizendo a verdade (V); e se eu estiver falando a verdade, então de fato estou mentindo (F). A dissolução padrão do paradoxo consiste em distinguir o que está sendo dito (numa linguagem) da avaliação do que está sendo dito (na ↑**metalinguagem**). Isso concorda com o modo como tratamos confissões de mentira na vida real. Sem dúvida, mesmo quando admitimos haver mentido antes, nunca dizemos, exceto por gracejo, que aquilo que estamos afirmando agora é uma mentira. Ou seja, na vida real distinguimos um enunciado efetuado em tempo anterior de um ↑**metaenunciado** acerca do valor de verdade deste enunciado. Entretanto, há mesmo uma forma mais simples de dissolver o paradoxo. Ela consiste em decidir que, dado que a expressão 'eu estou mentindo' não pode possivelmente adquirir um valor definido de verdade, a sentença deixa de designar uma proposição. Portanto, ela deveria ser banida – e cumpriria desencorajar a feitura de quaisquer artigos ulteriores a seu respeito. Um análogo matemático é a "série" infinita oscilante: 1-1+1-... No caso, não se trata propriamente de uma série porque a sua soma pode assumir os valores 1, 0 ou −1, dependendo do modo como seus termos são agrupados usando-se a associatividade.

PARADOXO DO *VERZUL* – Um engraçado miniproblema acadêmico destinado a irritar qualquer cientista. Suponha que esmeraldas pudessem manter-se verdes até uma certa data futura T, tornando-se a partir de então azuis. Se este fosse o caso, poderíamos chamá-las de '*verzul*' ou '*azerde*'. Podem existir esmeraldas assim? De acordo com os empiristas, sim, porque, até o ano T, o mesmo corpo de evidência empírica sustenta as generalizações alternativas

> H1: Todas as esmeraldas são verdes.
> H2: Todas as esmeraldas são *verzuis*.

Este "paradoxo de confirmação" provocou uma grande agitação entre os filósofos quando N. Goodman o propôs pela primeira vez. Os cristalógrafos, sem dúvida, nunca tomaram conhecimento dele porque sabem que as esmeraldas não trocam de cor nem espontaneamente, nem de um dia para o outro, do mesmo modo que os leões não podem metamorfosear-se em gazelas. A razão é que a cor das esmeraldas é determinada por sua composição química. E, se esta última mudar, o cristal deixa de ser uma esmeralda. A inferência é a seguinte:

> Para todo x, x é uma esmeralda se e somente
> se x possuir a composição C.
> Para todo x, se x tiver a composição C, então x
> parecerá verde sob a luz branca.
> Logo, para todo x, se x for uma esmeralda,
> então x parecerá verde sob a luz branca.

A conclusão, inicialmente uma generalização empírica, foi derivada de hipóteses de nível mais elevado (ou mais profundo). Daí possuir mais do que apenas o suporte empírico constituído por inúmeras, mas amiúde errôneas observações acerca de esmeraldas. Moral 1: As generalizações empíricas não são típicas da ciência. Moral 2: A evidência empírica não é tudo o que há para a ciência. Moral 3: O paradoxo *verzul* é um ↑**pseudoproblema**. ↑**Paradoxo**.

PARALELISMO PSICOFÍSICO – A concepção segundo a qual os estados mentais são síncronos aos estados cerebrais, mas em nenhum outro modo relacionados com eles. Uma variedade do dualismo psiconeural. ↑**Problema mente-corpo**. O paralelismo é popular pelas seguintes razões. Primeiro, ele concorda com a ideia vulgar de que, embora mente e corpo estejam separados, ambos estão, de algum modo, relacionados um ao outro. Segundo, permite que físicos, químicos e biólogos se ocupem de seus assuntos sem se preocupar com a possibilidade de que seus próprios processos mentais possam influenciar diretamente suas operações laboratoriais. Terceiro, ele desculpa os psicólogos que não têm interesse pelo cérebro. A despeito de sua popularidade, o paralelismo não é científico, por ser empiricamente irrefutável. De fato, cada momento em que ocorre um evento mental encontrar-se-á também um evento neural concomitante. Além disso, não sendo verificável no sentido mais forte, o paralelismo está em desacordo com a ↑**cosmovisão** científica, que é naturalista (ou ↑**materialista**). Mais ainda, juntamente com as restantes variedades do dualismo psiconeural, o paralelismo é um obstáculo às investigações dos mecanismos neurofisiológicos da mente.

PARAPSICOLOGIA – O estudo de supostas habilidades paranormais (extrassensoriais) e processos, tais como telepatia, precognição e psicocinese. A única pseudociência que usa estatística e realiza experimentos – que, infelizmente, mostraram ser todos eles defeituosos. Os empiristas pretendem que tais estudos deveriam continuar e ser aperfeiçoados, pois não se pode excluir *a priori* a realidade de semelhantes fenômenos. Os realistas científicos argumentam que isto constitui perda de tempo, porque os processos mentais não podem ser separados do cérebro, assim como as pedras não podem ser levadas a sorrir ou os sorrisos não podem ser separados dos músculos faciais. Neste modo de ver, a mente desencarnada postulada pela parapsicologia assemelha-se ao sorriso do gato de Cheshire*.

PARCIMÔNIA – ↑Navalha de Ockham.

---

* Como o gato em *Alice no País das Maravilhas*, que está sempre arreganhado, sem outro motivo, e que deu origem a essa expressão popular inglesa. (N. da T.)

PARTE/TODO – Uma relação ontológica chave que deve ser distinguida com nitidez dos conceitos matemáticos de pertinência a um conjunto e inclusão. Definição: Se x e y são coisas, então x é uma *parte* de y se e se somente se x $\oplus$ y = y, onde "$\oplus$" representa a adição física ou justaposição. Por sua vez, "$\oplus$" é tacitamente definida quando se postula que a coleção de todas as coisas, juntamente com a operação $\oplus$, é um ↑**modelo** ou exemplo de um semigrupo.

PARTICULAR – O que vale para um único indivíduo ou para um estreito intervalo. **Ant.** ↑**universal**.

PARTICULAR EGOCÊNTRICO – Um construto ou símbolo relativos a uma pessoa particular. Exemplos: eu, meu, aqui, agora. ↑**Indicial**.

PASCAL, APOSTA DE – ↑**Aposta de Pascal**.

PASSADO/FUTURO – Eventos passados são aqueles que ocorreram e não mais ocorrem agora, e eventos futuros ainda não ocorreram. Portanto, nem o passado nem o futuro são reais, e nenhum deles pode atuar sobre o presente. O que pode influenciar o presente são alguns dos traços deixados pelas ocorrências passadas, e algumas das previsões que fazemos. De acordo com a física relativística, a distinção passado-futuro, embora real, não é absoluta, porém relativa a um sistema de referência.

PERCEPÇÃO – O mais básico de todos os processos cognitivos. Começa com a sensação (e. g., eu sinto que nesse lugar há algo fora desse lugar) e termina com a identificação ("interpretação") do objeto da sensação (e. g., eu percebo um cachorro andando ali). Uma vez que a percepção é o mais básico dos processos cognitivos, os psicólogos gestaltistas julgaram que ela deveria ser instantânea e global. Os neuropsicólogos contemporâneos provaram a enorme complexidade da percepção, bem como suas possíveis distorções. Por exemplo, perceber "o que" pode ser dissociado do perceber "onde", porque cada um destes modos de perceber é função específica de um subsistema cerebral distinto. Da mesma maneira, a cor, a forma e as percepções do movimento estão a cargo, cada uma delas, de um sistema neural diferente. Em suma, embora sendo do ponto de vista cognitivo elementar, a percepção é a síntese de vários processos paralelos complexos.

PERFEIÇÃO – Diz-se que um objeto é perfeito se e somente se ele não puder ser alterado sem mudança em sua espécie. **Ant.** ↑**imperfeição**. Exemplo 1: Átomos são perfeitos, íons são átomos imperfeitos, porque podem ser completados se carregados positivamente ou privados de seu(s) elétron(s) extra(s) se carregados negativamente. Exemplo 2: O cálculo predicativo é perfeito em sendo não apenas consistente como também completo. Exemplo 3: As grandes obras de arte são perfeitas; assim, um poema pode ser estragado pela mudança de uma única palavra, uma pintura pela alteração de uma pincelada e uma partitura musical pela mudança de um acorde. Na ciência formal a perfeição é um desiderato, mesmo se raramente alcançado. Na ciência fatual ela não o é, e isto não apenas porque as uvas estão azedas. Mas também porque nós queremos estar em condições de melhorar a exatidão dos dados empíricos, e enriquecer as teorias com suposições subsidiárias e dados capazes de dar conta dos fatos particulares. Uma teoria completa não pode ser enriquecida sem tornar-se inconsistente.

PERGUNTA – A expressão linguística de um problema. Exemplo: 'Qual é a composição de x?', 'Quais são os componentes de x?' e 'O problema é achar a composição de x', assim como suas traduções em outras línguas, são formulações equivalentes de um e mesmo problema.

PERTINÊNCIA, RELAÇÃO DE – ↑**Relação de pertinência**.

PESQUISA – Busca metódica do conhecimento. A pesquisa original ataca novos problemas ou comprova descobertas anteriores. A pesquisa rigorosa é a marca da ciência, da tecnologia e constitui os ramos "vivos" das humanidades. Está ausente, o que lhe é típico, da ↑**pseudociência** e da ↑**ideologia**. **Sin.** exploração, investigação, inquérito.

PESQUISA, PROGRAMA DE – **Programa de pesquisa**.

PESQUISA, PROJETO DE – ↑**Projeto de pesquisa**.

PESSOA – Animal dotado de capacidades mentais. Personalidade = A coleção dos repertórios comportamentais, cognitivos e morais de algum animal.

PETITIO PRINCIPII OU INCORRER EM PETIÇÃO DE PRINCÍPIO – Falácia que consiste na pressuposição do que deve ser provado. Exemplo: Corpos não podem pensar porque são coisas físicas.

PLANO – Uma sequência ordenada de passos destinados a resolver um problema, conceitual ou prático. Um conceito chave na ↑**praxiologia**. Todos os planos são projetados à luz de algum corpo de conhecimento relevante. Na vida quotidiana, nos negócios e na política, os planos são armados para executar estratégias ou políticas. É claro que os planos podem ser mais ou menos realistas e efetivos, morais ou imorais, mas não mais ou menos verdadeiros. Para ser viável, um plano prático precisa ser mais sistêmico do que setorial, porque a fragmentação de disciplinas é um artefato intelectual. E deve ser elástico também, ou seja, aberto à revisão à luz dos resultados que estão sendo atingidos no curso de sua execução. (Quer dizer, ele deveria incluir malhas de retroalimentação.) Tão vulnerável quanto a improvisação é o planejamento rígido. E a falta de planejamento em geral é o caminho para a servidão.

PLATONISMO – A doutrina segundo a qual as ideias ("formas") existem de maneira autônoma, ou seja, independentemente do fato de alguém pensar nelas, e as coisas concretas são cópias imperfeitas das ideias. Trata-se da mais antiga, mais consistente e mais influente versão do ↑**idealismo** objetivo. O platonismo floresceu na ↑**matemática**, mas falhou cabalmente nos campos remanescentes, onde a investigação trabalha com o pressuposto de que as coisas reais existem por si próprias, possuem propriedades não conceituais e não podem ser entendidas ↑*a priori*.

PLAUSIBILIDADE – Uma propriedade qualitativa de proposições (em particular, hipóteses), crenças e inferências. **Sin.** verossimilhança. Uma hipótese que ainda não foi aferida, ou a evidência para a qual é inconclusiva, pode afigurar-se plausível à luz de algum corpo de conhecimento. Quão plausível? Não há modo de sabê-lo enquanto nenhum teste for realizado. Mas uma vez efetuados os testes, se eles forem conclusivos, dizemos a respeito da hipótese que esta veio a ser confirmada (ou refutada), de maneira que ela pode ser declarada verdadeira (ou falsa) – ao menos por um certo tempo. Isto é, após um teste conclusivo já não precisamos do conceito de plausibilidade. E antes de testar não podemos (ou não deveríamos) por à prova e medir o grau de plausibilidade. Neste caso, o máximo que é possível dizer é que a conjetura em questão é plausível ou implausível com respeito a algum corpo de conhecimento, ou que uma hipótese é mais plausível do que outra no mesmo contexto. Mais precisamente, sejam p e q proposições ↑**correferenciais**, e B um corpo de conhecimento relevante tanto para p como para q. E suponha-se que B possa ser cindido em uma parte essencial E e uma parte não essencial I, isto é, B = E ∪ I. (Tipicamente, B conterá generalizações com um bom histórico, enquanto I há de conter apenas dados empíricos e hipóteses estreitas. Pode-se estipular que:

p é *plausível* com respeito a B =$_{df}$ p é compatível com a maioria dos membros de B.

p é *mais plausível do que q* com respeito a B =$_{df}$ p é compatível com mais membros de B do que q.

p é *essencialmente plausível* com respeito a B =$_{df}$ p é compatível com cada um dos membros de E.

As definições dos conceitos duais de implausibilidade e implausibilidade essencial são óbvias. Os seguintes axiomas para um cálculo de plausibilidade parecem apreender algumas intuições acerca da questão. Pressupondo um corpo fixado B de conhecimento básico, e interpretando 'p ≥ q' como "p é mais plausível do que q", afirmamos que

A1 ¬ (p ≥ q) ⇔ (q ≥ p)
A2 p ∨ q ≥ p
A3 p ≥ p ∧ q
A4 (∃ x)Fx ≥ (∀x)Fx.

Seguem-se algumas consequências lógicas. A2 implica

Teorema 1 $(p \Rightarrow q) \geq \neg p$

A3 implica que, de duas teorias que diferem unicamente por um número finito de axiomas, a mais simples é a mais plausível. (Mas, por ser a teoria mais simples a menos ousada, ela se beneficia de um número menor de possíveis instâncias confirmadoras. Portanto, a teoria mais plausível não é necessariamente a mais promissora: é apenas aquela que deve ser checada primeiro.) Uma hipótese h pode ser considerada *empiricamente plausível* com respeito a um conjunto D de dados relevantes para ela, se a esmagadora maioria de Ds confirma h. E pode-se dizer que uma hipótese é *teoricamente plausível* se for consistente com o grosso do conhecimento básico relevante para ela. Normalmente, apenas hipóteses teoricamente plausíveis são submetidas ao teste empírico, e apenas hipóteses empiricamente plausíveis são tidas como candidatas dignas de alguma teoria. É assim que propostas de pesquisa são escritas e avaliadas. Por fim, é preciso cuidar para não se igualar plausibilidade com ↑**probabilidade** ou com improbabilidade. Ambas as identificações são errôneas, se não por outro motivo pelo menos por não haver método objetivo para atribuir probabilidades a proposições. ↑**Bayesianismo**, ↑**probabilidade**. Contudo, embora diferentes, ambos os conceitos estão relacionados de uma forma óbvia, quer dizer, da seguinte maneira: se a e b são eventos aleatórios, e a for objetivamente mais provável do que b, então

O evento a acontecerá ≥ O evento b acontecerá.

Em particular, se dois eventos são equiprováveis, então as correspondentes asserções serão equiplausíveis. Advertência: Não confunda a plausibilidade de hipóteses com fatos ↑**possíveis-de-acontecer**.

PLAUSÍVEL, RACIOCÍNIO – ↑**Raciocínio plausível**.

PLENISMO – A tese ontológica segundo a qual todas as regiões do universo estão cheias de coisas ↑**materiais** de uma ou outra espécie. Proposta inicialmente por Aristóteles, foi desenvolvida por Descartes, sendo endossada pela física dos campos, em especial a eletrodinâmica quântica.

PLURALISMO – a. Geral – Toda concepção em que se afirme haver mais de uma espécie de objetos de uma certa categoria. Ant. ↑**monismo**. Caso particular: ↑**dualismo** mente-corpo. b. **Lógico** – O ponto de vista de que se deveria admitir um pluralismo de teorias lógicas – e. g., clássicas ou intuicionistas. c. **Epistemológico** – A concepção de que, no tocante a qualquer objeto, pode-se admitir mais do que uma teoria. Sin. ecletismo, ↑**relativismo**. d. **Metafísico** – Dois tipos: pluralismo de substância e o de propriedade. O pluralismo de *substância* afirma que há duas ou mais categorias básicas de "substância" ou entidade, e. g., material e mental. O pluralismo de *propriedade* declara que, sem considerar o número de espécies básicas de substância, toda e qualquer coisa tem mais do que uma propriedade. Descartes foi pluralista tanto em relação à substância como em relação à propriedade, enquanto Spinoza era monista com respeito à substância e pluralista quanto à propriedade. Assim também o é o ↑**materialismo emergentista**, pois sustenta que há muitas espécies de coisas materiais. ↑**Nível**.

PODER E LIMITES DA EXATIDÃO – A exatidão apresenta numerosas vantagens sobre aquilo que é vago. Sua vantagem *psicológica* é a inteligibilidade – para aqueles que desejam saber no que ela importa. Exemplo: A névoa que cerca o conceito de ↑**mente** leva a definir "mente" como uma coleção de funções específicas (ou processos) das regiões plásticas do cérebro. A virtude *lógica* das ideias exatas é que elas satisfazem as leis de uma teoria *ready-made*, isto é, de lógica matemática. (Na realidade, pode-se dizer que predicados vagos, e as proposições resultantes, obedecem a uma ↑**lógica difusa**. Mas esta teoria consagra a vagueza em vez de contraí-la.) Por seu turno, a sujeição à lógica matemática apressa a dirimir controvérsias. Facilitar a sistematicidade e encarecer a testabilidade são as vantagens *metodológicas* da exatidão. De fato, quanto mais preciso um conceito mais fácil será ligá-lo a outros conceitos, e quanto mais precisa a hipótese maior a exigência de testes para comprová-la.

PODER EXPLANATÓRIO – O poder de uma hipótese ou teoria para explanar os fatos aos quais se refere. Ele pode ser analisado como o produto da

↑**cobertura** (ou grau de confirmação) e da ↑**profundidade** (número de níveis envolvidos). Uma hipótese que pretenda explicar tudo é tão inválida quanto uma que não explane nada.

POLÍTICA – **a. Uma política (policy)** – Um conjunto de princípios gerais acerca dos fins e dos meios de uma organização formal. **Sin.** em linguagem comum: filosofia. As políticas mais eficientes são as projetadas com base em estudos sociais científicos e princípios humanísticos morais. Todo ↑**plano** é esboçado à luz de alguma política.
b. A política (politics) – A luta pelo poder e a administração deste: a ação individual ou coletiva com o objetivo de influenciar o corpo governamental de um grupo social de qualquer espécie e tamanho. A filosofia tem múltiplas relações com a política, algumas diretas e na maior parte indiretas. Eis algumas das conexões diretas: a democracia política tolera a filosofia, enquanto a ditadura (secular ou religiosa) só aceita escolas filosóficas favoráveis ao autoritarismo. Isto não é coincidência: o genuíno filosofar não é dogmático e exige a livre mudança e troca de ideias. Daí por que a filosofia propriamente dita principiou nas cidades-estados da Grécia antiga junto com a democracia política e o tribunal de justiça. Nem é uma coincidência que o stalinismo punisse todo e qualquer desvio do marxismo, e o nazismo tolerasse apenas filosofias irracionalistas e idealistas. As conexões indiretas entre filosofia e política são de duas espécies: explícitas e tácitas. A primeira ocorre nos domínios da filosofia política, social, legal e moral. De fato, todas estas disciplinas discutem de modo explícito os diferentes regimes políticos, bem como os direitos e os deveres dos cidadãos que neles vivem. As conexões tácitas indiretas entre filosofia e política dizem respeito às implicações de filosofia básica para a segunda. Por exemplo, por favorecer a investigação objetiva do mundo social, a epistemologia ↑**realista** contribui para o nosso entendimento das coisas sociais, o qual, por sua vez, é necessário para o seu redesenho e condução racionais e realistas. Outro exemplo: uma ontologia que assegure que os indivíduos, e não os grupos, são as fontes dos valores, e que eles são livres em alguma extensão,

abre espaço para um ativismo político, enquanto uma ontologia holística estabelece a total subordinação do individual ao todo, isto é, aos poderes que existem.

POLÍTICA, FILOSOFIA – ↑Filosofia política.

POLITICOLOGIA – O estudo da ↑**política b. Sin.** ciência política. Na realidade, presentemente este campo é composto da ciência política propriamente dita, da análise política, da história do pensamento político e da filosofia política. Apenas uma fração do que passa por ser ciência política é constituída de estudos empíricos ou teóricos de processos políticos particulares. Inúmeros estudos empíricos são ateóricos, e uma fração desproporcional dos estudos teóricos é formada por modelos de ↑**teoria da escolha-racional** indiferentes aos dados empíricos.

PONTO, PONTO, PONTO OU ... – Sinônimo de "etc." ou abreviatura de "assim, por diante, indefinidamente". No discurso formal não é suficientemente preciso, fato que, para evitar ambiguidade, exige uma nomeação explícita para o termo geral da sequência ou da série em questão. Por exemplo, a série infinita $S = 1 + 1/2 + (1/2)^2 + (1/2)^3 + ...$ é melhor reescrita como $S = \Sigma_n (1/2)^n$.

POP, FILOSOFIA – ↑Filosofia pop

POPULAR, PSICOLOGIA – ↑Psicologia popular.

PÓS – Prefixo usado para anunciar o sucessor não nascido de uma escola ou corrente de pensamento que é julgada morta, como no caso do "pós-moderno" e do "pós-positivista". Útil para disfarçar chapéu velho. **Sin.** anti.

POSIT – Colocar uma assunção, hipótese, postulado.

POSITIVISMO – A família de doutrinas nas quais se exige que somente fatos "positivos"(experiências) sejam levados em conta, e em que se afirma que as teorias apenas sumariam dados e nos poupam pensamento. Embora os positivistas preguem o ↑**cientismo**, eles defendem uma epistemologia centrada no sujeito e cortam as asas da pesquisa científica ao exigir que ela deveria aferrar-se aos dados. Pretendem também evitar a metafísica, mas efetivamente endossam o ↑**feno-**

menalismo, que é uma metafísica subjetivista. Principais expoentes: Ptolomeu, d'Alembert, Comte, Mill, Spencer, Mach e os ↑**positivistas lógicos**. Surrar o positivismo é atualmente de bom tom, em parte porque o positivismo se opõe ao obscurantismo, e em parte porque muitas vezes é confundido com o realismo e o materialismo. Entretanto, a verdade é que não restam positivistas na comunidade filosófica. Os únicos positivistas praticantes encontram-se nos ramos atrasados das ciências social e natural, onde a principal ocupação ainda é a caça e a coleta de dados. ↑**Dataísmo**.

POSITIVISMO LÓGICO – A fase do século XX do ↑**positivismo**. Sin. empirismo lógico, neopositivismo. Principais princípios: filosofia é sintaxe; amor não correspondido pela ciência; a experiência é a raiz de todo conhecimento não matemático; toda proposição é ou tautológica ou empírica; a matemática é formal; antimetafísica; fenomenalismo; teoria verificadora do significado; ética e axiologia emotivistas. Autores mais influentes: M. Schlick, O. Neurath, H. Reichenbach, R. Carnap, B. Russell (por algum tempo), P. Frank, K. Menger, J. Kraft, V. Kraft, H. Feigl, F. Ayer, C. G. Hempel. Nenhum positivista lógico vivo tem sido avistado há muitas décadas.

PÓS-MODERNO – Um conceito claro na arquitetura, onde representa a revolta contra o modernismo iniciado por Le Corbusier e o grupo da Bauhaus. Ele é bem menos claro em outros campos, exceto como uma rejeição dos valores intelectuais do Iluminismo, em particular a clareza, a racionalidade, a consistência e a verdade objetiva. A crítica literária desconstrucionista, os "estudos culturais" e a filosofia pós-moderna são versões contemporâneas do antiquíssimo irracionalismo. Na realidade, a filosofia pós-moderna é antifilosófica, pois a racionalidade conceitual é uma condição necessária para o filosofar autêntico como algo oposto ao divagar inconsequente.

POSSIBILIDADE – O que pode ou não pode acontecer. O poder, a disposição ou a capacidade de tornar-se algo. Exemplos: zigotos são potencialmente organismos multicelulares; criancinhas são falantes potenciais; casais são potenciais famílias; exércitos e uniões de grandes negócios são potenciais governos. **Sin**. potencialidade. O dual ou complemento de ↑**atualidade**. Há dois conceitos principais de possibilidade: conceitual (ou lógico) e real (ou físico). Os dois têm apenas o nome em comum. Um ↑**construto** é *logicamente possível* em relação a um dado contexto C se e somente se ele não introduzir quaisquer contradições em C. Do contrário, é conceitualmente impossível – embora talvez grafável, como "círculo quadrado". A possibilidade real é radicalmente diferente, porque há apenas um mundo real, que é tomado como sujeito a leis: ↑**princípio de legalidade**. Um fato é *realmente possível* se e somente se ele for consistente com as leis relevantes (naturais ou sociais). Do contrário ele é *realmente impossível*. Por exemplo, é realmente possível para um grande corpo celestial tirar a Terra de sua órbita, ao chocar-se com ela. Em contrapartida, viajar para trás no tempo é realmente impossível porque os processos macrofísicos (e alguns microfísicos também) são irreversíveis. A relação entre possibilidade real e atualidade é a seguinte: O que é ou há de ser, era realmente possível antes de tudo. As declarações mais robustas sobre possibilidade real ou impossibilidade são as baseadas em leis que envolvem mecanismos. Com efeito, uma transição da possibilidade para a atualidade envolve a ativação de algum mecanismo "dormente". Por exemplo, um carro é acelerado quando se aperta o pedal do acelerador. A possibilidade real confirma o ↑**possibilismo** e, justamente por isso, refuta o ↑**atualismo**. Como a possibilidade real não tem nada a ver com a possibilidade conceitual, nenhuma teoria única pode cobrir ambas. Isto basta para condenar a ↑**lógica modal** como um fútil exercício acadêmico. A ciência lida com fatos realmente possíveis, mas não com inteiros mundos possíveis como os de Leibniz, que são somente conceituais e, portanto, de nada servem para a ontologia, a epistemologia ou a ciência. ↑**Mundo possível**.

POSSIBILISMO – A tese segundo a qual algumas ↑**possibilidades** são reais e não apenas lógicas. Oposto ao ↑**atualismo**. Uma vez que a tese possibilista é uma proposição existencial, um só caso de conversão da possibilidade em atualidade* basta para estabelecê-la. Por exemplo, embora esteja agora sentado, eu poderia andar se assim o quisesse, ativando meus mecanismos de locomoção, que são controlados por meu cérebro.

POSSÍVEL-DE-ACONTECER – Diz-se que os eventos são mais ou menos possíveis (ou não possíveis) de acontecer. Eventos ao acaso são possíveis ou não possíveis em um ou outro grau: suas possibilidades de ocorrer são iguais às suas probabilidades. Diz-se que os eventos não ao acaso são possíveis se ocorrem com frequência e, do contrário, não possíveis. Sua possibilidade de acontecer é igual à sua frequência relativa. Em ambos os casos requer-se uma boa porção de conhecimento para quantificar a possibilidade que sucedam eventos de alguma espécie. Por exemplo, é bem possível que uma mulher que anda desacompanhada pelas ruas de Nova York à noite seja assaltada. Quão possível? Não sabemos e talvez nunca saberemos. A polícia chega a conhecer apenas os casos registrados; e se a ronda polícial fosse perfeita, tais casos seriam de todo impossíveis de ocorrer. No entanto, a polícia pode alcançar um limite mais baixo na frequência de eventos do tipo em questão. Mesmo assim, não se justificaria sustentar que a *probabilidade* de ser assaltado seja esta ou aquela, porque acontecimentos desse naipe são tudo menos aleatórios: são planejados, e algumas vezes podem ser evitados. O conceito comum de possibilidade-de-acontecer é basicamente qualitativo. Entretanto, com a ajuda da estatística estaremos capacitados a classificar os eventos segundo as suas possibilidades-de-acontecer. Por exemplo, é mais possível que um estudante de pós-graduação escolha um tópico tranquilo de dissertação do que um tema interessante. Advertência: Não se deve confundir a possibilidade de fatos acontecerem com a ↑**plausibilidade** de hipóteses. Há hipóteses plausíveis acerca de fatos não possíveis-de-acontecer (como a colisão de um neutrino com um átomo), e há suposições não plausíveis

---

* Isto é, efetividade, no sentido aristotélico de "atual" como oposto a "potencial". (N. da T.)

acerca de fatos possíveis-de-acontecer (como o próximo declínio no ciclo dos negócios).

POST HOC, ERGO PROPTER HOC – Depois disto, logo por causa disto. Uma falácia ontológica, pois o que precede um evento não precisa causá-lo.

POST MORTEM FILOSÓFICO – Exumação e meticulosa dissecção de algum item filosófico de há muito falecido, esquecido e desinteressante. É suficiente para conquistar algum grau acadêmico ou uma promoção.

POSTULADO – Assunção inicial em uma teoria ou em um argumento. Sin. ↑**axioma**. Um *sistema de postulados* (ou *axiomas*) é um sistema de premissas que todas as outras proposições em uma teoria seguem. Justifica-se unicamente por suas consequências lógicas. No caso da matemática, estas incluem os teoremas padrão; no caso da ciência fatual, as consequências são teoremas empiricamente testáveis.

POTENCIALIDADE – ↑**Possibilidade**.

PRAGMÁTICA – O capítulo embrionário da ↑**semiótica** que estuda o uso de signos, ou as relações locutor-signo. A maioria dos filósofos aborda a pragmática apenas com sua experiência linguística pessoal juntamente com algumas ferramentas lógicas. Não é de admirar que tal abordagem não tenha produzido mais do que uma tipologia dos atos de locução. Se jamais ela sair do chão, a pragmática científica será incluída na união da psicolinguística, sociolinguística e ↑**praxiologia**. E se isto acontecer, não haverá mais lugar para a pragmática filosófica, assim como não há mais espaço para a entomologia filosófica.

PRAGMATISMO – A doutrina filosófica segundo a qual a práxis (ação) é a fonte, o conteúdo, a medida e a meta de todo conhecimento e valor. Consequentemente, a pesquisa pura é ou inexistente ou descartável; o teste de toda e qualquer coisa é a utilidade; a verdade é ou um eufemismo para fins úteis, ou algo negligenciável; a crença, mesmo não sendo científica, é justificável se "opera satisfatoriamente"; e o altruísmo é uma forma de egoísmo. Julgado a partir de um ponto de vista pragmatista, o pragmatismo é obviamente ambivalente. Por eliminar todas as ideias que não sejam práticas, é uma forma de filistinismo e, assim, um inimigo da cultura superior, em particular da matemática, da ciência básica e da filosofia – embora seus pais fundadores, C. S. Peirce, W. James e J. Dewey, fossem tudo menos filisteus. Mas de vez em quando é útil desacreditar a especulação ociosa e o planejamento ineficiente.

PRÁTICO, SILOGISMO – ↑Silogismo prático.

PRAXIOLOGIA – Teoria da ação. Junto com a ética, um componente da filosofia prática ou ↑tecnologia filosófica. ↑Ação. Amostra da problemática: O que é a ação racional? Quais são as relações entre políticas e planos? Como estão relacionadas ações coletivas e individuais? É a teoria da decisão de ajuda para planejar linhas de ação? Pode uma política da ciência estar empenhada ao mesmo tempo científica e moralmente? Será a política do *laissez-faire* economicamente eficaz e ao mesmo tempo moralmente justificada?

PRÁXIS – ↑Ação informada pelo conhecimento, como na "práxis médica" e na "práxis política".

PREDICADO – Conceituação de uma propriedade. Sin. atributo. Predicados podem ser unários, como "habitado"; binários, como "ama"; ternários como "entre"; e em geral *n*-ários. E eles podem ser simples ou indivisíveis, como "divisível" e "pobre"; ou compostos, como "indivisível" e "unha de fome". Em matemática, predicado = propriedade. Em todos os outros campos do conhecimento, as propriedades são *possuídas* por coisas e *representadas* por (ou conceituadas como) predicados. Tal representação é contextual: depende da teoria. Por exemplo, massa, uma propriedade básica de todos os corpos e partículas, é representada por diferentes predicados em diferentes teorias. Um predicado pode ser analisado como uma função de indivíduos particulares, ou *n*-plas de particulares, para proposições. Por exemplo, "racionalista" mapeia a coleção de pessoas no conjunto de todas as proposições que contêm o dado predicado, e. g., proposições da forma "x é [ou não é] um racionalista", e "todos os racionalistas empenham-se no debate". "Ama" é um exemplo de um predicado binário. De fato, ele mapeia pares ordenados da forma <vertebra-

dos superiores, objeto> no conjunto de proposições que envolvem aquele predicado particular – e. g., "Os filósofos amam ideias abstratas", que pode ser formalizado como "$\forall x \exists y\ (Px\ \&\ Ay \Rightarrow Lxy)$". Em geral, P:A × B × ... × N → S, onde S designa o conjunto de todos os enunciados que contêm P e × o ↑**produto cartesiano** dos conjuntos. Advertência 1: Esta análise está em desacordo com a análise padrão, originalmente proposta por Frege. Segundo este último, um predicado F é uma função de particulares para valores verdadeiros. Portanto, Fb, o valor de F em b (para o particular b) será ou 0 ou 1. Isto é evidentemente absurdo, porque leva a identificar todas as proposições com o mesmo valor verdadeiro. Um "predicado" de Frege resulta ser uma composição de dois mapeamentos: o de P acima, de particulares em proposições, e o mapeamento V (avaliação verdadeira) de proposições em valores verdadeiros. Advertência 2: A análise de predicados nem sempre é direta. Por exemplo, "bom professor" não é a conjunção de "bom" e "professor". Ao contrário, é a conjunção de "professor", com "claro", "acessível", "prestativo", "estimulante", "responsável" etc.

PREDICADO DE EXISTÊNCIA – A concepção reconhecida é que a ↑**existência** não é um predicado mas um quantificador, ou seja, o assim chamado ↑**quantificador existencial** ∃. Isto é assim, sem dúvida, na matemática, onde há tantos objetos quantos os matemáticos cuidam de inventar. Mas esta concepção é falsa fora da matemática porque a existência de coisas reais (naturais, sociais ou artificiais) não é uma simples questão de *fiat*. Tanto mais quanto qualquer pretensão à existência real de qualquer coisa exceto o universo exige operações empíricas. ↑**Critérios de existência**. Um predicado de existência exato pode ser definido da seguinte maneira: Seja U um universo de discurso arbitrário porém bem definido, tal como uma coleção definida por um predicado exato. Chamemos de χ_U a função característica de U. (Isto é, $\chi_U(x) = 1$ se x pertencer a U, e 0 ao contrário). Estipulemos que "$\chi_U(x) = 1$" é a mesma coisa que "$E_U x$", a qual deve ser lida como "x existe em U". Em outras palavras, o predicado de existência (contextual ou relativo) é a função $E_U: U \to \mathbb{P}$, onde $\mathbb{P}$ é o conjunto de todas as proposições existenciais, tais que $E_U x = [\chi_U(x) = 1]$. Se U for uma coleção C de itens conceituais, como os números, E_C indicará uma existência conceitual. E se U for uma coleção M de itens materiais, tais como organismos, E_M indicará uma existência material. Tais predicados poderão ser combinados com (algum) quantificador "existencial". Exemplos: "Há alguns deuses", ou $\exists x(Gx \,\&\, E_C x)$; "Alguns objetos existem realmente", ou $\exists x(Ox \,\&\, E_M x)$. Observe que, pelo fato de a função característica χ_U ser dicotômica (de dois valores), o predicado de existência E_U é um predicado dicotômico: um objeto ou existe ou não existe. Os graus intermediários de existência inventados por alguns teólogos são ficções mal concebidas.

PREDIÇÃO/RETRODIÇÃO (PRÉ-, RETRO-DIÇÃO), PREVISÃO/TRASVISÃO, (PRÉ-, TRÁS--VISÃO) CIENTÍFICA – Inferência do presente conhecido para o futuro ou passado desconhecido. Enunciado fundado concernente a fatos futuros ou passados. O fundamento ou a base para uma predição científica (ou retrodição) é um conjunto de enunciados de lei, ou pelo menos enunciados de tendências, e dados empíricos. (Se uma tendência é invocada, o enunciado é denominado uma *extrapolação* a partir de circunstâncias presentes.) Portanto, toda previsão (ou trasvisão) científica é um condicional da forma "Supondo o(s) padrão(ões)P e a(s) presente(s) circunstância(s) C, o estado da coisa referido ao tempo t será (ou era) S". A forma lógica das predições e retrodições é a mesma que a das ↑**explanações**. As diferenças são ontológicas e epistemológicas: Enquanto as explanações propriamente ditas são mecanísmicas, previsões e trasvisões podem ser baseadas em declarações puramente descritivas como as equações de taxas e as séries temporais.

PREMISSA – ↑**Assunção** em um argumento ou dedução. As premissas são avaliadas por seus frutos. Em particular, o valor dos ↑**axiomas** é determinado pelos teoremas que eles implicam logicamente.

PRESSUPOSIÇÃO – Uma ↑**assunção** que é oculta ou presumida: uma premissa que ocorre tacitamente em um argumento. Por exemplo, a matemática clássica pressupõe a lógica ordinária (clássica), e a física pressupõe a matemática clássica, a qual, por sua vez, pressupõe a lógica clássica. Como as pressuposições são assunções tomadas como suposições, raramente elas são examinadas. Nelas, assunções erradas ou indesejadas podem estar à espreita. Um exemplo é o ↑**axioma** da escolha que foi muitas vezes usado inadvertidamente, até ser estabelecido de modo explícito; e, quando isto ocorreu, alguns matemáticos saudaram o fato, enquanto outros (os construtivistas) rejeitaram-no. Uma das virtudes da ↑**axiomática** é que esta envolve o exame exumador e crítico das pressuposições. Por exemplo, qualquer axiomatização adequada da mecânica quântica mostrará que esta pressupõe amplas áreas da matemática clássica, a qual, por sua vez, pressupõe a lógica comum. Isso basta para repudiar todas as tentativas de entender a física quântica em termos de uma ↑**lógica de muitos valores**, de uma ↑**lógica quântica**, de uma ↑**lógica difusa**, ou de qualquer outra lógica desviante.

PRIMÁRIA/SECUNDÁRIA (PROPRIEDADE) – Uma propriedade primária de uma coisa real é aquela que é independente de qualquer cognoscente. Exemplos: posição, massa, composição química, vida, acuidade visual, estrutura social, produtividade. Uma propriedade secundária de uma coisa real é aquela que lhe é atribuída com base na percepção, conquanto possa ser julgada de forma diferente por diferentes sujeitos. Exemplos: cor (ao contrário do comprimento de onda), o tamanho da lua crescente, paladar, beleza, perfil político. A física, a química e a biologia estudam apenas propriedades primárias. As propriedades secundárias são estudadas na psicologia e nas ciências sociais. De conformidade com o empirismo radical, as propriedades secundárias são primárias. Exemplos: definição de uma coisa por Stuart Mill, como "uma permanente possibilidade de sensação", a tese de Mach de que as sensações são tijolos construtores do universo; e a "construção do mundo" em termos de percepções segundo Carnap.

PRINCÍPIO – Uma assunção extremamente geral ou regra. Exemplos: o princípio lógico da não contradição; os princípios extremos da física, com o da ação mínima de Hamilton; o ↑**imperativo categórico**.

PRINCÍPIO DE CORRESPONDÊNCIA – A regra metateórica segundo a qual a condição necessária para que uma nova teoria científica seja preferida a uma outra, mais velha, é que produza, talvez dentro de algum limite, os mesmos resultados verdadeiros que a sua ancestral. O princípio, amplamente usado na física, é metateórico e heurístico, servindo para rejeitar sem hesitação quaisquer teorias que esclareçam muito menos do que as previamente beneficiadas.

PRINCÍPIO DE INTERDISCIPLINARIDADE – Dada qualquer disciplina científica, existe uma ↑**interdisciplina** que a liga a outra disciplina científica. Esta máxima metodológica convida a ultrapassar fronteiras disciplinares. E é fértil, muito embora irrefutável. Ao mesmo tempo, ajuda a discriminar a ciência da ↑**pseudociência**, a qual, tipicamente, fica isolada.

PRINCÍPIO DE LEGALIDADE (LEGITIMIDADE) – A hipótese de que todos os fatos estão sob a égide de leis e, portanto, são legítimos. Esta hipótese ontológica corrobora a pesquisa científica.

PRINCÍPIOS ACERCA DA EXATIDÃO – (1) Qualquer ideia inexata mas racionalmente inteligível pode ser exatificada. (2) Dada qualquer ideia exata, é possível construir outra até mais exata e poderosa. (3) Sempre prefira a mais exata de duas ideias, *grosso modo*, equivalentes. (4) A melhor análise conceitual é a síntese, isto é, o engastamento em uma teoria. (5) A importância de uma ideia é proporcional ao número de ideias a que ela pode ser relacionada de uma maneira exata. (6) Não espere que um único conceito, proposição ou teoria exatos resolvam todos os seus problemas. (7) Uma boa ideia, mesmo se algo vaga, é preferível a uma ideia exata mas despropositada ou falsa. (8) Não use a exatidão para intimidar ou brincar. (9) Não busque a exatidão à custa da substância. (10) Não exulte com qualquer exatificação, porque no fim de contas poder-se-á evidenciar que esta não chega sequer a padrões mais elevados de exatidão. As duas primeiras máximas são irrefutáveis. Como os axiomas, as definições, as regras e os artefatos, eles podem ser somente justificados por sua utilidade. As regras de 3 a 5 possuem algum poder heurístico. As regras 6 e 7 são destinadas a desencorajar jogos puramente acadêmicos. A função da regra 8 é auxiliar a encobrir simbolismos inúteis. A regra 9 ajuda a esvaziar formalismos matemáticos corretos porém despropositados. E a regra 10 desestimula o triunfalismo.

PROBABILIDADE – A medida da ↑**aleatoriedade**, da desordem ou da confusão. Os valores extremos, $p = 0$ e $p = 1$, correspondem respectivamente à completa ordem e à completa desordem. Os valores no entremeio medem graus intermediários de ordem. Por exemplo, conforme a segunda lei da termodinâmica, a desordem é mais provável que a ordem – é testemunho a mesa de uma pessoa após um dia de trabalho.

PROBABILIDADE, CÁLCULO DE – ↑**Cálculo de probabilidade**.

PROBABILIDADE ESTATÍSTICA – É a denominação que os filósofos positivistas dão às frequências de longo termo de eventos de uma espécie. A expressão 'probabilidade estatística' é enganadora porque cada probabilidade é a probabilidade de um estado particular ou evento, enquanto toda frequência (de longo termo ou não) é uma propriedade coletiva de uma coleção ou sequência de estados ou eventos. Além disso, é matematicamente incorreto igualar probabilidades a frequências.

PROBABILIDADE, NOÇÃO DO CONHECIMENTO COMUM DE – ↑**Noção do conhecimento comum de probabilidade**.

PROBABILIDADE OBJETIVA – Propriedade de coisas de certas espécies, como átomos e moléculas, bem como de itens de uma população colhidos ao acaso. Ela é conceituada pelas teorias de modelos que emprestam do ↑**cálculo de probabilidades**. **Sin.** ↑**propensão** de chance ou estocástica, enquanto diferente da propensão causal.

PROBABILIDADE SUBJETIVA – **a. Geral** – Diz-se que uma probabilidade subjetiva é a medida do grau de crédito em uma proposição, ou de sua credibilidade. Portanto, é seu **Sin.** crença. Recorre-se muitas vezes a ela em face da incerteza, isto é, da ausência de informação suficiente. Sendo subjetivas, as probabilidades que diferentes sujeitos atribuem ao mesmo evento são possivelmente diferentes, ainda que com a mesma base, portanto elas são apenas corrigíveis à luz de futura informação. Em outros termos, adjudicações de probabilidade subjetiva são, portanto, intuitivas e arbitrárias, logo, não científicas. Por conseguinte, importam em jogar sem conhecer as possibilidades – o que é claramente um procedimento irracional e, na prática, arriscado. Justamente por isso jogar com probabilidades subjetivas presta-se por si mesmo a jogos filosóficos sem fim que caem na categoria de ↑**exatidão vazia**. Assim, consignar probabilidades subjetivas a proposições é chamado com razão de "jogar com a verdade". Do mesmo modo, atribuir probabilidades subjetivas a eventos, tal como é feito na ↑**teoria da decisão** e na ↑**teoria dos jogos**, poderia significar jogar com a vida e com a morte – a menos, sem dúvida, que se esteja apenas jogando uma partida acadêmica.

PROBABILISMO – **a. Ontologia** – A doutrina de que todos os fatos são ↑**contingentes**, e todas as leis, probabilísticas. **Sin.** ↑**tiquismo. b. Epistemologia** – A doutrina segundo a qual todo conhecimento fatual é "provável", no sentido vulgar de ser ou plausível ou impreciso e, portanto, incerto. Uma espécie de ↑**ceticismo**.

PROBABILÍSTICA, FILOSOFIA – ↑**Filosofia probabilística**.

PROBLEMA – Uma lacuna no conhecimento que vale a pena, segundo se julga, ser preenchida. Uma partição inicial do conjunto dos problemas ocorre em nível *conceitual* e *empírico*. Enquanto o primeiro exige apenas ferramentas conceituais, o segundo demanda também investigação empírica. Essa distinção é omitida pelos filósofos que tentam resolver problemas psicológicos por meios puramente conceituais, bem como pelos estudiosos da sociedade que pressupõem ou colocam vantagens e probabilidades sem qualquer evidência empírica. A partição seguinte é mais refinada. *Lógico*: Que demanda apenas análise lógica. Exemplo: Determine se a relação de compra é binária, ternária ou quaternária. *Matemático*: Que exige somente conhecimento matemático. Exemplo: Verifique a prova de um teorema dado. *Científico*: Que pede pesquisa empírica ou matemática. Exemplo: O problema de Molyeneux relativo a um homem que nasceu cego e aprendeu a distinguir pelo tato o cubo, de uma esfera: se recebesse o dom da visão, seria ele capaz de distinguir essas coisas simplesmente olhando para elas? *Tecnológico*: Que exige conhecimento tecnológico e familiaridade com as especificações para os clientes. Exemplo: Projete uma arma puramente defensiva que não custe mais do que um por cento do PIB. *Moral*: Que demanda princípios morais e conhecimento da situação das pessoas envolvidas. Exemplo: Discuta os prós e contras da legislação que restringe o direito de reprodução. *Prático*: Que requer conhecimento comum ou técnico. Exemplo: Conserte esse computador – ou opere essa hérnia. Finalmente, uma outra classificação é a que divide os problemas em diretos e inversos. Problemas *diretos* são bem formulados e solúveis e possuem soluções únicas. Exemplos: Dado um alvo e um feixe de partículas a incidir sobre ele, predizer como elas se espalharão; dadas as intenções de uma pessoa e as circunstâncias, antecipar seu comportamento. Problemas *inversos* não são colocados de maneira apropriada, tipicamente não possuem soluções e, quando as possuem, podem não ser únicas. Exemplos: Dadas as partículas espalhadas por um alvo, presuma a interação da última com a próxima partícula incidente; dado o comportamento de uma pessoa, preveja suas intenções e circunstâncias. ↑**Lógica erotética**.

PROBLEMA DA DEMARCAÇÃO – É o problema da determinação do limite preciso entre ciência e não ciência. Esta questão pressupõe a existência de semelhante fronteira. Trata-se de um problema genuíno com respeito à pseudociência e à teologia: a não ser que um rigoroso critério de demarcação seja adotado, a psicanálise será vendida como uma ciência, e a teologia parecerá compatível com a ciência. Mas é um pseudoproblema com referência à filosofia, pois elas não são disjuntas, como mostram as pressuposições filosóficas da pesquisa científica, tais como as da existência autônoma e cognoscibilidade do mundo. A questão é a de adotar um critério de demarcação, ou uma definição de "ciência", ao mesmo tempo bastante estrita para desqualificar uma pseudociência como o "criacionismo científico", e bastante ampla para acomodar as ciências emergentes. ↑**Ciência**.

PROBLEMA INVERSO – O inverso de um problema é o problema de encontrar as premissas de uma dada conclusão ou a causa de um dado efeito. Exemplos: dadas as raízes de uma equação algébrica, determiná-la; dado um conjunto de proposições, pressupor quais axiomas as acarretam logicamente; dado o *output* (saída) de um sistema, achar o seu *input* (entrada); dado o padrão de difração de raios X de um cristal, determinar sua estrutura; dado o comportamento de uma pessoa, adivinhar suas intenções. A grande maioria dos problemas inversos tem, se tiver, múltiplas soluções: não são problemas bem formulados, não há regras uniformes para enfrentá-los. Isso torna os problemas inversos na matemática, na ciência e na engenharia muito intrigantes e excitantes. Mas também torna quase impossível a tarefa ↑**hermenêutica** (ou "interpretativa") do estudante de ciência social. De fato, a tarefa de "interpretar" o comportamento dos outros – isto é, adivinhar suas intenções e circunstâncias – é um problema inverso em uma disciplina subdesenvolvida. Ainda pior: se o estudante chegar a uma suposição plausível, o hermeneuticista não a colocará à prova, porque rejeita o método científico – ou porque os particulares em questão não são acessíveis. ↑**Interpretação b**.

PROBLEMA MENTE-CORPO – **a. Enunciado** – Este problema concentra-se nas questões "O que é mente, e como ela se relaciona ao corpo?" Uma antiga questão capital na teologia, na filosofia, na ciência, na medicina e na engenharia. **b. Concepções principais** – Há duas amplas concepções principais sobre a natureza e sua relação com a matéria: monismo e dualismo. Os monistas psiconeurais defendem a unidade da mente e do corpo (ou cérebro), e os dualistas a separação que existe entre eles. Entretanto, cada um destes modos de ver é uma família composta de, no mínimo, cinco diferentes doutrinas. Eis as cinco principais com relação ao *monismo*. M1 *Idealismo (espiritualismo)*: Tudo é mental. M2 *Monismo neutro* ou *doutrina de duplo* *aspectos*: O mental e o físico são duas manifestações de uma substância neutra incognoscível. M3 *Materialismo eliminatório*: Nada é mental. M4 *Fisicalismo ou materialismo reducionista*: Os eventos mentais são físicos ou fisicoquímicos. M5 *Materialismo emergentista*: Os processos mentais constituem um subconjunto dos processos neurofisiológicos nos cérebros dos vertebrados superiores, que emergiram no curso da evolução. Os cinco principais pontos de vista *dualísticos* são: D1 *Autonomismo*: O mental e o físico não estão relacionados. D2 *Paralelismo psicofísico*: Todo evento mental está acompanhado de um evento neural, síncrono, mas de outro modo não relacionado a ele. D3 *Epifenomenalismo*: O mental é causado pelo físico. D4 *Animismo*: Embora imateriais, os eventos mentais causam eventos neurais ou físicos. D5 *Interacionismo*: Os eventos mentais ou são causa de outros eventos neurais ou físicos, ou são causados por eles, sendo o cérebro apenas o instrumento ou a "base material" da mente. Cada uma destas dez soluções é parte de alguma escola filosófica. Mas, sem dúvida, isto não implica logicamente que apenas os filósofos tenham competência para lidar com o problema. Ao contrário, quando a confusão reina no campo filosófico, ela pode servir de oportunidade para cientistas intervirem e estabelecerem alguma ordem. c. **Avaliação científica das filosofias monistas da mente** – M1 (Idealismo) implica que todas as ciências são redutíveis à psicologia mentalista. Esta tese é manifestamente falsa, se não por outros motivos pelo menos por não estarem os psicólogos equipados para investigar campos eletromagnéticos, reações químicas, divisões celulares ou mesmo sistemas sociais, salvo na medida em que afetam processo mentais. Quanto ao M2, isto é, ao monismo neutro, não é uma doutrina científica por postular que a substância neutra não pode ser investigada, e também por não explicar como a substância incognosível pode aparecer ora como substância física, ora como mental. O materialismo eliminatório (M3) está em desacordo com o fato de os psicólogos terem investigado processos mentais e até descoberto algumas regularidades concernentes ao afeto, à memória, à aprendizagem, à inferência e outras espécies de fenômenos mentais. Os fisicalistas ou materialistas reducionistas (M4) têm uma posição que é simples demais para ser verdade: ela não dá lugar às propriedades emergentes dos tecidos nervosos ou mesmo às peculiaridades dos organismos *vis-à-vis* aos sistemas físicos ou químicos. A eliminação das primeiras quatro concepções monistas deixa-nos com M5 ou o materialismo emergentista. Este sustenta que as funções mentais são processos cerebrais a emergir no curso do desenvolvimento do indivíduo, e que eles surgiram no curso da evolução. (Mais precisamente, cada função mental é um processo que ocorre em algum subsistema cerebral. Logo, caso o último se altere em algum sentido, o mesmo sucederá com a função que o dispara.) Esta concepção é atrativa por ser nada mais senão a filosofia subjacente à neurociência cognitiva. De fato, as metas desta disciplina são precisamente: (a) identificar os sistemas neurais que desempenham funções psicológicas conhecidas; (b) descobrir as possíveis funções psicológicas de certos sistemas neurais, esperando revelar novos fenômenos mentais; (c) explicar o mental em termos de tais mecanismos como potenciação de longa duração, proliferação e paralisação de proliferação dendrídicas, e mudanças nas concentrações de neurotransmissores; e (d) prover a psiquiatria com alguns dos conhecimentos necessários para tratar distúrbios mentais ajudando a testar drogas neurolépticas. Mesmo uma leitura rápida e atenta da recente literatura científica deveria convencer qualquer pessoa que este empreendimento foi muito bem-sucedido, não só em termos de achados, mas também por ter aberto uma enorme mina de problemas científicos e médicos intrigantes que serão provavelmente atacados dentro de algumas poucas décadas. Basta lembrar dos seguintes: Em que ponto da evolução começou a ideação? Em que estádio do desenvolvimento humano principiou o raciocínio? Quais são as menores assembleias (psícons) de neurônios capazes de desempenhar funções mentais? Onde e como os *outputs* dos diferentes sistemas visuais (os que percebem forma, cor, textura e o movimento) vem a ser sintetizados em perceptos? Quais subsistemas do cérebro humano são capazes de realizar os cálculos matemáticos? Como as emoções afetam a razão? Como os processos mentais afetam o sistema imunológico? Quais são os mecanismos de ação das drogas nos vários processos mentais? Como pode ser curada (não apenas tratada) a depressão? Como pode a progressão da moléstia de Alzheimer ser detida? Podem próteses vivas substituir partes danificadas do cérebro humano? **d. Avaliação científica das filosofias dualistas da mente** – Não obstante as realizações e o poder heurístico do materialismo emergentista, devemos ainda examinar seus rivais dualistas, para os quais nos volvemos agora. O autonomismo, ou D1, é por demais forçado para ser crível: até a psicologia popular sabe dos efeitos psicossomáticos, tais como o enrubescer e o aumento da morbidez causado pelo pesar, tanto quanto os déficits mentais provocados por lesões cerebrais. O paralelismo psicofísico, ou D2, é demasiado vago para qualificar-se como uma hipótese científica: ele não especifica o que torna o mental peculiar ou o que poderia ser o mecanismo de sincronização. De fato, é tão vago que é possível encará-lo como sendo confirmável por quaisquer dados acerca da "correlação" do mental com o psicológico. Ainda assim, dada a sua popularidade, voltaremos a examiná-la mais de perto, logo abaixo. O epifenomenalismo, ou D3, deixa o mental não explicado, e envolve a obscura noção de uma ou duas "entidades" atuando uma sobre a outra. A noção de ação é clara para coisas concretas como os fótons, as células e organismos inteiros, porque nestes casos podemos amiúde descrever seus estados e mudanças de estado, bem como os mecanismos de tais mudanças. Por exemplo, entendemos – ao menos em princípio – o que é para um centro da vontade, localizado no lobo frontal, atuar sobre a correia do motor; ou, para um órgão da emoção, pertencente ao sistema límbico, atuar sobre o sistema imunológico. Mas a ideia de algo material atuando sobre, ou mesmo secretando, uma entidade imaterial, ou inversamente, é obscura. Ademais, tais hipóteses não são verificáveis experimentalmente, porque os instrumentos de laboratório podem apenas alterar ou medir propriedades de coisas concretas como pessoas, por exemplo. O que vale para o epifenomenalismo, vale para o animismo, ou D4, bem como para o interacionismo, ou D5. Sem dúvida, estas concepções também adotam o conceito vulgar de mente, e não se preocupam em elucidar a igualmente confusa ideia de que a mente pode atuar sobre o cérebro ou inversamente. Todas as variedades de dualismo psiconeural possuem inúmeras falhas fatais. Em primeiro lugar, porque toma o mental como pressuposto, o dualismo abole o problema da explicação de seu surgimento no curso da evolução e de seu desenvolvimento individual. Em segundo, estorva a pesquisa dos mecanismos neurais que propelem os processos mentais e das interações entre tais processos, bem como dos processos musculares, viscerais, endócrinos e imunológicos. Em terceira, e consequentemente, o dualismo obstrui o avanço da psiquiatria, da medicina psicossomática, da psicologia clínica e de suas interações. Em suma, o dualismo psiconeural é pior do que terra estéril: Constitui um obstáculo ao progresso da ciência e da medicina. **e. Avaliação compreensiva das concepções dualistas** – Para tributar os méritos de qualquer doutrina precisamos definir critérios. Adotaremos os seguintes: inteligibilidade, consistência interna, sistematicidade, literalidade, testabilidade, evidência, consistência externa, originalidade, poder heurístico e solidez filosófica. Examinemos quais, dentre as dez filosofias da mente acima discutidas, satisfazem mais de perto estes dez critérios. Comecemos com o dualismo psiconeural. Todas as suas cinco variedades deixam de tornar clara a própria noção de mente, que elas tomam do conhecimento comum. O epifenomenalismo, o animismo e o interacionismo são afligidos por uma abscuridade adicional, ou seja, a da noção de atuação da matéria sobre a mente, ou ao contrário, a qual fica indefinida. Devido a semelhantes falhas de esclarecimento, nenhum destes pontos de vista pode ser considerado como internamente consistente. Tampouco satisfazem a condição de sistematicidade: sem dúvida, não se conhece nenhum sistema dualista que seja hipótetico-dedutivo. Ademais, a maior parte dos dualistas pensam por metáforas. Assim, os paralelistas utilizam a metáfora de dois relógios síncronos independentes; os animistas são apreciadores da proporção platônica: a mente está para a matéria como o piloto está para o navio; e o psicanalista usa inúmeras metáforas físicas e antropomórficas. Mas o pior defeito do dualismo é que, estritamente falando, ele não é aferível por meios científicos. De fato, se a mente é imaterial, então, ao contrário do cérebro pensante, ela será inacessível a eletrodos, drogas, bisturis e outros instrumentos. Além do mais, o epifenomenalismo, o animismo e o interacionismo estão em desavença com a física, pois violam as leis de conservação. (O epifenomenalismo envolve perda de energia, enquanto o animismo e o interacionismo envolvem ganho de energia a partir de nada que seja material.) Longe de ser uma novidade, o dualismo é tão velho quanto a religião e a filosofia idealista. Não é também heuristicamente poderoso: não sugere novos experimentos nem novas suposições. Finalmente, o dualismo não é filosoficamente sólido, pois coloca entidades fantasmagóricas. Em suma, o dualismo deixa a desejar em ao menos oito dos dez testes de ↑**cientificidade** listados acima. f. **Avaliação compreensiva das concepções monistas** – Todas as concepções monistas, exceto o monismo neutro, são razoavelmente claras, consistentes, sistêmicas, ao pé da letra e aferíveis. Mas somente o materialismo emergentista parece possuir as cinco virtudes adicionais. Com efeito, goza de suporte empírico – a saber, todos os achados da psicobiologia; é consistente com o que se conhece em psicologia e neurociência; embora não completamente novo, é de longe mais novo do que seus rivais; é heuristicamente poderoso, pois é subjacente a um completo ↑**programa de pesquisa**, a saber, o da psicobiologia; e é em termos filosóficos sólido por ser ↑**realístico** e ↑**naturalístico**. É interessante notar que, embora o materialismo emergentista postule que a mente é um conjunto de funções cerebrais, não pretende que a neurociência seja suficiente para explicar a experiência subjetiva. Ao contrário, sugere que, sendo os cérebros sensíveis ao estímulo social, os processos mentais são fortemente influenciados pelo contexto social. Isto implica que a neurociência cognitiva deve ser suplementada pela psicologia social. Em jargão técnico, o materialismo emergentista é ontologicamente reducionista porque coloca a identidade dos estados mentais nos estados cerebrais; mas em termos epistemológicos acalenta a fusão da psicologia com a neurociência mais do que a plena redução da primeira à segunda. Assim, promove a vigorosa interação de todos os ramos da psicologia, bem como os da filosofia. ↑**Interdisciplina**, ↑**fusão**, ↑**mente**, ↑**redução**.

PROBLEMA, SOLUÇÃO DE – ↑**Solução de problema**.

PROBLEMÁTICA – A coleção de possíveis problemas em um campo de pesquisa ou ação. Exemplos: As problemáticas da neurociência cognitiva são a coleção de todos os possíveis problemas relativos ao "substrato" neural de processos mentais; as da ontologia são a coleção de todos os possíveis problemas concernentes às feições mais gerais da realidade.

PROCESSO – Uma sequência de estados de uma coisa concreta (material). Exemplos: movimento, mudança em composição química, propagação de sinal, digestão, perceber, pensar, trabalhar. Formalização no caso de estados enumeráveis: $\pi = <s_1, s_2, ..., s_n>$, onde os s_i representam os estados da coisa em questão. Se um processo for uma sequência contínua, e a função estado F da coisa mutante for dependente do tempo, poderemos estabelecer $\pi = <F(t) \mid t \in T>$, onde T é a duração do processo. Se dois ou mais processos ocorrem em uma coisa ao mesmo tempo (em paralelo), é necessário mais de um estado para descrevê-los, e o processo total é representado pela união dos processos parciais. Um *processo de Markov* é um processo estocástico (probabilístico) em que o estado seguinte depende exclusivamente do estado presente e não da história passada do sistema referido. Advertência: os anatomistas usam o termo 'processo' como sinônimo de 'órgão'.

PROCESSUALISMO – A concepção segundo a qual todas as coisas mudam. Sua divisa é o *Panta rhei* (*Tudo flui*) de Heráclito. Sua metáfora heurística é o rio ou, de um modo mais abstrato, a assim chamada ↑**flecha do tempo**. O processualismo apresenta-se em duas vertentes: radical e moderada. De acordo com a primeira, tal como advogada por A. N.

Whitehead, as coisas concretas são feixes de processos. Esta tese é, em termos lógicos, insustentável, porque a noção de processo pressupõe o de uma coisa, visto que um processo é definido como uma mudança no estado de uma entidade concreta. Por contraste, a versão moderada do processualismo é inevitável. Efetivamente, todas as ciências fatuais estudam coisas mutáveis, e todas as tecnologias projetam alterações em coisas existentes ou até em coisas inteiramente novas. Em suma, o universo é de fato como um rio, embora não seja puro fluxo: o que "flui" incessantemente é o material de uma ou outra espécie – física, química, biológica, social ou técnica.

PRODUTO CARTESIANO – O produto cartesiano de dois conjuntos é igual ao conjunto cujos membros são os pares ordenados (↑*n*-**pla ordenada**) de membros dos conjuntos dados: A×B = {<a,b>|a∈A & b∈B}. Se A e B forem intervalos da reta real, A×B poderá ser visualizado como o retângulo de base A e altura B. Sem dúvida A×B ≠ B×A. O produto cartesiano de n conjuntos é o conjunto cujos membros são as *n*-plas ordenadas dos membros dos conjuntos dados. O interesse principal do produto cartesiano para a filosofia é que ele ocorre na definição dos conceitos de ↑**relação** e de ↑**função**, os quais por sua vez aparecem na definição de um grande número de conceitos filosóficos, como os de ↑**extensão**, ↑**predicado** e de ↑**referência**.

PROFECIA EM SI MESMA REALIZADA (*SELF-FULFILLING PROPHECY*) – Predição destinada a cumprir-se por influenciar o comportamento do ego ou do alter ego. Exemplo: em tempos de recessão muitos jovens abandonam a escola por não ter esperança de encontrar um emprego após a graduação, arruinando assim, para sempre, a possibilidade de conseguir uma boa colocação.

PROFUNDIDADE – Um objeto é mais profundo do que outro se e somente se o segundo depender do primeiro, mas não inversamente. Cumpre distinguir a profundidade conceitual da ontológica. **a. Conceitual** – Um construto é mais profundo do que um outro se e somente se o segundo depender do primeiro, mas não inversamente. Em particular (a) em uma definição, o *definiens* é mais profundo do que o *definien-*

dum; (b) em uma teoria, os axiomas são mais profundos do que os teoremas; (c) em uma família de teorias logicamente relacionadas, as teorias redutoras são mais profundas que as teorias reduzidas. Em geral, quanto mais baixo mais profundo. Entretanto, assim como a definibilidade e a derivabilidade são contextuais, do mesmo modo é a profundidade conceitual. Advertência 1: A obscuridade não deve ser tomada erroneamente como profundidade. Advertência 2: Não existe uma linha de fundo conceitual, visto que, em princípio, qualquer construto pode ser substituído por outro mais profundo. Tal fato se contrapõe agudamente à profundidade ontológica, que não possui um chão. **b. Ontológico** – Um item fatual fica em nível mais profundo do que outro item fatual se e somente se o segundo depender do primeiro, mas não inversamente. Em particular, (a) uma coisa fica em nível mais profundo do que outra se e somente se a segunda for uma parte própria (e. g., uma componente) da primeira; (b) uma propriedade está em nível mais profundo do que outra se e somente se a primeira determina a segunda, mas não inversamente; (c) um evento ou processo está em nível mais profundo do que outro se e somente se o primeiro for a causa do segundo, mas não inversamente.

PROFECIA – Previsão infundada. Exemplos: profecias sobre o fim do mundo, da história, da razão, da ciência ou da filosofia. Quando as profecias de um culto falham, a maioria de seus seguidores apega-se a ele mais do que o deserta. Por contraste, quando uma predição científica falha, os cientistas revisam algumas de suas premissas (hipóteses ou dados).

PROGRAMA DE PESQUISA – Um sistema de ↑**projetos de pesquisa**. Todos os projetos num programa assim têm as mesmas hipóteses básicas, e os achados de cada projeto desse tipo constituem uma contribuição (*input*) para outro projeto do mesmo programa. Portanto, um programa de pesquisa acerca do som é autossustentado. Por exemplo, a bioquímica é o resultado de um programa de pesquisa que consiste em desvelar a composição química, a estrutura e a função dos constituintes das coisas vivas. Por outro lado, a sociobiologia humana é o gorado programa de pesquisa para tentar explicar cada fração do comportamento social humano em termos biológicos. Não há programa de pesquisa psicanalítica, visto que os psicanalistas não investigam. Do mesmo modo, não há projeto e muito menos programa de pesquisa sobre os UFOs: existe apenas uma coleção de alegadas visões inesperadas desses objetos. No tocante à pesquisa em parapsicologia, ela não forma um programa porque não conta com achados capazes de sugerir problemas ulteriores a serem investigados.

PROGRESSO – Processo de melhoria em algum aspecto e em algum grau. **a. Epistemologia** – Ampliação no plano da verdade, profundeza, cobertura e sistematicidade do corpo de conhecimento. Alguns dos meios para o progresso epistêmico são: crescente precisão dos dados empíricos; substituição de hipóteses não relacionadas por teorias e de modelos verbais por matemáticos; substituição de teorias de caixa preta por outras, de caixa translúcida; e interrelação ou mesmo fusão de campos de pesquisa previamente isolados. **b. Ontologia e ciência** – O critério de Claude Bernard para o progresso biológico: crescente autonomia em relação ao ambiente, que redunda em crescente estabilidade do meio interno (homeostase) do organismo. Todo progresso constitui avanço em alguns aspectos e nunca em todos. Além do mais, pode-se conjeturar que todo progresso em algum aspecto é acompanhado por regressão em outros. Por exemplo, o aumento na velocidade da locomoção, seja em animais ou em artefatos, é obtido mediante um aumento no dispêndio de energia; o aumento na facilidade de computação mecânica é acompanhado de uma perda na habilidade de efetuar cálculos mentais aproximados; e a maior parte do progresso tecnológico causa desemprego. Portanto, a ideia de que a evolução biológica e a história humana são sempre progressivas é falsa. Nem sequer o progresso unilateral é contínuo: há abundância de fases regressivas, algumas das quais terminam em extinção. Em resumo, a "lei do progresso" é mítica. ↑**Perfeição**.

PROJETO DE PESQUISA – Em geral, a gente começa uma pesquisa escolhendo um domínio D de fatos ou de ideias, depois efetua (ou toma como dado) alguma assunção geral (G) a seu respeito, coleta um corpo B de conhecimento existente sobre os Ds, decide acerca do objetivo (A) e, à luz do precedente, pinça ou inventa o próprio método (M). Daí por que um projeto de pesquisa arbitrário P pode ser esboçado como a quíntupla ordenada π = <D, G, B, A, M>. As suposições gerais G de um projeto de pesquisa *científica* incluem as hipóteses de que os itens a serem investigados são materiais, legais e escrutáveis em oposição ao que é imaterial (em particular supernatural), sem lei ou inescrutável. Os projetos de pesquisa são fundados em conhecimento básico, mas no fim de contas são justificados apenas pelo êxito.

PROMOÇÃO – A meta não confessada de muitos exercícios acadêmicos.

PROPENSÃO – Tendência de uma coisa para passar de um estado a outro. Há duas espécies: a causal e a estocástica. Mariposas têm uma tendência (causal) de voar para fontes de luz. Átomos excitados têm uma tendência (estocástica) para decair em estados mais baixos de energia. A ↑**probabilidade** quantifica a propensão estocástica.

PROPOSIÇÃO – O mais simples sistema significativo composto de conceitos. **Sin.** enunciado. Exemplos: "2 > 1", "O Canadá é frio", "A Antártida é mais fria do que o Canadá". O que segue, um fragmento do cálculo proposicional comum, é uma das possíveis definições implícitas (e mais precisamente axiomáticas) do conceito de proposição. Uma proposição é qualquer fórmula que satisfaz as seguintes condições (esquema axiomático):

P1 $p \vee p \Rightarrow p$ (simplificação)
P2 $p \Rightarrow p \vee q$ (adição)
P3 $p \vee q \Rightarrow q \vee p$ (comutatividade)
P4 $(p \Rightarrow q) \Rightarrow (r \vee p \Rightarrow r \vee q)$ (interpolação)

Entretanto, esta definição é incompleta, porquanto não inclui a condição de que toda instância de um esquema proposicional tinha que ter um ↑**significado**, isto é, uma ↑**referência** juntamente com um ↑**sentido**. Como para a ↑**verdade**, trata-se de uma propriedade suficiente mas não necessária de uma proposição. Isto é, por mais que seja uma proposição verdadeira ou falsa (em algum grau), a sua inversa é falsa. ↑**Teoria da lacuna da verdade**. Advertência 1: As proposições não devem ser confundidas com as ↑**propostas** – como elas se apresentam amiúde na fala cotidiana e em francês. Advertência 2: Tampouco devem ser confundidas com sentenças, pois toda proposição pode ser designada por uma ou mais ↑**sentenças** em alguma linguagem. A inversa é falsa, pois há sentenças que não designam quaisquer proposições porque não possuem significação. Exemplos tomados de Heidegger: *Die Sprache spricht* ('A língua fala'), *Die Welt welted* ('O mundo munda'), *Die Werte gelten* ('Os valores valem').

PROPOSIÇÃO INDECIDÍVEL – Uma proposição que não pode ser provada nem refutada dentro de uma teoria matemática. ↑**Decisão**. A descoberta do ↑**teorema da incompletude de Gödel** de que há proposições indecidíveis em toda teoria suficientemente rica causou uma comoção entre os filósofos, muitos dos quais a interpretaram como sinal da fraqueza da razão. Entretanto, ela não parece ter privado qualquer matemático de seu sono; tanto mais quanto, não tem sido um obstáculo para o avanço sensacional da matemática desde que foi publicada em 1931.

PROPOSICIONALIZAÇÃO – Transformação de uma sentença imperativa em declarativa. Exemplo: Não mate! → É imoral matar.

PROPOSTA – Convite, sugestão. Exemplo 1: "Foi proposto investigar a lógica de problemas". Exemplo 2: Convenções de notação, como em "Que n designe um número inteiro arbitrário". As propostas podem ser avaliadas como interessantes, práticas ou aceitáveis e, deste modo, podem ser discutidas racionalmente. Mas nunca são nem verdadeiras nem falsas. Metaproposta: que ninguém tente manufaturar uma lógica das propostas.

PROPRIEDADE – Feição ou característica que um certo objeto, conceitual ou material, possui. Todas as propriedades são conceituadas como ↑**predicados** (atributos). A *alçada* de uma propriedade é a coleção de coisas que a possuem. Se o conhecimento humano fosse perfeito, a alçada de uma propriedade seria idêntica à ↑**extensão** do predicado correspondente. *Princípios universais* acerca das propriedades de objetos de qualquer espécie, seja conceitual ou material: (1) toda propriedade é a propriedade de algum objeto: não há propriedades em si próprias (neoplatonismo); (2) todo objeto tem um número finito (mas talvez muito grande) de propriedades; (3) algumas propriedades são intrínsecas e outras relacionais; (4) algumas propriedades são essenciais e outras acidentais; (5) toda propriedade está relacionada a outras propriedades: não há propriedades desgarradas. *Princípios ontológicos* acerca de coisas concretas: (1) toda propriedade é ou primária (independente do sujeito) ou secundária (dependente do sujeito); (2) não há propriedades negativas ou disjuntivas; (3) todas as propriedade são cambiáveis; (4) toda lei de coisas de uma espécie é uma propriedade delas; (5) toda propriedade está envolvida em no mínimo uma lei: não existem propriedades sem leis. *Princípios epistemológicos* acerca de propriedades de coisas concretas: (1) toda propriedade é investigável, por mais que esta seja indireta e parcial; (2) toda propriedade pode ser conceituada como predicado em pelo menos uma maneira (a relação propriedades-predicados é de um-muitos).

PROPRIEDADE SECUNDÁRIA – Uma propriedade que, longe de ser inerente a uma coisa, é possuída pela coisa como algo percebido. Exemplos: cor (em contraste com comprimento de onda), gosto, beleza. Todas essas propriedades são conceituadas como relações sujeito-objeto. Os predicados que representam propriedades secundárias aparecem nas proposições que descrevem ↑**fenômenos** (aparências). ↑**Primário/secundário**.

PROVA – Derivação logicamente válida de um teorema a partir de assunções ou definições por meio de regras de inferência. Em outras palavras, uma prova formal é uma sequência finita de enunciados, de tal modo que cada um deles é ou uma premissa ou uma consequência de um ou mais membros precedentes da fieira de acordo com uma regra lógica de inferência. As provas formais são típicas de ciências formais e de setores matematizados das ciências fatuais. A teoria da prova é o núcleo da ↑**metamatemática**.

PROVA OU REFUTAÇÃO DA EXISTÊNCIA – Se o objeto em questão for conceitual, a prova ou a refutação de sua existência pode ser tão conclusiva quanto qualquer prova.↑**Teorema de existência**. Se for material, a "prova" será de longe mais fraca, pois há de consistir em uma evidência empírica falível quanto à pertinência do objeto em apreço na classe que lhe diz respeito. Ademais, neste caso, os limites do gênero em questão podem ser um tanto confusos, de modo que a pertinência de um dado objeto (concreto) a tal gênero pode estar sujeito à dúvida. O que vale para provas de existência conceitual vale também, *mutatis mutandis*, para a não existência. (Exemplo: pode-se provar que não há um único número real que esteja mais próximo de um dado número real.) O caso da não existência de uma coisa material ou de uma propriedade estabelecidas por hipótese é de todo diferente. Obviamente, pode não existir evidência empírica para tal hipótese. Em consequencia, um empirista sustentará não haver pessoa que possa provar a não existência empírica. Entretanto, muita vezes os cientistas proclamam corretamente a não existência em bases teóricas. Por exemplo, um biólogo pode provar que um pernilongo de um metro de altura não pode existir, pois suas pernas não o aguentariam – a não ser que ele se parecesse a um pônei, caso em que não seria um pernilongo. Do mesmo modo, um psicólogo fisiologista negaria a possibilidade da psicocinese baseado na força da lei de conservação de energia. Negaria também a possibilidade de uma vida após a morte estribado no poder da hipótese da ↑**identidade** psiconeural.

PROVAS DA EXISTÊNCIA DE DEUS – A questão da possibilidade de uma prova da existência de um deus depende crucialmente dos conceitos de prova e de divindade. Todo teólogo de reputação sabe que é impossível apresentar uma prova puramente lógica porque toda e qualquer prova parte de premissas, que neste caso deveriam ser assunções que já contivessem algum conceito de Deus. Ele também sabe que, antes de lançar-se à tarefa para tornar o teísmo plausível, necessita definir "Deus", ou seja, arrolar as propriedades essenciais que atribui à deidade – por exemplo, existência, onipotência, ubiquidade, onisciência, imaterialidade e eternidade. O teólogo pode pretender que algumas características do mundo, tais como a sujeição a leis, a "sabedoria do corpo" e a alegada imaterialidade da mente sugerem que o mundo foi criado por uma divindade. Mas é também provável que admita isto como um postulado que não pode ser justificado empiricamente, e no qual só alguém que recebeu um dom (graça) especial pode acreditar. Em resumo, crer em um ou outro deus é em última análise uma questão de fé, não de razão, e muito menos de experiência.

PROVAS DA NÃO EXISTÊNCIA DE DEUS – Há tantos conceitos de divindades quantas são as seitas religiosas. Estas podem ser repartidas em duas grandes classes: a dos que afirmam e a dos que negam a participação ativa de (alguma) divindade nos negócios do mundo. Os que acreditam em uma deidade à distância – o ausente senhor dos deístas – não precisam se preocupar com as imperfeições do mundo, tais como o fato de que a maioria das bioespécies alguma vez existentes acabou extinta, ou de que o homem está sujeito à doença, à violência, à pobreza e à ignorância. Mas, por não reconhecerem um liame entre o mundo e a divindade, não podem esperar que se consiga encontrar nas coisas quaisquer traços desta presença. Logo, sua crença, precisamente por ser bem resguardada, carece de fundamento e, portanto, é uma questão de pura fé. Em consequência, é incompatível com uma cosmovisão científica. Em contrapartida, aqueles que creem que sua divindade continua a desempenhar um papel ativo nos negócios do mundo, presumivelmente assim procedem porque veem traços da divindade, particularmente milagres. Ora, quem quer que aceite, ainda que apenas de maneira provisória, os achados da ciência, recusar-se-á a crer em milagres, e considerará todos os fatos como naturais ou sociais, ou como uma combinação de fatos das duas espécies. Na realidade, nenhuma teoria científica envolve a hipótese da existência de uma deidade. Além do mais, cada teoria científica e todo experimento supõem (assumem tacitamente) a *não existência* de quaisquer divindades capazes de interferir no mundo, em particular nos telescópios, nos medidores e congêneres. Tanto assim que, se alguma coisa não dá certo com qualquer deles, o teórico ou o experimental serão responsabilizados – e não algum ser divino. O único gambito que o crente pode tentar será pretender que a divindade é tão inteligente que apaga cada uma de suas pegadas: que ela (ou seus ajudantes) estão por trás de cada evento, embora de um modo secreto. Tal alternativa pela conspiração (ou Companhia Onipotente) é racionalmente sustentável. Mas, não sendo comprovável, não oferece evidência e, portanto, nenhum conforto ao crente. Em suma, se a ciência vale, então não há deuses. Em contraposição, se há deuses, então a ciência malogra.

PSEUDOCIÊNCIA – Doutrina ou prática despida de fundamento científico, mas vendida como científica. Exemplos: grafologia, homeopatia, caracterologia, parapsicologia, psicanálise, psicohistória, ciência criacionista e microeconomia neoclássica. As pseudociências são excelentes testes para qualquer filosofia da ciência. Diga-me quantas pseudociências você compra e dir-lhe-ei quanto vale a sua filosofia da ciência.

PSEUDOEXATIDÃO – O uso de símbolos que designam conceitos mal definidos. ↑**Alquimia**, do ponto de vista conceitual.

PSEUDOFATO – Um fato inexistente tomado erroneamente por um fato. Exemplos: Visões de anjos, bruxas voadoras, "estranhos" e positivistas. A crença nos pseudofatos é muitas vezes promovida pela superstição ou pela ideologia. Pode ser sugerida também, ocasionalmente, pela teoria científica. Mas nesse caso, se for interessante, excitará a curiosidade dos outros que tentarão reproduzi-la, e assim ficará demonstrado, finalmente, que o alegado fato não é um fato. A distinção ente fatos genuínos e pseudofatos é alheia aos antirrealistas, em particular aos ↑**construtivistas**, pois, segundo eles, todos os fatos são artefatos.

PSEUDOFILOSOFIA – Discurso que soa como filosófico, mas não o é, por ser desprovido de sentido, trivial, ou estar cabalmente em desacordo com o grosso do conhecimento científico ou tecnológico. Exemplo: "*Insein* [Estar-em] é [...] a expressão existencial formal de ser do *Dasein* [Ser- ou Estar-lá], que possui a condição essencial de Ser- ou Estar-no-mundo" (M. Heidegger). Gertrudes, você está na cozinha? *Ach so* [Ah, sim], então você está lá. Bem, então você está-no-mundo.

PSEUDOPROBLEMA – Um problema relativo a um ↑**pseudofato** ou suscitado por uma ideia ↑**difusa**, ou por uma lacuna de conhecimento. Exemplos do primeiro tipo: Como funciona a levitação? Como o universo veio a existir? Exemplos do segundo tipo: O que faz o tempo? Por que existe algo em vez de não existir nada? Exemplos do terceiro tipo: O ↑**paradoxo do corvo** e o ↑**paradoxo do *verzul***. Os positivistas lógicos dispensaram a metafísica acusando-a de lidar apenas com os pseudoproblemas ou de ser mal formulada ou de não ser solúvel com a ajuda de dados empíricos. Sem dúvida, tal é o caso da maior parte da metafísica – inclusive o fenomenalismo sustentado pelos próprios positivistas. Entretanto, é possível formular alguns problemas metafísicos de uma forma exata, e investigá-los à luz do conhecimento científico ou tecnológico. ↑**Ontologia**.

PSEUDOTAUTOLOGIA – Uma expressão que tem a forma linguística de uma tautologia, mas não sua forma lógica. Exemplo: 'Basta é basta'. Essa sentença se parece com a tautologia "a = a", mas efetivamente é uma abreviatura de "Você disse (ou fez) muito até agora. Agora pare". Esse exemplo seria suficiente para expor a superficialidade da análise linguística. ↑**Jogo de linguagem**, análise ↑**linguística**.

PSICOFÍSICO, PARALELISMO – ↑**Paralelismo psicofísico**.

PSICOLOGIA – O estudo do comportamento e da mente. **a. Popular** – A parte do conhecimento comum que explica o comportamento e a mente. Uma sacola mista de verdades e superstições. **b. Protocientífica: não biológica** – A investigação teórica e experimental que descreve processos comportamentais e mentais e tenta descobrir seus padrões. **c. Científica: biológica** – A busca científica dos mecanismos biológicos (neurais e endócrinos em particular) do comportamento e da mentalização. **Sin.** psicobiologia, neuropsicologia, psicologia fisiológica. Suporte filosófico: ↑**materialismo** emergentista.

d. **Filosofia da psicologia** – O estudo lógico, semântico, epistemológico, ontológico e ético das teorias e práticas psicológicas, bem como das interações entre psicologia e filosofia. Exemplo 1: A maior parte das poltronas psicológicas pressupõe o mito da alma imaterial. Exemplo 2: O behaviorismo coloca em prática as injunções positivistas sobre a necessidade de apegar-se aos dados e abster-se de efetuar hipóteses sobre os não observáveis. Exemplo 3: A neurociência cognitiva supõe (e confirma) a doutrina materialista de que o mental é neurofisiológico.

PSICOLOGIA EVOLUCIONÁRIA – A abortada ciência da evolução das habilidades cognitivas e de suas estratégias. Na medida em que tem sido um exercício especulativo, e ademais inspirada por um leitura errônea da evolução biológica como resultado de adaptações. Desta maneira pode-se "provar" que qualquer coisa evoluiu naturalmente como uma resposta aos desafios do meio ambiente. Assim, o misticismo seria exatamente tão adaptativo quanto a racionalidade; do mesmo modo, o mito e a ciência, a música e o rock, e assim por diante. Entretanto, ao contrário da ↑**epistemologia evolucionária**, que não passa de uma metáfora, a psicologia evolucionária não tem futuro, quer dizer, da mesma forma que os aspectos evolucionários da neurociência cognitiva.

PSICOLOGIA POPULAR – O corpo do conhecimento psicológico enfeitado e empregado na vida quotidiana. O ponto de partida da psicologia científica, que refina parte da psicologia popular e elimina o resto – particularmente seus constituintes psicanalíticos. A maioria dos filósofos da mente reportam-se à psicologia popular mesmo enquanto a criticam.

PSICOLOGISMO – Modo de ver segundo o qual a psicologia pode explicar tudo o que é humano, da lógica à sociedade. Uma ilusão popular que subestima fatores não mentais, em particular os ambientais e econômicos, e superestima o poder da ↑**psicologia**.

PSICON – O menor sistema neuronal capaz de ter uma experiência mental.

PURPORT – O *purport* (ou o teor) de um construto em um dado contexto é o conjunto dos elementos que o acarretam naquele contexto. Dual: ↑*import*. A união do *purport* e do *import* de um construto é igual ao ↑**sentido deste último.**

QUADRO DE REFERÊNCIA – (conjunto sistemático de relações) – Teoria genérica, como a teoria dos sistemas gerais e a da evolução, que serve de andaime para a investigação de um problema ou para a construção de uma teoria específica. Os quadros de referência são proveitosos ou estéreis, mas nunca podem ser nem verdadeiros nem falsos, pois não podem ser postos à prova sem serem enriquecidos com hipóteses que especifiquem as feições peculiares de particulares concretos.

QUAESTIO FACTI – Um problema ou questão de fato e, assim, algo para ser decidido com a ajuda de dados empíricos. Por exemplo, se há ou não livre arbítrio, ou se o mercado é ou não uma escola de moralidade, são questões de fato e, portanto, devem ser investigadas empiricamente.

QUAESTIO JURI – Um problema ou caso de lei ou regra, como oposto a uma questão de fato. Por exemplo, se uma ação obedece à lei do país, ou se um procedimento ajusta se ao método científico, são questões de lei e devem, portanto, ser resolvidas pela aferição das normas correspondentes.

QUALIA – Propriedades fenomenais (ou secundárias), como cores, sons, gostos, cheiros e texturas. Os fenomenalistas tratam as *qualia* como entidades independentes: "esse azul" e "esse barulho", por exemplo. Mas é claro que são abstrações. ↑**Primárias/secundárias (propriedades)**.

QUALIDADE – **a**. Sin. propriedade. **b**. Propriedade não quantitativa, tal como existência e beleza. A qualidade não se opõe à quantidade.

Toda propriedade quantitativa é o montante, a intensidade ou o grau de alguma qualidade. Por exemplo, o volume é a medida de expansão, o pH mede a acidez e o índice de Gini, a desigualdade de renda. **c. Lei da mudança da qualidade em quantidade e vice-versa** – Esta, a terceira "lei" da ↑**dialética**, é um modo confuso de enunciar a verdadeira tese ontológica segundo a qual mudanças qualitativas ocorrem obrigatoriamente pelo aumento ou diminuição da intensidade com que uma propriedade quantitativa cruza um limiar; e que, tão logo uma tal coisa acontece, um novo curso de acréscimo ou decréscimo se inicia. Chamar isso de transformação de qualidade em quantidade, ou vice-versa, é característico de um pensamento atrapalhado. **d.** Grau de um bem ou serviço, como em "carro de boa qualidade". Neste sentido, a qualidade é em princípio definível em termos quantitativos tais como durabilidade e custo de manutenção.

QUALIDADE DE SER DETERMINADO/INDETERMINADO – Usado na física e na sua filosofia, em tradução incorreta do original alemão *scharf/unscharf* (afiado, agudo, nítido, bem definido, com acuidade/e seus respectivos opostos). ↑**Teorema de Heisenberg**.

QUALITATIVO – Concernente a feições não quantitativas. A lógica, a teoria dos conjuntos, a álgebra abstrata e a topologia geral, bem como a filosofia são disciplinas qualitativas. *Mudança qualitativa* é aquela que envolve um ganho ou perda de propriedades. Mudanças qualitativas podem ser representadas quantitativamente, isto é, por funções cujos valores crescem a partir de zero ou decrescem até zero. Em um ↑**espaço de estado**, mudanças qualitativas aparecem como o desenvolvimento ou o corte dos eixos que representam as propriedades em questão. Advertência: qualitativo ≠ subjetivo.

QUALQUER – Um item arbitrário. Para ser distinguível de "todos", como na verdade lógica: O que vale para um qualquer, vale para todos (Se Fx, então ∀xFx).

QUALQUER COISA (TUDO) É POSSÍVEL – Este ponto de vista está amiúde associado à atitude científica. Na realidade, os cientistas sustentam que certas entidades, propriedades ou eventos são impossíveis por violarem certas leis científicas profundamente entrincheiradas. Por exemplo, qualquer cientistas negará que haja luz, reações químicas ou vida no interior de uma rocha compacta. Do mesmo modo, um psicólogo fisiologista negará a possibilidade da existência de telepatia ou de psicocinese; um antropólogo negará a existência de uma tribo que, no estágio da caça e coleta, possa projetar e construir por si só um reator nuclear; e, de forma similar, um economista há de negar a possibilidade de haver industrialização sem recursos naturais e trabalho especializado. Em cada um desses casos não são encontradas certas condições necessárias para a existência de algum objeto. O princípio filosófico da universalidade das leis fundamentais da física reforça a postura contrária à concepção de que qualquer coisa (ou tudo) seja possível. Sem dúvida, de acordo com o primeiro é impossível que em alguma região do universo a força da gravidade seja diferente daquela que se apresenta na parte conhecida do universo, ou que um corpo possa reverter sua direção de movimento sem parar primeiro, ou que ele possa alcançar a luz no vácuo. O caso é, além do mais, reforçado pelo princípio ontológico da ↑**legalidade**. Por certo, de conformidade com este último, não pode haver eventos desprovidos de leis, como os milagres: é possível apenas ocorrer eventos que satisfaçam leis desconhecidas, e mesmo assim, desde que estas não violem quaisquer enunciados de lei racionalmente bem-confirmados.

QUÂNTICA, LÓGICA – ↑**Lógica quântica.**
QUÂNTICA, MECÂNICA – ↑**Mecânica quântica.**
QUANTIDADE – ↑**Magnitude**.
QUANTIFICAÇÃO – A transformação de um conceito qualitativo em outro quantitativo. Exemplos: "peso" quantifica "pesantez" e "probabilidade" quantifica a "propensão da chance". Se o conceito concerne a um conjunto, sua quantificação consiste na determinação da cardinalidade (numerosidade) do conjunto. Se o conceito for um predicado que denota uma propriedade quantitativa de coisas reais, sua quantificação consiste na introdução de uma ↑**magnitude** ou de uma função numérica.

QUANTIFICADOR – Um prefixo lógico do tipo 'algum' ou 'tudo'. O primeiro é chamado de 'existencial', o segundo de 'universal'. O nome 'quantificador existencial', simbolizado por ∃, é adequado para a matemática: nela, a existência coincide com o fato de ter-se aqui "algum algo tal que" (= *someness*). Por exemplo, quando escrevemos uma equação da forma "F(x) = 0", onde F é uma função numérica, pressupomos que o prefixo ∃x, ou seja: ∃x[F(x) = 0]. Esta fórmula pode também ser lida como "Existem zeros de F" (de um modo mais simples: "F tem zeros"), ou "Para alguns valores de x, F assume o valor 0". Em um contexto extramatemático '∃' é ambíguo: pode significar ou uma existência fatual (concreta), ou uma existência formal (abstrata). Nesses contextos, é necessário muitas vezes especificar quais dos dois sentidos temos em mente. Além disso, como a existência (em algum contexto) é de suma importância, ela deveria ser considerada como uma propriedade. Lógicos modernos rejeitam essa pretensão baseados no fato de que ∃ não é um predicado. Mas isto é incorrer em petição de princípio se o termo "existe" pode ser formalizado como um predicado. Na verdade, um exato ↑**predicado de existência** pode ser definido.

QUANTIFICADOR EXISTENCIAL – Se P é uma propriedade atribuída a um elemento x de um dado conjunto, então "∃ xPx" é interpretado como "Existe no mínimo um particular com a propriedade P" ou como "Alguns particulares são Ps". O símbolo "∃x" é chamado quantificador existencial. Este nome é correto na matemática, porém desencaminhador em qualquer outra parte, uma vez que a existência pode ser ou conceitual ou material. ↑**Predicado de existência**, ↑**enunciado existencial**.

QUANTON – Qualquer das entidades físicas de que a física quântica dá conta adequadamente e a física clássica não o faz. Exemplos: fótons, neutrinos, elétrons, átomos, moléculas, cristais supercondutores e estrelas de neutrons. Dual: *classon*. ↑**Mecânica quântica**.

Q.E.D. – *Quod erat demonstrandum*: o que era para ser demonstrado. O uso frequente dessa expressão na matemática sugere que os teoremas não saltam automaticamente dos axiomas, mas precisam ser conjeturados antes de qualquer tentativa de prová-los. Tampouco os axiomas bastam sempre: construções especiais e lemas (proposições tomadas de outras teorias) em geral se fazem também necessárias.

QUESTÃO – Problema prático, como na "questão da discriminação de gêneros". Na vida quotidiana lidamos com questões; os cientistas investigam problemas; os tecnólogos estudam problemas levantados por questões.

QUÍMICA – É a ciência da composição molecular e da transformação. Um *sistema químico* é um sistema em que ocorrem reações químicas. Se todas elas cessarem, por exemplo, devido a uma temperatura muito baixa ou a uma temperatura muito alta, o sistema se transforma em um sistema físico. A relação lógica entre a química e a física continua sendo um assunto controverso. A grande maioria dos modos de encará-la é que a química se converteu em um capítulo da física e, mais particularmente, da mecânica quântica. Entretanto, uma análise pormenorizada da química quântica mostra que o enunciado mesmo de um problema nesse campo pressupõe tais conceitos suprafísicos do que é uma reação química e uma teoria macroquímica da cinética química.

RACIOCINAR – **a. Psicologia** – Um processo de pensamento desencadeado por algum problema e que, idealmente, chega a uma conclusão. **b. Lógica** – Uma cadeia atemporal de proposições que partem de premissas para a conclusão. **Sin.** argumento.

RACIOCÍNIO PLAUSÍVEL – Raciocínio frutífero que não se ajusta às regras de inferência dedutiva. Exemplos: ↑**analogias** reveladoras e ↑**induções** felizes que levam a (↑**tirando conclusões precipitadas** gerais e verdadeiras a partir de uma amostra). O raciocínio plausível é comum não só em assuntos corriqueiros, mas também na matemática, na ciência e na filosofia. De fato, somente fragmentos da matemática, ciência e filosofia acabadas podem ser jogados no molde dedutivo: a matemática, a ciência e a filosofia em feitura são amiúde logicamente impuras porque lançam mão do raciocínio plausível. Mas, uma vez demonstrada a fertilidade do raciocínio plausível, ele pode ser levado a lavanderias lógicas.

RACIOEMPIRISMO – Qualquer síntese de ↑**racionalismo** moderado e de ↑**empirismo** moderado. Exemplos: As epistemologias de Aristóteles e Kant, ↑**positivismo lógico** e ↑**realismo** científico.

RACIONAL, TEORIA DA ESCOLHA – ↑**Teoria da escolha-racional**.

RACIONALIDADE, CONCEITOS DE – A palavra 'racionalidade' é polissêmica. Daí ser o seu uso indiscriminado, sem qualificação, um indicador de uma fraca racionalidade. De fato, pelo menos os seguintes doze conceitos de racionalidade deveriam ser distinguidos. (1) *Semântico*:

minimizar o difuso (vagueza ou imprecisão), isto é, maximizar a exatidão. Exemplo: substituir "a maior parte" por uma porcentagem precisa. (2) *Lógico*: esforçar-se para lograr consistência interna, isto é, evitar a contradição. Exemplo: substituir "sim e não" por "sim a respeito de A e não a respeito de B". (3) *Dialético*: checar a validade inferencial, isto é, a conformidade às regras de inferência dedutiva. Exemplo: Ninguém refutou a existência de Deus; segue-se que Deus existe? (4) *Erotético*: colocar somente problemas que têm sentido em algum contexto. Exemplo: Abster-se de fazer perguntas como "Para onde vai o tempo?" e "Por que existe algo de preferência a nada?" (5) *Metodológico*: (a) questionar, isto é, duvidar e criticar; (b) justificar, isto é, pedir prova ou evidência, favorável ou desfavorável; ou (c) usar apenas métodos justificáveis, isto é, procedimentos empiricamente bem-sucedidos e fundados em teorias bem confirmadas. Exemplo: são tais e tais experimentos parapsicológicos limpos em termos metodológicos? (6) *Epistemológico*: cuidar de obter suporte empírico e descartar conjeturas incompatíveis com o grosso do corpo do conhecimento científico e tecnológico. Exemplo: Terá sido demonstrado que a telepatia existe, e seria consistente com a hipótese científica que os processos mentais são processos do cérebro? (7) *Ontológico*: adotar uma cosmovisão compatível com o grosso das ciências e tecnologias de hoje em dia. Exemplo: Será a crença em uma vida após a morte compatível com a biologia e a psicologia? (8) *Valorativo*: estudar, ordenar, escolher, projetar ou buscar metas que, além de serem atingíveis, são dignas de valor. Exemplo: Vale a pena trocar delícias terrenas por promessas de uma vida no além? (9) *Pró-hairético**: ordenar um conjunto S de alternativas (ou opções) de tal maneira que a relação preferencial P seja completa (isto é, cubra todos os pares de membros de S), reflexiva (Pxx para todo x em S) e transitiva (Se Pxy e Pyz, então Pxz para todo x, y e z em S). (10) *Moral*: adotar, propor ou seguir normas morais que, além de serem exequíveis, são passíveis

---

* Pró-hairético, do grego *hairetikós* = "que escolhe". (N. da T.)

de promover o bem-estar individual ou social. (11) *Prático*: adotar meios passíveis de atingir as metas visadas. (12) *Econômico*: ter em vista ou levar a cabo modos de ação passíveis de maximizar o que nos é útil sem considerar os outros e até às suas custas. Em suma: egoísmo. (O disfarce do egocentrismo como racionalidade é uma das grandes fraudes intelectuais do século XX.) Os primeiros sete conceitos podem ser designados coletivamente como racionalidade *conceitual*; as cinco restantes, como *pragmática*. Qualquer concepção, plano ou modo de ação que satisfaça as primeiras onze condições de racionalidade será dita *plenamente racional*, ou apenas *razoável*. Tudo o que violar uma ou mais das primeiras onze condições será dito *parcialmente racional*. Os primeiros onze princípios de racionalidade acima salientados não são mutuamente independentes, porém formam um sistema: eles são ordenados como foi indicado.

RACIONALIDADE INSTRUMENTAL – Princípio da racionalidade instrumental: Um indivíduo racional se engaja deliberadamente em uma ação M num certo tempo, se e somente se (1) M for uma de suas metas e se M tiver prioridade sobre as suas outras metas nesse momento, ou (2) se ele acreditar que (a) é provável que a ação M o ajude a alcançar a meta G à qual atribui prioridade nesse momento, e (b) que o custo de M (para ele próprio ou para os outros) seja menor do que o benefício derivável do fato de atingir G. Diz-se que a racionalidade instrumental é *objetiva* se e somente se as crenças envolvidas no princípio acima constituírem peças do conhecimento objetivo, isto é, se forem suficientemente justificadas. De outro modo, ela será *subjetiva*. Tem-se pressuposto, segundo V. Pareto, que todo comportamento humano deliberado é ou objetiva ou subjetivamente racional. Mas essa assunção é ↑**tautológica**, em virtude do significado de "deliberado". (Apenas decisões arbitrárias são tanto objetiva como subjetivamente irracionais.) E a hipótese segundo a qual o que é comumente descrito como subjetivo ou irracional o é simplesmente porque os observadores não descobriram o ponto de vista do ator é irrefutável. Entretanto, ao contrário da hipótese precedente, esta última é fértil: sugere que se olhe bem de perto os interesses e os motivos dos atores.

RACIONALISMO – Reconhecimento da autoridade da razão. Racionalismo *moderado*: Confiança na razão. Nesse sentido, muitas escolas filosóficas, do platonismo e aristotelismo ao tomismo, ao kantismo, ao materialismo dialético, ao empirismo lógico são racionalistas. Racionalismo *radical*: Fé cega na capacidade da razão, sem a ajuda da percepção ou da ação, para desvelar a realidade ou até construí-la. **Sin.** ↑**apriorismo**. O racionalismo radical só é adequado na ↑**matemática**, que lida unicamente com ↑**verdades** da razão. Ele é inadequado em qualquer outro lugar. Por contraste, o racionalismo moderado, quando combinado com o empirismo moderado, é adequado em todas as indagações e deliberações. Essa combinação é o ↑**racioempirismo**.

RAZÃO – A faculdade da mente que consiste em pensar de um modo consistente. O complemento da experiência e o guia da ação deliberada.

RAZÃO/CAUSA – À primeira vista, a razão pela qual se faz alguma coisa não é o mesmo que a causa da ação: enquanto as razões são conceituais, as causas são físicas. Por exemplo, uma chuva inesperada é a causa que me leva a procurar abrigo, mas a razão de fazê-lo era para evitar que eu ficasse encharcado. Numa segunda instância, as razões são eficientes apenas quando de preferência se tornam causas em vez de continuar sendo itens do puro pensamento. Somente nesse caso as causas são internas: elas ocorrem no cérebro do agente. Assim, a distinção razão/causa não resulta em dicotomia.

RAZOÁVEL – Termo polissêmico. **a.** Racional, em concordância com os fatos conhecidos, e levando em conta a situação (ou as restrições). ↑**Racionalidade**. **b.** Submisso, conformista, que concorda comigo.

REAL – O que existe ou no mundo externo ou na experiência subjetiva. Exemplos: estrelas e suas percepções, processos de pensamento e alucinações. A percepção é apenas um indicador falível da existência física. A esmagadora maioria das coisas físicas é imperceptível, e algumas vezes nós percebemos coisas que não estão lá: daí a falácia do ↑**fenomenalismo** e a insuficiência do ↑**realismo** ingênuo.

REAL, DEFINIÇÃO – ↑**Definição real.**
REALIDADE – A totalidade das coisas reais. Sendo uma coleção, a realidade é não real. Em contrapartida, a agregação (adição física) de todas as coisas reais, isto é, o ↑**universo** ou o ↑**mundo,** é real.
REALISMO – a. **Ontológico e epistemológico** – A concepção segundo a qual certos fatos não são subjetivos ou fenomenais e que alguns deles podem ser conhecidos – embora, sem dúvida, não por via da percepção, mas conceitualmente. Há duas espécies de realismo: o idealista e o científico. O *realismo idealista* (ou *platônico*) identifica a realidade com a totalidade das ↑**ideias** e suas sombras. As primeiras, por hipótese, existem autonomamente, num reino próprio, enquanto as coisas concretas seriam suas sombras ou cópias. Assim, um tampo de mesa circular seria apenas uma cópia grosseira de um círculo geométrico perfeito e eterno. Por oposição, o *realismo científico* identifica a ↑**realidade** com a coleção de todas as coisas concretas, isto é, coisas capazes de variar ou mudar em algum aspecto em relação às outras. De acordo com o realismo científico, as ideias, longe de serem existentes por si, são processos que ocorrem nos cérebros de alguns animais. Logo, a ideação pode ser estudada cientificamente, e as ideias podem exercer um impacto sobre o comportamento social quando inspiram ou guiam a ação. A escolha entre esses dois tipos de realismo depende da espécie de filosofia que queremos e do lugar onde pretendemos colocá-la. Se nos importamos apenas com a filosofia especulativa e, consequentemente, a colocarmos numa torre de marfim, deveríamos preferir o realismo idealista porque é internamente consistente e nao demanda o menor esforço. Mas se desejamos uma filosofia que seja de alguma utilidade na busca do entendimento do mundo real, deveríamos adotar (e enriquecer) o realismo científico, pois ele postula a existência autônoma do mundo externo, admite que nossa ignorância a seu respeito é enorme, e nos encoraja a explorá-lo mais, enriquecendo e aprofundando o fundo de ↑**verdades** fatuais. Embora o conceito de ↑**verdade** fatual seja central para o realismo científico, este não envolve a assunção de que a verdade completa seja sempre obtenível.

Exige apenas a procura da verdade, a eventual obtenção de verdades aproximadas e sua posterior corrigibilidade. **b. Moral** – A concepção metaética de que há fatos morais e, correspondentemente, verdades e falsidades morais. Exemplos de fatos morais: assassinato e voluntarismo. Exemplos de verdades morais: "Assassinar é o pior pecado" e "O voluntarismo é bom". **c. Legal** – Escola de filosofia e jurisprudência legais que considera as leis como uma ↑**tecnologia social** que visa ao controle e à reforma sociais. ↑**Lei**. **d.**

REALISMO DO SENSO COMUM – ↑**Realismo** ingênuo ou acrítico. Efetivo contra a fantasia desenfreada e o ceticismo radical, porém insuficiente para enfrentar os inobserváveis peculiares à ciência e à tecnologia.

RECEITA DE COLA (GLUE FORMULA) – Fórmula que contém conceitos pertencentes a diferentes campos de pesquisa e que possibilita a sua fusão. Exemplos: "A divergência dos interesses econômicos é a maior fonte de disputa política" ajuda a construir uma ponte entre a economia e a ciência política. ↑**Interdisciplina**.

RECORRÊNCIA ETERNA – ↑**Eterna recorrência**.

RECURSÃO – Uma função de inteiros não negativos em inteiros não negativos é definida por recursão, ou interação, se for introduzida por um par de equações, uma que vale para 0, e a outra que especifica a maneira pela qual quaisquer valores posteriores da função são computados. Exemplo: a função fatorial ! é definida recursivamente como segue: 0! = 1, (n + 1)! = (n + 1)n! Essas duas fórmulas são necessárias e suficientes para computar qualquer valor de ! como 3! = 1.2.3 = 6. ↑**Definição**.

REDUÇÃO – **a. Conceito** – Uma operação epistêmica e, mais precisamente, uma espécie de análise pela qual o objeto reduzido é conjeturado ou mostrado como dependente de algum outro, lógica ou ontologicamente anterior ao primeiro. Se A e B forem ambos construtos ou entidades concretas, reduzir A a B é identificar A com B, ou incluir A em B, ou asseverar que cada A é ou um agregado, uma combinação, ou uma média de Bs, ou então uma manifestação ou uma imagem de B. É afirmar que, embora A e B possam parecer muito diferentes um do outro, de fato eles são a mesma coisa, ou que A é uma espécie do gênero B, ou que todo A resulta de algum modo dos Bs – ou, de uma maneira mais vaga, que A "se concentra" em B, ou que "em última análise" todos os As são Bs. Exemplos de *redução conceitual*: números inteiros são ou primos ou produtos de números primos; a estática é um capítulo da dinâmica; a óptica é um capítulo da teoria eletromagnética. Exemplos de *redução ontológica*: o calor é movimento molecular aleatório; os processos mentais são processos cerebrais; e os fatos sociais resultam de ações individuais. **b. Lógica de redução** – Devemos distinguir quatro casos de redução: de conceitos, proposições, teorias e explanações. Reduzir um *conceito* A a um conceito B é definir A em termos de B, em que B se refere a uma coisa, propriedade ou processo quer no mesmo ↑**nível**, quer em um mais baixo (ou mais alto), do que o(s) nível(eis) do(s) referente(s) de A. Uma tal definição pode ser chamada de *definição redutiva*. (Na literatura filosófica as definições redutivas são em geral denominadas "hipóteses-ponte", presumivelmente porque são em geral propostas de início como hipóteses. A história sem análise pode ser desencaminhadora.) Há três tipos de definições reduzidas de um conceito: (a) *Mesmo nível*, como em "Luz =$_{df}$ radiação eletromagnética"; (b) *topo-baixo* ou *microrredutiva* como em "Calor =$_{df}$ movimento molecular aleatório"; e (c) *fundo-acima* ou *macrorredutiva*, como em "Seleção natural =$_{df}$ Eliminação de organismos individuais por pressão ambiental". A redução de uma *proposição* resulta da substituição de no mínimo um dos predicados que nela ocorrem com o *definiens* de uma definição redutiva. Por exemplo, em virtude da definição redutiva "Formação de expressões linguísticas =$_{df}$ Atividade específica da área de Wernicke", a proposição psicológica "Maria estava formando uma expressão linguística" é redutível à proposição neurocientífica "A área de Wernicke de Maria estava ativa". Dir-se-á que uma *explanação* é redutiva se e somente se ao menos uma de suas premissas *explanans* for uma proposição reduzida. Por exemplo, a explanação da formação de um sistema em termos da autorreunião de seus componentes é do tipo microrredutivo (ou topo-baixo). Um trabalho sobre uma linha de montagem, ou sobre a origem da vida, induz a explanações dessa espécie. Em contrapartida, a explanação do comportamento de um componente de sistema em termos do lugar que ocupa e do papel que desempenha no sistema é do tipo macrorredutivo (ou fundo-acima). O mecânico do automóvel e o psicólogo social recorrem tipicamente a essas espécies de explanações. Enfim, a análise da teoria da redução pode proceder como segue. Chame T_1 e T_2 duas teorias (sistemas hipotético-dedutivos). Suponha que ambas têm em comum alguns referentes, e chame R um conjunto de definições redutivas, e S um conjunto de hipóteses subsidiárias não contidas nem em T_1 nem em T_2. Estipulamos que (1) T_2 é *plena* (ou *fortemente*) *redutível* a T_1 =$_{df}$ T_2 segue logicamente da união de T_1 e R; e (2) T_2 é *parcial* (ou *fracamente*) *redutível* a T_1 =$_{df}$ T_2 segue logicamente da união de T_1, R e S. **c. Limites na redução da teoria** – A óptica geométrica é fortemente redutível à óptica ondulatória por meio da definição redutiva "Raio de luz =$_{df}$ Normal à frente da onda de luz". Em troca, a óptica ondulatória é fortemente redutível ao eletromagnetismo em virtude da definição redutiva (a) acima. De outro lado, a teoria cinética dos gases é apenas fracamente redutível à mecânica de partículas porque, além das definições redutivas dos conceitos de pressão e temperatura, a primeira inclui as hipóteses subsidiárias da distribuição aleatória inicial de posições e velocidades. Do mesmo modo, a química quântica, a biologia celular, a psicologia e a ciência social são apenas fraca (parcialmente) redutíveis às correspondentes disciplinas de nível inferior. Até a teoria quântica encerra alguns conceitos clássicos (e. g., os de massa e tempo), bem como hipóteses acerca de fronteiras macrofísicas, de modo que não efetua uma microrredução completa. Da mesma maneira, nenhuma atividade microeconômica pode ser adequadamente descrita sem a especificação de feições macroeconômicas como a taxa de desconto em curso e a situação política. A microrredução tentada pela microeconomia neoclássica não teve sucesso precisamente porque ela não dá espaço para o ambiente macroeconômico. Tampouco se justificam muitas outras pretensões de redução. Em contrapartida, a ↑**fusão de** disciplinas em ↑**interdisciplinas**, como a bioquímica e a neurociência cognitiva, é bem mais comum e tem sido muito bem-sucedido. ↑**Reducionismo**.

REDUCIONISMO – A estratégia de pesquisa segundo a qual o complexo é melhor explicado pela redução a seus constituintes. **Sin**. nada-senão-ismos. Exemplos: o ↑**atomismo** na física e na química, o ↑**mecanismo** na biologia, o ↑**biologismo** e o ↑**economicismo** na ciência social e o ↑**sociologismo** em epistemologia. O reducionismo *radical* nega a ↑**emergência** e portanto pretende que a redução é necessária e suficiente para dar conta de qualquer item complexo. Exemplos: Sociobiologia humana e a crença de que o completamento do Projeto do Genoma Humano solucionará de uma vez para sempre os enigmas da natureza humana. O reducionismo *moderado* sustenta que se deve reduzir tanto quanto possível, mas reconhece (e explica) a emergência quando ela é encontrada. Contrapartida ontológica: ↑**materialismo emergentista**.

REDUCTIO AD ABSURDUM – Um método padrão de prova, por redução ao absurdo, que envolve a descoberta de uma contradição e sua subsequente remoção. Esboço: Assuma que p, e que, se p, então q. Suponha agora, em atenção ao argumento, que não-q. Então segue, pelo ↑*modus tollens*, não-p. Mas, para começar, p foi assegurado (assumido como verdadeiro). Logo, não-q prova ser falso. E, caso se admita a lógica comum, "não-não-q = q" é válido, portanto q foi provado. Os matemáticos ↑**intuicionistas**, que não aceitam o princípio da ↑**dupla negação**, não podem se valer desse método de prova, o qual, quando aplicável, é o mais fácil.

REFERÊNCIA – Todo ↑**predicado** e toda proposição bem formada é ↑**acerca de**, ou refere-se a uma coisa ou outra. Por exemplo, "flui" refere-se a algum fluido. A coleção de referentes de um predicado ou proposição é denominada sua *classe de referência*. Por exemplo, "massa" refere-se a todos os corpos, e o mesmo vale para "mais duro que". Diga-se de passagem que esses dois exemplos mostram que a classe de referência de um predicado não precisa coincidir com sua ↑**extensão**. De fato, enquanto "mais duro que" refere-se a corpos, sua extensão é a coleção de pares ordenados de corpos para os quais a relação vale efetivamente. Em símbolos óbvios, $\mathcal{R}$ (mais duro que) = B, $\mathcal{E}$ (mais duro que) = {<x, y> ∈ B × B| x é mais duro que y} ⊂ B × B. A essência de minha teoria da referência é a seguinte: seja P um ↑**predicado** unário que represente uma ↑**propriedade** de objetos de alguma espécie A. É claro que P se refere aos As. Esse enunciado pode ser reformulado do seguinte modo, que se presta ele próprio à generalização para predicados n-ários. Um predicado unário P pode ser analisado como uma função do conjunto A pertinente no conjunto S de enunciados que contenham P. Ou seja, P: A → S. A afirmação de que P se refere a A importa então no enunciado segundo o qual a *classe de referência* de P é o domínio A da função P, isto é, $\mathcal{R}$ (P) = A. A generalização para o predicado n-ário P: A × B × ... × N → S é: $\mathcal{R}$ (P)= A ∪ B ∪ ... ∪ N. Observe o contraste com a extensão de P, a qual está incluída no produto cartesiano dos fatores do domínio de P.

REFERENTE – O objeto referido por meio de um ↑**construto**: aquilo acerca do qual esse último se refere. Um membro da classe de ↑**referência** de um construto.

REFUTAÇÃO – A invalidação de um argumento quando se mostra que ou algumas de suas premissas são falsas, ou que elas não acarretam a conclusão de acordo com as leis da lógica dedutiva. ↑**Refutabilidade**.

REFUTABILIDADE – Uma proposição é refutável se e somente se existe ou puder existir qualquer coisa que a torne falsa. Do contrário, é *irrefutável*. Exemplo: "Há microorganismos vivos sob a crosta terrestre" é refutável, ao passo que não o é "Há outros mundos que não o nosso e desconectados do nosso". Para checar se uma proposição é ou não falsa, ela deve ser desde logo refutável, isto é, não deve ser nem uma tautologia (verdade lógica), nem enganosa (por conter conceitos vagos) e tampouco protegida por uma ↑**hipótese *ad hoc*** que é, por sua vez, irrefutável. Por exemplo, "p ou não-p" é empiricamente irrefutável porque continua sendo verdadeira quer o fato descrito por p venha ou não a ocorrer. "Algo acontecerá com você", embora por uma razão diferente, também é irrefutável: isto porque ela é tão vaga que qualquer coisa que suceda a você há de confirmá-la. E "Todo indivíduo do sexo masculino abriga um complexo de Édipo" é irrefutável no contexto da psicanálise, onde está sempre acompanhada pela hipótese da repressão – uma hipótese *hoc* de má-fé. Fora deste contexto ela é vulnerável e, de fato, ela pode ser refutada – o que comprova, incidentalmente, que a refutabilidade é contextual. Esta é o ↑**dual** da ↑**confirmabilidade**. Com efeito, "p refuta q", o que é o mesmo que "p corrobora não-q". Portanto, a tese refutacionista de que apenas contam resultados negativos é falsa. Pior ainda, ela é destrutiva, pois sugere a conversão de enfermarias em matadouros. ↑**Refutacionismo**.

REFUTACIONISMO – É a tese segundo a qual hipóteses e teorias científicas devem ser refutáveis, mas sua verdade não pode ser provada. ↑**Refutabilidade**. O olhar da razão dada é direto. Primeiro, pressupõe-se (erroneamente) que todas as hipóteses científicas são condicionais, ou seja, da forma "Se p, então q". (Esta condição exclui hipóteses "existenciais", isto é, conjeturas que começam por "Algum" ou por "Há", que são declaradas "metafísicas".) Então, se p implica q e q é confirmado, nada segue acerca do valor p, ou melhor, a confirmação não é decisiva. Por contraste, se q resulta ser falsa, por *modus tollens*, evidenciar-se-á que p é igualmente falsa. Embora este argumento seja válido, ele não prova que não deveríamos nos preocupar com a confirmação, logo com a verdade. Sem dúvida, é uma prática comum na ciência e na tecnologia, e não menos na vida quotidiana, procurar exemplos favoráveis e não apenas contraexemplos ou casos desfavoráveis. A razão é que acarinhamos a verdade, quer por ela própria ou por ser a base da eficiência prática. E só podemos considerar verdadeira uma proposição (até certo grau e por enquanto) se ela goza de substancial suporte empírico (direto ou indireto). Por certo, uma única exceção ou contraexemplo pode ter muito mais peso do que dez instâncias positivas. Mas algumas vezes um contraexemplo pode ser isolado e ser visto como uma observação ou um cálculo errado.

Ou então ser acomodado por uma ligeira modificação da hipótese, ou por uma conjunção da hipótese com uma ↑**hipótese *ad hoc*** do tipo *bona fide*. A estratégia do refutacionismo, *Conjetura-teste-descarte ou, quando muito, diagnose "até agora incólume"*, é portanto simplista, logo não realista. Ademais, envolve uma severa desvalorização da verdade fatual e encoraja, consequentemente, um ↑**ceticismo** sistemático. A ciência e a tecnologia preocupam-se tanto com a confirmação quanto com a refutação.

REGRA – Prescrição para fazer alguma coisa, seja manual, intelectual ou social. Espécies: convencional, lógica, empírica, científica, tecnológica e moral. A etiqueta, as regras gramaticais e ↑**notacionais** são *convencionais*. Logo elas podem ser alteradas se for verificado que são obsoletas ou inconvenientes. As regras *lógicas* são de dois tipos: convenções relativas à boa-formação e regras de ↑**inferência**. Todo sistema de lógica consiste de um conjunto de axiomas mais um conjunto de regras. Sem estas nada poderá ser deduzido. Por exemplo, a oração condicional "Se A, então B" não leva a nada mesmo que se adicione ou que A é verdadeiro ou que B é falso. Somente quando acrescentamos a regra ↑***modus ponens*** será possível destacar B. As regras *empíricas* são adotadas como um produto das tentativas que se acredita serem bem-sucedidas. Alguma vezes elas se alteram em decorrência de experimento científico. As regras *científicas* e *tecnológicas* são estruturadas com base nas leis naturais ou sociais. Diferentemente das regras empíricas, as tecnológicas e científicas baseiam-se em leis: ↑**regra baseada em lei**. Entretanto, as duas últimas regras são adotadas ou rejeitadas consoante a força de seus desempenhos. As regras *morais* são normas de conduta em relação a outros. Metanorma: As regras morais deveriam ser estabelecidas à luz do conhecimento científico, e adotadas ou rejeitadas à luz de suas consequências práticas.

REGRA BASEADA EM LEI – Qualquer ↑**enunciado de lei** que pode ser posto em uso é a base científica de duas regras: uma que prescreve o que fazer a fim de atingir alguma meta, e sua dual, que prescreve como agir para evitar tal resultado. Por exemplo, um enunciado de lei da forma "Se C acontece, então E acontecerá" é a base das regras

R⁺ = Para obter E, faça C.
R⁻ = Para evitar E, abstenha-se de fazer C.

Tal dualidade é a raiz da ambivalência moral de grande parte da ↑**tecnologia**.

REGRA DE CORRESPONDÊNCIA – Liame empírico-teórico. ↑**Hipótese indicadora**, ↑**definição operacional**.

REGRA DE OURO – A mais famosa das máximas morais. Ela surge, no mínimo, em duas versões. A *positiva* ou cristã é: "Faça aos outros aquilo que você gostaria que fizessem a você". A *negativa* ou confuciana é: "Nunca faça aos outros aquilo que você não gostaria que fizessem a você". Em cada uma dessas versões a máxima é em geral considerada como o princípio básico que implica todas as prescrições e proscrições necessárias. Entretanto, nenhuma das duas cobre todos os casos possíveis, pois o que uma pessoa deseja fazer a si mesma (e. g., cirurgia) pode não ser agradável a outras, ou inversamente. Além disso, as regras dizem respeito a desejos do eu e de outros, mais do que a necessidades, e passam por cima das aspirações. A máxima ↑**agatonista** "Desfrute a vida e ajude a viver" não tem esses defeitos e é mais fácil de enunciar, entender e aplicar.

REGRESSÃO INFINITA – A falácia lógica que consiste em exigir que toda asserção requeira um fundamento ou justificação à parte.

REIFICAÇÃO – O tratamento de uma propriedade, relação, processo ou ideia como se fosse uma coisa. Exemplos: "Eu tenho preocupações" em vez de "Eu estou preocupado"; as noções populares de energia, mente, justiça e beleza; as ideias de que a linguagem é criativa e brota na mente.

REÍSMO – A tese de que o mundo é composto exclusivamente de coisas. Sin. ↑**materialismo**.

RELAÇÃO – **a. Lógica** – Correspondência entre dois ou mais conjuntos, cujos membros são denominados ↑*relata*. A correspondência, ou o *pareamento*, pode ser de um-para-muitos, de muitos-para-um ou de um-para-um. Em qualquer dos dois últimos casos a relação se chama ↑**função**. As relações mais simples são aquelas que se estabelecem entre dois conjuntos: elas são denominadas 'binárias' ou 'diádicas'. Exemplos: "menos que" e "atua sobre". As próximas em ordem de complexidade são as ternárias ou triádicas. Exemplos: "entre" e "dá". Em geral, fala-se de relações ou predicados n-ádicos ou n-ários. As relações podem ser representadas por setas. O *domínio* de uma relação é o conjunto onde a seta começa, e seu *contradomínio* é o conjunto das pontas da seta ou da flecha. Por exemplo, o domínio da relação de venda é o conjunto dos vendedores, e o seu intervalo é o dos compradores. A lógica antiga ignorava as relações, e tentava reduzir todas as relações a predicados unários (monádicos). Trata-se de uma tarefa impossível. Em contrapartida, as propriedades unárias podem ser definidas em termos das diádicas, ou seja: $Px =_{df} \exists y Rxy$. Exemplo: x é casado $=_{df} \exists y$ (x é a esposa de y). Isto basta para refutar o ↑**individualismo**, o qual assume que indivíduos sós precedem indivíduos relacionados. As relações têm sido amiúde encaradas como não reais, devido talvez a um defeito da lógica antiga e da concomitante gramática sujeito-predicado. Mas, sem dúvida, propriedades intrínsecas fazem surgir o mesmo problema. De fato, nenhuma propriedade unária, nem as relacionais existem por si próprias. Na realidade, apenas coisas com propriedades e relacionadas a outras coisas (exceto para o universo como um todo, que é uma coisa, mas não relacionada a qualquer outra coisa). A definição explícita padrão de uma relação n-ária é que ela é um subconjunto de um produto cartesiano de n conjuntos. Portanto, se Rxy, somos levados a escrever $< x, y > \in R$. Essa interpretação extensional falha para os conceitos de identidade e de pertinência a um conjunto. ↑**Extensionalismo**. Além disso, a interpretação em apreço é inteiramente inútil no caso de coisas concretas, pois estas não são conjuntos. Por exemplo, um ou uma ligação entre duas moléculas, pessoas ou organizações é uma relação, mas não um subconjunto de um produto cartesiano. É preferível definir relações axiomaticamente, e afirmar que apenas a ↑**extensão** de um predicado n-ário é um subconjunto do produto cartesiano de seu domínio e de seu intervalo. Assim, e. g., para uma relação binária R com domínio A e contradomínio B, $\mathcal{E}(R) \subseteq A \times B$, e $<x, y> \in \mathcal{E}(R)$. **b. Ciência** – A maior parte das propriedades (intrínsecas e relacionais) de coisas reais é conceituada como relações, em particular, funções. Por exemplo, o conceito de PIB é uma função de pares <nação, ano> em dólares. ↑**Propriedade,** ↑**predicado.**

RELAÇÃO DE EQUIVALÊNCIA – É uma relação reflexiva, simétrica e transitiva. Exemplos: paralelismo, equivalência lógica, coextensividade e sinonimia. Símbolo padrão: ~. Uma relação de equivalência induz a partição de uma coleção arbitrária em classes de ↑**equivalência** (ou homogêneas). Notação: $P = S/\sim$. Exemplo: a relação de equivalência de mesmo sexo cinde a classe H dos humanos em três classes complementares e mutuamente disjuntas: M, F e I (para intersexo). Esta cisão ou partição é assim indicada: $H/\sim = \{M, F, I\}$. Essas três classes são disjuntas aos pares, isto é, são vazias as intersecções destes pares.

RELAÇÃO DE INCERTEZA – Denominação incorreta do ↑**teorema de Heisenberg**.

RELAÇÃO DE PERTINÊNCIA – A relação binária $\in$ entre um indivíduo e um conjunto, como em $0 \in [0,1]$, e Aristóteles $\in$ Espécie humana. Trata-se de um conceito básico (não definido) da teoria dos conjuntos. É um contraexemplo da tese extensionalista segundo a qual todas as relações são conjuntos de pares ordenados (ou, em geral, n-plas). Se $\in$ fosse assim definido, "x $\in$ y" poderia ser reenunciado como "<x, y> $\in \in$", que é uma cadeia de signos sem sentido.

RELATA – Os termos de uma relação. Exemplo: Os *relata* da relação de ensino são os professores e os alunos. Se R vale entre os relata a, b, ..., n, escreve-se: Rab...n. No enunciado, R é distinguido mas não está separado dos *relata* que ele mantém juntos. Não há relações sem *relata*, e nem *relata* sem relações. Isto refuta tanto o ↑**individualismo** (os *relata* precedem as relações) e o ↑**holismo** (as relações precedem os *relata*).

RELATIVO – a. Lógica – Um construto é relativo a um outro se ele puder ser somente caracterizado (e. g., definido) em termos deste último. Exemplo: "pequeno" só faz sentido relativamente a alguma quantidade tomada como base. Tese: Todos os construtos são logicamente relativos (ou relacionais). **b. Ontologia –** Propriedades relacionais, tais como altura, velocidade e energia são aquelas cujos valores são relativos a algum sistema de referência ou outra coisa. Algumas propriedades físicas, como carga elétrica e entropia, são absolutas (independentes do sistema de referência); outras, como posição, força e intensidade de campo, são relativas (dependentes do sistema de referência). **c. Epistemologia –** Todas as ↑**propriedades secundárias** são relativas a algum ser sentiente. ↑**Absoluto/relativo**.

RELATIVISMO – a. Ontológico – A concepção de que tudo é relativo, quer em relação a outras coisas ou ao conhecedor. Este modo de ver é incompatível com a ciência moderna em que pululam absolutos, tais como propriedades e leis invariantes, ao lado de outras, relativas. ↑**Relativo b. b. Epistemológico –** A concepção segundo a qual cada verdade é relativa a algum indivíduo, grupo social ou período histórico. Em outras palavras, não haveria verdades objetivas ("absolutas") nem universais (transculturais). A simples existência e o sucesso de publicações e encontros científicos e tecnológicos internacionais, com seus subjacentes padrões internacionais de teste para comprovar a verdade, é uma tácita refutação do relativismo. O relativismo epistemológico é uma componente do relativismo antropológico, segundo o qual todas as culturas são equivalentes, de modo que não existe essa coisa denominada desenvolvimento social e, por consequência, não há justificação objetiva para reformas sociais. Ironicamente, o relativismo é apresentado como verdade intersubjetiva e universal. **c. Ético –** A família de doutrinas éticas que nega a existência de normas morais universais. O relativismo aparece em variadas intensidades. O seu modo mais radical é o ↑**niilismo** ético, segundo o qual as normas morais não podem ser justificadas de nenhuma outra forma exceto como dispositivos de sobrevivências.

Um tipo ligeiramente mais moderado de relativismo ético é aquele que está incluído no relativismo cultural. De acordo com este último, toda cultura (ou sociedade) tem sua própria moralidade, e nenhuma moralidade é melhor do que qualquer outras. (Exemplo: a gente não deve se opor à pena de morte em nações bárbaras.) O relativismo ético moderado sustenta que, enquanto algumas regras morais são absolutamente boas, outras são absolutamente más, e o valor de outras ainda é relativo ao indivíduo, ao grupo ou às circunstâncias. Exemplo do primeiro: "De a César o que é de César". Exemplo do segundo: "Ajude aos outros sempre que puder". Exemplo do terceiro: "Use a violência apenas para proteger vidas, e mesmo então, somente com contenção". **Ant.** ↑**absolutismo**.

RELEVÂNCIA – O objeto A é relevante para o objeto B, se e somente se A fizer alguma diferença para B, ou B depender de A. A relevância relaciona fatos (F), construtos (C), ou construtos e fatos. Exemplos: A biologia é conceitualmente relevante para a psicologia (C-C); a economia é fatualmente relevante para a política (F-F); a luz é referencialmente relevante para a óptica (F-C); a teoria econômica devia ser pragmaticamente relevante para os negócios (C-F).

RELIGIÃO – Sistema de crenças não testáveis existentes para uma ou mais deidades, e as práticas que acompanham, principalmente adoração e sacrifício (de si próprio ou de outros). Alguns sistemas influentes de fé, tal como o budismo original, o jainismo, o taoísmo e o confucionismo não são propriamente religiões segundo a definição acima, porque não incluem crenças em divindades. Algumas religiões prometem vida após a morte, outras não; e apenas algumas ameaçam com o inferno. Portanto, a crença na vida após a morte e no eterno retorno ou castigo não são características definidoras de religião. ↑**Teologia**. As religiões são seriamente estudadas por psicólogos, sociólogos, historiadores e filósofos. A *psicologia* da religião estuda os modos como as ideias religiosas são adquiridas e a maneira pela qual mudam como resultado da experiência ou da doença mental. Ela aborda também os papéis da crença religiosa, e. g., lutando com sentimentos de desamparo, imprevisibilidade, medo da morte e culpa. A *sociologia* da religião estuda as funções e disfunções sociais das crenças religiosas e das religiões comunitárias, bem como suas contribuições à coesão e divisão sociais, e seu uso como instrumento de controle social. A *história* das religiões estuda sua emergência e transformações em relação com outros aspectos da vida social, como os econômicos e os políticos. A *filosofia* da religião pode ser um adjunto da teologia ou ser independente dela. No primeiro caso falta-lhe a liberdade intelectual inerente à pesquisa filosófica. Em particular, ela não pode se permitir questionar a existência de Deus(es) ou quaisquer outros dogmas essenciais da religião em estudo. Portanto, ela não é filosoficamente autêntica. Uma genuína filosofia da religião há de examinar problemas lógicos, semânticos, epistemológicos, ontológicos e éticos levantados pela hipótese da existência de divindades. Em especial, há de examinar (a) a questão se a religião é compatível com a ↑**racionalidade** em qualquer sentido do termo; (b) as áreas de pesquisa científica que podem ser afetadas pela religião; e (c) as coerções que a crença religiosa exerce sobre a ética. A primeira questão é facilmente respondida pela negativa, uma vez que todas as religiões exigem fé cega. Quanto à segunda: a religião não precisa interferir na pesquisa em lógica ou matemática. Tampouco afeta a investigação na maioria dos problemas das ciências fatuais – exceto quando, como foi o caso de São Paulo e de Santo Agostinho, ela desencoraja ativamente tal pesquisa por ser pagã e irrelevante para a salvação pessoal, de todo modo. Mas, em particular se organizada e militante, a religião com certeza afetará a pesquisa em problemas cuja solução provavelmente irá contradizer dogmas religiosos. Exemplos: a realidade dos milagres e a cura pela fé, a eficiência da prece, a história do cosmo, a origem da vida, a natureza da mente, a origem da religião e seu papel como mecanismo de controle social. A religião também afetará com certeza a investigação em alguns problemas filosóficos, como os dos limites da razão humana, do valor de evidência da experiência religiosa, da "significação" da vida humana, do sofrimento e da morte; se a dedicação a Deus ou à igreja deveria prevalecer sobre a dedicação à humanidade; e se é possível a gente ser moral sem religião. Tal fato nos leva à terceira questão. O problema de saber se a influência da religião sobre a moral é empírica. A evidência empírica é ambivalente. Em alguns casos a religião favorece uma conduta pró-social – em particular, a compaixão e a solidariedade, pelo menos entre correligionários. Mas outras vezes a religião condena o crime ou até o inspira – como no caso da perseguição dos infiéis e heréticos. Do mesmo modo, enquanto em alguns casos a religião inspira a abdicação da responsabilidade pessoal, em outros ela faz o oposto. Além do mais, alguns crentes de religiões são humanistas (embora sem dúvida não seculares), outros são fanáticos que não hesitam em usar a violência contra os incréus. (Mas vale o mesmo para alguns militantes ateístas.) Por isso ↑**humanistas** seculares podem trabalhar, e de fato muitas vezes o fazem, lado a lado com crentes religiosos para promover causas humanitárias. E, mesmo que não respeitem a religião por ela ser uma instância de pensamento mágico, os humanistas deveriam tolerar os crentes e defender seu direito de cultuar. No que tange aos problemas não empíricos na interface filosofia/religião, basta mencionar o seguinte: uma coisa é boa porque Deus a aprova? Qual é a relação entre a lei positiva e a ↑**doutrina do direito natural**? Todo o mal é cometido pelo homem?

REPRESENTAÇÃO – É uma tradução conceitual, visual, auditiva ou artifatual de um objeto (material ou ideal). Exemplos: funções representam seus domínios em seus contradomínios; os diagramas de Venn representam conjuntos (em grande parte de modo metafórico); as matrizes são representáveis por árvores; proposições fatuais singulares, como "A porta está aberta", representam fatos; enunciados de lei representam padrões objetivos estáveis; plantas de arquitetura representam construções efetivas ou possíveis; diagramas de circuito representam circuitos elétricos reais ou possíveis; mapas representam partes de planetas; simulações de computador representam coisas reais ou seus modelos matemáticos. Os idealistas não fazem uso do conceito de representação. Além disso, alguns deles – em particular os construtivistas – combinam mapa com território. Daí por que a própria noção de representação está ausente das teorias semânticas padrão. E por isso tais teorias são inúteis para análise de discursos científicos e tecnológicos. Os realistas ingênuos (e. g., os materialistas dialéticos e o jovem Wittgenstein) acreditam que as verdadeiras representações "espelham" fatos que são únicos: ↑**Teoria reflexiva do conhecimento** . Isso não é verdade para representações artísticas: pense na fotografia, na pintura ou na escultura. E não vale *a fortiori*, para representações científicas e tecnológicas. Elas são simbólicas, mas não miméticas nem icônicas e, em particular, pictóricas. É tanto assim que qualquer fato ou padrão pode ser representado de diferentes modos. Por exemplo, um processo pode ser representado por um diagrama de blocos e setas, uma equação de diferenças finitas, uma equação diferencial ou uma equação integral. Além disso, algumas representações, como os diagramas de certos circuitos elétricos, são fisicamente equivalentes, apesar de serem visualmente diferentes.

RES COGITANS/RES EXTENSA – Coisa pensante/coisa extensa. Esse é o modo como Descartes descreveu a alegada diferença mente/matéria. A ciência neurocognitiva refutou esse dualismo, afirmando, em vez disso, a identidade da coisa pensante e do cérebro – que por certo é extenso. Somente construtos em si próprios são inextensos. ↑**Problema mente-corpo**.

RESULTANTE – Diz-se que uma propriedade de um sistema é *resultante* se e somente se alguns de seus componentes a possuírem; de outro modo, ela é dita ↑**emergente**. Por exemplo, dispor de energia é uma propriedade resultante de uma célula, enquanto estar vivo é uma propriedade emergente da célula. Os ↑**reducionistas** radicais – em particular, os fisicalistas e os individualistas metodológicos – defendem que todas as propriedades são resultantes. Logo, eles focalizam a composição dos ↑**sistemas** e deixam de lado sua ↑**estrutura**, como consequência do fato de não poderem controlá-los.

RETÓRICA – A arte ou técnica da persuasão sem levar em conta a verdade. Muita apreciada pelos especialistas em *marketing* e acadêmicos pós-modernos que escrevem acerca do "giro retórico".

REVELAÇÃO – A alegada mensagem de uma divindade. Apenas carolas profissionais podem certificar a ocorrência de revelações. Quando um leigo pretende que teve uma revelação, ele é suspeito de engano ou de burla.

REVISIONISMO – A prática de rever (ou revisar) um corpo de conhecimento quando surgem dúvidas acerca de sua verdade, irrefutabilidade ou relevância. Tipicamente, os historiadores são revisionistas: eles reescrevem a história quando novos documentos vêm à luz ou quando novas abordagens são inventadas. Infelizmente, as pessoas que perpetram falsificações históricas, em especial os historiadores nacionalistas – deram ao revisionismo uma má fama. Os leninistas usaram o epíteto 'revisionista' para insultar os marxistas divergentes.

REVOLUÇÃO EPISTÊMICA – Diz-se de uma *ruptura epistemológica* (G. Bachelard) ou de uma *revolução científica* (T. S. Kuhn) que efetua uma ruptura nítida com o conhecimento existente. Tanto assim que a nova teoria pretende-se, seria ↑**incomensurável** (incomparável) com a velha. Essa ideia contém um grão de verdade: uma descoberta radical e original ou invenção não tem antecedentes. Exemplos: física dos campos, biologia molecular, economia matemática, filosofia exata. Entretanto, mesmo tais rupturas têm raízes. Por exemplo, a física dos campos aprofundou e estendeu teorias de ação à distância, e a biologia molecular foi o fruto da bioquímica e da genética. Além disso, se uma ideia radicalmente nova é admitida, ela o é porque prova ser mais verdadeira do que as anteriores acerca dos mesmos temas, ou porque inicia um novo e fértil campo, como foram os casos da física dos campos e da física nuclear. Mais ainda, a tradição é amiúde uma pedra de tropeço para a novidade epistêmica. Isso vale em particular para os instrumentos formais empregados na ciência e na tecnologia. Assim, a Revolução Científica foi consideravelmente auxiliada pelos legados da matemática grega e da lógica medieval.

Discutivelmente diz-se que houve apenas duas revoluções científicas: o nascimento da ciência na Antiguidade, e seu renascimento no século XVII. Em conclusão, as maiores novidades epistêmicas tiveram mais o caráter de rupturas do que de revoluções. ↑**Concepções rivais**.

RIGOR – Conformidade a regras previamente acordadas. O rigor pode ser lógico, metodológico, epistemológico, moral ou prático. O rigor lógico condensa-se em ↑**exatidão** e ↑**consistência**. O rigor metodológico concorda com o ↑**método** científico. O rigor epistemológico é o rigor metodológico acrescido da consistência e da massa do melhor conhecimento disponível. O rigor moral é estrita observação de não importa qual código moral que se tenha adotado, sem levar em conta as circunstâncias. Enquanto os rigores lógico e epistemológico são metas dignas, o rigor moral (ou a inflexibilidade) pode levar à crueldade. Por fim, o rigor prático é a concordância com o mais relevante conhecimento tecnológico.

RODAR EM MARCHA LIVRE – Fora de todo controle lógico ou empírico. Exemplos: hegelianismo, dialética, fenomenologia, existencialismo, surrealismo e pós-modernismo.

ROMANTISMO – O complexo movimento cultural que começou com Vico e Rousseau, e que terminou com Hegel. Progressista na arte (especialmente na literatura e na música) e retrocessiva na filosofia e ambivalente na política. Características principais: irracionalista, holística, desregrada, obscura, subjetivista, fantástica, excessiva, nostálgica e desejosa de juntar a história natural (mais do que a ciência) com a filosofia, a religião e a arte.

RUPTURA – Uma descoberta ou invenção radicalmente novas. Exemplos: as invenções das hipóteses atômicas e das provas matemáticas. Uma ↑**revolução epistêmica**, como a revolução científica do século XVII, é um feixe (sistema) de rupturas epistêmicas num certo número de campos de pesquisa – nunca em todos.

S

SABEDORIA – *Sabedoria prática* ou *phronesis* = bom ajuizamento acerca de problemas práticos. Isto é, conhecimento *cum* prudência. *Conhecimento teórico* = bom ajuizamento acerca de problemas teóricos. Isto é, conhecimento *cum* intuição intelectual. Os teólogos opõem a sabedoria teológica ao conhecimento científico. Eles sustentam que o primeiro é mais profundo e mais seguro do que o último, por se basear em verdades eternas, ou seja, como as proclamadas pelos profetas, pelas Sagradas Escrituras e pelas autoridades da Igreja. Entretanto, não oferecem evidência para essa pretensão. Ademais, os mais sábios dentre eles admitem que todas as coisas religiosas e teológicas são em última análise um problema de fé ou revelação, e não de evidência empírica ou debate racional.

SALTACIONISMO – A concepção segundo a qual a evolução biológica e social é constituída de sequências de saltos ou de descontinuidades qualitativas. **Ant.** ↑**gradualismo**. Todas as ciências fatuais conhecem tanto os saltos quanto as mudanças graduais.

SATISFAÇÃO – Conceito chave na ↑**teoria do modelo**. Diz-se que uma fórmula ou teoria abstrata é *satisfazível* se e somente se possuir uma interpretação em um domínio conhecido. Por exemplo, a fórmula "ab – ba = 0", é satisfeita no domínio dos números reais, enquanto "ab + ba = 0" é satisfeita pelas matrizes 2 × 2, não diagonais. O significado filosófico do conceito de satisfazibilidade é aquele que ocorre na definição de ↑**verdade** matemática como a satisfazibilidade em algum modelo.

SCHOLAR – Interpretação ampla: Um especialista bem-formado, por contraste com o de formação estreita. Interpretação estrita: Aquele que sabe disfarçar a obscuridade como profundidade, que sabe citar banalidades numa linguagem morta e pôr em nota de rodapé ideias originais de outras pessoas.

SCHRÖDINGER, GATO DE – Um experimento mentalizado que ilumina uma peculiaridade da ↑**mecânica quântica** e os paradoxos a que ele pode conduzir quando aplicado fora da física. A particularidade em questão é que os ↑*quantons*, os referentes da física quântica, encontram-se normalmente em estados que são superposições de estados bem-definidos (*sharp*) (ou autoestados de um operador que representa uma propriedade, como a energia ou o *spin*). Por exemplo, o *spin* de um elétron é normalmente uma combinação linear de estados "para cima" (*up*) e "para baixo" (*down*). Quando o elétron entra em uma campo magnético, a superposição "colapsa" (projeta-se) em um dos dois estados bem-definidos (*sharp*). Isso acontece quer o campo externo ocorra de modo natural ou tenha sido estabelecido por um experimentador. Entretanto, segundo a interpretação positivista, ou de Copenhague, da mecânica quântica o colapso ocorre somente como um resultado de uma ação experimental. Agora extrapolemos tudo isso dos *quantons* para coisas suprafísicas, tais como organismos. Fechemos um gato por algum tempo numa gaiola de aço tampada que contenha uma minúscula quantidade de substância radioativa e um frasco com um poderoso veneno que será liberado se for atingido por um produto da desintegração do átomo radioativo. Se isso suceder enquanto o gato estiver aprisionado, ele morrerá quase instantaneamente. Mas o fato pode não acontecer. Em que estado se acha o gato na gaiola enquanto não for observado? Se a mecânica quântica vale para os felinos, a infeliz criatura estará numa combinação linear de estados "vivo" e "morto". Ou seja, ele estará meio vivo e meio morto. Quando a tampa da gaiola for erguida e o gato observado, a superposição de estados entrará em colapso, pois ocorrerá apenas um dos dois estados bem definidos (*sharp*). Até aqui, tratou-se do experimento mental inventado por E. Schrödinger com o intuito de provar que havia algo de basicamente errado na física quântica. Todavia, essa conclusão deve estar errada, porquanto a teoria dá conta com precisão maravilhosa de uma multidão de fatos físicos. O errado é extrapolá-la para coisas dotadas de propriedades suprafísicas, como é a vida. É também um equívoco falar de estados "vivo", "morto" e "semimorto", como se fossem bem definidos. No contexto da física quântica, eles são termos vazios, porque não há soluções da equação de Schrödinger para um gato – uma equação que ninguém jamais escreveu e muito menos resolveu.

SECULAR – Do ponto de vista mundano, terreno, livre de crenças sobrenaturais (de outros mundos) e de religiões organizadas.

SECULARISMO – Abordagem, crença ou práticas não religiosas. A ciência, a tecnologia, a maior parte das humanidades e as constituições de quase todos os países avançados são cabalmente seculares. O secularismo é característico tanto da filosofia pré-socrática quanto da moderna. Em especial, são inteiramente seculares o materialismo dialético, o hegelianismo, o kantismo e o pragmatismo. Os fundamentalistas religiosos lutam abertamente contra o Estado secular. Quando adotam táticas gradualistas, em geral começam tentando reinstalar o ensino religioso e a oração nas escolas públicas, banem o ensino da biologia evolucionista e "limpam" as bibliotecas públicas.

SE – Sugere uma condição. ↑**Se-então**. Um SE em letras maiúsculas = Um condicional cujo antecedente é implausível.

SE E SOMENTE SE – "A se e somente se B" é o mesmo que "A ⇔ B". Em inglês sua abreviatura é *iff*. Ainda, a forma inglesa *iffy* ≡ situação duvidosa, evento improvável de acontecer pois a condição necessária e suficiente para a sua ocorrência é raramente encontrada, se o for.

SE-ENTÃO – ↑**Implicação lógica**.

SEMÂNTICA – **a. Linguagem comum** – Uma simples questão de palavras.
b. Linguística – A disciplina científica que investiga o modo como os locutores atribuem sentidos a expressões linguísticas e as maneiras como eles as traduzem, bem como as causas de seus mal-entendidos.

c. Matemática – O estudo das noções de ↑**modelo** (ou exemplo) de um formalismo abstrato como o da álgebra de Boole. **d. Filosófica** – A disciplina que estuda os conceitos de ↑**referência**, ↑**intensão**, ↑**sentido**, ↑**significado**, ↑**representação**, ↑**interpretação**, ↑**verdade** e toda a sua parentela. Os resultados desse estudo deveriam ajudar os cientistas a decidir ao que certas teorias se referem, assim como ↑**exatificar** alguns dos conceitos intuitivos que utilizam, tais como os de conteúdo, contexto e verdade parcial.

SEMÂNTICA, ASSUNÇÃO – ↑Assunção semântica.

SEMIÓTICO, SISTEMA – ↑Sistema semiótico.

SENSACIONISMO – Concepção segundo a qual os ↑**dados** dos sentidos são tudo o que é (sensacionismo ou sensualismo ontológico), ou tudo que podemos conhecer (sensacionismo ou sensualismo epistemológico). Berkeley, Mach e o jovem Carnap foram sensacionistas ontológicos; Ptolomeu, Hobbes, Condillac, Comte e Mill foram sensacionistas epistemológicos. O sensacionismo, uma variedade do empirismo, funde sensação com percepção, e subestima o poder da razão.

SENSO COMUM – Faculdade ou juízo situados entre a especulação desbragada, de um lado, e, de outro, uma asserção bem fundada e uma suposição culta. O senso comum, que envolve tanto o conhecimento ordinário quanto a racionalidade, é um ponto de partida: ciência, tecnologia e filosofia começam quando o senso comum resulta insuficiente. O recurso ao senso comum é uma lâmina de dois gumes: pode desencorajar pesquisas sérias e não menos encorajar pesquisas insensatas. Por exemplo, a filosofia linguística – uma filosofia do senso comum – serviu de antídoto ao idealismo e à fenomenologia e, ao mesmo tempo, de inibidor ao exato e científico filosofar. ↑**Filosofia analítica**.

SENTENÇA – A contrapartida linguística de uma ↑**proposição**. Ou seja, proposições são designadas por sentenças. Exemplo: '*Katzen sind selbstsüchtig*', '*Los gatos son egoístas*' e '*cats are selfish*' designam a proposição segundo a qual os gatos são egoístas. Assim, uma e a mesma proposição podem ser designadas por diferentes sentenças numa mesma língua e, *a fortiori*, em diferentes línguas. (Resumindo:

A função de designação, que faz corresponder símbolos a construtos, é muitos-para-um.) Os ↑**nominalistas**, que não admitem construtos por medo ao platonismo, falam de 'sentenças' quando se referem a proposições e ao 'cálculo sentencial' quando se referem ao cálculo proposicional. A confusão entre um construto e seus envoltórios linguísticos leva ao erro, porquanto os construtos não estão casados com qualquer linguagem particular e menos ainda a regras gramaticais. Os nominalistas não se responsabilizam pela ↑**tradução**, pois ela envolve invariança de ↑**significado**, e significados não são símbolos, porém qualquer sentido e referência que os símbolos veiculam.

SENTENCIAL, CÁLCULO – ↑**Cálculo sentencial**.

SENTIDO – **a. Linguagem ordinária** – Termo polissêmico, como fica demonstrado pelas várias maneiras pelas quais a frase 'Isto faz sentido' pode ser lida: "Esta expressão é inteligível", "Esta hipótese é plausível", "Esta ação é adequada à sua meta" etc. Tal ambiguidade é uma das raízes da tese ↑**hermenêutica** de que o objetivo dos estudos sociais é desvelar o sentido (ou significado) das ações humanas. **b. Semântico** – O sentido ou conteúdo de um construto é a união dos itens do mesmo tipo que ↑**implicam** logicamente ou são implicados por ele. Isto é, $S(c) = \{x| x \vdash c\} \cup \{y| c \vdash y\} = I(c) \cup \mathcal{P}(c)$. O primeiro termo é denominado *import* (ou *significante*) e o segundo, *purport* (ou *significado*) de c. Conceito relacionado: ↑**intensão**.

SER – **a.** Individual existente, como em "ser humano". **b.** ↑**Existência**, como em "Há pedras" (existência fatual) e "Existem números irracionais" (existência formal).

SERENDIPISMO – Descoberta acidental, inesperada: boa sorte em assuntos cognitivos. Sua importância não deveria ser exagerada, pois um explorador despreparado tem pouca probabilidade de perceber alguma coisa fora do comum.

SETORIAL, ABORDAGEM – ↑**Abordagem setorial**.

SIGNIFICAÇÃO – Objeto significado. A propriedade essencial dos símbolos é que eles significam alguma coisa para alguém, na medida em que ↑**designam** ou ↑**denotam** algo. A estrutura do conceito de significa-

ção é uma relação de terceiro grau: x significa y para z. Dois símbolos são equissignificantes se e somente se eles designam ou denotam o mesmo objeto, como é o caso de '3' e 'três'.
SIGNIFICÂNCIA – **a. Linguagem comum** – Importância. A significância de uma ideia é medida pelo número de ideias a que está relacionada. Portanto, a significância cresce com a ↑**sistemicidade**. **b.** ↑**Estatística** – Diz-se que o valor de uma variável é *estatisticamente significante* se for, de modo definitivo, maior ou menor do que se poderia esperar pelo acaso. O nível de significância é uma probabilidade p da ordem de 0,01. Quanto menor p, o achado será mais significante do ponto vista estatístico. ↑**Erro**.
SIGNIFICADO – **a. Semântica** – O significado é uma peculiaridade dos construtos, ou dos símbolos que os designam. Ele pode ser equiparado à ↑**referência** (denotação), ao ↑**sentido** (conotação) ou aos dois tomados em conjunto. A referência é insuficiente para determinar o significado porque toda coisa concreta apresenta diferentes propriedades, conceituadas como o são muitos predicados. Por exemplo, tanto o "metabolismo" como a "divisibilidade" aplicam-se às células, mas são obviamente diferentes. Tampouco o sentido é suficiente: cumpre sempre saber a respeito de que objetos estamos falando e não apenas sobre o que sabemos deles. Portanto, estipulamos que, em geral, o significado de um construto c é o seu sentido junto com a sua referência, ou seja, $\mathcal{M}(c) = <\mathcal{S}(c), \mathcal{R}(c)>$. Por exemplo, a descrição definitiva "Este livro" refere-se ao livro que está sendo apontado; e seu sentido é "Um sistema de páginas costuradas juntas". **b. Ciência social** – Na linguagem comum, "significado" pode querer dizer quase sempre qualquer coisa, como em "o significado da experiência", "o significado da vida", e "o significado da história". A questão do significado da vida é um pseudoproblema, porque ela de fato quer dizer "qual o propósito da vida?" ou "Por que vivemos? Pelo prazer, serviço, ou ambos, para maior glória de Deus, para o Estado, por nossa própria causa?, e assim por diante". Nos estudos sociais inspirados por Dilthey e Weber, quer em alemão quer em inglês, *'meaning'*

(significado) é utilizado na acepção de propósito ou meta. Assim, '*He meant well*' significa "Sua intenção era boa". A confusão entre a linguagem comum e os conceitos semânticos de significado levaram a conceber as ações sociais como fatos linguísticos, e a ciência social como uma ↑**hermenêutica**. Este ponto de vista tem sido um obstáculo poderoso contra as transformações dos estudos sociais, de literatura em ciência.

SIGNO – Coisa que "está no lugar de" ou representa outro objeto. Distinguem-se em geral duas espécies de signos: naturais e artificiais. Os primeiros constituem sintomas de estados ou mudanças de estado de coisas concretas. Por exemplo, nuvens sombrias e olhares sombrios são signos respectivamente de chuva e raiva. Por contraste, os signos artificiais são artefatos engenhados e utilizados para evocar itens fatuais ou para nomear construtos. Exemplos: expressões linguísticas, itens da linguagem corporal (como piscadelas), logotipos, diagramas e numerais. Signos naturais, como uma lua aureolada ou um violento tumulto por causa de comida, surgem como tais unicamente por via de hipóteses. Por contraste, signos artificiais surgem apenas como tais em virtude de convenção. Isto é, os signos naturais são indicadores perceptíveis de coisas, propriedades e eventos imperceptíveis. Daí serem de caráter não significante e, portanto, falar de seu "significado" é, no melhor dos casos, metafórico e, no pior, errôneo. Em particular, é equivocado pensar a vida social como um texto ou "parecido com um texto" só porque as pessoas "interpretam" o comportamento social, isto é, fazem ↑**hipóteses** relativas a suas intenções ou metas: ↑**hermenêuticas**, ↑**textualismo**. Para prevenir confusão dever-se-ia usar a palavra ↑'**símbolo**' no lugar de conceito de um signo artificial como um numeral ou um signo viário. Consequentemente, a expressão "símbolo de *status*" deveria ser substituída por "indicador de *status*".

SILOGISMO – Tipo especial de argumento dedutivo moldado na lógica predicativa. Exemplo: Todos os As são Bs, e todos os Bs são Cs, de onde todos os As são Cs. O termo é muitas vezes usado erroneamente como sinônimo de inferência dedutiva que, na realidade, inclui um bocado de inferências não silogísticas, como "O que vale para um qualquer, vale para todos".

SILOGISMO PRÁTICO – Qualquer argumento cuja conclusão é uma recomendação para agir ou abster-se de agir. ↑*Modus nolens*, ↑*modus volens*.

SÍMBOLO – Signo artificial. Exemplos: expressões linguísticas, diagramas, logotipos, sinais rodoviários, plantas de arquitetura, numerais. Um símbolo é um signo produzido ou usado tanto para designar um conceito quanto para denotar um item não conceitual, tais como uma coisa material particular ou outro símbolo. Podemos denominá-los de signos *designativos* e *denotativos*, respectivamente. Exemplo de um signo designativo: um numeral (que designa ou nomeia um número). Exemplo de um signo denotativo: um nome próprio. As relações de designação (símbolo-conceito) e denotação (símbolo-coisa) podem combinar-se com a relação de ↑**referência** (ou *aboutness*, "acerca de") como no seguinte diagrama:

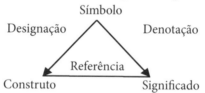

As cisões designar-denotar e símbolo-não-símbolo não coincidem porque, enquanto alguns símbolos representam construtos, outros não os representam. Assim, os numerais '4' e 'IV' designam o número quatro, que é um conceito puro, ao passo que os nomes próprios e os nomes de lugares denotam coisas concretas. Do mesmo modo, o símbolo 'R$' denota uma nota de cinco reais (ou cheque ou ordem de pagamento) ou seus equivalentes em mercadorias. Símbolos são entidades perceptíveis, não abstratas como os conceitos e as proposições: pense em sentenças legíveis, em desenhos visíveis e palavras audíveis. Entretanto, apenas signos icônicos ou representacionais, como a maioria dos signos rodoviários, são diretamente interpretáveis. Os signos não icônicos não podem ser lidos sem um acompanhamento, ainda que amiúde tácito, de um código. Pense nas letras do alfabeto e nas palavras que elas compõem, em contraste com os hieróglifos. Ou pense em mapas, em partituras musicais, gráficos, diagramas de circuitos, diagramas de organização e de fluxo, ou até em plantas de arquitetura. Os símbolos podem ser "lidos" (interpretados) somente com a ajuda de convenções semióticas (explícitas ou tácitas) como as: "Letra s → Som sibilante", "região azul no mapa → massa de água", "Linha em dente de serra em diagrama de circuito elétrico → resistência ôhmica", "$ → dólares", e "Dinheiro → produtos". Simbólicos ou não simbólicos, os signos são artefatos materiais. Mas, ao contrário dos artefatos não semióticos, como os lápis e carros, os signos significam apenas em virtude das convenções que se lhes atribuíram.

SÍMBOLO INCOMPLETO – ↑**Sincategoremático**. Exemplos: parêntesis, 'sobre', 'tudo'.

SIMPLICIDADE – Simples = sem partes. **Ant.** ↑**complexidade**. **a. Conceitual** – Todos os conceitos básicos em um dado contexto são simples, na medida em que não são definidos no contexto. Entretanto, a definibilidade é contextual (relativa a alguma teoria). Logo, a simplicidade é igualmente contextual. Exceções: os conceitos de ↑**objeto** e de ↑**identidade** são não definíveis. **b. Fatual** – Todos os *quanta* dos vários campos, em particular fótons e elétrons, são tidos, por pressuposição, como sendo simples, por não terem partes. Consequência prática: eles não são decomponíveis. Contudo, simplicidade composicional não acarreta logicamente simplicidade em outros aspectos. De fato, as "partículas" elementares têm um número inusual de propriedades; normalmente apresentam-se em estados complexos – isto é, em estados que são superposições de muitos estados simples (ou autoestados); e são descritos por algumas das mais complexas teorias. **c. Prática** – Um procedimento é simples se pode ser levado a cabo com pouco esforço, embora possa ser prolongado.

SIMPLISMO – A opinião de que as hipóteses, teorias ou métodos mais simples devem sempre ser preferidos. Dada a complexidade do mundo real, a única justificativa para o simplismo é a preguiça. Na verdade, a história do conhecimento é, no conjunto, uma história de crescente ↑**complexidade**. ↑**Simplicidade**.

SIMULAÇÃO COMPUTACIONAL – Uma simulação em computador representa um sistema e suas mudanças. Se a coisa simulada for real, sua simulação em computador ajuda a analisá-la e a fazer previsões a seu respeito. No caso de uma planta de arquitetura ou de um modelo matemático, tais análises e previsões podem apresentar alguns dos defeitos do projeto ou do modelo, apontando assim o caminho para o seu aperfeiçoamento. Advertência 1: Uma simulação de x não deve ser confundida com o próprio x. Por exemplo, a simulação de um ser vivo não está viva – razão pela qual a pretensão de que um programa de computador está vivo, ou pensa, é tão desatinada quanto a de que o Pato Donald está efetivamente correndo atrás de seus sobrinhos. Advertência 2: A simulação não pode substituir o experimento porque não confronta o modelo com os fatos a que este se refere.

SINA – Predeterminação. Os enfraquecidos a invocam para justificar suas malfeitorias, e os fracos para desculpar suas falhas. Somente os fortes e os afortunados não creem no ↑**destino** porque eles o moldaram.

SINAL – Um sinal é um processo em algum sistema concreto, como um organismo ou uma sociedade. Os sinais podem ser linguísticos ou não linguísticos (como a dança de cortejo de moscas-das-frutas). Um sinal linguístico é um processo pelo qual uma mensagem de algum tipo (informação, pergunta, ordem etc.) é transmitida de uma pessoa para outra ou de uma máquina para outra. Advertência: Nem todo sinal linguístico significa algo. Exemplo: a pseudodefinição de "espírito" formulada por Heidegger em seu discurso de reitor em 1933: "*Geist ist ursprünglich gestimmte, wissende Entschlossenheit zum Wesen des Seins*" (O espírito é uma determinação originalmente disposta, ciente para a essência do ser). Isso sugere que Whorf e Sapir estavam errados ao declarar que toda linguagem tem um conteúdo conceitual, razão pela qual influencia o modo como seus falantes pensam. Eles também refutam a asserção cognata de Heidegger segundo a qual somente os antigos gregos e os modernos alemães são adequados para a metafísica. O fato de ser possível exprimir sentenças com e sem sentido em qualquer língua dada mostra que a linguagem é um instrumento neutro para comunicar e pensar. E isso é suficiente para traçar uma nítida distinção entre ↑**semiótica** e ↑**sistemas conceituais**. Se não existisse uma distinção assim, seria impossível expressar ideias alternativas e, muito menos, ideias mutuamente incompatíveis, na mesma linguagem. Em decorrência, o debate racional seria impossível.

SINCATEGOREMÁTICO – Um símbolo despido de significado quando tomado isoladamente em relação a outros símbolos. Exemplos: sinais de pontuação, parênteses, artigos.

SINONIMIA – Dois termos são mutuamente sinônimos se tiverem o mesmo ↑**significado** – em particular, se designarem o mesmo conceito. Essa definição é despida de sentido para todo aquele que, como um nominalista, pretende dispensar os construtos.

SINTAXE – **a. Linguística** – O estudo da estrutura gramatical de sentenças e textos. A análise gramatical de sentença em locuções substantivas, verbais e similares, pertence à sintaxe. **b. Filosofia** – A análise lógica de conceitos, proposições e sistemas conceituais em teorias particulares. Em certa época, os ↑**positivistas** lógicos sustentavam o ponto de vista ↑**formalista** de que a filosofia consiste na sintaxe, com inteira desconsideração pelo conteúdo. Alguns lógicos apreciavam essa concepção porque os convertia imediatamente em ontologistas, epistemólogos e eticistas.

SÍNTESE – A reunião ou combinação, natural ou artificial, de objetos de diferentes espécies, como no caso da "síntese de biomoléculas a partir de suas precursoras" e da "geometria analítica como uma síntese da álgebra e da geometria". Na ↑**dialética** hegeliana e materialista, a (impossível) fusão de opostos, como em "devir é a síntese do ser e do não-ser".

SINTÉTICO A PRIORI – Uma proposição sintética *a priori* é aquela que refere fatos (ou experiências) e é *a priori*, isto é, anterior à experiência. De acordo com o idealismo, todas as proposições que referem o mundo são sintéticas *a priori*. Os empiristas negam essa tese com base na evidência de que a ciência moderna estava acompanhada pela rejeição ao apriorismo e por uma explosão da observação, da medida e da experimentação. É verdade que todas as proposições científicas são, em última análise, *a posteriori*, no sentido de que, mesmo quando não sugeridas pela experiência, devem ser empiricamente verificáveis, e finalmente checadas com os fatos. Mas a filosofia subjacente à pesquisa científica possui proposições sintéticas *a priori*, como o princípio da realidade, legalidade e inteligibilidade do mundo real. Tais princípios são sintéticos por referirem a realidade, mas também podem ser encarados como princípios *a priori* por terem sido tacitamente assumidos por quem quer que se engaje na exploração científica ou alteração do mundo.

SISTEMA – **a. Conceito** – Objeto complexo do qual toda parte ou toda componente está relacionada no mínimo com uma outra componente. Exemplos: um átomo é um sistema físico composto de prótons, nêutrons e elétrons; uma célula é um sistema biológico composto de subsistemas, tais como as organelas, que por sua vez são compostas de moléculas; uma firma comercial é um sistema social composto de gerentes, empregados e artefatos; os inteiros constituem um sistema ligado entre si pela adição e multiplicação; e uma linguagem é um sistema de signos mantidos juntos pela concatenação e significado. Pode-se distinguir os seguintes ↑**tipos de sistemas** básicos: concretos e conceituais, tais como exemplificados respectivamente por um organismo e uma teoria. Por seu turno, os sistemas concretos são naturais, sociais ou artificiais (feitos pelo homem). **b. Análise CAEM** – A mais simples análise do conceito de um sistema envolve os conceitos de composição (C), ambiente (A), estrutura (E) e mecanismo (M). A *composição* de um sistema é a coleção de suas partes. O *ambiente* de um sistema é a coleção de coisas que agem sobre os componentes do sistema, ou são objeto de sua ação. A *estrutura* de um sistema é a coleção de relações (em particular laços ou elos) entre os componentes do sistema, bem como entre estes e os itens ambientais. Os primeiros podem ser chamados de *endoestrutura* e os últimos de *exoestrutura* do sistema. Assim, a *estrutura total* de um sistema é a união desses dois conjuntos de relações. Pode-se definir o *contorno* de um sistema como a coleção dos componentes do sistema diretamente ligados com itens em seu ambiente. (Dois itens estão diretamente ligados se estiverem ligados e nada mais se interpuser entre eles.) Note a diferença entre contorno e formato. Tudo o que tem formato tem contorno, mas o inverso é falso. De fato, há coisas informes, como átomos leves e firmas comerciais, que têm contornos. O contorno de um átomo é a coleção de seus elétrons externos, e o contorno de uma firma comercial é constituído por seus vendedores, compradores, marqueteiros, advogados e agentes de relações públicas. Finalmente, o *mecanismo* de um sistema é formado pelos processos internos que o fazem funcionar, isto é, mudar em alguns aspectos enquanto o conservam em outros. É óbvio que unicamente sistemas materiais têm mecanismo. Estamos agora prontos para definir os conceitos de subsistema e supersistema. Um objeto é um *subsistema* de outro se e somente se ele próprio for um sistema, e se sua composição e estrutura estão incluídas respectivamente na composição e estrutura do último, enquanto seu ambiente inclui o do sistema mais abrangente. Exemplos: a estática é um subsistema da dinâmica, um cromossomo é um subsistema de uma célula, uma rede social é um subsistema de uma sociedade. Evidentemente, a relação de ser um *subsistema* de um sistema é o dual da de ser um subsistema. Por exemplo, cada um de nós é um sistema de órgãos, e estes são, por sua vez, supersistemas das células componentes. O universo é o máximo sistema concreto: o supersistema de todos os sistemas concretos. Um modelo realista de um sistema de um sistema concreto deveria envolver suas principais feições: composição, ambiente, estrutura e mecanismo. Em outros termos, deveríamos moldar o sistema *s* de interesse, em qualquer tempo dado, como a quádrupla ordenada: $<C(s)$, $A(s), E(s), M(s)>$. À medida que o tempo passa, um qualquer ou todos os quatro componentes com certeza hão de mudar. É menos óbvio mas também verdade, exceto na microfísica, que não necessitamos conhecer, e em todo caso não podemos conhecer, os componentes finais de cada sistema. Na maioria das vezes, bastará determinar ou conjeturar a composição de um sistema em um dado nível. (O conceito de composição de um sistema s no nível L é assim definido: $C_L(s) = C(s) \cap L$.) Assim, o cientista social não está interessado na composição celular de seus agentes. Além do mais, na maioria das vezes, suas unidades de análise não são individuais mas sistemas sociais, como lares de família, firmas comerciais, escolas, igrejas, partidos políticos, departamentos governamentais, ou nações inteiras. Aquilo que alguns historiadores denominam o *sistema do mundo* é o supersistema de todos os sistemas sociais na terra. A análise acima do conceito de um sistema mostra claramente por que a ↑**abordagem sistêmica** é preferível a suas rivais, cada uma das quais omite pelo menos um dos quatro traços distintivos de um sistema.

SISTEMA CONCEITUAL – Um sistema *conceitual* é um sistema composto de conceitos. Os mais simples de todos os sistemas conceituais são proposições como "Os seres humanos são sociáveis". Para propósitos de análise convém formalizar essa proposição particular de modo que ela reze: "Para todo x, se x é um ser humano, então x é sociável", ou "$(\forall x)(Hx \Rightarrow Sx)$" para abreviar. Os componentes desse minissistema são os conceitos lógicos "para todo", "se-então", e a lacuna x, e os predicados extralógicos "é humano" e "é sociável". A *composição* de uma proposição é o conjunto de conceitos que nela ocorre. A *estrutura* de uma proposição é sua forma lógica, que é melhor apresentada com a ajuda da lógica predicativa. E o *ambiente* de uma proposição é seu cenário ou contexto, isto é, o mais ou menos heterogêneo e desordenado conjunto de proposições que são ou podem ser logicamente relacionadas a uma dada proposição. Dois dos membros do ambiente do exemplo acima são "Todos os seres humanos são animais" e "A sociabilidade é necessária para o bem-estar humano". Fora de tal contexto, a proposição dada não seria assim, pois ficaria despida de sentido. Efetivamente, a sentença que designa (ou expressa) uma proposição seria incompreensível isoladamente. Uma vez que as proposições são sistemas, sistemas de proposições, tais como sistemas de equações e sistemas hipotético-dedutivos, estes são supersistemas, isto é, sistemas compostos de subsistemas. Tampouco são estes os únicos sistemas conceituais. ↑**Contexto**, ↑**classificação** e ↑**teoria** são outros do mesmo tipo.

SISTEMA DE CONHECIMENTO HUMANO – À primeira vista, o conhecimento humano é um mosaico sem quaisquer padrões discerníveis. Um olhar mais próximo revela uma unidade subjacente. Essa unidade é efetuada por pontes de, no mínimo, seis diferentes espécies: (a) ↑**lógica**, o cânone do pensar racional e uma ferramenta elementar de análise conceitual; (b) o intensivo uso da ↑**matemática**, que é transportável através dos campos de pesquisa porque, como a lógica, carece de compromissos ontológicos; (c) o ↑**método** científico – a mais exigente estratégia de pesquisa – aplicável em todos os campos de investigação, da física à ética e à administração da ciência; (d) a ↑**redução**, menos comum do que em geral se pensa, porque é extremamente potente; (e) a ↑**fusão** de disciplinas de início disjuntas, como nos casos da bioquímica, da neurociência cognitiva, da sociologia política, e outras ↑**interdisciplinas**; e (f) o garimpo e a elaboração de ideias filosóficas envolvidas na ciência e na tecnologia, como as de sistema, emergência, de verdade e princípios de realidade, bem como de legalidade, sistematicidade e inteligibilidade do mundo. Devido à existência dessas pontes, cada ciência é um membro do sistema de conhecimento humano. Uma vez compreendido o caráter ↑**sistêmico** do pensamento humano, um uso explícito dele pode ser feito na pesquisa. ↑**Abordagem sistêmica**, ↑**sistemismo**.

SISTEMA FILOSÓFICO – Um sistema (como oposto a um amontoado) de ideias filosóficas. O de Aristóteles foi o mais antigo, o mais compreensivo e o mais influente de todos os sistemas filosóficos. Outros sistemas filosóficos importantes foram os de Santo Tomás de Aquino, Descartes, Spinoza, Leibniz, Kant, Hegel, e Marx e Engels. O malogro de todos os sistemas filosóficos passados e a facilidade com que se ossificaram e se converteram em obstáculos ao avanço filosófico, serviu de escusas para não se tentar construir quaisquer outros novos sistemas, e para, em vez disso, saltar de um ↑**miniproblema** a outro. Como consequência, grande parte das filosofias contemporâneas são assistemáticas: ↑**filosofia da serragem,** ↑**inconstância filosófica**. A razão para edificar-se sistemas filosóficos é que todas as importantes ideias filosóficas vêm em feixes e cruzam as fronteiras disciplinares. Daí não ser autossuficiente nenhum ramo da filosofia, com a duvidosa exceção da lógica. Todo problema filosófico pertence pelo menos a duas das principais disciplinas filosóficas: lógica, semântica, epistemologia, ontologia e ética. Por exemplo, um pouco de lógica e semântica se fazem necessárias para se lidar com questões epistemológicas, algumas das quais levantam os problemas éticos da utilização do conhecimento para propósitos práticos. O preço pago pela assistematicidade é o caráter remendado e raso – e às vezes inconsistente também.

SISTEMA SEMIÓTICO – Um sistema concreto que inclui signos que significam alguma coisa para alguém no sistema. De um modo mais preciso, um sistema semiótico é um sistema com

> Composição = Um grupo de pessoas que usa uma coleção de ↑**símbolos** (sinais artificiais) para se comunicarem uns com os outros;
> Ambiente = Uma comunidade ou sociedade;
> Estrutura = Relações sintáticas, semânticas e fonológicas entre os símbolos e outras relações entre estes e seus usuários, bem como relações sociais entre estes últimos;
> Mecanismo = Comunicação (pela fala, escrita ou linguagem corporal).

A primeira componente desta quádrupla (composição) mal precisa de elucidação. A segunda (ambiente) serve apenas para lembrar que sistemas semióticos não existem no vácuo e, além disso, que alguns signos representam itens naturais ou sociais. Com respeito à estrutura de um sistema semiótico, a chave de relações não sociais são as relações de significação ou de signo-significado. Há duas relações desse tipo, ou seja, ↑**denotação** e ↑**designação**, conforme o objeto significado seja material ou conceitual. Finalmente, a quarta componente (comunicação) nos diz como os símbolos "vêm à vida" e fazem um sistema semiótico "funcionar" e mudar no processo. Nenhuma das duas últimas componentes ocorre nas ↑**linguagens** quando estudadas em si próprias, isto é, como sistemas abstratos, desconsiderando os usuários individuais da linguagem e as comunidades linguísticas. Assim, uma linguagem pode ser considerada como um sistema semiótico despovoado.

SISTEMA SOCIAL – Um sistema social cujos componentes são animais gregários, em especial, mas não exclusivamente seres humanos. Exemplos: formigueiro, rebanho, família, gangue, academia, comunidade religiosa, firma, governo, ↑**sociedade**.

SISTEMA TÉCNICO – Um sistema social onde se usa tecnologia avançada de modo proeminente. Exemplo: usinas industriais contemporâneas, exércitos e hospitais.

SISTEMAS, TEORIA DE – ↑**Teoria de sistemas**.

SISTEMÁTICA – A ↑**classificação** de coisas, como moléculas e organismos, com a ajuda de regras explícitas estudadas na ↑**taxonomia**.

SISTEMA, TIPOS DE – ↑**Tipos de sistemas**.

SISTÊMICA, ABORDAGEM – ↑**Abordagem sistêmica**.

SISTEMICIDADE – A propriedade de ser um ↑**sistema** ou pertencer a um deles. Exemplos: átomos e células são sistemas; as palavras numa língua e os conceitos numa teoria estão inter-relacionados. Em contrapartida, as estrelas em uma constelação, os componentes de um aterro de lixo e os aforismos de Wittgenstein são não sistêmicos.

SISTEMISMO – **a. Ontológico** – A ↑**cosmovisão** segundo a qual o mundo é um sistema de sistemas mais do que um bloco sólido ou um agregado de particulares. O cosmo, a seu ver, constitui o supersistema de todas as coisas mutáveis sujeitas a leis, e o nosso conhecimento a seu respeito, um supersistema de ideias. Mais precisamente, o sistemismo postula que *toda e qualquer coisa concreta e toda e qualquer ideia é um sistema ou um componente de algum sistema*. Do mesmo modo que o holismo e o processualismo, mas ao contrário de outras cosmologias, o sistemismo não está comprometido com nenhuma hipótese concernente com a matéria de que são "feitos" os sistemas: trata-se essencialmente de um ponto de vista estrutural (embora não estruturalista). Daí por que o sistemismo é consistente com o idealismo e também com o materialismo, e pode ser adotado por crentes religiosos bem como por descrentes. Portanto, é uma cosmologia incompleta, uma que pode ser utilizada como um andaime para construir cosmologias alternativas. **b. Epistemológico** – O sistemismo ontológico tem consequências epistemológicas. Uma delas é a ↑**redução,** que, embora necessária, é insuficiente; a outra é a necessidade de exibir e reforçar os elos entre todos os campos da indagação sob a sua diversidade: ↑**interdisciplina**. O ↑**atomismo** sugere que todo sistema seja explicado apenas pela análise de suas partes: a estratégia de pesquisa do atomismo é a microrredução. Por exemplo, compreendemos uma células ao decompô-la em organelas e outras componentes. É verdade, mas esse entendimento é apenas parcial, porquanto a função específica de cada organela na célula só poderá ser entendida em relação ao conjunto de funções do todo. Por exemplo, a química de uma molécula de ADN não é suficiente para se compreender as funções reguladoras que ela realiza numa célula viva. Para alcançar uma compreensão adequada da célula, será preciso combinar a estratégia de cima para baixo ou de microrredução com a de baixo para cima ou macrorredução. Tampouco a necessidade dessa combinação está restrita à biologia celular. Precisamos dela na física para explicar, e. g., o comportamento dos elétrons dentro de um sólido; na química, para explicar, digamos, a função de um grupo de átomos em uma molécula orgânica. O mesmo ocorre na psicologia para se entender, e. g., os papéis da motivação e da emoção na aprendizagem. E, também, nas ciências sociais a fim de explicar, digamos, como os indivíduos modificam seu ambiente social e como este último modela o seu comportamento. A combinação das duas estratégias é necessária porque podem ocorrer totalidades compostas de componentes interatuantes, e porque o comportamento destes só pode ser compreendido na relação de um para com o outro e de sua contribuição para com o todo. (Observe-se, de passagem, que a epistemologia possui raízes ontológicas, não podendo pois ser desenvolvida independentemente da ontologia.) Uma segunda consequência epistemológica da cosmologia sistemista é que, visto que o mundo é um sistema, o nosso conhecimento deve sê-lo também. Em outras palavras, por não existirem coisas desgarradas, nosso conhecimento do mundo não pode ser um mero agregado de bocados disjuntos, mas precisa ser um sistema. No entanto, a atual fragmentação do conhecimento é um fato bem conhecido e amiúde deplorado. Como podemos explicar e remediar semelhante fragmentação do conhecimento? Ela pode ser explicada pela excessiva divisão do labor científico que se iniciou no começo do século XIX, e pela concomitante perda da perspectiva filosófica. A nossa é uma cultura de especialistas, cada qual com sua própria visão setorial. Essa visão basta para lidar com problemas estreitos como a medida de velocidades de reação. Porém, os problemas mais interessantes, como aqueles que explicam porque a velocidade de reação decresce com o aumento da idade, requer a colaboração entre disciplinas e, no caso, da neurociência. ↑**Interdisciplina**, ↑**sistema de conhecimento humano**. A terceira decorrência epistemológica da cosmovisão é que o cognoscente, longe de ser autoconfiante, é um membro de uma comunidade epistêmica que, por sua vez, depende da sociedade em geral. *Sinopse* Juntemos, por fim, os dois principais fios do sistemismo. A ontologia do sistemismo pode ser condensada no princípio segundo o qual todo objeto é ou um sistema ou um componente de um sistema. A contrapartida epistemológica desse postulado é que toda indagação acerca de um objeto deveria incluir um estudo de seu ambiente, que, por seu turno, exige engastar o estudo em um ↑**sistema de conhecimento humano**. Estes dois axiomas tomados em conjunto acarretam logicamente a seguinte consequência: Estudar, projetar, ou operar quaisquer itens como se fossem simples e isolados, ou trabalhar em uma disciplina como se ela não tivesse disciplinas correlatas dignas de serem consideradas, pode não nos levar muito longe – como até mesmo nos desencaminhar.

SITUACIONAL – Dependente da situação ou do estado particular do sistema envolvido, como na afirmação de que "todas as decisões razoáveis são situacionais". A ênfase na situação ou circunstância é necessária para evitar a inflexibilidade em assuntos de moral e política. Superenfatizá-las é algo que deve ser evitado, pois vem acompanhada da perda de princípios.

SITUACIONAL, LÓGICA – ↑Lógica situacional.

SOBRIEDADE – Continência verbal e conceitual. **Ant.** fantasia desenfreada ou prosa turbulenta, como a de Hegel ou de Husserl.

SOCIAL, CIÊNCIA – ↑Ciência social.

SOCIAL, FILOSOFIA – ↑Filosofia social.

SOCIAL, FILOSOFIA DA CIÊNCIA – ↑Filosofia da ciência social.

SOCIAL, TECNOLOGIA OU SOCIOTECNOLOGIA – ↑Tecnologia social ou sociotecnologia.

SOCIEDADE – Um sistema composto de animais da mesma espécie, que ocupam o mesmo território e que são mantidos juntos por laços de algum tipo. Uma sociedade humana caracteriza-se por uma estrutura social composta de liames artificiais: econômicos, políticos e culturais. O ↑**individualismo** nega a própria existência de sociedade, enquanto o ↑**holismo** sustenta que a sociedade é tudo e a pessoa, nada. O ↑**sistemismo**, uma alternativa para o individualismo tanto como para o holismo, concebe a sociedade humana como um supersistema composto de ↑**sistemas** que são estabelecidos, mantidos, reformados ou desmantelados pela ação individual. De acordo com ele, a pessoa atômica do individualismo é tão fictícia quanto a impenetrável totalidade do holismo. Daí ser o estudo da sociedade irredutível ao estudo de indivíduos ou ao estudo de totalidades sociais sem levar em conta sua composição. O conceito de sociedade é uma categoria filosófica (em particular ontológica) porque é comum a todas as ciências sociais e biossociais. Também porque seu estudo suscita muitos e importantes problemas epistemológicos e éticos, tais como os da adequação da abordagem do *Verstehen*, e se a ciência social é intrinsecamente ↑**valor-independente/valor-dependente**. ↑**Esquema BEPC**.

SOCIOBIOLOGIA – ↑**Biologismo**.

SOCIOLOGIA – **a**. A ciência social sincrônica que focaliza a estrutura social sem levar em consideração sua fonte (biológica, econômica, política ou cultural). Ela faz intersecção, parcialmente, com todas as outras ciências sociais. Em particular, existe a antropologia social, a sociolinguística, a sociologia econômica, a sociologia política, a história social, a sociologia legal e a sociologia do conhecimento. **b. Sociologia da filosofia** – O ramo quase inexistente da sociologia que estuda o impacto das circunstâncias sociais sobre a filosofia, e a reação desta sobre a sociedade. Exemplo do primeiro: um estudo do ataque do nazismo ao racionalismo, positivismo e materialismo. Exemplo do segundo: um estudo dos componentes filosóficos de qualquer ideologia, como o racionalismo inerente ao liberalismo tradicional. **c. Sociologia da ciência e tecnologia** – O estudo sociológico dos estímulos e inibições sociais em relação à pesquisa científica e à investigação e desenvolvimento tecnológicos. Exemplos: o estudo das condições sociais da recepção favorável de novidades científicas e tecnológicas no século XVII, e do impacto negativo de políticas retrógradas sobre o financiamento de estudos sociais contemporâneos.

SOCIOLOGISMO – **a. Sociologia** – A concepção de que a ação humana individual é determinada exclusivamente pela estrutura social. Uma variedade do ↑**holismo**, o sociologismo ignora as fontes interiores da ação, como necessidades, crenças e aspirações. **b. Epistemologia** – A concepção de que todo conhecimento é produzido coletivamente e, ademais, possui conteúdo social ou utilidade social mais ou menos explícito. Ela ignora a curiosidade e o fato de que nem a matemática nem a ciência natural têm conteúdo social. ↑**Construtivismo d**.

SOCRÁTICO, MÉTODO – ↑**Método socrático**.

SOFISMA – Pensamento não válido. Exemplo 1: O princípio taoísta "A fraqueza é força". Exemplo 2: A definição dada por Spinoza à liberdade como conhecimento da necessidade. Exemplo 3: A caracterização utilitária do altruísmo como egoísmo esclarecido.

SOLIPSISMO – a. **Ontológico** – A crença segundo a qual existe apenas o sujeito ou o conhecedor. Trata-se da mais radical e da única versão consistente do idealismo subjetivo. Não se encontrou até agora nenhum solipsista desse tipo fora dos asilos psiquiátricos. b. **Epistemológico** – A crença segundo a qual apenas eu tenho a posse de todas as verdades. **Sin.** delírio de grandeza. c. **Metodológico** – O princípio segundo o qual, com o fim de investigar o mental, eu deveria ignorar outras pessoas. Este princípio é endossado pela fenomenologia, que Husserl define como egologia ou o estudo do ego (*self*) e, além do mais, um estudo que envolve a *épochè* do mundo externo, isto é, o ato fenomenológico de pô-lo entre parênteses. Nenhum psicólogo aceita essa ficção, uma vez que a psicologia é a investigação objetiva dos processos mentais de outras pessoas. d. **Moral** – A crença de que somente eu importo para mim mesmo e para os outros. **Sin.** egoísmo.

SOLUÇÃO DE PROBLEMA – A maior parte das atividades intelectuais consiste em tentar resolver problemas que forneçam meios e alvos. Mas, de vez em quando, pesquisadores empenham-se na descoberta de problemas: procuram lacunas no conhecimento básico. Os computadores podem ajudar na solução de problemas, mas não na descoberta de problemas. Portanto, não lhes é dado substituir cérebros curiosos. Em particular, não podem substituir pioneiros.

SORTE – Boa sorte = oportunidade inesperada. Equivalente 1: Bom pareamento do particular e suas circunstâncias. Equivalente 2: Estar no lugar certo no momento certo. Uma pessoa de sorte = Alguém que somente se lembra de seus golpes felizes. Má sorte = Circunstância adversa. Equivalente 1: Barafunda entre objetivo e circunstância. Equivalente 2: Estar no lugar errado na hora errada. Pessoa sem sorte = Alguém que somente se lembra de seus golpes infelizes. Um ignorante completo não é nem sortudo nem azarado, porque seria incapaz de esperar seja o que for e, portanto, de considerar qualquer coisa que seja como inesperada. Um ser onisciente não poderia ser nem sortudo nem sequer azarado, porque esperaria tudo o que pudesse acontecer. Não há nada de irracional ou supersticioso com respeito à ideia de sorte. Ela ocorre na biologia evolucionária, frequentemente apresentada como contingência (ou acidente não biológico, como a deriva continental). Um organismo de sorte é aquele nascido em circunstâncias favoráveis à sua sobrevivência; uma espécie de sorte (ou melhor, uma biopopulação) é aquela que emerge em circunstâncias favoráveis à sua sobrevivência e irradiação. Considerações similares aplicam-se à história, política e administração. Entretanto, imputar toda e qualquer falha à má sorte é estúpido, desonesto ou ambos. Ademais, ela efetivamente produz má sorte porque predispõe o sujeito à falha e assim mina sua resolução de ir à frente.

SUBDETERMINAÇÃO – Hipóteses científicas e teorias são ditas subdeterminadas pelos dados empíricos que lhes são relevantes, porque, em princípio, hipóteses ou teorias alternativas poderiam dar conta dos mesmo dados. Por exemplo, o fato de eu pensar em minha filha no exato momento em que ela me telefona pode ser explicado como uma coincidência ou um caso de telepatia. Mas, considerações posteriores, por exemplo, acerca do valor dos experimentos parapsicológicos, poderão ser de ajuda para a decisão entre as duas hipóteses. Tal método – o recurso à ↑**consistência** externa – está fora do alcance dos empiristas.

SUBJETIVO – O que tem a ver com um ↑**sujeito** (cognoscente ou agente) e sua vida interior. Por exemplo, "Ela sente-se deprimida" é um enunciado subjetivo porque expressa o estado de ânimo atual do sujeito. Entretanto, em princípio, tal sentimento pode ser descrito em termos ↑**objetivos**, idealmente em termos do valor da concentração de certos neurotransmissores no sistema mesolímbico do sujeito. As psicologias não biológicas negam a relevância e até a possibilidade de semelhante estudo objetivo, enquanto os neuropsicólogos o estão levando a cabo.

SUBJETIVO, IDEALISMO – ↑**Idealismo subjetivo.**
SUBJETIVISMO/OBJETIVISMO – De acordo com o subjetivismo, tudo existe e deveria ser descrito em relação a algum cognoscente. Exemplos principais: Berkeley, Mach e o relativismo-construtivismo atualmente em moda na filosofia e na sociologia da ciência. De acordo com o objetivismo, o mundo externo existe por si próprio e deveria ser descrito de uma maneira objetiva, isto é, sem referir ao estado de espírito do sujeito. A ciência e a tecnologia são tacitamente objetivas. Logo, alguém que pretende, e. g., que os terremotos ocorrem por que ele os quer, ou que estes devem ser descritos unicamente em termos do terror que causam, ou que os geólogos devem ser culpados por eles, não seria levado a sério por ninguém – nem sequer por filósofos subjetivistas quando estiverem fora de seu estudo. ↑**Idealismo**, ↑**fenomenalismo**, ↑**realismo**.
SUBMERSÃO (SUBMERGENCE) – O desaparecimento de coisas ou processos de alguma espécie (natural). O dual da ↑**emergência**. Exemplos: extinção de bioespécies, desaparição de instituições e obsolescência de filosofias. A ↑**evolução**, seja biológica ou social, é pontuada tanto pela submersão (*submergence*) como pela emergência.
SUBSTÂNCIA – Na filosofia medieval, aquilo que permanece inalterado por baixo da mudança. Na filosofia contemporânea, particulares substanciais são coisas concretas ou materiais – portanto, mutáveis. Uma categoria ausente no empirismo.
SUBSTANTIVO/METODOLÓGICO – Enquanto um problema substantivo diz respeito a questões de fato, um problema metodológico versa sobre procedimentos para a descoberta de fatos, verificação de hipóteses, comparação de teorias e coisas parecidas.
SUFICIENTE – **a. Lógica** – Uma proposição p é uma *condição suficiente* para uma proposição q se e somente se p $\Rightarrow$ q. Exemplo: para que um número seja divisível por 2 é suficiente (basta) que seja divisível por 6. **b. Ontologia** – Primeiro princípio da razão suficiente: "Todo evento tem uma causa". **Sin.** princípio ↑**causal**. Este princípio pode ser tido como verdadeiro em relação a um grande número de

eventos. Mas seu alcance encolheu diante da descoberta de eventos tão espontâneos como a radiatividade, as descargas espontâneas de neurônios e a ↑**autorreunião**. **c. Epistemologia e praxiologia** – Segundo princípio da razão suficiente: "Uma razão deve ser dada para cada opinião e cada decisão". Corolário: "Opinião ou decisão infundada é inaceitável". Um pilar do ↑**racionalismo**.

SUJEITO – **a. Lógico e linguístico** – O(s) objeto(s) do(s) qual(is) algo é predicado. Por exemplo, os sujeitos de 'Abelardo e Heloísa amam um ao outro' são Abelardo e Heloísa. Sin. ↑**referente**. **b. Psicologia** – Animal experimental. **c. Epistemologia** – Cognoscente. **d. Praxiologia** – Agente.

SUMMUM BONUM – O sumo bem. Para os cristãos, o *summum bonum* é a vida eterna; para os utilitaristas, a felicidade; para os agatonistas, o bem-estar da própria pessoa e dos outros.

SUPERNATURALISMO – Crença em entidades supernaturais (ou sobrenaturais), quer seculares como os fantasmas, quer religiosas como os anjos e os demônios. **Ant.** ↑**naturalismo**. Todas as religiões envolvem crenças no supernatural.

SUPERSTIÇÃO – Crença ou sistema de crenças infundada e persistente, como o ↑**supernaturalismo**, a ↑**parapsicologia**, a psicanálise e a homeopatia. Não deve ser confundida com a mera falsidade, que com certeza ocorre, mesmo se, no fim de contas, localizada e descartada, no curso de qualquer pesquisa.

SUPERVENIÊNCIA – Dependência de um conjunto de propriedades em relação a outro, como em "características mentais são dependentes, ou supervenientes, de características físicas". Em voga na filosofia da mente, é uma versão piegas do conceito exato de ↑**emergência**. Conversa sobre superveniência é conversa platônica sobre propriedades em si próprias, isto é, propriedades destacadas das coisas que as possuem. O modo padrão de consideração pseudoexata de superveniência envolve propriedades negativas e disjuntivas, que nada têm de concreto e que são sugeridas pela confusão de propriedades com atributos. Ao contrário do conceito de emergência que ocorre na ciência e no materialismo ↑**emergentista**, o de superveniência é estático. Em resumo, trata-se de uma noção inútil que desnorteou o debate sobre a natureza da mente.

SUPORTE EMPÍRICO – A coleção de dados observacionais ou experimentais que ↑**confirma** uma hipótese ou teoria, ou justifica um método ou norma. Segundo o ↑**refutacionismo**, os dados podem solapar mas não sustentar. Este ponto de vista é uma variante da prática científica ou tecnológica. Sem dúvida, conquanto cientistas e tecnólogos prestem atenção à evidência desfavorável, também buscam suporte empírico. No fim de contas, eles são mais construtores do que destruidores: estão atrás da verdade e da eficiência. Entretanto, não obstante o refutacionismo e o empirismo, hipóteses, teorias, métodos e planos não vivem somente dos dados. Espera-se também que concordem com outros itens do conhecimento, no mesmo campo de indagação e também em outras disciplinas. Em particular, espera-se que hipóteses científicas e teorias sejam compatíveis com o grosso do conhecimento antecedente, e mesmo com certos princípios filosóficos, como, por exemplo, os de que não há propriedades e mudanças em si próprias, isto é, independentemente das coisas.

SURREALISMO FILOSÓFICO – A coleção de concepções desvairadas. Exemplos: A doutrina das mônadas formulada por Leibniz, o imaterialismo de Berkeley, a "lógica" dialética, a ontologia e a semântica de mundos possíveis, o anarquismo epistemológico e o construtivismo social.

SUSPENSÃO DE CRENÇA – O ↑**cético** metodológico abstém-se de atribuir valor de verdade a proposições na falta de evidência conclusiva a apoiá-las. Ele adota a ↑**teoria da lacuna da verdade**.

TABELA-VERDADE – Técnica ou procedimento de decisão para determinar o valor de verdade de uma proposição composta, atribuindo-se em sucessão os valores V (de verdade) e F (de falsidade) a seus constituintes. Exemplo:

p	q	p v q	p & q	p ⇒ q	p ⇔ q
V	V	V	V	V	V
V	F	V	F	F	F
F	V	V	F	V	F
F	F	F	F	V	V

TAUTOLOGIA – Uma proposição verdadeira em virtude de sua forma lógica e independentemente de seu conteúdo. **Sin.** verdade lógica. Exemplo: "não-(p e não-p)". Duas teorias lógicas são (basicamente) as mesmas se e somente se partilharem das mesmas tautologias. Nesse caso, pode-se dizer que são duas *apresentações* diferentes da mesma teoria. Dois cálculos lógicos são *diferentes* se e somente se diferirem pelo menos em uma tautologia. Por exemplo, a lógica comum e a intuicionista são diferentes. Isso mostra que o caráter tautológico é relativo e, mais precisamente, dependente de lógica. Entretanto, há uma exceção, ou seja, o princípio da não contradição. Qualquer "lógica" que não contenha esse princípio, seja como um axioma ou como um teorema, é tapeação, pois a suprema função normativa da lógica é detectar inconsistências e ajudar a removê-las. Uma vez que a ↑**lógica paraconsistente** abre espaço para as contradições, ela não merece ser chamada de 'lógica'. ↑**Criptotautologia**, ↑**pseudotautologia**.

TAUTONIMIA – Uma sentença verdadeira em uma língua em virtude dos significados dos termos que nela ocorrem. Exemplos: "Os solteiros não são casados", "Os manômetros são instrumentos para medir pressão". **Sin**. verdade semântica. **Ant**. heteronímia ou falsidade semântica. ↑**Filosofia analítica**.

TAXONOMIA – A metodologia da ↑**sistemática**: a investigação dos princípios de ↑**classificação**, particularmente na biologia. Eles são: (1) cada membro da coleção original é atribuído a alguma classe; (2) há dois tipos de classes: simples (espécies) e compostas (e. g., gênero), sendo estas últimas a união de duas ou mais classes simples; (3) cada classe simples é composta de alguns dos membros da coleção original; (4) cada classe é um conjunto cuja condição de pertinência ou de ser membro é determinada por um predicado ou uma conjunção de predicados; (5) cada classe é definida: não há casos limítrofes; (6) duas classes quaisquer são ou mutuamente disjuntas, ou uma delas está contida na outra: se for o primeiro caso, diz-se que elas pertencem à mesma ordem, do contrário, a ordens diferentes; (7) somente duas relações lógicas estão envolvidas em uma classificação: a relação de ser membro de ou de pertinência ∈, valendo entre indivíduo e classe, e a relação de inclusão ⊆, que relaciona classes de diferentes ordens; (8) toda classe composta é igual à união de suas subclasses de ordem imediatamente precedente; (9) todas as classes de uma dada ordem são aos pares disjuntas (não possuem interseção); (10) toda partição de uma dada ordem é exaustiva: a união de todas as classes de um dada ordem é igual à coleção original. Se a condição (9) não for atendida, o que se tem é uma ↑**tipologia** e não uma classificação propriamente dita. ↑**Espécies**.

TÉCNICA – Método especial, tal como microscopia, eletrofisiologia, cromatografia, produção de imagem por ressonância magnética e *design* computadorizado. Lamentavelmente, a maior parte da instrução de estudantes de graduação universitária nas ciências consiste em ensinar técnicas às expensas de ideias substantivas, como se as técnicas fossem algo mais do que meios para fins.

TECNOÉTICA – O ramo da ética que investiga o problema moral levantado pela ↑**tecnologia**. Amostra da problemática: impacto ambiental e social de megaprojetos, de máquinas e dispositivos poupadores de trabalho, o uso de recursos da alta tecnologia (*high-tech*) para objetivos bárbaros e a justificação moral de políticas e planos sociais. Se a medicina, a biotecnologia e a jurisprudência forem encaradas como tecnologias, a ↑**bioética** e a ↑**nomoética** terão de ser incluídas na tecnoética.

TECNOLOGIA – O ramo do conhecimento interessado em projetar artefatos e processos, e em normatizar e planejar a ação humana. A tecnologia tradicional, ou técnicas, era principalmente empírica e, por isso, às vezes não útil, outras vezes ineficiente ou pior ainda, e sempre perfectível unicamente por tentativa e erro. A moderna tecnologia baseia-se na ciência e, portanto, é capaz de ser aperfeiçoada por meio da pesquisa. Principais espécies: física (e. g., engenharia elétrica), química (e. g., química industrial), biológica (e. g., agronomia), biossocial (e. g., epidemiologia normativa), social (ciência da administração), epistêmica (e. g., inteligência artificial) e filosófica (↑**ética**, ↑**praxiologia**, ↑**filosofia política**, ↑**metodologia**). A tecnologia não deve ser confundida com a ciência aplicada, que é, na realidade, a ponte entre ↑**ciência** básica e ↑**tecnologia**, uma vez que ela busca novo conhecimento com potencial prático. O que se espera dos tecnólogos é que projetem artefatos, como máquinas e processos industriais ou sociais. E espera-se que eles sirvam seus clientes ou empregadores, os quais buscam seu trabalho especializado para promover interesses econômicos ou políticos. Daí por que a tecnologia pode ser boa, má, ou ambivalente. ↑**Tecnoética**.

TECNOLOGIA, FILOSOFIA DA – ↑**Filosofia da tecnologia**.

TECNOLOGIA SOCIAL OU SOCIOTECNOLOGIA – O desígnio de políticas e planos para a manutenção, reparo ou construção de sistemas sociais, privados ou públicos, com base na ciência social. Principais ramos: ciência da administração, administração de recursos, macroeconomia normativa, trabalho social, jurisprudência, criminologia, demografia normativa e epidemiologia, e planejamento urbano. Amostra da problemática: Como combinar melhor o uso da perícia técnica com o autogoverno? Como atingir pleno emprego sem parasitismo? Como tornar universal o programa de assistência de saúde? Como estimular o consumo sem causar inflação? Como evitar inflação sem aumentar o desemprego? Como garantir segurança sem repressão? Como promover responsabilidade cívica? Como proteger o público do lixo cultural sem exercer censura? E há alternativas viáveis para o capitalismo e o socialismo?

TELEOLOGIA – A doutrina de que há causas finais. A teleologia pode ser imanente ou transcedental, bem como radical ou moderada. A teleologia *imanente* é a concepção de que as coisas (algumas ou todas) têm fins intrínsecos naturais – e. g., todos os organismos esforçam-se para chegar à perfeição. A teleologia *transcendental* sustenta que todas as metas que guiam uma coisa são tanto externas a ela como supernaturais. Enquanto a teleologia transcendente é parte da teologia, a imanente é compatível com uma cosmologia naturalista mesmo se pré-científica. As causas finais de Aristóteles eram imanentes; do mesmo modo o eram as de Tomás de Aquino com referência à natureza, mas não ao homem. A teleologia *radical* sustenta que tudo, do elétron ao homem, à sociedade e ao cosmo, tem uma ou outra finalidade. A ciência e a filosofia modernas rejeitam a teleologia radical com respeito à natureza. Por exemplo, a cauda colorida do pavão macho não é "feita" para atrair as fêmeas da espécie, pois esses animais não distinguem cores. E a evolução, longe de visar a alvos, tem fim aberto. O domínio das causas finais é o do comportamento consciente e, portanto, o seu estudo está restrito à psicologia humana. Falar de causas finais em qualquer outra disciplina é apenas um remanescente do antropomorfismo.

TELELONOMIA – Tímido nome novo para ↑**teleologia**.

TEMPO – Trata-se de uma categoria ontológica fundamental partilhada por todas as disciplinas, com exceção da matemática e também da microeconomia neoclássica. O conceito de tempo é escorregadio, e tem sido por isso objeto de muitos contrassensos. Por exemplo, Heidegger escreveu que "o tempo é o amadurecer da temporalidade". Outro exemplo é a metáfora de que o tempo flui, o que não faz sentido porque o tempo não é uma coisa: ↑**flecha do tempo**. O que "flui" (muda) são coisas reais. O tempo é, para falar de maneira não rigorosa, o passo da mudança das coisas reais. (Isto é, o tempo não é absoluto, porém relacional.) Mas o tempo não é uma propriedade de qualquer coisa real particular: como o espaço, o tempo é "público", ou seja, partilhado por todas as coisas. (Mais precisamente, os tempos relativos a qualquer sistema de referência dado são partilhados por todas as coisas passíveis de serem conectadas com o referido sistema através de sinais eletromagnéticos.) Distinguem-se dois conceitos de tempo: o físico (ou ontológico) e o perceptual (ou psicológico). O tempo físico é, em geral, encarado como algo objetivo, enquanto o tempo psicológico é, por definição, tempo (ou então duração) percebido por um sujeito. O tempo físico é objetivo, mas não existe por si próprio, destacado de tudo o mais. Tanto é assim que o tempo é medido pela observação de um ou outro processo, e. g., uma oscilação de um pêndulo ou a desintegração de um material radioativo. E, estritamente falando, o tempo é imperceptível. Podemos apenas perceber ou sentir algum processo. E tal percepção depende criticamente de nossa participação no mencionado processo. Assim, os sujeitos com privação sensória perdem logo, nos experimentos em que estejam envolvidos, a contagem do tempo. Há três concepções principais sobre a natureza do tempo físico: a de que ele não existe (acronismo); a de que existe por si próprio (concepção absolutista); a de que é o passo do vir-a-ser (teoria relacional). O acronismo tornou-se um anacronismo. De acordo com a visão absolutista, o tempo é independente das coisas mutantes, de modo que existiria tempo mesmo se nada mudasse, e mesmo se o universo fosse vazio. A primeira mudança importante na concepção de tempo veio com a teoria especial da relatividade (1905). Ela soldou o tempo ao espaço (embora mantendo-os distintos), construindo o conceito de espaço-tempo; e diferenciou duas variáveis tempo em cada situação física: o tempo relativo, ligado a um sistema de referência, e o tempo propriamente dito, ligado à coisa física visada. Antes de encetada a relatividade geral (1914), os físicos adotavam, como pressuposto, a concepção absolutista, fato comprovado pela escolha prévia de um sistema de referência rígido de espaço-tempo para representar a coisa física ou o processo visado. Desde então, é de concordância geral que, em regiões de alta concentração de matéria (logo, de campos gravitacionais intensos), os valores dos coeficientes da métrica espaço-tempo dependem da distribuição de matéria e, portanto, têm de ser determinados experimentalmente. Não há teoria (sistema hipotético-dedutivo) acerca do tempo absoluto. Por outro lado, há umas poucas teorias gerais (filosóficas) acerca do tempo relacional, algumas subjetivistas e outras realistas. A mais simples dentre as realistas utiliza a ordem do tempo em uma coisa para mapear a sequência de estados desta coisa, e a duração como uma sequência de eventos na mesma coisa. Seus axiomas são: Para qualquer três pontos eventos e, e', e e'' relativos a um dado sistema de referência, $T(e, e') = - T(e', e)$ e $T(e, e') + T(e', e'') = T(e, e'')$. ↑**Flecha do tempo**, ↑**espaço**.

TEMPO VERBAL, LÓGICA DO – ↑**Lógica do tempo verbal**.

TEOLOGIA – O estudo religioso da ↑**religião**. Ele inclui fantasias sobre os objetos do culto religioso, a justificação de práticas religiosas, e a crítica a religiões rivais e heterodoxias, bem como ao ateísmo. Por não haver nessas matérias outros critérios de verdade afora o da compatibilidade com as escrituras canônicas, e como qualquer texto não científico pode ser interpretado de maneiras alternativas, há mais teologias do que religiões. Em especial, as religiões hindu, judaica, cristã e muçulmana têm sido objeto de largo número de teologias rivais, das místicas às racionalistas. Ironicamente, a controvérsia teológica promoveu o estudo da lógica, que finalmente se voltou contra a teologia. A importância da interpretação em tais assuntos levou à ↑**hermenêutica** até em questões seculares. Toda teologia é uma ↑**ideologia**, mas o inverso é falso, pois existem ideologias seculares.

TEOREMA – Uma consequência lógica de um conjunto de premissas (axiomas, definições e lemas). A teoremicidade (estado ou condição teoremática) é, como o *status* do axioma, puramente lógica. E tanto mais quanto um teorema numa teoria pode apresentar-se como axioma noutra. Excetuando a invulgar proposição indecidível, a verdade matemática é o mesmo que teoremicidade. Por contraste, um teorema em ciência teórica fatual, como a física ou a economia, pode ser fatualmente falso. A maior parte dos teoremas é primeiro conjeturada, depois provada – algumas vezes, muito tempo após terem sido eles imaginados. Observe que os teoremas não são propriedade exclusiva dos matemáticos: espera-se que qualquer indivíduo que trabalhe sobre uma teoria conjeture, prove ou utilize teoremas a seu respeito. Isso vale, em especial, para a física teórica e as teorias filosóficas.

TEOREMA DA INCOMPLETUDE DE GÖDEL – Qualquer teoria consistente que inclua um fragmento da aritmética é incompleta. Isto é, uma teoria assim contém no mínimo uma proposição que é verdadeira mas não comprovável na teoria. Embora seja um resultado ↑**metamatemático** capital, é de pouco interesse para os matemáticos atuantes. Por contraste, parece fascinar os filósofos, talvez porque tenha sido inicialmente mal interpretado por apresentar uma limitação radical da razão, enquanto na verdade ele prova apenas as limitações de um dado formalismo qualquer que inclua um fragmento da aritmética. ↑**Axiomática.**

TEOREMA DE EXISTÊNCIA – Um teorema que afirma a existência de no mínimo um objeto conceitual com certas propriedades – e. g., um número que resolve uma dada equação. Um teorema de existência não precisa identificar aquilo cuja existência afirma: pode ser apenas uma prova de possibilidade. Ele pode ser como uma caixa-preta que faz barulho quando chacoalhada: o ruído nos diz somente que a caixa não está vazia. Mas se somos curiosos tentaremos abrir e esquadrinhar a caixa. De maneira equivalente, um teorema de existência garante que, se nos atiramos ao trabalho de identificar o objeto em questão, acabaremos construindo-o. Assim, o teorema de Euclides que assevera a existência de uma infinidade de números primos, nos assegura que, dado o maior número primo conhecido, haverá um maior do que ele – embora não nos diga como calculá-lo. Este teorema subjaz ao programa de computador que permite a qualquer pessoa encontrar números primos. Ele o faz à "força bruta", isto é, por tentativa e erro. Matemáticos intuicionistas e filósofos empiristas desconfiam dos teoremas de existência: eles exigem que todos os objetos matemáticos sejam explicitamente exibidos, isto é, construídos. Por exemplo, rejeitam proposições da forma "Há uma função com tais e tais propriedades", a não ser que a função seja completamente especificada. Daí por que a teoria intuicionista dos conjuntos não contém o ↑**axioma** da escolha, e a análise intuicionista não contém o teorema do valor intermediário (ou o teorema de Rolle).

TEOREMA DE HEISENBERG – Fórmula da mecânica quântica que declara que a variança (espalhamento em torno da média) da posição de um elétron, ou de qualquer outro ↑*quanton* está inversamente relacionado com a amplitude de sua velocidade. Corolário: a medida que a amplitude em posição se contrai a amplitude de velocidade se expande, e inversamente. A fórmula é rigorosamente deduzida a partir de alguns dos axiomas da teoria, sem qualquer referência a operações de medida. Daí por que deverá valer em toda a parte, não apenas em montagens experimentais de laboratório. Entretanto, tem sido amiúde mal-interpretada em termos de perturbações provocadas pelos aparelhos de medida, ou mesmo pelo conhecedor. Também tem sido mal-interpretada em termos da incerteza do experimentador com respeito à localização exata e à velocidade exata da coisa mensurada – daí a popular e imprópria denominação de 'princípio da incerteza'. Tal interpretação é incorreta por duas razões. Primeira, a física não trata de estados mentais como a incerteza. Segunda, a dita interpretação supõe que os elétrons e similares possuem sempre uma posição e uma velocidade exatas, como se fossem pontos-massa clássicos, e que apenas nós não pudéssemos conhecê-las com precisão. Mas a teoria não faz semelhantes assunções: não postula que elétrons e similares sejam do tipo ponto e que todas as suas propriedades tenham valores exatos. Na mecânica quântica, quando se fala de partículas (ou de ondas) fala-se analogicamente, o que, portanto, amiúde é desencaminhador. Uma vez clarificadas tais confusões, o teorema de Heisenberg deixa de interessar aos epistemólogos, salvo como um exemplo de distorções de achados científicos que uma falsa filosofia pode ocasionar. Entretanto, o teorema guarda interesse para os ontologistas como uma lembrança de que os tijolos que constituem o universo são desprovidos de forma e, portanto, indescritíveis em termos geométricos.

TEORÉTICA, ENTIDADE – ↑Entidade teorética.

TEORIA – Sistema hipotético-dedutivo: isto é, um sistema composto de um conjunto de assunções e de suas consequências lógicas. Em outras palavras, cada fórmula de uma teoria é ou uma assunção ou uma consequência válida de uma ou mais assunções dela: $T = \{t | A | \!\!\vdash\!\! t\}$. De novo: uma teoria é um conjunto de proposições fechadas sob dedução (isto é, incluindo todas as consequências lógicas dos axiomas). A maioria das pessoas, até mesmo alguns filósofos, confundem teoria com ↑hipótese. É um engano, porque uma teoria não é uma única proposição, porém, um conjunto infinito de proposições. Por isso é muito mais difícil confirmá-la ou refutá-la do que no caso de uma só hipótese. (Analogia: uma rede é mais forte do que cada um de seus fios componentes e, portanto, mais difícil de ser feita e rompida.) Outra confusão muito grave é aquela entre teorias e ↑linguagens. Trata-se de um equívoco, porque as teorias fazem asserções, enquanto as linguagens são neutras. O erro é parte do ↑formalismo, a versão matemática do ↑nominalismo. Uma teoria pode referir-se a objetos de qualquer espécie, não descritos ou bem definidos, conceituais ou concretos, e suas assunções podem ser verdadeiras, parcialmente verdadeiras, falsas ou nada disso. A condição de dedutibilidade lógica a partir das assunções iniciais confere unidade formal (sintática) à teoria. Isso permite tratar as teorias como particulares (complexos). Tais particulares possuem propriedades emergentes que nenhum de seus componentes (proposições) possuem, tais como a de consistência (não contradição). Exemplo 1: A teoria dos conjuntos, a teoria dos gráficos e a álgebra de Boole são teorias abstratas (não interpretadas). Exemplo 2: A teoria dos números, a geometria euclidiana e o cálculo infinitesimal são teorias matemáticas interpretadas. Exemplo 3: A mecânica clássica, a teoria da seleção natural e a microeconomia neoclássica são teorias fatuais. Não exemplo: As assunções "Todos os As são Bs" e "Todos os Cs são Ds", onde os predicados A, B, C e D não são interdefiníveis, não constituem um sistema, logo não geram um sistema hipotético-dedutivo. Com efeito, não é possível derivar deles consequências de modo articulado.

TEORIA DA DECISÃO – A teoria que pretende ajudar na ponderação de decisões alternativas concernentes às ações. Ela é subjacente a todas as ↑teorias da escolha-racional, em particular à ↑teoria dos jogos e à microeconomia neoclássica. Seus conceitos-chave são os da ↑probabilidade subjetiva de um evento, e o da ↑utilidade subjetiva do resultado de uma ação. Seus dogmas centrais são que (a) a cada evento pode ser atribuído uma probabilidade; e (b) que os agentes sempre atuam de modo a elevar ao máximo as vantagens esperadas. Trata-se efetivamente de dogmas, porque os negócios sob controle humano são raramente aleatórios, e porque o cálculo racional não é o único fator interveniente na tomada de decisão.

TEORIA DA ESCOLHA-RACIONAL – Qualquer ↑teoria ou ↑modelo, cujo conceito central é o da ↑utilidade subjetiva e cujo axioma chave é que ele ou ela, isto é, todo mundo, comporta-se (ou devia comportar-se) de modo a maximizar a utilidade esperada dele ou dela. As teorias gerais da utilidade, da decisão, dos jogos, bem como os modelos da escolha racional na economia, na sociologia, na ciência política e em outros campos, são do tipo escolha-racional. Enquanto alguns estudiosos consideram-na como descritiva, outros tomam-na como sendo normativa. Todas essas teorias pressupõem que ele ou ela, isto é, toda pessoa tem sua própria função de utilidade para bens de qualquer espécie; e que esta função depende apenas da quantidade do bem em questão, e que esta não se altera com a experiência; e que todas as pessoas, em todas as circunstâncias, tentam maximizar suas utilidades esperadas. (Utilidade esperada de ação com possível resultado x = probabilidade de x × utilidade de x.) Entretanto, a forma precisa da função utilidade raras vezes é especificada: usualmente é apenas submetida a uma condição mais frouxa que cresce monotonamente a uma taxa decrescente. E mesmo quando a função é matematicamente bem definida, é raro que seja verificada empiricamente. Além disso, a assunção de que seja possível atribuir probabilidades aos resultados de qualquer ação é falsa: fora do cassino, as ações humanas são raras vezes largadas ao acaso. Devida a tais falhas conceituais e empíricas, as teorias da escolha-racional dificilmente são científicas. Ainda assim, todas elas têm um núcleo verdadeiro, isto é, a tese segundo a qual as ações humanas possuem uma forte componente de autointeresse. ↑**Utilidade**, ↑**utilitarismo**.

TEORIA DA LACUNA DA VERDADE – A tese de que nem todas as proposições são ou verdadeiras ou falsas, razão pela qual a função de avaliação – isto é, a função que mapeia proposições em valores de verdade – é uma função parcial. Exemplos de proposições carentes de um valor de verdade: (a) as hipóteses que são intestáveis ou que, sendo testáveis, ainda não foram testadas, tais como todas aquelas que dizem respeito ao futuro; (b) as proposições indecidíveis em certos sistemas matemáticos.

TEORIA DA MEDIÇÃO – É uma teoria da medição de uma grandeza particular com um método peculiar. Todo método de mensuração particular demanda uma teoria específica da medida, e toda teoria deste tipo envolve enunciados de lei específicos. Cabe pensar, e. g., nas diferentes teorias que descrevem métodos alternativos para medir massas, por exemplo, com uma escala de algum tipo ou com o espectrômetro de massa. Portanto, não são possíveis quaisquer teorias gerais da medida:

elas não passam de fabricações acadêmicas. Originam-se da confusão entre medição, uma operação empírica, e o conceito matemático de ↑**medida** de um conjunto (e. g., comprimento de um segmento). E estas teorias gerais acham-se tão distantes da prática científica que não contêm os conceitos de dimensão e unidade.

TEORIA DA VERDADE COMO COERÊNCIA – A tese (mais do que a teoria) de que uma proposição é verdadeira, sem maior dificuldade, somente no caso em que tem coerência (é ↑**consistente**) com toda outra proposição do corpo de conhecimento que está sendo considerado. É óbvio que isto vale apenas para verdades formais. A ↑**verdade** fatual é mais exigente. Espera-se que um corpo de conhecimento relativo a fatos de alguma espécie seja não só coerente (internamente consistente) mas também condizente com os fatos a que se refere. Isto é, na ciência fatual e na tecnologia a coerência é necessária, porém insuficiente.

TEORIA DA VERDADE DA CORRESPONDÊNCIA – A tese (não a teoria) de que a verdade de uma declaração fatual consiste na sua correspondência com o(s) ou na sua adequação ao(s) fato(s) a que ela se refere. Por exemplo, a declaração "Está chovendo" é verdadeira se e somente se estiver efetivamente chovendo. Em geral, uma proposição que assevera ser o fato f verdadeiro é o caso se e somente se f for realmente (efetivamente, de fato) o caso. Na ciência e na tecnologia, hipóteses e teorias não são diretamente confrontadas com fatos, porém, com dados empíricos relevantes para os primeiros combinados com as ↑**hipóteses indicadoras**. Nestes casos, e quando a hipótese h é quantitativa, pode-se estipular que

h é verdadeira com respeito ao dado e, a menos de um erro $\in =_{df}$ a discrepância entre h e e é menor do que $\in$.

Entretanto, a confirmação empírica é necessária apenas para atribuir verdade a uma hipótese. Do mesmo modo, se faz necessária a ↑**consistência** externa (compatibilidade com o grosso do conhecimento básico).

TEORIA DE SISTEMAS – Uma família de teorias montada sobre a ontologia e a engenharia. Estuda sistemas concretos em geral, isto é, independentemente do material de que são feitos e, portanto, das peculiaridades de sua estrutura. Há duas espécies de teorias de sistemas: *hard* e *soft*. As primeiras envolvem a matemática e se orientam para a ciência. Exemplos: teoria dos autômatos, teoria do controle (cibernética), teoria estatística da informação, teoria dos sistemas lineares e sinergética. Em contraposição, as "teorias" de sistemas do tipo *soft* não são matemáticas. Na realidade, representam o velho ↑**holismo** em nova vestimenta mais do que são ↑**sistêmicas**.

TEORIA DO MODELO – Ramo da lógica que investiga as possíveis ↑**interpretações** ou exemplos de teorias abstratas (não interpretadas), como as teorias dos conjuntos, dos grupos e das matrizes, nenhuma das quais está comprometida como uma interpretação particular, nem mesmo dentro da matemática. Para palpar o sentido disto considere a teoria do semigrupo, uma das mais simples de todas as teorias e uma das mais úteis na ↑**filosofia exata**. Um *semigrupo* pode ser definido axiomaticamente como segue: Um semigrupo é um conjunto arbitrário S acompanhado de uma operação ↑**associativa** º(concatenação) entre dois membros quaisquer de S: $G_{1/2} = <S, º>$. A teoria do semigrupo pode ser complicada (enriquecida) de muitas maneiras: isto é, pode-se construir um número muito grande de semigrupos abstratos adicionando assunções, tais como a de que S contém um elemento identidade, e de que qualquer elemento de S tem um inverso – caso em que o semigrupo se torna um grupo. Isto no que diz respeito ao conceito abstrato de um semigrupo. Há um número ilimitado de objetos que satisfazem a definição acima – isto é, um número indefinido de ↑**modelos** de um semigrupo. Um dos mais simples é constituído pelos números naturais $\mathbb{N}$ acompanhado da operação aritmética de adição, isto é, $M_1 = <\mathbb{N}, +>$. De fato, para quaisquer três números inteiros não negativos x, y e z, $x + (y + z) = (x + y) + z$. Em outras palavras, do ponto de vista da álgebra abstrata, M_1 resulta de $G_{1/2}$ pela adição das ↑**assunções semânticas** Interpr (S) = $\mathbb{N}$ e Interpr (º) = +. Produz-se um modelo alternativo interpretando S como o conjunto $\mathbb{Z}$ de inteiros e e º como multiplicação. Isto é, $M_2 =$

< $\mathbb{Z}$, × >. (De fato, a adição e a multiplicação de números inteiros aparecem historicamente muito antes, e elas apenas proporcionam dois exemplos familiares ou modelos do formalismo abstrato de semigrupo.) Um terceiro modelo de um semigrupo pode ser obtido interpretando S como o conjunto de todas as sentenças de uma linguagem, e º como uma sentença de concatenação. Um quarto, ao interpretar S como uma coleção de todas as coisas concretas (ou particulares substanciais), e º como uma adição física (ou justaposição). Esta última interpretação permite que se defina a relação ↑**parte/todo** de uma forma exata. Preocupada como está com as teorias matemáticas abstratas e suas interpretações, e não com os fatos modeladores, a teoria do modelo é irrelevante para a ↑**metateoria** dos modelos teóricos. ↑**Barafunda de modelos**.

TEORIA DO VALOR – A família de teorias do ↑**valor**. Sin. axiologia. Principais variedades: absolutista e relativista, objetivista e subjetivista, emotivista e cognitivista. O *absolutismo* axiológico sustenta que todos os valores são eternos, transculturais e independentes de circunstâncias – ou seja, tudo aquilo que os relativistas negam. O *objetivismo* defende, e o subjetivismo nega, que todos os valores sejam objetivos. Segundo o *emotivismo*, todas as avaliações são mais afetivas do que cognitivas – uma tese negada pelo cognitivismo. O *realismo* axiológico rouba um bocado de cada uma de todas essas concepções contrastantes. Ele mantém que, enquanto alguns valores, como a vida desfrutável, são absolutos, outros, tais como a veracidade são relativos; que alguns, como o bem-estar, são objetivos, enquanto outros, como a felicidade, são subjetivos; e que alguns valores, como a solidariedade, são tanto cognitivos como emotivos.

TEORIA DOS CONJUNTOS – A teoria que estuda conjuntos abstratos. Efetivamente, há numerosas teorias dos conjuntos: por exemplo, com e sem o ↑**axioma** da escolha, e com e sem a hipótese do contínuo (↑**infinito**). Daí haver tantos sentidos de "conjunto" quantos de teorias dos conjuntos. Ainda assim, basta a teoria elementar (ou ingênua) dos conjuntos para a maioria dos propósitos, e ela é uma poderosa ferramenta para a análise filosófica. Por exemplo, permite exatificar as noções semânticas de ↑**extensão** e ↑**intensão**; os conceitos ontológicos de ↑**espécie natural** e ↑**processo**; e as noções axiológicas de ↑**valor** e ↑**utilidade**. Todas as teorias rigorosas dos conjuntos são axiomáticas. Entretanto, sabe-se que nenhuma delas é consistente. Uma ou outra teoria dos conjuntos, juntamente com o subjacente e clássico predicado lógico de primeira ordem, é ainda comumente considerada como o fundamento de quase toda a matemática. Todavia, a teoria da ↑**categoria** constitui um fundamento alternativo. Tal fato mostra que a base das matemáticas não é única nem permanente e muito menos incontestável.

TEORIA DOS JOGOS – Uma teoria matemática usada em estudos sociais e biologia evolucionária. Nas aplicações sociais ela lida com dois ou mais agentes engajados em um "jogo", ou transação social, em que um ou todos estão destinados a ganhar ou a perder alguma coisa. Os jogos mais populares são O Dilema do Prisioneiro e O Jogo da Galinha (ou Na Beira do Precipício). É largamente difundida a opinião de que a teoria capta os lados competitivo e cooperativo da ação social. O conceito central da teoria é o da matriz dos resultados, que exibe os ganhos e as perdas esperados (vantagens positivas ou negativas) dos participantes em um jogo resultante de suas ações. Enquanto a teoria matemática é exata, suas aplicações sociais não o são, por envolver vantagens inventadas. Sem dúvida, nas aplicações sociais as entradas da matriz de resultados são dispostas de modo a se obter resultados desejados, tais como provar que a "detecção" (competição desleal), ou então a cooperação, é a melhor estratégia. Devido à sua natureza *ad hoc*, os modelos teóricos do jogo nos estudos sociais nem explicam nem preveem quaisquer processos sociais. Porém, como envolvem alguns símbolos, dão a impressão de rigor científico. Ironicamente, a teoria do jogo, inútil nos estudos sociais, encontrou uso legítimo no estudo das "estratégias" evolucionárias estáveis. Ela é legitimada aqui porque as probabilidades e os valores relacionados são objetivos. Sem dúvida, as primeiras se referem a

mudanças genéticas aleatórias; e a vantagem é tomada como igual à adequação darwiniana (tamanho da progênie ou fruto).
TEORIA, OBSERVAÇÃO PEJADA DE – ↑**Observação pejada de teoria.**
TEORIA REFLEXIVA DO CONHECIMENTO – A tese segundo a qual o verdadeiro conhecimento fatual "reflete" a realidade de um modo mais ou menos distorcido. Sin. ↑**realismo** ingênuo, ↑**realismo do senso comum.** Característico do materialismo dialético e do Wittgenstein jovem. Essa concepção vale para enunciados simples, como "O gato está em apuros", mas falha em enunciados que envolvam não observáveis, como "possível", "elétron", "decisão", e "luta de classes". O malogro do realismo ingênuo não afeta o ↑**realismo** científico, o qual sustenta que a maior parte dos construtos científicos representam coisas imperceptíveis ou propriedades.
TERTIUM NON DATUR – ↑**Meio excluído**: p ou não-p.
TESE DE DUHEM – Nenhuma hipótese pode ser comprovada isoladamente. Por exemplo, pôr à prova uma hipótese química envolve a assunção de hipóteses mecânicas e eletromagnéticas, que, por sua vez, estão envolvidas na construção e operação dos instrumentos de medida. ↑**Método hipotético-dedutivo.**
TESTABILIDADE – A propriedade de uma proposição ou teoria estar apta a ser submetida a um teste para confirmá-la ou não validá-la. Por exemplo, os enunciados de que 7 é um número primo, de que a aspirina reduz a dor e de que o comércio livre é benéfico, são proposições testáveis. Exemplos de enunciados não testáveis: há entidades não materiais inacessíveis aos sentidos; existe céu; quanto mais forte o complexo de Édipo de um homem, mais forte será a sua repressão; todas as descobertas feitas individualmente por cientistas, mais cedo ou mais tarde serão feitas por outros também; há mundos diferentes daquele em que vivemos. Uma condição necessária para a testabilidade é a precisão conceitual (↑**vagueza** mínima). A testabilidade é necessária para uma proposição ser submetida a testes efetivos e assim, finalmente, receber em atribuição um valor de verdade. Portanto, contrariamente à pretensão dos teólogos, proposições não tes-

táveis não podem ser verdadeiras e muito menos para todo o sempre. A testabilidade pode ser puramente conceitual (como na matemática), empírica (como na vida quotidiana e na protociência), ou ambas (como uma teoria que é submetida a teste pela verificação de algumas de suas consequências em conjunção com dados empíricos adequados). Os empiristas igualam a testabilidade à confirmabilidade, enquanto os racionalistas igualam-na à refutabilidade: ↑**Confirmação**, ↑**refutabilidade**. Sem levar em conta as críticas filosóficas, os cientistas e os tecnólogos preocupam-se tanto com a evidência positiva quanto com a negativa: com a primeira porque são indicadores de verdade e com a segunda porque indicam falsidade. Alguns casos desfavoráveis podem ser suficientes para liquidar uma nova hipótese mas não uma hipótese bem estabelecida: no último caso, conjetura-se alguma outra coisa para dar conta das exceções. (Entretanto, tais ↑**hipóteses** *ad hoc* deveriam ser testáveis de maneira independente.) Tampouco basta um forte apoio indutivo para se concluir que uma generalização é uma ↑**lei**, pois ela pode ser apenas uma tendência temporária: ↑**indução**. Para conferir tal *status*, é preciso também uma apoio teórico: As hipóteses deveriam pertencer a um sistema hipotético-dedutivo, e ser compatíveis com outras teorias. Em suma, plena testabilidade é confirmabilidade *cum* refutabilidade.

TESTE – Aferição. As ideias são testadas para aferir sua boa formação, significação, verdade, ou fecundidade. Artefatos e planos são checados para determinar sua viabilidade, eficiência, custo-benefício, receptividade do usuário etc. As ações são testadas para aferir sua conformidade com normas técnicas e morais. E as normas são checadas para avaliar quer a sua eficácia quer a sua compatibilidade com normas de nível superior.

TEXTUALISMO – A concepção de que tudo é um texto ou "como um texto", donde entender qualquer coisa é submeter o texto correspondente a uma interpretação. Encarar o mundo como um livro ou uma biblioteca pareceria ser o pesadelo de um bibliotecário digno de Anatole France, Italo Calvino ou Jorge Luis Borges. No entanto, essa concepção está implícita nos escritos de Heiddeger, bem como na ↑**filosofia hermenêutica**, no pós-estruturalismo, no desconstrucionismo, na semiótica geral, na ala idealista da etnometodologia e na sociologia da ciência ↑**construtivista**-↑**relativista**. Assim, afirmam Heidegger: "*Im Wort, in der Sprache werden und sind erst die Dinge*", (Na palavra, na língua as coisas primeiro vêm a ser e são); J. Derrida: "Não existe o fora-do-texto"; e S. Woolgar: "A realidade é constituída no e através do discurso". Por certo, nenhum desses autores se deu ao incômodo de oferecer um retalho de evidência em apoio de suas extravagantes pretensões. Os hermeneuticistas tomam o textualismo em termos literais e não metafóricos, pretendendo, ao mesmo tempo, que todo conhecimento é metafórico. Gente normal, ao contrário, distingue as palavras de seus referentes; sabe que a escrita foi inventada há apenas cinco milênios passados; e compreende que átomos, estrelas, plantas, pessoas, sociedades e coisas carecem de propriedades sintáticas, semânticas e fonológicas. Daí por que não podemos ler ou interpretar tais coisas. Daí por que nós as estudamos por via experimental e construímos em relação a elas modelos matemáticos, sem esperar que o semioticista nos diga o que são. A bem dizer, os cientistas expõem e discutem seus problemas e descobertas, mas – a menos que sejam linguistas ou críticos literários – seus discursos se referem na maior parte a coisas extralinguísticas e não a outros textos. Nem sequer as nossas ideias acerca das coisas podem ser identificadas com suas embalagens linguísticas. Em particular, as teorias científicas não são textos: elas possuem propriedades lógicas, matemáticas, semânticas e não linguísticas ou literárias. Eis por que as teorias científicas são estudadas por cientistas, lógicos e filosofos, e não por hermeneutas, filósofos da linguística, ou críticos literários.

TIPO IDEAL – Modelo ↑**idealizado** de uma coisa ou processo. É formado ao se focalizar os traços salientes ou típicos, e consequentemente ao se desconsiderar outros tidos como secundários, embora, num exame mais próximo, possam vir a ser importantes. ↑**Tipologia**.

TIPOS DE SISTEMAS – Pode-se distinguir os seguintes tipos básicos de sistema:

1. *Conceitual*, como os sistemas hipotético-dedutivos e os códigos legais.
2. *Material*
   2.1 *Natural*, como os átomos, o sistema solar, os sistemas nervosos e os organismos.
   2.2 *Social*, como as escolas, as firmas comerciais, as congregações religiosas e as redes sociais informais.
   2.3 *Técnico*, como as máquinas, as redes de estradas e as redes de TV.
   2.4 *Semiótico*, como as linguagens, as partituras musicais e os projetos técnicos, junto com seus usuários.

Isso não é uma ↑**classificação**, porque (a) a maioria dos sistemas sociais são artificiais assim como sociais: pense em hospitais, bancos ou exércitos; (b) alguns sistemas sociais, como fazendas, contêm não apenas pessoas, mas também máquinas, animais e plantas; (c) todos os ↑**sistemas semióticos** são artefatos; e (d) os sistemas sociais modernos envolvem sistemas semióticos. Ainda assim, a tipologia acima é uma representação tosca das feições objetivas salientes dos sistemas que compõem o mundo. Definições rápidas (e por isso vulneráveis) dos cinco conceitos acima são as seguintes: Um sistema *conceitual* é um sistema composto de conceitos. Um sistema *natural* é um sistema cujos componentes, assim como os laços entre eles, pertencem à natureza – isto é, não são obra humana. Um sistema *social* é um sistema em que alguns dos componentes são animais da mesma espécie, e outros artefatos (inanimados com ferramentas, ou vivos como animais domésticos). Um sistema *técnico* é um sistema construído e operado por pessoas com a ajuda do conhecimento técnico. Um sistema *semiótico* é um sistema composto de pessoas que usam signos artificiais como palavras e desenhos. Um sistema *artificial* é um sistema que contém coisas feitas. A classe dos sistemas artificiais é igual à união de todos sistemas não naturais.

TIPOLOGIA – Agrupamento de objetos de uma espécie em ↑**tipo ideais**. Exemplo: A divisão da humanidade em raças puras, sem considerar a evolução e a miscigenação. Não deve ser confundida com a ↑**classificação**. O pensamento tipológico ficou desacreditado na biologia com o surgimento da teoria da evolução e a genética da população. A tipologia ainda entra fortemente nos estudos sociais.

TIQUISMO – A doutrina segundo a qual o acaso ou a chance é algo real e mais fundamental do que a causação. **Sin.** ↑**probabilismo**. A ciência moderna combina o ↑**causalismo** com o tiquismo mais do que adota um ou outro exclusivamente. Por exemplo, ela calcula e mede probabilidades incondicionais, bem como as probabilidades de que certos eventos possam causar outros.

TIRANDO CONCLUSÕES PRECIPITADAS – Supondo, conjeturando, fazendo hipótese. Atitude malvista pelos ↑**dataístas**, mas sujeita a objeção somente se não for seguida de uma tentativa de conferir a verdade da "conclusão" (suposição).

TODO – Objeto complexo. Um todo, uma totalidade, pode ser ou uma coleção, um agregado, ou um ↑**sistema**.

TODO/ALGUM – Os quantificadores ∀ (todo) e ∃ (algum, existe ao menos um). A relação entre os dois na lógica clássica: Para qualquer predicado F: ∀xFx = ¬ ∃x¬Fx. Trocando o ∀ pelo ∃ na última fórmula, teremos ∃xFx = ¬ ∀x¬Fx. Esta é a razão pela qual os dois quantificadores são mutuamente ↑**duais** (não opostos).

TRABALHO – A ação que sustenta a vida humana e torna o mundo social pulsante. Ele é estudado pela ergonomia, economia, sociologia industrial e praxiologia. Por contraste, o trabalho é o grande ausente das teorias da escolha racional, em particular da microeconomia neoclássica, a qual lida com bens como se fossem dados.

TRADUÇÃO – Considere duas ↑**sentenças** em diferentes línguas. Cada uma é fiel tradução da outra, se ambas as sentenças designam a mesma ↑**proposição** – ou seja, se ambas têm o mesmo ↑**significado** (sentido e referência). Nem a verificabilidade nem a igualdade (ou a mesmice) do valor de verdade deveriam ser requeridas para a tradutibilidade, porque algumas sentenças designam proposições não testáveis ou ainda não testadas, razão pela qual não é possível atribuir-lhes valor de verdade. Por exemplo, *"Tu ángel guardián está montado en mi hombro"* é uma fiel tradução espanhola de *"Your guardian angel is perching on my shoulder"* (Teu anjo de guarda está pousado sobre meu ombro), mas a proposição que elas designam, embora significativa em certas religiões, é empiricamente inaferível.

TRADUTIBILIDADE – A capacidade de um texto em uma língua ser fielmente traduzido para outra língua de comparável poder expressivo. Um teste de significatividade cognitiva. A palavra do coloquial americano *Gobbledygook* (palavrório empolado e inintiligível) é intraduzível e, portanto, não é universal. Exemplo colhido ao acaso no *Sein und Zeit* (Ser e Tempo), de Heiddegger: *Verstehen ist das existenziale Sein des eigenen Seinkönnen des Daseins selbst, so zwar, dass dieses Sein an ihm selbst das Woran des mit ihm selbst Seins erschliesst.* (Tradução aproximada: "Compreender é o ser existencial do próprio poder-ser do estar-aí [da presença] mesmo, de tal modo que esse ser abre no seu próprio onde o ser com ele próprio") Há tantas "traduções" quantas "interpretações" dessa fieira de palavras. É um lembrete de que nem toda sentença designa uma proposição – donde se conclui que o ↑**nominalismo** é falso.

TRANSCENDENTAL – **a.** Transfenomenal, atrás das aparências. **b.** Além do escopo quer da razão quer da experiência, mas presumivelmente dentro do campo da religião ou do idealismo subjetivo. O ↑**naturalismo** e o ↑**humanismo** não têm aplicação para esse conceito de transcendência. ↑**Imanente/transcendental**.

TRANSITIVIDADE – Uma relação binária R é transitiva em um conjunto S se e somente se, para todo x, y e z em S, Rxy & Ryz ⇒ Rxz. Exemplos: =, ~, >, ⊂, parte-todo, antecedente ou precursor, sucessor, poder. Não exemplos: ∈, similaridade, amizade, preferência coletiva.

UNIDADE DA CIÊNCIA – A meta de várias tentativas, efetuadas dentro do ↑**positivismo lógico**, para unificar todas as ciências com base em experiências grosseiras, enunciados protocolares, na linguagem da física, ou da sintaxe lógica. Tais tentativas falharam porque cada uma delas focalizava um só lado do poliedro. E, de todo modo, não eram necessárias, pois a ciência é uma só porque obedece a uma só lógica, um método uniforme, uma perspectiva naturalista e uma abordagem sistêmica. ↑**Sistema de conhecimento humano**.

UNIDADE DE CONHECIMENTO – ↑**Sistema de conhecimento humano**.

UNIFICAÇÃO – A unificação epistemológica consiste em conjuntar dois ou mais campos de pesquisa. Há dois procedimentos principais de unificação: ↑**redução** e ↑**fusão**. Um não é superior ao outro: ambos podem ser extremamente fecundos.

UNIVERSAL – Propriedade comum a todos os membros de uma coleção. Mais precisamente, se C designa uma coleção e P designa uma propriedade (seja intrínseca ou relacional) ou um predicado, então P é *universal em* $C =_{df}$ Todo membro de C é um P (ou é P-relacionado a algum outro particular). Exemplos: todas as entidades materiais possuem energia, e todos os construtos são significativos em algum contexto. **Ant**. particular. Não obstante o idealismo objetivo, os universais não são entidades, porém propriedades ou de construtos ou de coisas. Logo, não há universais *ante rem*, isto é, sem particulares ou deles apartados. Por exemplo, a circularidade é propriedade de todos os círculos individuais. A distinção entre universal e particular é importantíssima mas não importa numa separação. Não há mais universais em si mesmos do que há puros particulares, ou seja, indivíduos despidos de propriedades. Entretanto, isso não deveria impedir ninguém de edificar teorias abstratas de particulares destituídas de propriedades intrínsecas, ou teorias concernentes a propriedades e relações em si mesmas. O tratamento dos universais como se fossem coisas, ou como se existissem à parte dos particulares, é a falácia da assim chamada ↑**reificação**. Exemplos: dizer 'Eu tenho um emprego' em vez de 'Eu estou empregado'; as ideias confusas de Platão a respeito do bem e da justiça como existentes *ante rem* (antes da coisa); tratar a energia e a informação como se fossem entidades; considerar a beleza como uma entidade incorporada em coisas belas.

UNIVERSAL, GRAMÁTICA – ↑**Gramática universal**.

UNIVERSO – O sistema de tudo o que existe. **Sin.**, mundo, cosmo. O universo tem algumas propriedades peculiares: é único e existente por si; não se encontra entre duas outras coisas; não interage com nenhuma outra coisa; é eterno (não obstante a equação sem fundamento do Big Bang, ou o começo da expansão, com o nascimento do universo); ocupa todo o espaço, e a parte conhecida dele expande-se. Não se sabe ainda se o universo é espacialmente finito ou infinito. Uma vez que isso é uma questão empírica que pode finalmente ser solucionada pela física cosmológica, não se deve favorecer de maneira dogmática nenhuma das duas hipóteses. As formulações de que o universo teve um início e terá um fim são teológicas e não científicas. Não se trata apenas de que não há evidência seja para um seja para o outro desses eventos, mas de que nenhuma lei física envolve quer uma manufatura quer uma data para expirar.

UNIVERSO DO DISCURSO – A coleção dos possíveis referentes de um discurso, ou seja, a classe de ↑**referência** comum a seus predicados.

USO/MENÇÃO – Ao pronunciar ou escrever uma expressão linguística, fazemos uso dela. Quando a mencionamos, como em '*amor* é uma palavra de quatro letras', é melhor distingui-la pondo-a entre aspas ou grafando-a em itálico. Se não se tomar essa precaução pode ocorrer um mal-entendido. Exemplo: a expressão em inglês '*the word processor*' é ambígua, pois ela pode significar tanto "*the word-processor*" como "*the word 'processor'*". No primeiro caso, a expressão "*word-processor*" está sendo usada e, no segundo, a palavra "*processor*" está sendo mencionada. (Um exemplo correlato, dentre muitos outros possíveis, seria em português o jogo entre "o amor-perfeito" e "o amor 'perfeito'"). ↑**Nível de linguagem**, ↑**linguagem-objeto/metalinguagem**.

UTILIDADE – Valor subjetivo ou proveitoso para um objeto. O ganho – material, estético ou moral – advindo a uma ação ou atribuído a uma coisa ou processo. **Ant.** inutilidade. A *utilidade esperada* do resultado de uma ação é o produto da utilidade subjetiva pela probabilidade do resultado. Esse conceito aplica-se apenas a jogadores. Além disso, enquanto a utilidade econômica é amiúde bem-definida (a saber, como proveito ou ganho em dólares), a concepção geral de utilidade não o é. Dois conceitos diferentes (ou antes, famílias de conceitos) de utilidade são normalmente distinguidos: o ordinal ou qualitativo, e o cardinal ou quantitativo. A *utilidade ordinal* é similar à preferência: trata-se de uma relação antissimétrica e transitiva (isto é, para quaisquer três objetos a, b e c, a > b $\Rightarrow$ ¬(b > a), e a > b & b > c $\Rightarrow$ a > c). Muitas filosofias ↑**utilitárias** e modelos de escolha-racional nos estudos sociais, particularmente em microeconomia, empregam o conceito de *utilidade cardinal* (ou quantitativa ou numérica), considerada como uma quantificação de ganho subjetivo ou recebido. Entretanto, na maior parte dos casos esse conceito não é bem definido. Quando o é, a adoção de qualquer função de utilidade dada não será empiricamente justificada. Sendo subjetiva, a utilidade pode finalmente ser elucidada pela psicologia científica. ↑**Teoria da escolha-racional**, ↑**valor**.

UTILITARISMO – A família de teorias éticas e axiológicas humanísticas que igualam "bom" com "útil" (ou agradável, ou o que levam à felicidade). O conceito central dessas teorias é o de valor subjetivo ou de ↑**utilidade**. Sua regra nuclear é: "Sempre se comporte de modo a maximizar a utilidade esperada". Na filosofia social distinguem-se duas variedades de utilitarismo: o individualista (ou egoísta) e o social (ou altruísta). O primeiro recomenda maximizar a própria utilidade do agente, enquanto o segundo favorece a maximização da utilidade social ou total. Mas esta segunda utilidade não é bem definida, se não por outro motivo pelo menos porque o conceito de utilidade individual é por si confuso – ou, quando preciso, ele não é empiricamente validado. De um ponto de vista metodológico, pode-se distinguir entre o ato e a regra utilitarista. O ato utilitarista avalia cada ação por seu próprio mérito sem fazer uso de nenhuma regra. A regra utilitarista exige que certas regras sejam seguidas – mas até agora nenhuma regra desse tipo foi proposta. Daí as discussões filosóficas da regra utilitarista parecerem especulações teológicas. Os méritos do utilitarismo estão casados com a confusão do conceito de ↑**utilidade**.

VAGO – ↑Difuso.

VALIDADE – **a. Lógica** – A propriedade de um raciocínio ou argumento, de ajustar-se às regras de inferência de algum cálculo lógico. A validade lógica é independente da verdade: pode acontecer que não tenham sido atribuídos quaisquer valores de verdade às proposições envolvidas num argumento válido. Entretanto, se as premissas de um argumento válido forem verdadeiras, então suas conclusões serão também verdadeiras, e diz-se que o argumento é correto. ↑**Implicação**. **b. Epistemologia** – Uma hipótese ou teoria científica é validada se ficar demonstrado que ela condiz com a evidência empírica relevante, com o grosso do conhecimento de base, e com as pressuposições filosóficas da pesquisa científica. **c. Metodologia** – Uma mensuração ou uma aferição técnica é válida se e somente se efetivamente medir ou testar aquilo que pretende avaliar. Por exemplo, alguns testes de inteligência não são válidos porque avaliam a informação mais do que a criatividade. **d. Ética** – Uma proposta, uma política, um plano ou uma ação são moralmente válidos se satisfizerem as normas morais que foram adotadas.

VALOR – **a. Matemática e ciência** – Se f é uma função que mapeia um conjunto A em um conjunto B, então o valor de f no ponto ou elemento a em A é igual a $f(a)$, a imagem de a em B. Exemplos: o valor da função seno em $\pi/2$ é igual a 1; o valor da velocidade da luz é de (aproximadamente) 3.10^{10} cm/s; o valor de verdade de uma tautologia é igual a

1. b. **Axiologia e praxiologia** – O valor de um item, como em "O preço de mercado de um computador é $lk" e "Placebos possuem valor terapêutico". Os valores podem ser *intrínsecos ou instrumentais* (isto é, meios para o entendimento de outros valores). A saúde é um valor intrínseco, e o dinheiro é um dos meios para a gente manter-se saudável. Os valores podem ser *objetivos* (ou intrínsecos) ou *subjetivos* (ou pessoais). Exemplos: os valores estéticos são subjetivos, ao passo que os sociais são objetivos. Os valores objetivos podem ser objetivamente avaliados e racionalmente discutidos. Em contrapartida, os valores subjetivos (utilidades) não podem ser assim tratados. ↑**Utilidade**. Os valores não são entidades, porém propriedades objetivas das coisas, estados, ou processos. Entretanto, são propriedades relacionais e não intrínsecas. De fato, a mais simples análise é a seguinte: "w é valioso para x em relação a y na circunstância z", ou Vwxyz abreviadamente. Um conceito teórico referente a conjunto de valor pode ser definido como segue: Se uma ação é necessária e suficiente para produzir certos efeitos positivos P junto com inevitáveis efeitos laterais negativos N, o valor da ação pode ser estabelecido como igual à diferença teórica referente a conjuntos entre os conjuntos P e N.

VALOR-INDEPENDENTE /VALOR-DEPEDENTE – Uma controvérsia clássica na ciência social e sua metodologia é se o estudo da sociedade pode e deve ser independente de valores. Enquanto Marx pensava que isso não podia acontecer, Weber ensinava que isso devia ocorrer. A distinção entre a ↑**ciência** básica e a ↑**tecnologia** ajuda a solucionar esse dilema: Enquanto a ciência social básica é independente de valores (mesmo quando estuda a avaliação), a tecnologia social não é, pois é acionada por questões sociais que envolvem avaliações e também por recomendar políticas sociais cuja execução provavelmente é avaliada diferentemente por setores sociais diversos.

VALOR, JUÍZO DE – ↑**Juízo de valor**.

VALOR, TEORIA DO – ↑**Teoria do valor**.

VARIÁVEL – **a. Lógica** – Variável *particular*: sujeito(s) não especificado(s) de um predicado, como em "x é valioso" e "x é mais valioso do que y".

Variável *predicativa*: Predicado não especificado de um particular, como em "Para todo P: se Pb, então ∃xPx". **b. Matemática e ciência** – Tudo o que pode assumir um valor numérico, como em Cartão S = n, e "y = x²". Exemplos, numerosidade, distância, tempo, pressão arterial, velocidade de reação, preço e PIB. Quando duas variáveis estão funcionalmente relacionadas, um valor arbitrário do argumento é chamado de variável *independente*, e o correspondente valor da função é chamado de variável *dependente*. Por exemplo, na fórmula y = f(x), x é a variável independente e y, a dependente. Advertência: somente os incrementos ∆x e ∆y podem ser interpretados como causa e efeito respectivamente – e mesmo assim estipuladas que nenhuma das duas variáveis representa o tempo.

VERDADE – A palavra "verdade" designa uma família de conceitos mutuamente irredutíveis (não interdefiníveis). Distinguimos as seguintes verdades: formal, fatual, moral e artística. **a. Formal** – Uma fórmula em matemática abstrata (e. g., teoria dos conjuntos, topologia geral e teoria dos grupos) é formalmente verdadeira se e somente se puder ser ↑**satisfeita** em algum domínio (ou sob alguma interpretação). Por exemplo, a lei comutativa "x ⊗ y = y ⊗ x" é passível de ser satisfeita pela multiplicação numérica (mas não por produto matricial ou vetorial). E se uma fórmula em uma teoria matemática não abstrata (e. g., teoria dos números, geometria euclidiana e o cálculo) é nela um teorema, então é verdadeira na mesma teoria. Em suma, excetuando as patologias de Gödel (↑**teorema da incompletude de Gödel**), a verdade formal = ou à satisfazibilidade ou à teoremicidade. **b. Fatual** – A verdade fatual tem sido tradicionalmente caracterizada como a adequação ou o ajustamento de ideias à realidade. Isto não é uma definição e muito menos uma teoria, porém tão somente uma descrição metafórica. Em acréscimo a uma definição ou a uma teoria do conceito de verdade como correspondência, necessitamos de um critério de verdade, isto é, de uma regra para decidir se uma dada proposição fatual é verdadeira ou falsa (completamente ou em alguma extensão). ↑**Critério de verdade**. **c.**

Verdade moral – Esse conceito tem sentido no contexto do ↑**realismo moral**. Por exemplo, "A opressão e a exploração são malévolas" é uma verdade moral dentro de uma moralidade humanista, e "A impiedade é pecaminosa" é uma verdade moral numa moralidade religiosa. d. **Verdade ficcional** – No contexto de *O Mercador de Veneza* é verdade que Otelo mata Desdêmona. Mas, sem dúvida, trata-se de personagens ficcionais, de modo que a verdade ficcional (em particular a artística) é não fatual. Nem é formal, porque peças não são teorias matemáticas. Mas ela pode ser moral, como o são algumas parábolas bíblicas.

VERDADE, CONHECIMENTO DA – ↑**Conhecimento da verdade**.

VERDADE, CRITÉRIO DE – ↑**Critério de verdade**.

VERDADE, TEORIA DA LACUNA DA – ↑**Teoria da lacuna da verdade**.

VERDADE COMO COERÊNCIA, TEORIA DA – ↑**Teoria da verdade como coerência**.

VERIFICABILIDAE – a. **Metodologia** – Nome antigo para a ↑**testabilidade**. b. **Semântica** – O princípio da verificabilidade: a tese de que o ↑**significado** de uma proposição depende do modo como ela é verificada (testada). Uma tese central do ↑**positivismo lógico** e, em particular, do ↑**operacionismo**. A tese é falsa por duas razões. Primeiro, conceitos são significativos, mas não verificáveis. Segundo, proposições significativas precisam ser construídas antes que quaisquer procedimentos empíricos destinados a testá-los possam ser projetados: é impossível projetar um teste e muito menos levá-lo a cabo, a menos que se entenda a proposição a ser testada. (Tente testar "O d'Alembertiano do vetor potencial é igual a 4π vezes a densidade de corrente" sem compreender o que isto significa.) Em resumo, o significado precede o teste e não o contrário. ↑**Testabiliade**.

VERIFICAÇÃO – O procedimento por meio do qual o valor de verdade de uma hipótese é estabelecido. Hoje em dia substituído por 'teste'. ↑**Confirmação**, ↑**refutação**.

VEROSSIMILITUDE – ↑**Plausibilidade**. Não deve ser confundida com ↑**probabilidade** ou grau de ↑**verdade**.

VERSTEHEN – Um termo chave, embora mal definido, em ↑**filosofia hermenêutica** e estudos sociais. Usualmente traduzido por 'interpretação', 'entendimento', ou 'compreensão'. Em W. Dilthey, *Verstehen* = empatia. Em Max Weber, *Verstehen* = a conjetura acerca da intenção de um ator e das metas de sua ação. Uma doutrina central da escola histórico-cultural ou hermenêutica é que os cientistas sociais têm de procurar *Verstehen* ("entender", "compreender", ou "interpretar") os fatos sociais e não explicá-los. Uma vez que tal entendimento é subjetivo, portanto livre de padrões objetivos e rigorosos, os estudos sociais não podem pretender alcançar mais verdade objetiva do que a interpretação das Sagradas Escrituras. Nos estudos sociais científicos, *Verstehen* pode desempenhar um papel heurístico: pode sugerir hipóteses. Mas estas precisam passar por testes antes de serem aceitas.

VIDA – Conceito central das ciências da vida. Há quatro concepções principais sobre a natureza dos seres vivos ou organismos: vitalismo, mecanismo (ou físico-quimismo), maquinismo e organicismo (ou biossistemismo). O ↑**vitalismo** define a "vida" em termos de alguma entidade imaterial, como o "elan vital", juntamente com a alegada tendência dirigida para uma meta. O ↑**mecanismo** pretende que o predicado "está vivo" é definível em termos físico-químicos. O ↑**maquinismo** concebe os organismos como sendo do tipo máquina: eles seriam projetados, programados e dirigidos para um fim. O *organicismo* (ou *biossistemismo*) encara a vida como uma propriedade emergente de alguns sistemas extremamente complexos cujos ancestrais remotos, aproximadamente de há 4 bilhões de anos atrás, eram abióticos. Na biologia atual o vitalismo está inteiramente desacreditado porque é estéril, e porque a alegada entelequia imaterial é inacessível à observação e ao cálculo. O mecanismo é ainda popular, especialmente desde o nascimento da biologia molecular, mas não dá conta de algumas das peculiaridades dos seres vivos. Em particular, não explica porque, como um todo, os processos metabólicos no organismo o "servem" mais do que lhe são indiferentes ou são autosservidores. Tampouco o mecanismo explica a emergência dos mecanismos de autolimpeza e autorreparação: um sistema químico não vivo pode acumular produtos químicos inibidores-de-reação que, no fim de contas, levarão alguma ou até todas as suas reações a uma parada. O maquinismo, cuja paternidade é devida a Descartes e que desde então veio a ser largamente difundido, é hoje em dia popular com a turba da ciência computacional, que se refere a simulações computacionais de feições particulares de processos de vida como "vida artificial". Ironicamente, o maquinismo partilha com o vitalismo a teleologia envolvida nas noções de projeto e computação, e tem sido infecundo. Somente o biossistemismo reconhece a vida como um nível emergente radicado no nível químico, bem como o cômputo biológico-molecular da autorreunião de biossistemas a partir de precursores químicos, e a teoria da evolução por mudanças gênicas e seleção natural. ↑**Emergência**, ↑**materialismo emergentista**, ↑**sistemismo**.

VIDA APÓS A MORTE – Vida após a vida – um oxímoro.

VINDICAÇÃO – Validação de um método ou de uma norma, nenhum dos quais pode ser considerado logicamente válido ou fatualmente verdadeiro.

VIR-A-SER OU DEVIR – Mudança, processo. Conceito central em qualquer ↑**ontologia processual**, assim como o de ser é o pivô em qualquer ontologia estática. Entretanto, vir-a-ser (devir) e ser não são mutuamente exclusivos, pois ser ↑**material** significa ser capaz de mudar.

VIRTUDE – Disposição para fazer o bem a si mesmo e aos outros. Exemplos: compaixão, curiosidade, probidade, autocontrole, boa vontade, honestidade, industriosidade, ingenuidade, inteligência, discernimento, justiça, amor à verdade, lealdade, moderação, prudência, racionalidade, retidão, confiabilidade, sinceridade, solidariedade, tolerância, *Virtudes cívicas*: aquelas que levam a melhorar a ordem social. *Virtudes intelectuais*: aquelas que levam à aquisição de conhecimento. *Virtudes morais*: aquelas que levam a ajudar os outros. Todas as virtudes são tanto intrínseca quanto instrumentalmente valiosas: seu exercício constitui parte do tornar-se uma pessoa decente, e são de ajuda a outras pessoas. Algumas virtudes, como a retidão, são pessoais, enquanto outras, como a equidade, são sociais; outras ainda, como a justiça, são tanto pessoais quanto sociais.

VITALISMO – **a. Biologia** – A doutrina ↑**idealista** e ↑**holística** segundo as quais o que distingue os seres viventes dos não viventes é uma peculiar entidade imaterial ("entélequia", força vital, "princípio" doador de vida, *élan vital*, força construtiva etc.). Como a essência da vida é imaterial, ela se encontra fora do alcance da ciência normal, de modo que tem de permanecer para sempre misteriosa. O vitalismo é uma instância do dualismo propriedade/substância, e da explanação do obscuro pelo mais obscuro. O vitalismo foi morto pela bioquímica no início do século XIX. Veio a ser revivido em anos recentes como a concepção de que vida é ↑**informação** de um tipo especial, isto é, informação genética. Essa maneira de ver é falsa porque a 'informação genética', longe de ser uma substância imaterial, não é nada mais senão a ordem de nucleotídeos nos genes. Se não há matéria-prima, não há informação genética. ↑**Informacionismo**. **b. Filosofia** – A concepção epistemológica e ética, defendida por Nietzsche, de acordo com a qual tão somente aquilo que ajuda a vida merece crédito ou deve ser praticado. É uma versão do pragmatismo e uma forma do anti-intelectualismo.

VOLUNTARISMO – **a. Ontologia** – A tese de que o mundo é uma cega vontade de viver. **b. Epistemologia** – A tese de que os enunciados básicos são escolhidos como resultado de decisões arbitrárias. **c. Ética e filosofia social** – A tese de que toda ação, longe de ser determinada por circunstâncias externas, é fruto de decisões voluntárias. Essa tese é uma meia verdade: nós moldamos nossa própria história de vida ("destinos"), ainda que coagidos e, ao mesmo tempo, estimulados por nosso meio.

Z

ZEITGEIST – Literalmente, espírito dos tempos. Em termos gerais, corpo de crenças e problemas prevalentes em uma dada sociedade em um dado tempo. De maneira muito típica, os holistas pretendem que todo pensamento é um produto previsível do *Zeitgeist* contemporâneo. Essa tese é intestável, pois abrange tanto o inconformismo como o conformismo. Portanto, não deveria ocorrer em uma ↑**culturologia** científica.

ZENÃO, PARADOXO DE – ↑Paradoxo de Zenão.

ZERO – O mais importante número natural, porquanto é o único que tem necessariamente de ser assumido (como primitivo ou indefinido) para construir todos os outros. Materialistas vulgares e empiristas radicais deveriam abster-se de empregar o número 0, porque ele não possui contrapartida na realidade ou na experiência. É verdade, algumas ↑**magnitudes** tomam o valor 0 para certos estados de coisas reais, como a entropia de uma coisa perfeitamente ordenada, a resistência elétrica de um supercondutor, a idade de um organismo em fertilização, e o salário de uma pessoa desempregada. Mas, ter zeridade P não é o mesmo do que não ter P: a primeira condição pode mudar, o que não é o caso da segunda.

COLEÇÃO BIG BANG

Arteciência:
Afluência de Signos Co-Moventes
Roland de Azeredo Campos

Breve Lapso entre o Ovo
e a Galinha
Mariano Sigman

Caçando a Realidade: A Luta pelo Realismo
Mario Bunge

Ctrl+Art+Del: Distúrbios em Arte e Tecnologia
Fábio Oliveira Nunes

Diálogos sobre o Conhecimento
Paul K. Feyerabend

Dicionário de Filosofia
Mario Bunge

Em Torno da Mente
Ana Carolina Guedes Pereira

Estruturas Intelectuais:
Ensaio sobre a Organização
Sistemática dos Conceitos
Robert Blanché

A Mente segundo Dennet
João de Fernandes Teixeira

MetaMat!
Em Busca do Ômega
Gregory Chaitin

O Mundo e o Homem:
Uma Agenda do Século XXI
à Luz da Ciência
José Goldemberg

Prematuridade na Descoberta Científica:
Sobre Resistência e Negligência
Ernest B. Hook (org.)

O Tempo das Redes
Fábio Duarte, Queila Souza
e Carlos Quandt

Uma Nova Física
André Koch Torres Assis.

O Universo Vermelho:
Desvios para o Vermelho, Cosmologia
e Ciência Acadêmica
Halton Arp

Este livro foi impresso na cidade de São Bernardo do Campo,
nas oficinas da Paym Gráfica e Editora, em setembro de 2019,
para a Editora Perspectiva.